WIZARD

悩めるトレーダーのための メンタルコーチ術

自分で不安や迷いを解決するための101のレッスン

The Daily Trading Coach

101 Lessons for Becoming Your Own Trading Psychologist

ブレット・N・スティーンバーガー［著］
塩野未佳［訳］

Pan Rolling

The Daily Trading Coach : 101 Lessons for Becoming Your Own Trading Psychologist

Japanese translation published by arrangement with John Wiley & Sons International Rights, Inc.

何だって？　大物？　普段は自己の理想を演じる役者しか見ないんだ。

——フリードリヒ・ニーチェ

◆目次◆

まえがき 13
謝辞 19
はじめに 23

第1章　自己改革――プロセスと実践 27
レッスン1　情動を利用してチェンジエージェントになる 28
レッスン2　社会的認知とセルフコーチとの関係 35
レッスン3　自分の短所と仲良くする 40
レッスン4　環境を変え、自分自身を変える 45
レッスン5　焦点注意で感情を転換する 50
レッスン6　適切な鏡を見つける 57
レッスン7　焦点を変える 63
レッスン8　生活を変えるための脚本を書こう 68
レッスン9　自信をつけるにはどうすればよいか 73

レッスン10　自己改革を推し進め、長続きさせるための五つのポイント　80
参考　87

第2章　ストレスと不快ストレス――トレーダーの創造的なコーピング　89

レッスン11　ストレスを理解する　90
レッスン12　トレードの前提条件を見直すには　97
レッスン13　トレード上の意思決定を妨げる不快ストレスの原因とは　103
レッスン14　心の日誌をつける　109
レッスン15　焦り――金儲けに躍起になっているとき　115
レッスン16　いつでもやめる心づもりを　121
レッスン17　恐怖に襲われたらどうすべきか　127
レッスン18　成績に対する不安――最も多いトレード上の問題　134
レッスン19　不向きな人　141
レッスン20　相場のボラティリティと感情のむら　149
参考　156

第3章　心の幸福――トレード体験を強化する　159

レッスン21　快感を覚えることが大切　160
レッスン22　自分の幸せを築く　167
レッスン23　ゾーンに達する　172
レッスン24　精力的にトレードする　179
レッスン25　意図性と偉大性――遊びを通して脳を鍛える　184
レッスン26　平穏な心を養う　191
レッスン27　レジリエンスを養う　198
レッスン28　一貫性と正しい行動　204
レッスン29　自信を最大限に深め、自分のトレードを続ける　209
レッスン30　コーピング――ストレスを幸福に変える　215
参考　221

第4章　自己改善策――コーチングのプロセス　223

レッスン31　トレード日誌をつけてセルフモニタリングをする　224

レッスン32　自分のパターンを認識する　231
レッスン33　パターンに関するコストと利益を測定する　239
レッスン34　効果的な目標を設定する　245
レッスン35　最良の状態を足掛かりにする――ソリューションフォーカスを維持する　250
レッスン36　過去の問題パターンを断ち切る　256
レッスン37　規則に従って一貫性を保つ　263
レッスン38　逆戻りと繰り返し　270
レッスン39　自己改革に向けて安全な環境を作る　275
レッスン40　イメージ作業を利用して改革のプロセスを促進する　282
参考　289

第5章　昔のパターンを断ち切る――セルフコーチングのための精神力動的な枠組み　291
レッスン41　精神力動――過去の関係の重さから逃れる　293
レッスン42　繰り返しのパターンを明確にする　300
レッスン43　自分の防衛の働きに立ち向かう　307

レッスン44　敵に打ち勝つ――自分の問題と距離を置く　312
レッスン45　セルフコーチとの関係を最大限に活用する　318
レッスン46　良いトレード仲間を見つける　325
レッスン47　不快感に耐える　332
レッスン48　感情の転移を習得する　338
レッスン49　矛盾の力　345
レッスン50　ワークスルー　350
参考　356

第6章　心の地図を描き直す――セルフコーチングへの認知的アプローチ　359

レッスン51　心のスキーマ　361
レッスン52　感情から自分の考えを理解する　367
レッスン53　自分の最悪のトレードから学ぶ　373
レッスン54　日誌を利用して自分の思考を見直す　379
レッスン55　否定的思考のパターンを打ち破る　386
レッスン56　否定的思考のパターンの枠組みを変える　392

レッスン57　集中的なイメージ作業で思考パターンを変える　399
レッスン58　認知日誌で否定的思考のパターンに立ち向かう　405
レッスン59　認知実験で自分を変える　410
レッスン60　肯定的な思考を身につける　415
参考　420

第7章　新たな行動パターンを学習する――セルフコーチングへの行動的アプローチ

423
レッスン61　自分の関連づけの特徴について理解する　424
レッスン62　刺激と反応の微妙な結びつきを確認する　431
レッスン63　社会的学習の力を生かす　436
レッスン64　自分のトレード行動を形成する　441
レッスン65　マーケットの条件づけ　448
レッスン66　拮抗する力　456
レッスン67　肯定的な関連づけを足掛かりにする　463
レッスン68　エクスポージャー法――効果的かつ柔軟な行動療法　469

レッスン69　スキルアップにもエクスポージャー法を活用する　476
レッスン70　心配事に対処するための行動療法の枠組み　483
参考　488

第8章　ビジネスとしてのトレードのコーチング　491

レッスン71　当初資金の重要性　492
レッスン72　トレードビジネスの計画を立てる　498
レッスン73　トレードビジネスを拡大する　505
レッスン74　自分のトレード結果を追跡する　511
レッスン75　高度なやり方でトレードビジネスに成績をつける　519
レッスン76　自分のリターンの相関関係を追跡する　525
レッスン77　自分のリスクとリターンを測定する　533
レッスン78　実行力の重要性　539
レッスン79　テーマで考える――良いアイデアを生み出す　546
レッスン80　トレードをマネジメント　552
参考　558

第9章　プロのトレーダーから学ぶ——セルフコーチングに関する見解と参考資料　561

レッスン81　コアコンピタンスを強化して創造力を養う　562
レッスン82　責任を取るのは自分だけ　568
レッスン83　自己認識を深める　582
レッスン84　成功を目指して自分のメンターになる　591
レッスン85　詳細な記録をつける　601
レッスン86　ミスは免れないということを学ぶ　609
レッスン87　リサーチの力　617
レッスン88　姿勢と目標が成功のカギ　626
レッスン89　投資会社の視点　637
レッスン90　データを利用して成績を上げる　648
参考　659

第10章　エッジを探して――マーケットで過去のパターンを見つける　661

レッスン91　過去のパターンを使ってトレードする　662
レッスン92　正しいデータを使って優れた仮説を組み立てる　668
レッスン93　エクセルの基本　674
レッスン94　自分のデータをチャートにする　681
レッスン95　自分の独立変数と従属変数を作る　688
レッスン96　自分のヒストリカルデータを研究する　695
レッスン97　データにコードを付ける　701
レッスン98　文脈を調べる　706
レッスン99　データの検索条件を絞り込む　712
レッスン100　自分の研究成果を活用する　716
参考　721

最後に 725
レッスン101　自分の道を見つける 725
セルフコーチングに関する詳細情報 729
訳者あとがき 731

まえがき

本書の狙いは、金融マーケットでの成功を目指す皆さんが自分自身の良き指導者になれるよう、コーチングについてできるだけ指導することである。本書（原題は『The Daily Trading Coach』）では「毎日の（Daily）」がキーワード。そこで、皆さんが長所を伸ばし、短所を克服するために毎日使える参考資料になるように工夫した。

これまでにも『**トレーダーの精神分析――自分を理解し、自分だけのエッジを見つけた者だけが成功できる**』（パンローリング）と『精神科医が見た投資心理学』（晃洋書房）を執筆し、ブログ「トレーダーフィード（TraderFeed）」（http://www.traderfeed.blogspot.com/）を一八〇〇回以上も更新しており、トレード心理についてはずいぶんと取り上げてきた。そこで、前著『**トレーダーの精神分析**』の上梓から二年がたった今、もう一度電子媒体から紙媒体の執筆へと舵を切り、コーチングの「プロセス」を中心にトレード心理三部作を完結させようと考えたのである。

本書を執筆するきっかけとなったのは二つの現実だ。ひとつは、「トレーダーフィード」へのアクセスパターンを調べた結果、多くの読者（全読者の約三分の一）が取引時間中かマーケットが開く直前にアクセスしているのが分かったこと。大半の記事は個別のトレードに関する助言ではなく、どちらかと言うと心理学やトレードの成績といったトピック、日中の任意の時間帯に関係のあるトピックが多いことを考えると、これは興味深い結果であった。

信頼している読者グループにこのパターンについて尋ねてみたところ、トレードコーチの代用としてブログを読んでいるのだという答えが返ってきた。ブログをチェックするのは、金融マーケットという戦場に挑む前に自分のプランや心づもりを思い出し、自分に言い聞かせるためだったのだ。それが確認できたのは、ブログで最も人気があった（コメントが多かった）記事の統計値を集計したときである。大半がトレード心理を扱った実用的な内容だが、そのなかでも最も多かったのは気持ちを高揚させるような内容であった。コーチングを求めるトレーダーがブログのなかに何らかの方策を見いだしているのだろう。

本書の執筆を決めたもう一つの現実は、電子出版と出版界を吹き荒れる激変の嵐と関係がある。これまでのところ、トレーダー向けに書かれた電子ブックは比較的少ない。仮に電子ブックがあっても、印刷物をただ画面上で読むのとさして変わらない。電子出版は魅力的だし便利だが、わたしがコンサルタントを務めているトレーダーが実際に電子ブックを買い求め、利用しているというケースはほとんどない。一日中トレードしたあとでわざわざ情報を読むのに時間を費やすのは嫌だ、というのがトレーダーたちにほぼ共通するぼやきである。わたしはすぐに金融マーケットの参加者が印刷物を読むようには電子媒体を利用していないことに気がついた。それで違った形の著作、つまり最先端の電子出版に向いているが、印刷物としても十分に読める著作の執筆を思い立ったというわけだ。

　この二つの結果を重ね合わせてみると、**印刷版でも画面上でも読みやすい「トレードコーチの本」という構想をよく理解してもらえるだろう。**

　本書の狙い、それはトレーダーが自分のトレードのセルフコーチになるのを支援する実用的な「レッスン」を考案し、ブログと書籍の内容を統合することである。本書には一〇一のレッスンを収録したが、どれも同じ書式で、数ページ程度にまとめてある。トレーダーが直面する日々の難題、その難題に立ち向かうためのアプローチ、そしてそのアプローチを実行に移すための具体案を記した。各章はそれぞれ独立しているため、最初から順番に読んでも構わないし、そのときのトレードに最適なレッスンを目次から探して読んでも構わない。**従来の書籍とは異なり、本書はじっと座って最初から最後までを通読するものではなく、**トレーダーとしての自己の成長を導くものとして、一度に一つのレッスンを選んで読めばよい。ブログは絶好調のときに何をすべきかを画面上で思い出してもらうためのもの（リマインダー）として、本書のレッスンはそのブログと同様、またブログ以上に、皆さん自身に内在する最大の能力を引き出して、それを発揮してもらうためのロードマップ（実用的な知識やツール）だと思ってもらえばよい。

　わたしはこの一〇一のレッスンを、高額なセミナーや格安なコーチングセッションよりも有意義な情報に、また実用的な手法にしたいと熱望してきた。セミナーの講師やコーチは皆さんをリピーターに仕立てることを目標にしていることが多いが、本書の目標はまさにその逆で、皆さん自身がプロのトレーダーとして、また個人として成長するのを導けるように、**皆さん自身が自分を指導するための手段を提供することである。**言い換えると、本書は「心理学教育」のマニュアル、つまり皆さん自身と皆さんのトレードの成績を上げるための手引書なのである。

わたしが電子出版でとくに気に入っているのは、執筆者がリンクを張って書籍の内容をウエブ上のさまざまな資料と関連づけることができる点だ。本書も成長していけるように、今後も専用のブログ「ビカム・ユア・オウン・トレーディング・コーチ（Become Your Own Trading Coach）」（http://www.becomeyourowntradingcoarch.blogspot.com/）に題材を追加していく予定である。皆さんは電子ブックのリンクをクリックするだけで、「ビカム・ユア・オウン・トレーディング・コーチ」の最新の情報や手法に自由にアクセスすることができる。ブログには本書の各章と同じマスターページがあり、その章の内容と関連するリンクを掲載している。いずれ新たなブログに動画のコンテンツも追加する予定だが、これは多種多様なアイデアを見聞きしてしっかり学びたいというトレーダーにとくに役立つはずだ。どのような教科書でも、電子出版ならマルチメディアを使った学習体験が可能になる。

目次を見てすぐにお気づきだろうが、どの章も一〇のレッスンで構成されている。この一〇章に、精神力動療法、認知療法、行動療法といった短期療法（ブリーフセラピー）の技法を用い、問題ある行動パターンを確信の持てる新たな行動パターンに変えていくための具体的なレッスンを含め、トレード心理やトレードの成績に関するさまざまなトピックを網羅した。

また、最後の二章はとくにユニークだ。第9章には、ホームページ上にコメントや成果を発表している一八人の成功したプロのトレーダーのセルフコーチング論を収録した。第10章は「トレーダーフィード」の読者とのかねてからの約束を果たしたもので、エクセルを使って過去のパターンを調べるという基本を一つずつ検証している。アイデアを応用するのに役立つように、各レッスンには課題とヒント（「コーチングのヒント」）を加えた。

また、さっと見直したり目を通したりしやすいように、レッスン中の重要なアイデアは**強調表示**し、本書のトピックやアイデアについて詳細に調べるのに役立つように、各章の最後には「参考」という項目も加えた。

そう、本書の目標は、皆さんが自分のトレードのセルフコーチになるのを支援することだが、人生のセルフコーチになるのを支援するという、さらに大きな目標があることも、各章やレッスンのタイトルを一目見ればお分かりだろう。トレードする際に、つまり、リスクと向き合いながらリターンを追求する際に直面する難題や不確実性は、ほかの職場でも対人関係でも同じように直面するものである。

トレーダーとして自己に打ち勝つのに役立つ手法は、どの分野で努力するときにも十分に役立つものである。**その意味で、目標は単にトレードで儲けることだけでなく、人生のあらゆる挑戦にも打ち勝つことである。**金融マーケットであれほかの分野であれ、本書が成功を目指す皆さんの貴重な財産になれば幸いであり、光栄である。

ブレット・スティーンバーガー

謝辞

格言にもあるとおり、育児に村が必要なら、本の執筆には少数の精鋭たちが必要だ。本書の最後のレッスンは、二〇〇八年に他界したわが母コンスタンス・スティーンバーガーにささげたものだが、わたしの切なる願いは、母が家族や学生たちに示してくれた育児魂を本書が受け継ぐことである。

わが人生では、母が愛情あふれる育児の象徴だとすれば、重労働や成果、家族への愛情という美徳を体現していたのが父のジャック・スティーンバーガーだ。若いころに心理学者としての訓練を受けて以来、わたしは立派な成果を上げている心理学というものに魅了されている。大成功を収めている人間を突き動かすものとは何なのだろう。そういう熱い興味がわいてきたのは間違いなく、そんな刺激を与えてくれた父に感謝できるのは、わたしにとって無上の喜びである。

ただ、妻のマージーの理解と愛情、そして支えがなければ、何ひとつやり遂げることはできなかっただろう。一九八四年、わたしは独身生活に終止符を打ち、マージーとその家族との生活に入った。それは依然としてわたしの最高のトレードの一つである。それから二五年たった今でも、わたしはそのトレンドに乗っており、何の非難も浴びていないことを謹んでご報告したい！

おじのアーノルド・ラスティン医学博士も母と同じく二〇〇八年に他界し、わたしは悲嘆に暮れているが、同時に本書をそのおじの思い出にささげることができて幸せだとも思っている。そしてデビ、スティーブ、リー、ローラ、エド、デボン、マクリーにも感謝する。彼らはもう子供ではないが、わたしが連日トレーダーたちと面会するために出張したり、さらに多くの時間をブログの執筆、メールや電話の対応に追われたりしているのを驚くほど理解してくれている。兄のマークや義理の姉のリサ、そして飼いネコのジーナ、ジンジャー、マリを含めた家族がいなければ、ずっと家に閉じこもっていることもできなかっただろう。

第９章に寄稿してくださったトレーダーや著者の方々の素晴らしい仕事にも深く感謝する。トレーダー育成のために無比の参考資料を提供してくださった。また、わたし自身の作業にインスピレーションを与えてくれた哲学者のアイン・ランド氏、ブランド・ブランシャード氏、コリン・ウィルソン氏、Ｇ・Ｉ・グルジェフ氏、短期療法（ブリーフセラピー）やポジティブ心理学の論文を執筆した多くの心理学者や研究者、そしてわたしの成長を支援してくださったトレーダーのビクター・ニーダーホッファー氏、リンダ・ブラッドフォード・ラシュキ氏、チャック・マケルビーン氏、そして過去数年にわたって共に仕事をする栄誉を授かった多くのへッジファンドのトレーダーたちにも謝意を表したい。ＳＵＮＹアップステート医科大学の同僚の皆さんは、わたしの第二のキャリアをずっと後押しし、支えてくださった。マントッシュ・

デュワン医師、ロジャー・グリーンバーグ博士、ジョン・マンリング医師にはとくに感謝したい。

本書を執筆中ずっと付き合ってくれたミュージシャンのエデンブリッジ、アーミン・バン・ブーレン、フェリー・コーステン、クラックスシャドウズ、アセンブラージュ23、VNVネイションにもシャウトアウトしたい。ほかにもブログ「ビカム・ユア・オウン・トレーディング・コーチ（Become Your Own Trading Coach）」に大勢掲載してある。

最後に、ワイリーの制作スタッフと素晴らしく協力的な編集者のパメラ・バン・ギーセン氏、ケイト・ウッド氏、エミリー・ハーマン氏にも深謝したい。本書に精彩を加えるのに大きな力になってくださった。また、ブログの大勢の読者、とくに洞察力のあるコメントを寄せて積極的に参加してくれた読者にも謝意を表したい。本書が皆さんの今後の幸せとトレードでの成功に貢献できることを願っている。

はじめに

自分の理想を表現できる役者などほとんどいない。われわれには長所もあるし才能もある。夢も野心もある。しかし、長い間見ていても、そうした理想が具体的に表現されている例は少ない。数日が数カ月になり、数年になり、ようやく（残念ながら決定的になった時点で）人生を振り返り、今まで何をやってきたのかと頭をひねるのが普通である。

皆さんもそうだろう。「どうして闘う人間になれなかったんだろう。もしかしたら違う人生を生きていたかもしれないし、自分の理想を表現する役者になって、その実現を謳歌していたかもしれないのに」と、中高年者は過去を振り返る。

トレード指南書の書き出しとしては妙だと思っている方、そのとおりである。需給やトレードのパターン、資産運用の話から始めるつもりはない。まずは皆さん自身のこと、そして皆さんが人生から何を得たいかという話から始めたい。この流れで言うと、トレードというのは金融商品の売買やヘッジ以上のもの、つまり自己に打ち勝ち、成長するための手段なのである。

自称であれ公称であれ、トレーダーはだれしも企業家である。自らトレードを始め、マーケットで競い合う。資金を維持しつつも、機会を見つけてはそれを追求する。また、自分の腕を磨き、規模を拡大し、計算済みのリスクをとる。企業家として、まずは自分がマーケットに価値をもたらすのだという前提でトレードを始めるが、避けて通れない失望や挫折、長い月日、限られた資源、リスクや不確実性を目の当たりにすると、そんな楽観論を維持するのは難しいかもしれない。自分のビジョンなど棚上げし、理想を演じるための日々の努力など忘れてしまったほうがはるかに楽である。

しかし、野心を棚上げできないトレーダーもいる。虫けらのように、たとえ焼け跡であろうと、遠くの明かりを探し求めている。わたしはそういう立派なトレーダーに本書をささげたい。

わたしはヘッジファンドやプロップファーム（**訳注**　自己売買取引の専門業者）、投資銀行のトレーダーやマネーマネジャーを相手に仕事をしているが、何もトレードの指南をしているわけではない。大半がわたし自身のトレード戦略とは異なる戦略を用いているし、マーケットに関する知識もわたしよりもはるかに上。そうではなく、わたしは彼らの長所を見いだしてやるのである。彼らは何が得意で、どうやってその域に達したのかを知ったうえで、そうした長所からキャリアアップするのを支援するのである。魚は生を受けたときから水中にいるため、水というものを理解することができないが、それと同じで、われわれは一般に自分自身の資産を正しく認識していない。われわれは技能や才能、長所、葛藤、短所が妙に入り混じった生き物である。しかし、創業間もない企業が創業者の長所に頼らざるを得ないのと同様、トレーダーとしてのキャリアはその資産、すなわち金融資産と個人的資質に大きく依存する。つまり、トレーダーのコーチであるわたしの役割は、トレーダーを心理学という海から引き揚げて、周囲にあるもの

――生涯にわたって配当を生み出してくれる資産――を見極めるのをお手伝いすることなのだ。トレーダーにとってセルフコーチングがこれほど重要な時代はない。本書でも述べるが、マーケットは第二次世界大戦後の時代にはなかった水準のボラティリティに直面している。価格のボラティリティには潜在的なチャンスがあるが、リスクもある。一歩引いて事態の推移を認め、うまく調整することができずに多額の資本を失ってしまうトレーダーがいる一方、危機に乗じてトレードという海からはい上がり、リスクを限定して新たなチャンスを見いだすトレーダーもいる。そういうトレーダーは、生涯にわたって配当を得る体勢を整えているのである。

本書は、そのトレードという旅の道連れになるように、一〇一のレッスンで構成してある。各レッスンでは課題を示し、その課題に向かって行動を起こすための具体的な練習問題を提案した。レッスンは、一日のトレードを始める前の瞑想、すなわち皆さんに内在する最大の能力を引き出すのを助けるコーチングというコミュニケーションになる。これらのレッスンを読んで実践していけば、コーチングというコミュニケーションが、やがて自分自身に語り掛けるセルフトークになっていく。まずは本書で言う理想を演じることから始め、最後にはその理想を生きられるように、それを自分の生活の一部にしてみるとよい。**そうすれば自らが自分のトレード心理の専門家になれるのである。**

短いくだりを毎日読んで正しいアイデアを前脳に植えつければ、自分の人生やトレードの目標に優先順位をつけられるようになるし、もしそれが週に一度でもそこそこのトレードをする助けになり、ともすれば失敗に終わっていたトレードも成功に変えることができれば、個人的にも経済的にもどれほどの利益になるかを考えてみるとよい。だが、薬を容器に入れておくだけでは効かないのと同じように、本を閉じたままでは何も学べない。トレーダーとしての自分の心理を分析するための第一歩は、自己指導のための時間を毎日、毎週、作ることだ。なぜなら、それが行動パターンを習慣に変える方法だからである。優れた個人とは、単に自己改革を習慣にしている人間なのである。

さまざまな理想がある。そうした理想が部屋の本棚の向こうから皆さんを見詰めている。皆さんはその理想を全部、生きている間にかなえたいと思っている。皆さんは物欲しそうに本棚を眺めているが、座り心地の良い椅子から手を伸ばしても届かない。でも、手には一冊の本がある。おそらく椅子に座ってその本を読んでいるうちに座り心地が悪くなってくるかもしれない。そうしたら本棚を少し近づけてみよう。

まずはその本のページをめくってみよう。

次のステップがわれわれの第一歩である。

第1章 自己改革――プロセスと実践

頭脳には手とまったく同じパワーがある。世界を支配するだけでなく、それを変革するパワーが。
――コリン・ウィルソン

皆さんが本書を手に取るのは、金融マーケットで大成功を勝ち取るためにセルフコーチングを求めているからだろう。では、コーチングとはいったいどういうことなのだろう。あらゆるコーチング活動の根底にあるのが自己改革である。トレードのセルフコーチになったら、自分の思考や感じ方、行動を変えようとするが、とりわけトレードの仕方、すなわちリスクとリターンのパターン、需要と供給のパターンをどう見極め、それに基づいてどう行動するかを変えようと努めることが必要だ。

自己改革に関する分厚い論文があるが、それは広範囲に及ぶ心理学の研究や実践に基づいたもの。自己改革をどのように進めればよいのかを理解すれば、自分のチェンジエージェント（改革の推進役）として行動するのに好位置に就ける。本章では、自己改革に関する研究と実践について、また、ときには意外な結論をどうしたら最大限に利用できるのかを調べてみたい。**コーチングとは、自己改革を待つことではなく、自己改革を推し進めることである。**自分の人生、自分のトレードにチェンジエージェントとして関与することである。そこで、まずはその自己改革のプロセスと実践について学んでおこう。

レッスン1　情動を利用してチェンジエージェントになる

現状に不満を抱く人は、自分と同類の人間をちらりと見ては、人生のありふれた瞬間の自分よりも上を目指したいと切に願っている。

この切望の根底には自分を「変えたい」という思いがある。われわれは人生を変えたいと思っており、正しく変えて人生に適応している。つまり成長している。ただ、行き詰まり感を抱くことも多い。常に同じことをしては同じ過ちを何度も繰り返している。人生が自分を変えてくれるのを待つべきなのか、それとも自分が人生を変える推進役になるべきなのか……。

簡単なのは自己改革のプロセスの推進役になるほうだが、真の難題はその改革を「長続きさせる」ことである。アルコール依存症患者は再三挑戦してようやく禁酒への道を一歩踏み出すが、結局は逆戻りしてしまう。ダイエットと運動のプログラムに再三挑戦するも、結局は怠惰な生活に戻ってしまう。自己改革のプロセスに着手することばかりに気を取られていると、次の重要なステップに進む準備はできない——自己改革の炎を消してはならないのだ。

心理学やコーチングの分野で人気のある書籍や実践の欠点は、改革を推し進めることに主眼を置いている点である。こうした書籍や実践は快感を与えてくれるが——改革を長続きさせるには別の努力が必要なのかと悟るまでは——、成功するコーチングとは、単に改革の触媒になるだけではない。改革への取り組みを習慣に変え、その習慣を習性に変えていくものである。成功するコーチングにとって重要なのは、その改革のプロセスをルーティン化すること、つまり新たな行動を習性にすることなのである。

ここに情動（訳注　喜怒哀楽など、外的刺激による比較的急激な心の動き）がかかわってくる。もう何年も前から、わたしは減量プログラムを続けようと努力している——成功はしていないが。当時、二〇〇〇年のことだが、わたしは2型糖尿病だと診断された。食生活を「変えなければならなかった」。体重を減らす必要があった。もし減量しなければ健康を損ね、妻や子供たちの期待を裏切ることになるとはっきりと気がついた。わたしはまさにその日のうちにダイエットを始めたわけだが、それは今日まで続いている。そして体重を約一八キロ落とし、以前の血糖値に戻すこともできた。もっとも、減量のスピードが速すぎたので、友人たちはわたしが消耗性疾患を患っていると言って心配していたが。

では、何が改革の触媒になったのだろう。何年もの間、食生活を変えよう、もっと運動しよう、減量しようと自分に言い聞かせてきたが、結果はさっぱりだった。ところが、改革が必要だというたったひとつの心の動きを体験することで事態は一変してしまったのだ。自分が改革を必要としているとは「考えた」こともなかった。体全体で「分かって」はいたし、それを「感じて」はいたのだが。

トレーダーも同じである。

おそらく皆さんは、自分で決めた規則に従おう、少額でトレードしよう、あるいは一定の市況や時間帯を避けてトレードしよう、と自分に言い聞かせたことがあるだろう。それでも同じ過ちを繰り返し、資金を失い、欲求不満を募らせていく。わたしが減量を始めたころと同じように、皆さんの改革への取り組みが失敗に終わってしまうのは、**その取り組みに心の動きの勢いが足りないからなのだ。**

成功する心理療法と失敗に終わる心理療法のプロセスとを調べてみると、心の動きという体験（話すことではない）が改革の推進力になっていることが分かる。鏡の前に立って自己を鼓舞するような言葉を暗唱すれば尊敬されるし愛されるなどとはだれも思わないが、有意義な恋愛関係を体験すると、心底からの確信が得られる。「そうだ、俺には能力があるんだ」と自分に言い聞かせることができる。効力感が長続きしているという感覚をもたらしてくれるのは、難題に直面しながらも成功を体験することなのだ。快感と苦悩。この生まれ持った性質が心の動きという体験を内在化するため、生活の改善策を追求し、悪影響を及ぼす要因を回避することができるのだ。そうした最強の心の動きという体験を内在化する能力こそが、自己改革のプロセスを長続きさせるのに役立つのである。

自己改革の敵は逆戻り、つまり過去の非生産的な考え方や行動に戻ってしまうことである。心の動きに勢いがなければ、逆戻りするのが普通である。

今日はトレーダーとして自分のために仕事をするつもりか、それとも利益など気にせずに一日を学習や自己啓発の機会として使うつもりか。もしそうなら、その日の目標が必要だ。何に取り組むのか、長所を伸ばすのか、短所を見直すのか、昨日うまくできたことを繰り返すのか、それとも昨日の過ちの一つを回避するのか……。

まず重要なのは目標設定である。現在の自分から自分がなりたいと思う自分になるまでの道筋が明確になっていなければ、チェンジエージェントとして成功することはできない。次に重要なのは、その目標を紙に書き出すか、録音装置に向かって大声で宣言してみることである。この二つのステップによって、望んでいる改革を脳裏に焼きつけることができるわけだが、目標の追求には本当に心の動きの勢いが伴ってくるのだろうか。このステップを実践すれば、改革について考える人間から本当に改革の推進役へと変わることができるのだろうか。

目標設定のコツは、自分の目標に心の動きの勢いを加えることである。もし自分の目標が欲求なら、その欲求が静まるまでそれを追求する。もし自分の目標が必須のことであるなら、つまり、わたしが食生活を変えたように差し迫ったものであるならば、それを組織化原則、つまり生活の中心に据えればよい。優秀なトレーダーになりたいからといってもなれるわけではないが、自己を改革することが自分の生活の中心になれば、つまり必須のものになれば、成功を目指したセルフコーチングだけで十分だ。

ここで練習問題に挑戦してみよう。トレードを始める前に楽に椅子に腰掛け、ゆっくりと深呼吸する。一日のトレードを始める自分をできるだけ鮮明に想像してみよう。画面上で動く相場を見詰めてみよう。慎重に相場を追っていけば、その日のアイデアがすぐに浮かんでくるだろう。次にその日の目標をイメージしてみよう。つまり、その目標を具体的に実行に移す行為をしている自分を想像してみることである。目標がポジションサイズをコントロールすることなら、適度なサイズで注文を入力している自分を具体的に想像してみよう。目標が調整局面に入ってから初めて買うことなら、相場が調整局面に入るまでじっと待ち、その後にトレードを執行している自分を想像してみよう。目標を実行に移している自分をイメージしつつ、その目標の一つが実現すれば誇りを感じることを思い出してみよう。理想の一つがかなったときの心地良い満足感に浸ってみよう。そして自分がそれを達成したことに自信を持つことである。

ただ目標を設定するだけではなく、その目標を達成できるのだということを直接体験することも大切である。心理学ではこれを「自己効力感」という。自分を成功者だと「考え」、成功の喜びを「感じている」ならば、おそらく成功を体験していることになる。大金を稼いでいる自分を想像する必要はない――日々の目標としては現実的ではない。ただ、優れたトレードの目標を達成しているというイメージに浸り、自制心や克服感を体験し、最大の潜在能力を引き出したことからくる誇りを感じことはできる。

自己改革を推し進め、それを長続きさせられる可能性が最も高いのは、そうした改革を推し進めることができるという効力感を自覚しているときである。

トレーダーは悲痛な損失を経験してからようやくセルフコーチングにたどり着く。理由はわたしが2型糖尿病だと診断されたときの体験と似ている。つまり結果に対する強い恐怖、自分の人生を台無しにしたくないという強い「感覚」が食生活を変えようという決断を後押ししたわけだが、同じように、トレーダーも多額の資金を失うと、こんな体験は二度としたくないと思うはずだ。トレードが上達するのは、規律に従うようにトレーダー自身が自分に言い聞かせるよりも、規律のなさに対する怒りなど、強い心の動きを感じるからなのだ。

「ポジティブシンキング（**訳注**　物事を肯定的に、前向きにとらえる思考方法）」の提唱者の教えには反するが、恐怖にもそれなりの効用がある。アルコール依存症患者の多くが禁酒を続けていられるのは、酒を飲んだら苦しい状態に舞い戻ってしまうのではないかと恐れているからなのだ。

イメージを思い浮かべることに集中すると、毎日必ず力強い心の動きを体験し、それを改革の触媒にすることができる。自分がチェンジエージェント、つまり改革のプロセスを長続きさせる人間になれるのはそのときである。要は、目標に心の動きの勢いを加えることである。皆さんがやることは、その何の変哲もない目標を日誌のページから切り取って、鮮明で力強い映像に変えて脳裏に焼きつけることである。トレードを始める前に、まずは一つの目標で、頭のなかにある一つの映像で試してみよう。目標を設定するだけでは不十分だ。**それを感じ、実践しなければならないのだ。**

コーチングのヒント

それぞれの目標に基本的なシナリオを描いてみよう。自己改革を長続きさせることが「できなかった」結果をありありと想像してみよう。自分が変えたいと思っている間違った行動による特定の失敗体験をつぶさに追体験してみよう。自分の目標設定に基本的な条件を加えると、恐怖をモチベーションに変えることができる。そうすれば、脳は真っ先に危険に対処するようにできているため、もし自分の感情を危険と関連づけていても、間違った

行動を起こすことはない。わたしのダイエットも今日までしっかりと続いている。それは恐怖と仲良くなれたからだ。

レッスン2　社会的認知とセルフコーチとの関係

もし皆さんが今後自分自身のコーチになって自分のトレードの上達を目指したいと思うならば、皆さんをできるだけ素晴らしいコーチに育てなければならない。それはつまり、どうしたら自分にとって効果的なコーチングができるのかを理解することでもある。

調査の結果、心の変化で最も重要なのは、支援する者と支援される者との関係の質であることが分かった。もちろん、どのような技法を用いるかも大事だが、最終的には人間関係を通して伝達されるもの。研究論文によると、成功しているカウンセリングでは、支援される者は、支援する者を友好的で思いやりがあり、協力的だと感じているようだ。支援する者が敵対的だったり無関心だったりすると、自己改革のプロセスは行き場を失ってしまう。しかし、それにはもっともな理由がある。人間関係には魔力が潜んでいるからだ。

人間関係の魔力とは、そうした関係によって、ほかの人に認められるという極めて直接的な体験ができることである。最近、ブログ「トレーダーフィード（TraderFeed）」のある読者から電話をもらった。ブログに関する貴重なフィードバックは多くの読者から寄せられるが、この読者の場合はそれをはるかに超えていた。記事をすべて読んでおり、なぜこのブログに引きつけられたのかを説明してくれた。彼は究極の価値という言葉を口にしたが、それが三年にも満たない期間に一八〇〇回もブログを更新するに至ったきっかけなのだ。要するに、**トレードに磨きを掛けながら、生涯波紋を広げるように自己を成長させていこうという考え方に至ったからである。**

電話を切ったとき、わたしは悟ったような気がした。わたしはほかの人に認められていたのだ。母が他界したときは埋葬するまで何とか冷静さを保っていたが、やがて取り乱してしまった。すると、二人の子供たちが本能的にわたしに手を差し伸べて慰めてくれた。それはわたしの役目だったはずだ。その瞬間、子供たちのなかに自分を見たような気がした。もう一度言うが、わたしはほかの人に認められていたのである。

実現されていない関係とは、ほかの人に認められていないと感じられる関係のことである。そう感じられるのは、自分が誤解されている、または不当な扱いを受けているからである。そう感じられるのは、自分にとっては最も重要なことなのにほかの人にはまるで認知されていないからである。わたしはある女性とのとくに実現されていない関係を覚えている。あるクラブのダンスフロアにいたときのことだが、わたしが突然ぱったりと踊るのをやめても彼女は全然気づいてくれなかった。彼女が自分の世界に浸っていたからだ。これは当時のわたしを見事に象徴している。わたしは支柱のような存在だったのだ――ダンスフロアにいる理由にはなる。わたしと本気で踊ってくれる女性はいなかった。そのときに感じた何とも言えない、胸が痛むようなむなしさが転機になったのである。「二度とほかの人の目に留まらないような存在に甘んじたりするものか」

アメリカのロック歌手であるイギー・ポップの古い歌によると、ほかの人に認められていないというのは一種の「孤立」である。だが、だれかと一緒にいるのに孤立している、つまりほかの人の愛情に飢えている状態よりもさらに深刻な状態があるとすれば、それは自分自身から孤立している状態だ。自分で自分が見えなくなると、すっかり途方に暮れてしまう。

多くのトレーダーは、自分は何が一番得意なのかがまるで分かっていない。自分で自分を見失っているからだ。

だれにも価値観や夢や理想がある。しかし、そうした価値観や夢や理想をはっきりと心に思い描いたことが何度あるだろう。明けても暮れてもルーティン（型にはまった行動）にとらわれて、自分にとって最も大切なものとは距離を置いて生活すること、**それはほかの人に認められていないということである。**実用性という名の下に一番好きなものを危険にさらすこと、恐怖とか利便性から二番目に好きなもので我慢すること、それもわれわれを（自分自身から）孤立させることになる。妙に思われるかもしれないが、われわれはかなりの時間を自分で自分が見えない状態で過ごしている。日常の一部は、目標に向かってまい進するもうひとりの自分に気づかずに通り過ぎているのである。

これこそジレンマである。自分を成功に導いてくれる、まさにその力が自分に見えていないのに、どうやってセルフコーチングで成功しようというのだろう。結局のところ、自己改革が成功するかどうかを唯一最もよく表しているのが、支援する者と支援される者との関係の質なのだ。では、自分と自分自身との関係とはどういうことなのだろう。自分のトレードのセルフコーチになる場合、その努力が実を結ぶかどうかは、自分で自分が見えている状態を持続させ、自分自身との実現した関係の魔力を利用できる能力が自分にあるかどうかで決まってくるのである。

自分をうまく指導するには、自分で自分が見えていなければならず、自分はこういう人間なんだ、自分はこれを重視しているんだ、という考えを持ち続けなければならない。だが、どうすればそんなことができるのだろう。自分の内なるコーチとの目に見える肯定的な関係を築けるシンプルな方法がある。それはトレードにおける強みを一つだけ特定し、今後のトレードの目標として掲げることである。

わたしがトレーダーを指導するときには、トレーダーに前日のトレードで最もうまくいき、今日も続けたいと思うことを挙げてもらっている。**自分の能力を踏まえて肯定的な目標を設定**

し、**自分に内在する最大の強みに働き掛けていくのである。**そうすれば、たとえ相場が厳しくても、自分の有能さを確認し、それを目に見える状態にしておくことができる。それにしても、否定的な目標を掲げる人が多すぎる。「○○などするものか」「××のようなことはしない」などと宣言するケースが多いが、そうではなく、「これが自分の十八番なんだ」「これは昨日最もうまくいったトレードだから、その強みを今日も利用したいんだ」といった目標を設定することである。

トレードの目標はトレードにおける強みを生かしたものにすべきである。

トレーダーである自分とコーチである自分との関係では、その関係の質が自分の上達に重要な役割を果たす。**最高の関係が築かれるのは、目標がその価値観や際立った強みと関連づけられたときである。**とにかく、最悪のトレードをしたあとでも最も得意なことを探し出し、それを繰り返し、その範囲を広げていくことである。肯定的な行動を習慣に変えられるのは繰り返しだけである。自分の能力を見極め、強化する習慣を身につけていれば、自分で自分が見えるようになってくる。そうした関係の魔力、そしてそれがもたらす自信こそが、どんなに厳しい状況でも自分を元気づけることになるのである。

コーチングのヒント

前週にトレード日誌に記入した内容を見直すこと。自分で書いた肯定的で励みになるような言葉と否定的で批判的な言葉の数を数えてみること。否定的な言葉のほうが肯定的な言葉よりも多ければ、セルフコーチとの健全な関係が維持できていないことになる。日誌をつけていなければ、コーチは何も言ってくれない。それはどのような関係なのだろう。

レッスン3　自分の短所と仲良くする

改革には試行錯誤という意味がある。これに意欲をかき立てられ、今の自分以上の自分になりたいと切望するようになるわけだが、それで自己分割というわなにはまってしまうこともある。改革という概念を思い描くと、われわれは好きな自分と嫌いな自分とに分ける。自分自身を、長所と短所、善と悪、そして許容できるものとできないものに分けるのである。

一度こうして分けてしまうと、あとは善を受け入れ、悪を回避するだけである。短所は過ちや不運、または例外として片付けてしまう。そうすると自分自身の部分的イメージだけを自分に重ね合わせ、自分の短所を意識的に気づかないようにすることが可能になる。こうして頭のなかから追い出された短所がわれわれの学習を導くのは無理である。**われわれが成長したいという意欲を持ち続けることができないのは、自分自身の比較的全体の部分にばかり接しているからである。**

欲求不満からひどいポジションしか保有しておらず、しかもそれが損切り価格を割り込んでしまい、その日はマイナスで終わったと仮定してみよう。ただ、その週は横ばいで終わっているので、横ばいだという事実に考えを集中させる。すると、損失のことなどすぐに忘れてしまう。それで困ることはないが、そこからは何も学んでいないことになる。次のトレードでも欲求不満が募ってくると、また同じ行動を繰り返し、さらに損失を膨らませてしまう。うんざりしてきたので一休みし、また前向きな気持ちになったらトレードに戻ろうと決める。だが、実際には現実から目をそらして戻ってくるだけで、頭のなかから損失を追い払ったままである。結局はそうした自分の至らなさがまた顔をのぞかせ、それに正面から向き合わざるを得なくなるのである。

こうした自己分割は、肯定的な思考という虚構によって維持されることが多い。肯定的な思考に集中していれば、自分の過ちについて考えなくても済む。つまり、自分の嫌な部分と触れずに済むわけだ。臭いものにふたをすれば部屋は一見きれいに片付いたかにみえるが、やがてはそんな部屋も散らかってきて、とても住めない部屋になってしまう。

肯定的な思考は短所を受け入れないことで導かれるものである。

娘のデボンには、生まれつき鼻の脇に「イチゴ」状のあざがある。皮膚に赤いあざができる血管腫だ。あざはそのうちに自然と消えるから手術の必要はないと言われたが、幼いころのデボンの顔には大きな赤いしみがあった。しみの上にパッチを当てたり、手術を切望したりすることはできただろうが、われわれはそうしなかった。それは「デボンの」しみであり、当時のデボンの一部だったからだ。恋をすれば、あばたもえくぼである。まだ親になる前には汚れたおむつの交換など耐えられないと思っていたが、いざやってみると楽しかった。子供と一緒になって、また子供のためにそうしていた。おむつ交換は父娘のきずなを深める好機となった。

したがって、自分自身の汚れたおむつをいじるときもそうあるべきである。自分の短所は自分の一部なのだ。自分を愛してくれる人は、短所も何もかも全部ひっくるめて愛してくれるはずだ。**だから、もし自分を愛しているなら、自分の短所を十分に受け入れ、自分の極めて人間らしい面を正しく評価することができるはずである。**確かにおむつの話と同じで、そういう短所は機会、すなわち自分自身に歩み寄り、自分の成長を導く機会になる。長い間、わたしは社交の場では自分に自信が持てず、人とのかかわりをほとんど避けていた。だが、大学の学生寮のパーティーで気持ちを落ち着かせようとしていると、だれとも話をせずに壁際に立っている人が数人いるのに気がついた。一瞬だったが、わたしは彼らのなかに自分を見いだした。そこでわたしは彼らのほうへまっすぐに歩み寄ると、輪に入るようにと誘い、彼らを紹介して回った。それからというもの、わたしは自分の控えめな部分に働き掛けることができるようになり、今ではそれを人とかかわるときの励みにしている。わたしが成長したのは、肯定的な思考によるものではなく、自分の傷つきやすさを受け入れたからである。

最近、損をしたことがあるだろうか。自分のトレードでの短所のせいで資金や機会を失ったことがあるだろうか。差し当たっては、自分の短所を受け入れることを考えてみよう。どのような負けトレードにも何らかの教訓があるものだ。一日のトレードを終えたら、三列の表を作ってみよう。一列目は自分の負けトレードの内容、二列目はその負けトレードから学べること、そして三列目は学んだことを踏まえた翌日の改善策とする。負けトレードから学んだことは相場についての識見になる――トレンド相場だと思っていたが、おそらくレンジ相場だった。このような識見がその後のトレードの枠組み作りに役立つのである。また、負けトレードから学べるのは自分自身のことかもしれない――リスクマネジメントをもっと効果的に行う方法についての識見など。**いずれにしても、いくら負けようが、自分がそれを受け入れ、そこから学んでいるかぎり、けっして全財産を失うことはない。**

逆境のなかでチャンスを見いだすことができれば、セルフコーチングは成功したに等しい。

トレード日誌を作るなら、自分の最悪のトレードと向き合い、それをチャンスに変えられるものにすることだ。欠点だらけで取引明細書が台無しであろうが関係ない。赤字であれ何であれ、それが自分の取引勘定なのだ。自分の短所を忘れなければ強くなれるのだ。ありのままの自分を受け入れ、自分がなりたい自分になるための最初の一歩を踏み出してみよう。

コーチングのヒント

次章で見ていくが、ジェームズ・ペンベーカー氏の研究は、一日に最低でも三〇分、ストレスの多い出来事について言葉で表現してみると（日誌に書いても声に出して言ってもよい）、そうした出来事を大局的にとらえ、乗り越えることができると提言している。ひどいトレードを体験したら、それを言葉で表現してみよう。そのトレードについて最後まで話し、脳裏にその教訓を焼きつけておこう。もしひどい負けトレードをどう感じたかを忘れずにいれば、そうしたミスを繰り返す可能性は低い。痛みを受け入れれば勝ちにつながってくるものである。

レッスン４　環境を変え、自分自身を変える

人は周囲の環境に適応する。われわれはさまざまなスキルやパーソナリティー（訳注　人の性格や個性）を利用して多種多様な環境に適応している。だから、同じ人でも、社交の場と職場とではまったく別人のように見えるのだ。旅の変わらぬ魅力の一つは、自分の生まれ育った環境を離れ、見ず知らずの人々、なじみのない文化、そして違う習慣に適合せざるを得なくなることである。**そうして適合していくと、自分自身の新たな面が見えてくる。**これから簡単に見ていくが、相違はあらゆる改革の母である。同じ環境にいると、型にはまった同じ考え方や行動に依存してしまう傾向がある。

数カ月前、シカゴに戻る便を待ちながらラガーディア空港のホテルに滞在していたときのことだが、わたしは急性虫垂炎の痛みに襲われ、最寄りのクイーンズ区ジャクソンハイツにあるエルムハースト病院の緊急治療室に駆け込んだ。すると、診察待ちの患者が大勢いるなかで、どうやら英語を母国語にしているのはわたしだけだった。視線が集まってしまい、少し面倒なこともあったが、ようやく入院が認められ、回復するまでの数日間を考えられるあらゆる国籍の患者や病院スタッフに囲まれて過ごした。退院するときには、かなりくつろいだ気分になっていた。それ以来、わたしは同じホテルに滞在し、いつも決まって近所を訪ね歩いている。以前なら間違っても足を踏み入れないようなところである。そんな環境に適合したわたしは、隠

れた長所を発見し、隠れた偏見や恐怖をいくつも克服した。

自己改革の最大の敵はルーティン（型にはまった行動）である。うっかりルーティンに陥り、自動操縦装置を動かしていると、自分は何をしているのか、なぜそんなことをしているのかを十分かつ積極的に意識することがなくなってくる。人の成長にとって最も実りある状態――なじみのない環境のなかで起きる状態――とは、ルーティンから脱却し、積極的に不慣れな難題を解決せざるを得ない状況だというのは、そういうことなのだ。

なじみのある環境やルーティンでは自動操縦装置を動かしているだけである。それでは何ひとつ変わらない。

トレードのセルフコーチとして行動するときには、十分に意識を保ち、リスクとチャンスに目を光らせていること。そのときに最大の脅威になるのは、自動操縦モードに入ってしまい、自分の置かれている状況を考えず、十分に意識もせずに行動することである。トレード環境を変えるには、無理やり不慣れな状況に適合させること、すなわちルーティン（同じ心理的環境や物理的環境）を打ち破ることである。環境が常に同じなら、同じ思考や感情、行動に引きずられてしまう。われわれが思考や行動の繰り返しパターンから脱却できないのは、ルーティンから脱却できないからである。確かに、同じパターンを繰り返すのは、良くも悪くも、まさにそのパターンが現状に合っているからだ。では、どうすればトレード環境を変えられるのだろう。重要なのは、自分の物理的環境は周囲の環境の一部にすぎないのだという認識を持つことである。ここでリスクと可能性を喚起してくれるルーティン打破行動をいくつかご紹介しよう。

一．異論を模索する　自分と異なるやり方、つまり異なる時間枠やマーケット、スタイルでトレードしているトレーダーたちと雑談すると、自分の見解が固まったり、あるいはそれに疑問を抱いたりすることが多い。同様に、新たな視点で資料を読んでみると、自分の考え方を違った角度から検討することができ、自分のトレードの前提条件に疑問を抱いたりする。わたしも二〇〇七年第４四半期までは比較的長期の株式相場について強気だったが、自分の見解と相いれない情報に基づく見解や自分の構想とも合わない専門的なデータを無理やり読んでみたところ、初めて自分の見解が変わり、多額の損失を回避することができた。

二．全体像を調べる　今日、この瞬間、どのようなトレードをしているのだろうと、短期の相場ばかりを見ていると、簡単に自分を見失ってしまう。定期的に長期のチャートを縮小表示して見たうえで、現在の行動を前後関係に当てはめてみることが大切だ。確かに最高のトレードアイデアのなかには、まずは全体像を見てから短期の売買に進んでいくものがある。長期の支持線と抵抗線、取引レンジ、マーケットプロファイルなどを見る場合にはとくにそうだろう。視界を変えてみると、直近の相場だけを見てすぐに反応する不案内なトレードを回避することができる。マーケットにはっきりしたものが見えたら、時間枠を変えてみて、まったく別の視点から見ることである。ある視界でははっきり見えるものでも、別の視界では明らかに違って見えることもある。

三．関連する視界を調べる　単一の銘柄やセクターの動向が広範なマーケットでの出来事を浮き彫りにすることがある。あるクロス通貨のレートだけが急騰することもある。債券の大幅反発はあるだろうか。利回り曲線の傾斜は大きいか小さいか。さまざまな金融商品や資産クラスを見ていると、固定観念にとらわれなくなる。わたしは相場が一方向に動いているのか（トレンドを形成しているのか）、それともレンジ内で違う動きをしているのかを調べるため、取引時間中にセクターＥＴＦ（上場投資信託）を追っていた。もし債券トレーダーが安全なところに避難しているのかリスクをとっているのかが分かれば、先手を打って株式を売買することができる。金融マーケット全体を見ていれば、先入観にとらわれずに済むようになる。

四．休憩する　われわれは休暇を取ってリフレッシュしてから職場に戻るが、それと同じで、一時的に画面から離れてみると、新鮮な気持ちで相場を見られるようになる。劇的な動きや閑散とした動きに集中するのも楽になる。トレードするのを控えて頭のなかを空っぽにしてみると、不明瞭なものが見えてきて、ほかのトレーダーが気づかないうちに利食うこともできる。負けトレードのあとには休憩するのが一番だ。損失とそこから学べる事柄に集中できるからだ。

もし快適な環境ならば、それはおそらく自己改革にはつながらない。

手短に言えば、望ましくない無駄な思考と行動のパターンを打ち破るため、自己改革を最も必要としているのが心のルーティン、つまり心の環境である。自分のトレードのセルフコーチになると、自分の思考を学ぶだけでなく、その思考について考えることも学ぶはずである。新たなアイデアを抱き、陳腐なアイデアを疑い、そうでなければルーティンの陰に隠れたままになっている活力やインスピレーションの源を発掘するには、自己と相場を毎日、新鮮な視点で見ることである。わたしのクイーンズでの体験からも分かるとおり、ちょっと変わった自己改革ほど適応能力を最大限に引き出すトリガー（誘因、引き金）になるのである。

コーチングのヒント

多くの場合、何よりも真剣に受け止める必要があるのは、自分が最も軽視している相場見通しである。というのは、われわれは相場見通しをやや脅威だと思っているからだ。自分がどうしても賛同できない解説を見つけだし、もしその解説が正しいと分かったら自分は相場をどう見るだろうと自問してみるとよい。ある見通しがすぐに駄目だと思ったら、別の見方をすればよい。自分が却下した見通しに説得力がある、または危険だと感じるものがなければ、それほど守備的になる必要はない。

レッスン5　焦点注意で感情を転換する

トレーダーがコーチングを求めるときには、自分の意思決定を左右する特定の心の動き、すなわち怒り、欲求不満、不安、疑念に悩まされているのが普通である。トレーダーは感じ方を変えることを目標にするが、その変え方を知らないのである。「自分は自分だよ」と、自分の心の動き方を変わることのない一定のパーソナリティーの一面だと思っているトレーダーもいる。

確かなのは、その人の特性や気性によって物事をどう体験するかが変わってくることである。さまざまな心の動き方を明確にするときには、そうした特性や気性が大きくかかわってくる。物事（の善悪）を強く感じる人もいれば、ほとんど感じない人もいる。研究で特定されている五大パーソナリティーの一つである神経質とは、否定的な心の動きを体験する傾向だ。こうした特性と同様、神経質には強い遺伝的要素もある。われわれは自分の運命なら自由に操ることができると考えがちだが、自分の心の動き方の大半が生まれつきのものだという事実には粛然とする。

では、特定の状況における感じ方は変えられないということなのだろうか。そんなことはない。心理学的技法が心的外傷後ストレス障害や不安障害の克服に役立つなら、われわれが通常の生活での感じ方を自由に操るときにも役立つはずである。自分のパーソナリティーは変えられないが、**パーソナリティーが表れる形は変えられる場合が多い。**

多くのトレーダーが陥るわなは、思考で感情をコントロールしようとすることである。われわれは、気分をすっきりさせよう、または違った感じ方をしようと自分に言い聞かせるが、うまくいったためしがない。損失を嘆きながら、大丈夫だといくら自分に言い聞かせても、それは実際の体験に働き掛けているわけではない。感じ方は心のなかの現実の表れである――論理的な現実の表れだと言うと、個人の存在意義やその状況の重要性はどうでもいいことになる。感じ方というのは、いくら意志力（自制心）があっても抑えられないものなのだ――もし違った感じ方を望んだり違った感じ方をするように自分に言い聞かせたりすることが可能ならば、世界中で心理学者の数はぐっと減るはずだ。

もし皆さんが自分のトレードのセルフコーチになるなら、**感じ方には情報が含まれていると考えると好スタートを切ることができる。**認知神経科学の研究では、合理的な意思決定には感じ方が不可欠な要素であることが分かっている。脳が損傷し、情動処理がうまくできなくなると、結果的に行動が大きくゆがんでくる。皆さんのコーチングの目標は、困難なトレード（意思決定を妨げるだけの戦略）をしているという感じ方をしないようにすることではないし、無分別にそういう感じ方に従って行動することでもない。感じ方を変えるには、その感じ方を十分に認識し、そこから重要な情報を引き出すこと。それが最も建設的なやり方である。

自己、他人、世界を自分がどう評価しているかは、感じ方が教えてくれる。

ここではテキサス大学教授ジェームズ・ペンベーカーの研究をご紹介するのがよいだろう。ペンベーカー教授と同僚たちは、心的外傷（トラウマ）や危機といった困難な心の環境に効果的に対応できるようになるには、一日に三〇分、日誌をつけたり大声で話したりすることに絶大な効果があることを発見した。潜在的な感情を顕在化させるときには、その感情を別の角度から考え、違う状況に当てはめてみることである。例えば、トレードの成績が芳しくなく、自分に対する憤りや欲求不満を感じているなら、そうした思考や感情を長々と日誌に書き込んでみるとよい。そうした思考や感情を書きつづったり、あとで自分で書いたものを読んだりすると、はっと気づくだろう。「ちょっと待てよ、俺は自分に厳しすぎやしないか。それほど悪くないじゃないか！」と。そうすることで、否定的なセルフトークをやめ、再び相場に注意を向けることができるわけである。

心の動きを認識できなければ、そこに含まれる情報を得ることはできず、よって視界を変える機会も見落としてしまう。憤慨したり不満を募らせたりしていると、緊張を無視し、分別なく前進しようとするが、そんなトレーダーは翌日もあっさりと同じような緊張を招いてしまう。トレードでミスをして最初に挫折を感じたときにはとくにそうである。近ごろ、わたしはあるトレーダーと面会したが、彼は午前中ずっとトレンドと闘い、取引時間が終わるまで欲求不満を募らせ、夕方になると怒りを爆発させていた。もしその欲求不満を自分のトレード分析に利用していたら、きっとトレンドに乗って大きな利益を出していたに違いない。心の動きを無視してしまうと、もう変えることはできない。皮肉なことだが、そうした心の動きを認識し、受け入れ、それを自由に表に出すことが自己改革のきっかけになるのである。

それはつまり、どのような体験であれ、気持ちを十分に発散させるべきなのかというと、そうではない。心理学の研究からは、好き勝手に心の動きを表に出していたのでは集中力やパフォーマンスに支障が出てくることも分かっている。ただ腹を立てたら大声を張り上げ、気がくじけたら膨れ面をするだけでは、心の動きを変えることはできない。当然、そもそもの不調の原因である状況を変えるには程遠い。例えば、先のトレーダーは午後の時間の大半をプリプリしながら過ごし、けっして怒りを静めることはなかった。このような心の動きに対する反射的な行為はそうした心の動きを強化するだけなのだ。つまり、欲求不満のまま行動したのでは、欲求不満を克服することはできないのである。

無分別に心の動きを表したり心の動きに従って行動したりするのは、心の動きに目をつぶるのと同じで非生産的である。いずれも自分の感じ方に含まれる情報から学ぶのを阻むことになる。

また、アイデアを思いつくというのは感情を転換することである。感情を無視することでも感情に浸ることでもない。ある感情の状態を別の感情の状態に置き換えてみるのも、その方法の一つである。これは感情を感情に置き換えるのであり、感情を思考に置き換えるのではない。『精神科医が見た投資心理学』（晃洋書房）では、瞑想に入り、トランス状態を体験するのにアメリカの作曲家フィリップ・グラスの初期の音楽をどのように利用したかを説明した。実際、平穏を呼び起こす刺激、すなわち「焦点注意」は、感情を転換させる手段として効果を発揮する場合がある。要は、欲求不満や落胆の気持ちが強い間はヨーダ（**訳注** 映画『スター・ウォーズ』に登場するジェダイのマスター）の状態（落ち着いて集中している状態）を喚起し、それを持続させることである。その点ではバイオフィードバック法（**訳注** レッスン26を参照）がとくに役立つだろう。変わったあとの状態をうまく持続させられているかどうかを、コンピューターアプリケーションがリアルタイムでフィードバックしてくれるからだ。穏やかな気持ちでいるときや集中しているときに、怒りや不安、ストレスなどでひどく興奮した状態を持続させるのは事実上不可能だ。リラックスした状態だと、「闘争・逃走モード」にどっぷりと浸かっているときとは異なる視点や洞察力も使えるようになる。

練習問題の一つとしてトレーダーにお勧めしたいのは、紙に二つの温度計を並べて描き、その紙を何枚もコピーし、一つの温度計には自分の欲求不満の温度を、もう一つの温度計には自分の自信の温度を記録することだ。紙は自分のトレードステーションのそばに置いておき、今はどの程度欲求不満なのか、またどの程度自信があるのかを、それぞれの温度計に温度として記録するだけでよい。

欲求不満が強く自信過剰にもなっていると、最悪の意思決定を下したり、トレードの原則に違反したりする可能性がある。取引時間中に常に「心の温度」を測る必要があるならば、パフォーマンスが台無しにならないうちに、心理状態を把握する仕組みを作っておくことだ。

そうして欲求不満の温度が上がってきたのが確認できたら、自動的に、数分間画面から離れてトランス状態に入るという規則を作っておくとよい。トランス状態に入るには、呼吸を調節し（とくにゆっくりと深呼吸をし）、音楽、イメージ、目の前にある写真など、自分の注意を引くものに集中すればよい。身体を落ち着かせ、心の温度を上げるような状態から注意をそらしたら、予定どおりのやり方で穏やかに行動するのが楽になるように状態を変えていく。練習を重ねれば、これはほんの数分でできるようになり、それによって情けない意思決定を下す前にそうした破壊的なパターンの数々を避けることができる。

要は、一日中、常に自分の心理状態を把握していることである。自分の観察者に、そしてコーチになるためには、この温度計を使うのが簡単で面白い方法である。

コーチングのヒント

第9章の呼吸についての識見をよく読んでみよう。SMBキャピタルのマイク・ベラフィオーレ氏は、パートナーのスティーブ・スペンサー氏と共に、トレード教育の一環としてプロップファーム（訳注　自己売買取引の専門業者）のトレーダーたちに呼吸法をどう指導しているかを説明している。瞑想の訓練をしている人ならお分かりだろうが、心の動きをコントロールするには、まずは身体をコントロールすることから始めることである。

レッスン6　適切な鏡を見つける

自分の姿を映し出してくれる物体が鏡である。鏡のおかげで、われわれは自分の外見を知ることができる。しかし、自分の姿を凝視してみると、物理的な反射以上のものが見えてくる。**それは、事実上われわれの体験のすべてが心の鏡として作用しているからだ。**つまり、自分が周囲の世界に及ぼしている影響によって映し出される自分自身を見ているわけである。結局は、人生で適切な鏡を見つければ、かなりの自尊心や価値観や有能感が得られるということである。

では、まずは恋愛関係の話から始めよう。われわれが適切なパートナーを決めるときには、自分の人格を知っており、評価してくれる人を選ぶ。その愛情とサポートは継続する。それは一貫して自分に跳ね返ってくるため、自己を深く確認することになる。同じように、「何て良い子なの！」「まあ、お利口さんね！」のように、両親は常に子供のアイデンティティーを正確に映し出している。**われわれのセルフトークは、まさにこうした幼少期の会話から生まれてくる。つまり、われわれは重要な人間関係から聞こえてくる声を内在化しているのである。**

虐待関係が極めて有害なのはそういう訳なのだ。相手を攻撃したりおとしめたりする、または単に意に留めない配偶者と人生を共にする、あるいは怠慢な両親に耐えるというのは、常にゆがんだ鏡と向き合っていることになる。子供は長い間にそのゆがんだイメージを受け入れてしまい、もはや安心感を抱くことも、自分が愛されているんだ、大切にされているんだと感じることもなくなってしまう。そして、こうしたゆがんだ自己イメージから、自分のアイデンティティーを認めてくれるパートナーを選ぶが、悲しいかな、そのパートナーは過去に同じような言動を体験していたりする。虐待を受けた子供が、気がついたら虐待関係のなかにいるというのはそういうことなのだ。不安定な人がいかに不安定な結婚に至ることか。

人間関係は最強の心の鏡かもしれないが、自分の心の動きの勢いや継続的な影響を考えると、人間関係が自己イメージの唯一の決定因だとは言い難い。ブログ「トレーダーフィード」に書いたデボンの法則は、われわれのやることなすこと「すべて」が心の鏡なのだという意味である。わが娘のデボンは嫌な作業に取り組むときにはいら立ち、結果的には力不足を感じていたようだが、大好きな作業を続けているときには作業をしているという感じではなく、充実感や自信にあふれていた。最良の作業というのは、われわれの興味や価値観に訴え、われわれの能力をやりがいのある難題に見合ったレベルに引き上げてくれるものである。自分にとって大切な作業をひたすら効果的にやっていけば、価値観や有能感を味わう鏡映体験が得られるようになる。逆に、自分の能力が試されることもない無意味な作業をしているときには、退屈さや意味のなさ以外の感情を抱くのは難しい。**仕事での成功のほとんどは、適切な鏡を見つけることにある。適切なはしごを登っていけば、頂上にたどり着くのもはるかに楽である。**

デボンの法則の詳細については、わたしのブログ（http://traderfeed.blogspot.com/2006/12/devon-principle.html）を参照してほしい。

心理学者としてのわたしの仕事にとって、人の生涯に有意義で良い影響を及ぼすことほど心強い鏡はない。相手をよく知り、気に掛けるようになるととくにそうである。わたしは大勢の聴衆を前に講演をしたり、広く読んでもらえる記事を執筆したりしては楽しんでいるが、真の喜びは、真価があるアイデアを思い描いている人から話を聞くことである。また、実を言うと、広い会議室で基調講演をするよりも、カウンセリングやコーチングでひとりの人を支援するほうがずっとやりがいがあると思っている。カウンセリングやコーチングで自分の人生を変えようとする人は鏡を作り出し、その鏡が支援関係にある互いの正当性を認め、向上させてくれるからである。わたしが最も成功したと思うのは、こうした肯定的な鏡映体験に浸っているときであり、最も失敗したと思うのは、最終的には限られた自意識しか感じられない活動に従事しているときである。

皆さんがセルフコーチになるときの課題は、トレードそのものが高まる自信や能力を映し出す体験になるように、自分の学習や能力開発を計画性のあるものにすることである。多くのトレーダーはセルフコーチングを日誌をつけるだけにし、しかもその後、日誌をつける作業も失敗をすべて詳述するだけにしている。その結果、自己批判とさして変わらないままで終わってしまう。日誌に極めて否定的な内容が書かれているときには、トレーダーの鏡に何が映し出されるのだろう。批判ばかりする教師やコーチを雇ったときには何が映し出されるのだろう。そんなコーチングはやがて失敗に終わり、より激しい無能感や挫折感を味わうことになる。

肯定的な鏡を作り出すには、目標の追求を計画的なものにするのが最も良い方法の一つである。やりがいがあり、有意義で実行可能な目標を設定すれば、勝利と成功という可能性のある体験を作り出すことができる。**セルフコーチングという手段を継続することを目標に加えれば、力強く自己肯定的な心の動きを体験する機会を継続的に得ることができる。**心理学の研究から、こうした心の動きは、普通の日常体験よりも深く、持続的に処理されることが分かっている。優秀なセラピストはクライアントの過去のパターンに立ち向かうような鮮明な体験を作り出すが、同じように、優秀なコーチもトレーダーのために心強く肯定的な鏡映体験を作り出してくれる。

目標は、自分が自立して成功を目指し、自信をつけられるようなものにすべきである。

さあ、ここで皆さんに課題を出そう。今週は特定のトレードでの具体的な目標、その目標達成のために取る具体的な行動、そしてトレード終了後にその目標達成の度合いを測るための自己評価をトレード日誌に毎日記入すること。**目標は、利益目標（最終的には自分でコントロー**

ルしないもの）ではなく、自分で改善したいと思っているトレードのプロセス（自分でコントロールするもの）にすること。例えば、トレードのサイズを徐々に大きくする、既存のトレードに段階的に戦略を導入する、または大きなトレンドに合ったセットアップにトレードを制限するといったことでもよい。最後に、その日に設定した目標をどの程度達成できたかを踏まえてレポートカードを作成する。そのカードを画面の脇に並べておけば、自分の成績を伸ばしたり進捗度を測ることができる。もし成績が悪ければ、その行動を改善することが翌日の目標になるし、もし成績が良ければ、次のトレードで新たな目標を設定すればよい。必ず自分のトレードのイメージに意識的に働き掛けてトレードするようにするのがこの狙いである。

目標を設定するだけでは不十分である。その目標達成までの歩みを追跡し、その情報を将来の目標に組み込む手段も必要だ。

もしこのような目標設定だけで終わらせているならば、成績は芳しくないかマイナスで終わっているかのどちらかだ。しかし、セルフコーチングと自己改善を現在の自分のトレードキャリアの一部にすることが狙いではなかったか。なぜだって？　それは単に金儲けをするためだけでなく、自分の有能感や自信を持続させるような体験を作り出すためでもあるからだ。幼い子供のことを考えてみよう。子供が悩んでいるときに限って肯定的なフィードバックを与えていないはずだ。自分の愛情や扶養は、子供が一貫した自己イメージを持ち続けられるような継続的なものである。成長過程にあるトレーダーは、そんな子供に似ている。心強い鏡映体験を作り出せるかどうかによって、消耗を乗り越えて果敢にチャンスを追い求める楽観と勇気とを持ち続けられるかどうかが決まってくるのである。

損失を制限し、自分の長所を伸ばし、勝利への具体的な手段を講じれば、たとえ利益が出ていなくても一日一日のトレードが肯定的な体験になり得る、という法則に注目してほしい。負けトレードの日をなくすことはできないが、自分が負け組だと感じる日は絶対になくなるはずだ。

コーチングのヒント

レポートカードを作るときには、自分の上達の度合いを基準にして評価すること。抽象的な（または完璧主義的な）成功を基準にしてはならない。もし昨日よりも今日のほうがトレードマネジメントがうまくできていれば、それは良い成績だと言える。目標は上達することである。上達することに集中すれば、自己改革の効果的な鏡を作り出すことができる。絶対目標ではなく相対目標を設定すれば、望みの結果を出すことができ、力がみなぎってくるような楽しい旅が約束されるはずだ。

レッスン7　焦点を変える

もし行動を変えたいなら、見方を変えなければならない。これが心理学の重要なルールである。世の中がどのような色に見えるかで、人生のさまざまな出来事への対応も変わってくる。われわれはただマーケットに反応しているだけではなく、そのマーケットへの対応の仕方にも反応している。われわれの思考は、トレードとトレーダーの間のフィルターの役割を果たしているのである。

われわれがよくマーケットに対して大げさに反応するのは、トレードしている金融商品に異常事態が発生しているからではなく、一連の否定的な思考が自分のパフォーマンスを妨げているからである。例えば、わたしの場合、寄り付きから数分間は、一時的に買い注文が相次いでもミニＳ＆Ｐ先物が夜間取引での高値を抜けられないことが分かっている。その後もマーケットに大勢のトレーダーが入ってきて次々に値を付けていくのを眺めている。そこでわたしはこういう仮説を立てる。「強気を持続させるのは無理だし、夜間取引での高値を抜くこともないだろう」と。さらに、昨日の値幅のところで仕切れば、午前の平均取引価格になるだろうと推測する。わたしは、ＮＹＳＥ（ニューヨーク証券取引所）のＴＩＣＫ指標（**訳注**　値動きが変動する頻度を表す指標）が高値を更新しないで、上昇するのを待ち、その好機を利用して先物を売ろう……。しかし、相場が自分に有利な方向に動くと、すぐに利食いしたほうがよいだろうという考えが浮かんでくる。その週はそれまで負けていたからだ。その後、買いシグナルが点灯し、わたしのポジションも含み益を削りながら高値で推移している。ここまで来ると、わたしもいささか心配になって小さな利益を確定する——結局は相場が大きく下落して、やがて当初の利益目標に達するのを眺めていることになる。

このシナリオでは何が起きたのだろう。不安がわたしのパフォーマンスを妨げて、しっかりしたトレードプランをひどいトレードにしてしまったのだ。だが、不安は相場の動きとは何の関係もない。わたしのアイデアがひどいことを証明するために相場が何かをしたわけではない。確かに買いシグナルのおかげで指数先物価格が一時的に上昇したときには、増し玉する申し分ない機会が得られていた！　わたしはせっかくの良いアイデアから利益確定のチャンスを見逃してしまっただけでなく、ホームランを打つチャンスも見逃してしまったのだ。長期的には、負けトレードを少額に抑え、そうした数少ないホームランを打てば利益が出るようになる。

トレーダーの多くの問題は、損失にどう対応するかではなく、チャンスにどう対応するかではっきり見えてくる。

予想外に乱高下する相場に対し、不安が正当かつ適切な反応を示すこともある。ブログにも書いたが、結局、不安というのは知覚された危険に対する身体の適応反応である。しかし、危険が客観的な現実ではなく、知覚された結果という場合もある。わたしは相場の動きに没頭してトレードを始め、仮説をまとめ、アイデアをうまく実行に移す。ところが、ある時点でわたしの考えは目の前の相場からそれてしまい、代わりに今週はこれまでにいくら損失を出したかと考えている。こうして損失のことを考えると、危険や脅威という感覚が生まれてくる。相場に反応するのではなく、損益に対する不安に反応しているのだ。自分の思考プロセスが、相場に没頭していた自分を相場からそらし、最後にはゲームからもそらしてしまうのである。

冷静で落ち着いているときには、自分のアイデアやプランの確かさが過去数日間のトレードとは何の関係もないことがはっきりと分かるが、もし損益に対する不安をトレードに持ち込んでいたら、そうした考えが行動を左右しているはずだ。もう相場には没頭できない。集中力もなくなっている。つまり、自分の確信のなさや不安感に反応していることになるわけだ。

自分のプランや客観的な相場の動向を踏まえたうえで、なおかつ焦点を変えるにはどうすればよいのだろう。その第一歩は、自分の心を動かすトリガー（誘因、引き金）を知ることである。トリガーとは、一般にはパフォーマンスに対する考えや心配事など、トレード中に割り込んで入ってくるものである。損益に対する不安もトリガーだが、見込み利益に対するワクワク感も別の意味でトリガーである。トレード中の対応がいかにうまいか、まずいかを考えさせてくれ、トレーダーの肩をポンとたたいてゾーンから引きずり出してくれるのもトリガーだ。自分のトリガーを知っていれば、それを感じたときに封じ込めやすくなり、車の騒音など、通常のいら立ちに対応するのと同じように対応することができる。

言い換えると、**集中力が奪われるのはトレードの成績のことを考えるからではなく、自分がその考えに共感してしまうからである。**これは大きな違いである。だれもが雑念を抱くものだが、そうした雑念に共感してしまうと、相場でもトレードプランでもなく、その雑念にとらわれてしまうものである。

否定的に考えるのは仕方がない。問題はそうした考え方を受け入れるかどうかである。

瞑想は実に効果的な訓練だ。瞑想の目的のひとつは、気が散るような内なる対話や衝動をすべてはねつけて集中力を持続させることで、心の平穏を作り出せるようにすることである。簡単に瞑想に入るには、トレードを始める前の一五分間、楽な姿勢で椅子に座り、横隔膜からゆっくりと、リズミカルに呼吸をすることだ。そしてその姿勢のまま、ヘッドフォンから流れてくる静かな音楽に集中する。できるだけ音楽に没頭することだ――とりとめのない考えが浮かんできたら、すぐにまた音楽やさまざまな楽器の音色に集中するようにする。

数分間そうした集中を持続できるようになったら、今度はトレードの成績という最大の不安をわざと思い起こす――**座って集中しながら、リズミカルに深呼吸をする。**一度にひとつの不安を想起したら（最近の損益についての考えか恐怖など）、次にその考えをはねつけて再び音楽に集中する。不意によぎってくる考えを抱くのではなく、わざと思い浮かべて集中したら、今度はそれをはねつけて、平静を保って集中する。ゆっくりと深呼吸をし、否定的な思考をゴミ箱に捨てるゴミだと思っていれば、イメージを思い浮かべて自己を誘導することができる場合もある。否定的な思考を避けるのではなく、それを自分の心に対する侮辱の言葉として思い描くのだ――それからゴミを捨てている自分をイメージすればよい。

これを毎日数分間やると、否定的思考のパターンをコントロールする訓練になる。最も重要なのは、否定的な思考に共感するのではなく、そうした思考を観察する人間になる能力を身につけることである。自分について何かを観察できれば、すぐに心の距離が生まれてくる。否定的な思考に共感していなければ、それがいくら否定的でも、好ましくない行動の引き金になることはない。日々の瞑想は、自分の「内なる観察者」を育て、自己改革のプロセスを長続きさせる力強いやり方なのである。

コーチングのヒント

いくら利益が出ているのか、いくら損失が出ているのかなど、トレード中に損益につい

ての考えに取りつかれたら、短い休憩を取ってリズミカルに深呼吸をし、そのとき相場がどう見えているのかを言ってみる。目標は相場に集中することであり、自己に集中することではない。穏やかでリラックスした状態と相場への強い集中とを交互に繰り返せば、肯定的な習慣がパターン化され、身体が心を抑制するような状態にしておくことができる。

レッスン8　生活を変えるための脚本を書こう

生活を変えることについては、ニワトリが先か卵が先かという難題がつきまとう。行動のパターンを変えるにはそのパターンから抜け出す必要があるが、仮にそういうパターンに陥らないようにする能力があれば、そもそもパターンを変える必要などないはずだ。自分のトレードのセルフコーチになることを目指してはいるが、数週間、数カ月間と繰り返される問題のパターンから距離を置くすべを知らないトレーダーに共通しているのがこのジレンマである。

過去の問題のパターンから新しい肯定的なパターンに移行する方法を正しく認識するには、芝居を少し理解しておく必要がある。**とくに人生という舞台で演じられるさまざまな役回りという点から、まずは人生について考えてみるのが有益だ。**「この世界はすべてこれひとつの舞台」

とはシェークスピアの言葉だが、われわれはその舞台であらゆる役を演じているのである。人生の役には自然と筋書きができているという特徴がある。一般にわれわれはそうした役を幼少期に学び、しばらくは自分に有利に働いているかにみえるが、結果的には「過剰学習」されることになる。例えば、われわれは文句を言ったり勝手に振る舞って規則を破ったりすることで親の注意を引くことを学ぶが、やがてそうした行動が具体的な一定の行動になり、他人と衝突すると、欲求不満から知らず知らずのうちに泣きごとを言ったりかんしゃくを起こしたりするようになる。幼少期には他人の注意を引けばよかったことが、大人になるとマイナスに働き、仕事や恋愛関係の妨げになってしまうというわけだ。

トレード上の多くの問題には、まさにその筋書きができているという特徴がある――われわれは同じパターンを繰り返し演じている。まずは慎重かつ入念にトレードを始めるが、やがて資金を減らし、欲求不満が募ってくる。その欲求不満から、今度は規則を破り、損切りを無視しては深刻な損失を被ってしまう。そして負けポジションを手仕舞うとホッとして、今度こそ慎重かつ入念にやろうと心を新たにする――次の欲求不満が襲ってくるまでは。二人で共に生きていこうと決めたが不満が募り、あわや離婚というほどの大げんかをし、ようやく仲直りをして互いを傷つけ合うのはやめようと固く誓った夫婦とまったく同じである。あるいは、もうギャンブルはしないと誓ったものの、結局は少しの例外を作り、有り金を失ってからカジノに足を運ばなくなった人間が、「二度とカジノになんか行くもんか」と言い張っているのとまったく同じである。

トレードには、データを処理し、適切な行動を決定する自由な発想が求められる。しかし、過去の筋書きを機械的に追体験しているなら、もう自由意志などいらなくなる。

芝居という点から見ると、このような繰り返しのパターンとは、成功を切望する無一文の人間の役、不当な扱いを受けている妻の役、規則に縛られるのを嫌がる自由気ままな人間の役など、われわれがこれまでに覚えてきた「役」を演じること——定期的にそれを再演すること——である。わたしが一緒に仕事をしたあるトレーダーは、過保護で厳しい家庭に育った。一〇代のころには反抗し、やがて束縛されることに不満を募らせるようになった。やがて人間関係（浮気をしないこと）とトレードの規則（会社のリスクマネジメントの規則）を破ったことがきっかけで、次々と失敗を重ねるようになっていった。このトレーダーは、不幸な結末しか迎えようのない脚本を実際に演じていたのである。

しかし、もし人間関係という体験を通して脚本が手に入れば、違う役を演じることで、間違いなく違った体験ができるはずだ。ある知り合いのトレーダーは自堕落で規律のない生活を送っていた。それはトレードだけでなく、健康状態やアパートの状態にも表れていた。そんな彼が突破口を切り開いたのは、フィットネスクラブに入会して個人インストラクターを雇ったとき。彼は定期的な講習と運動で体を鍛え、自己改善の努力を積み重ねた。やがて活力が高まっていくのを体験し、体が鍛えられていく自分を感じるにつれ、自発的にアパートの掃除や自分のトレード規則に磨きを掛けることにも率先して取り組むようになった。インストラクターとのトレーニングで、彼は新たな自分を映し出す新たな脚本と肯定的な体験とを手に入れたのだ。**新たな役を演じ、違った方法で自己を体験することが、彼の生活のさまざまな面に影響を及ぼしたのである。**

もう一つ例をご紹介しよう。長いこと、わたしは自分自身や他人、トレードに対して、さらには心理療法のクライアントの自己改革のスピードに対してもじれったさを感じていた。マージーとの間には子供が二人いるが、二人ともわたしとは明らかに正反対のパーソナリティーを持っていたため、二人の条件でコミュニケーションを取る方法を見つける必要があった。わたしは良き父親でいようとするならば我慢強くなければならないという、新たな役回りを見いだした。我慢強い父親としての新たな役回りによって、相反する体験をすることができた。その後は車を運転していようと行き詰まりを感じているクライアントのカウンセリングをしていようと、どのような状況でも我慢強くなっていった。この新たな役回りによって、今までにない肯定的な脚本が出来上がったのだ。父親としての数年間を好意的に映し出すことで、実際に自分に対する見方も変わってきた。今では比較的穏やかで我慢強い人間である。これはわたしのアイデンティティーに不可欠な部分となった。

これまでにない体験によって新たな役回りと脚本が出来上がるまでの詳細な経緯については、わたしのブログ（http://traderfeed.blogspot.com/2006/11/cross-cultural-journey.html）を参照してほしい。

今度は皆さんに問題と課題を出そう。まず自分がどういう人間になりたいかを決めたら、そうした理想像を演じざるを得ないように計画された社会活動、つまりそういう役回りを演じてみよう。もっと規律正しい人間になりたければ、規律を受け入れることである（武術や個人インストラクターとのトレーニングなど）。もっと我慢強くなったり集中力をつけたいなら、瞑想をし、幼い子供たちの相手をしてみることである。もっと自信を持って社交の場に臨みたいなら、話術に没頭してみることである。もっとアグレッシブにトレードをしたいなら、自分が採り入れたいスタイルを実践しているホームページ上のトレーディングルームなどで積極的に議論に参加してみることである。**自分が望むアイデンティティーを映し出す役回りを作り出し、自分が選んだ脚本を実際に演じてみよう。**自分がなりたいと思っている人間になる練習を毎日できるような状況に身を置くことができれば、すぐにその人間のようになれるだろう。自己改革は今までにしたことのない体験から始まり、その繰り返しによって長続きさせることができるのである。

コーチングのヒント

　自分が理想とするトレーダーになるには、学生や実習生を仲間に入れることを考えてみよう。何かを学んでいる人にじっと観察されていれば、自分も行儀よく振る舞えるものである。授業の脚本があれば、ひとりでは絶対に演じることがなさそうな役回りになるだろう。あるいは、同僚を使うという役回りを引き受けてみるのもよい。自分のトレード仲間に最善を尽くしたいという社会的動機によって、最高の役回りを演じることができる。

レッスン９　自信をつけるにはどうすればよいか

　最もやりがいのある職業のひとつがトレーダーだ。というのも、自分ではコントロールできない労働環境に常に身を置いているからだ。心理学の研究からは、自信をつけるには、自己効力感、つまり自分にとって重要な結果をコントロールできるという認識を抱くことが大切な基本のひとつである、ということが分かっている。しかし、毎日利益を出すことをコントロールできないとなると、トレーダーとしての自信をどうしたら持続させられるのだろう。

　先日あるトレーダーから電話があり、自分の成績に不満を募らせていると訴えていた。相場は堅調だったし、彼がとらえた相場の方向も正しかった。積極的にトレードをしていたが、短期的に相場が急落した最悪時には一時休んでいた。そこで彼の戦略をチェックしてみたところ、勝ちトレードの平均利益は負けトレードの平均損失を上回っていたものの、勝った回数よりも負けた回数のほうがはるかに多いことが分かった。ドラムビートのように一定した負けトレードによって、彼は自信を失っていたのである。

では、何が問題だったのだろう。

わが社のトレーダーは、相場が予想した方向に動き始めるまで待ってから満玉でトレードする。ところが、彼が注文を出し、約定したときには、相場はすでに短期的な動きを見せ、短期のトレーダーたちが利食ったあとだった。彼も満玉でトレードしたためこうした下落には耐えられず、自分のリスクマネジメントの規則からも、そのアイデアを持続させる力がなかったのだ。つまり彼が自分のトレードをコントロールしていたのではなく、相場が彼をコントロールしていたのである。自信喪失は当然だった。

こうした状況で自信を取り戻すためのポイントは、利益（または損失）を出すことから実際のトレードのプロセスに焦点を変えることである。われわれは、一つの銘柄でしかポジションを保有できないという簡単な規則を提案した――ポジションは最大で三枚。仮に相場は彼の思いどおりに推移したが、やがて押し（戻り）が入り、一枚増し玉した。逆に相場が思いどおりに動かなかった場合には、保有できるのは三分の一の一枚だけで、彼も決まった損切り価格を維持し、最小限の損失を確定した。このトレーダーは、相場の動きをコントロールすることはできなかったが、ポジションサイズをコントロール「することはできた」。こうしてトレードのプロセスに焦点を合わせることで自己効力感を高めることができたわけだが、彼の自信を取り戻すにはこれが不可欠であった。

トレードのやり方をコントロールするのは自分だが、いつ、どのように利益を出すかをコントロールするのは相場そのものである。

これが規則を定めてトレードすることが極めて重要だという理由の一つである。皆さんは損益をコントロールすることはできないが、トレード規則に従うかどうかをコントロール「することはできる」わけだ。利益を出すことではなく、優れたトレードをすることに焦点を合わせるのである。プロセスという意味では、あらゆる規則に従うことが――優れたトレードをすることが――、すべて成功体験になる。利益は時間がたてば生まれるが（規則が妥当なものであるかぎり！）、自信は自制することによって生まれてくるのである。

もうひとつ、強力な自己効力感の源泉になるのが準備である。一日または一週間を費やしてトレードのアイデアを準備すると、心に達成感が生まれる。さまざまなマーケットの可能性を踏まえて意思決定が下せるような仮説のシナリオを準備に盛り込んでいる場合にはとくにそうである。成功体験は強力な達成感の源泉であり、さまざまな偶発的な出来事を踏まえたトレードプランを心のなかで練習していると、ひとつの体験の形が生まれてくる。心理学者として、わたしはトレーダーがいかに勝ちを「当たり前」のように感じる準備をしているかに感銘を受けている。新聞やチャートやホームページを投げやりにざっと読み、揚げ句の果てにトレードステーションの前にドカンと座って注文を出すようなトレーダーにはこうした感覚はない。

多くのトレーダーは自信と肯定的な思考とを混同している。**自信とは最良の状態を期待することではなく、自分が最悪の状態に対応できるのだということを心から知っていることである。**自信があるトレーダーは目で見て損切り価格が分かるし、引き金が引かれても大丈夫だというのも分かっている。また、損失もゲームの一部であり、優れているが機能しないアイデアから最高のマーケット情報が出てくることも知っている。自信はうぬぼれでもなく、バラ色のレンズを通して世の中を見ることでもない。「自分はここにいたのだから、これに対応できるんだ」という穏やかな感覚なのである。

常に正しく行動していても自信は生まれない。間違いを何度も乗り越えることで生まれてくるものである。

自信をつけるには、逆境に直面したときの成功体験ほど重要なことはない。自分のトレードのセルフコーチになるときに皆さんが直面する大仕事は、自分のトレード体験を作り出すことである。ちょうど今朝、過去二年にわたって相場で大損をしたトレーダーからのメールを読んでいた。そのトレーダーは、今では普通の損失を乗り越えるのに必要な楽観的な気持ちになれなくなっていた。それはトレーダーとしてではなく、トレードのセルフコーチとしての失敗だった。われわれは心的外傷（トラウマ）を負うと否定的な体験を作り出す――達成感ではなく、無力感を生み出す。感情的には、トレードを自己効力感と関連づけるのではなく、トレードを損失と強く関連づけてしまい、自信をなくしてしまうのである。

自信をつける優れた方法は、借金をしていたら自分はどのようなトレードをするかに焦点を合わせてみることだ。もしうまく困難を乗り越えることで自信がつくなら、負けているときのトレードの仕方を再検討してみればよい。早めに負けトレードを仕切るだけでなく、負けを認めて心的外傷を作り出し、チャンスを与えて穴から抜け出したうえでうまくトレードすることに焦点を合わせるという発想だ。計画的に損失を出すことで、コントロールするという体験が得られる。どのドローダウン（資金の減少）もコントロール感を体験させてくれる。損失から立ち直ったときには、レジリエンス（**訳注**　困難な状況にもうまく適応できる能力、弾力性、立ち直る力）がより強くなっているはずだ。特定のトレードの勝ち負けをコントロールすることはできないが、どの程度負けるか、どのような負け方をするかをコントロールすることはできる。

どのトレーダーにも負けに備えたプランが必要だ。**損切りは負けに備えたプランである。**負けが何日も続いたらポジションサイズを縮小し、ドローダウン期のプランに合わせて最も見込みのあるトレードに努力を集中させる。レンジャーの訓練校では、新兵は最も過酷な状況にさらされるため、一度訓練を終えると、どんな戦闘条件にも対応できるはずだという深い確信を抱くという。負けトレードや負けている期間は、レンジャーの訓練校に通っているときの厳しい試練だと考えたい。

負けトレードや負けている期間は、レジリエンスを養い、自信をつける厳しい試練のときだと考えることである。

大きな負けトレードにはどう対応すればよいのだろう。大きく負けた日、週、月にはどう対応すればよいのだろう。自分の長所を利用してそうした損失から立ち直り、レジリエンスを養えるようにするにはどうしたらよいのだろう。皆さんへの課題は、また一から始められるように、負けに備えたプランを立て、どうしたらトレードや相場から離れられるかを常に考え、心のなかで練習しておくことである。

心理学では、危機はチャンスを表している。危機はわれわれに、仮説を見直して、考え方や行動の仕方を変えるようにと迫ってくる。セルフコーチとしての皆さんへの課題は、間違った方向に進みかねないありとあらゆる事柄を想定し、リハーサルを行うことで、危機のなかからチャンスを見いだすことである。地域社会では、ハリケーンや竜巻に備えて防災計画を立てるだけでなく、その計画を実行に移すための訓練を行う。自己改革とは準備と訓練の結果である。訓練は正しい対応だ。マーケットに大惨事が起きても、そうした訓練が身について習慣になっていればよい。

コーチングのヒント

　この項目を執筆する直前のことだが、連絡をくれたあるベテラントレーダーが、自分で定めた規則をいくつか破ったために前の週から損をしているという。彼は狼狽しながらも自分に向けてメモを書き、自分が体験から学んだことを確認していた。そしてそのメモをわたしに送ってきて、メモの内容を実行に移せるように、数日中に話をしたいと言い出した。これはトレーダーが負けている状態を自己改善のチャンスに変えていくことを示した好例である。彼は自分のミスを正すまでこの問題を忘れないだろう。

　これこそトレーダーが負けるという体験を自信回復のきっかけに変える方法なのだ。また、トレードで自滅したときには、何が間違いだったのか、なぜ間違ったのか、問題の深刻化を回避するためにはどうするつもりかを説明した詳細なメモを自分に向けて書いてみること。そうしたらそのメモを大切なトレード仲間に渡し、説明責任を果たせるように監視してもらうことである。そうすれば、どんなに大きなミスでも意味のある自己改革のきっかけになる。

レッスン10　自己改革を推し進め、長続きさせるための五つのポイント

心理学者として仕事を始めてから二年間、わたしは地域のメンタルヘルスセンターに勤務して、抑うつ症や薬物乱用など、さまざまな情動障害を抱えた個人やカップル、家族を支援していた。翌年からはコーネル大学の学生のカウンセリングを仕事にするようになったが、そこで初めて、通常の問題や発達に関する問題に取り組む比較的健康な人たちと一緒に仕事をする機会に恵まれた。その後、こうした地域や学生との体験をニューヨーク州シラキュースにあるSUNYアップステート医科大学に持ち込んだ。大学では医学、看護学をはじめとする保健科学の学生や専門家のカウンセリングや心理療法のコーディネーターを一九年間務めた。ストレスが多く高い成果を求められる職に就いている若者たちの難題に短期療法（ブリーフセラピー）の技法を応用することを学んだのは、このコーディネーターを務めていたときである。こうし

た経験は、トレーダーを相手に仕事をしてみて初めて貴重なものだと分かった。

ＳＵＮＹアップステート医科大学で教えている間、わたしは年に平均一五〇人ほどの学生と会い、それぞれに八回の心理療法を行った。その数字に一九年を掛けると、わたしが何人ぐらいの自己改革を見てきたかの感じがつかめるだろう。見事な成功、期待外れの失敗。すべてがまるで昨日のことのようによみがえってくる。

一つの職業を通してこれほど多くの人々を相手に仕事をしていれば、自己改革のプロセス、どこでピンとくるのか、どこで行き詰まるのかが分かるようになってくる。地域で虐待の犠牲になっている人やアイビーリーグ校の試験に不安を抱えている学生、あるいは初めて患者の死に直面した医学部の学生など、だれが相手だろうと関係ない。自己改革には固有の構造や順序がある。改革を加速させる要因もあれば、減速させる要因もある。次にご紹介するのは、トレードコーチとしてのわたしの仕事を左右する、改革で最も重要な五つのポイントである。この五つを生かしていけば、セルフコーチングの成功に向けて好位置に就けるはずだ。

一．タイミングと準備

トレードと同様、心理学でもタイミングがすべてである。行動科学の研究者プロチャスカとディクレメンテの研究は、自己改革を成し遂げられる可能性が最も高いのは改革への「備えができている」ときであることを示唆している。われわれは何度となく自己改革については矛盾を感じている――本気で過去のやり方を放棄したいとは思っていないのだ。わたしは最近、予想以上の（また、要求されているプラン以上の）損失を出したあるトレーダーの面接をした。損失を出したのは、高い相関がある三つのポジションを同時にトレードしていたからだ。彼は調子を崩し、トレードを投げ出してしまった。だが、単にポジションごとにではなく、トレードのアイデアごとにポジションサイズを見直してみたところ、本人は間違いなく小口のトレードを望んでいなかったことがはっきりしたのである。彼はリスクマネジメントの規律に違反したことよりもアイデアが間違っていたことに戸惑っていた。わたしの次なる仕事は、彼が必要としている改革に早く備えられるように支援すること。アルコール依存症患者が早く禁酒を約束できるように、カウンセラーが支援するのと同じである。**自己改革ができるのは自分が自己改革に備えているときであり、自己改革に備えられるのは自分が自己改革の必要性を認識しているときである。**前にも述べたが、自分の心の動きを行動の結果と関連づければ、それだけ自己改革の必要性が培われていくのである。

二．位置について、よーい、ドン　猛烈なトレーダーがコーチングを始めるときに陥るわなの一つが、一度にいくつもの改革を望むことである。その結果、あまりにも多くの目標を立てては自ら負担を背負いすぎるため、焦点があいまいになり、結局はどれも中途半端で終わってしまうのだ。もし五つの改革リストがあるなら、自分で最も備えができているもの（前述のとおり）、つまり自分が最も行動を起こしたいと思っているものを選ぶことである。**大きく前進し、その前進を持続できるようになるまでは、毎日、集中的にその目標に取り組むこと。それから次の改革に移ることである。**なぜなら、最初の試みで成功した勢いがそのまま持ち越され、次の改革に取り組むときの力になるからだ。目標に取り組んでも、あまり熱心でなければ、コーチングへの取り組み全体が失速してしまう。作業に取り組める状態を維持することである。ただし、着実に取り組むこと。成功した勢いをそのまま持続させておけば、そのあとの取り組みでも力になる。

セルフコーチングでは自分の取り組みに集中し、一度の成功をその後の取り組みの刺激にすることだ。

三．倍賭けする　望みの改革を初めて行ったからと言って興奮してはならない。そうではなく、その改革を行ったときに何をしたかに着目し、倍の努力をすることだ。よくあることだが、トレーダーは初めて改革を行うと興奮してしまうものである。ボクシングのリングで対戦相手を痛めつけるだけで、とどめの一撃を加えに行かないのと同じである。モチベーションを倍に高めたいと思ったら、悪しき習慣を大目に見てはならない。**すでに述べたが、改革の敵は逆戻りである。**新たなパターンを確立する努力をし、それを持続させなければ、すぐに過去のパターンに逆戻りしてしまうのだ。改革のカギを握るのは、逆戻りを阻止することである――新たなパターンを頻繁に繰り返していれば、それが普通になってくる。追求すべき改革には、三〇日間に三〇回繰り返す価値があるものだ。アルコホーリクス・アノニマス（**訳注**　アルコール依存症を克服するための自助グループ）では、禁酒を約束した新会員は九〇日間に九〇回のミーティングに出席することになっている。スローガンは「体を変えれば心もついてくる」。一貫して十二分な改革を行えば、それが本当の自己改革になるのである。

コーチングを成功させるには、改革に着手するときと同様、長続きさせるときにも懸命に取り組むことが大切である。

四．積極的になれ　心理学の研究論文には、最も改革を成し遂げられる可能性があるのはそれを長続きさせているときだと書かれている。すなわち、われわれは新たなパターンを作り出すことで、つまり新たな「行動」で変わっていくわけである。単に改革について語ったり考えたりすれば変わっていくわけではない。わたしはよく冗談を言うのだが、コーチングへの取り組みは、教会について論じるのと同じである。週に一度教会に行くときには信心深くなっているが、あとの六日間はすっかり忘れている。本当に信心深い人は毎日自分の信条に従って生きていきたいと思っている。高徳なトレードという信条を理解しようとする場合でも、それはまったく同じである。だから、それぞれの目標を達成するには、進歩に役立つ特定の活動を日々続けていくことが必要なのである。もし自分の目標がしっかりしたリスクマネジメントなら、トレードごとにリスクマネジメントに取り組みたい。もし自分の目標が心構えを改めることなら、毎日特定の訓練をして、穏やかな気持ちと集中力を維持したい。自分の心構えを変えることで行動を変えようとはしないはずだ。一度新しい行動のパターンを作り出してしまえば、考え方も違ってくるものである。

五．肯定的であれ

「触らぬ神にたたりなし」というのが、無一文になるまで手を打たないトレーダーの持論である。**もしトレードの成績が良いなら、そのときこそセルフコーチになる絶好のタイミングである。**機能しているものを変えることが自分の目標でないなら、自分の取り組みにもっと一貫性を持たせることが目標になる。機能しているものにさらに手を加えるのは、順調なときに自分の強みにさらにプレッシャーを掛けるのに役立つ重要な目標である。また、儲かっているときに椅子にふんぞり返って栄光に浸っていれば安らぎは得られるが、大成功とは言えない。先日、わたしは比較的小さなポジションサイズでしっかりとトレードしているプロップファームのトレーダーの面接をしたが、彼のシャープレシオとトレード結果を一目見るなり、さらにリスクをとって普通の姿勢や相場にこだわれば、もっと大きな利益を手にできるに違いないと考えた。われわれはそのためのプランを立ててみた。すると、彼は十分な成功を目覚ましい成功に変えていった。肯定的な目標を立てることで、つまり正しい行動を追求せざるを得ないような改革に焦点を合わせることで、自分の強みを最大限に生かしたのである。だからわたしがよく言うように、コーチングを行う絶好のタイミングとは、自分が絶好調のときと最悪のときなのだ。

最高のトレーダーとは、生き方を自己改革しているトレーダーである。そういうトレーダーは、仕事や運動、そして娯楽にもやる気満々で、自分の最高の状態に重要な意義や満足感を見いだしている。同じことが偉大なスポーツ選手にも言える。彼らもトレーニングで汗を流すのが好きである。常に自分自身と闘っている。この場合の改革とはライフスタイルそのもので、その時点でセルフコーチングは人生哲学、つまり組織化原則になる。単に一日や一週間という短期間の活動ではなくなるのである。

コーチングのヒント

「トレード以外で」最も変えたいものを一つ挙げるとしたら何だろう。目標達成を目指したトレードへの取り組みがはかどるような日々の行動計画を立ててみよう。要は、金融の仕事であれ人間関係であれ、運動であれチェスのゲームであれ、心のコーチを強化することである。目標はチェンジエージェント（改革の推進役）になること、人生のあらゆる領域で改革の推進役になることである。トレーダーの場合には、トレード以外の生活で努力することがセルフコーチングを確立する方法である。

参考

本書の主な補足資料がブログ「ビカム・ユア・オウン・トレーディング・コーチ（Become Your Own Trading Coach）」である。第1章については、このブログのホームページに自己改革に関するリンクや追加記事を掲載している（http://becomeyourowntradingcoach.blogspot.com/2008/08/daily-trading-coach-chapter-one-links.html）。

自己改革、とくに長期に及んでいる問題、人間関係または仕事に大きな支障を来す問題によっては、セルフコーチングだけでは不十分な場合もある。ここでは参考になるホームページをご紹介する。認知療法士を検索することもできる（http://www.academyofct.org/Library/CertifiedMembers/Index.asp?FolderID=1137）。

自己改革の研究に基づいた詳細な論文の抄録については、『バージン・アンド・ガーフィールズ・ハンドブック・オブ・サイコセラピー・アンド・ビヘイビアー・チェンジ（Bergin and

Garfield's Handbook of Psychotherapy and Behavior Change)』第五版（二〇〇三年）を参照してほしい。なかでもとくに関連があるのが、第二部の「エバリュエーティング・ジ・イングリーディエンツ・オブ・セラピューティック・エフィカシー（Evaluating the Ingredients of Therapeutic Efficacy）」である。

自己改革への短期的アプローチの概要については、マイケル・ハーセンとアラン・M・グロス編『ハンドブック・オブ・クリニカル・サイコロジー（Handbook of Clinical Psychology）』（二〇〇八年）にわたしが執筆した「ブリーフ・セラピー（Brief Therapy）」の章を参照してほしい。

自己改革への創造的なアプローチの数々は、わたしが担当した「ジ・インポータンス・オブ・ノベルティー・イン・サイコセラピー（The Importance of Novelty In Psychotherapy）」の章を含め、ウィリアム・オダナヒュー、ニコラス・A・カミングス、ジャネット・L・カミングス編『クリニカル・ストラテジーズ・フォー・ビカミング・ア・マスター・サイコセラピスト（Clinical Strategies for Becoming a Master Psychotherapist）』（二〇〇六年）に収められている。

第2章

ストレスと不快ストレス
――トレーダーの創造的なコーピング

もしあなたが、わざと自分の能力以下の存在であろうとするならば、わたしはあなたに警告する。残りの人生、あなたはずっと不幸せになるだろう。

――アブラハム・マズロー

コーチングを求めるトレーダーからの依頼で最も多いのが、ストレス解消の力になってほしいというものである。ストレスは少ないほうがいいに決まっている。だから、もし実際に解消されればトレードはうまくいくというわけだが、果たして本当にそうだろうか。

本章では、ストレス（stress）と不快ストレス（distress）について、そして両者の違いについて論じてみる。また、ストレスの多い状況へのコーピング（対処）のほか、効果のある対応とはどのようなものなのか、また効果のない対応とはどのようなものなのかについても探ってみたい。

濃密で競争も激しい分野でコーチングを行うときの最大の課題は、予想できる通常のストレスがパフォーマンスを妨げる不快ストレスにならないようにすることだが、実際、それはトレードという仕事の本質の部分であるストレスと、われわれが知らず知らずのうちに自分に与えているストレスとを区別するという意味である。

では、セルフコーチングでストレスを味方につけるにはどうしたらよいかを見てみよう。

レッスン11　ストレスを理解する

トレーダーは心理的ストレスを解消すべきだ、または最小限に抑えるべきだという話をよく耳にする。だが、そんなことは当然不可能だ。トレードの現場では、日常的にリスクや不確実性と向き合うことが求められる。そのような環境で仕事をしていたら心理的ストレスは避けられない。ストレスを最小限に抑えたいなら、トレードを本業ばかりでなく、副業にもすべきではない。

多くのトレーダーやトレードコーチは、ストレスと不快ストレスとを混同しているのである。**心理的ストレスは必ずしも不快ストレスの原因ではない。しかも、心理的ストレスは必ずしも悪いものではない。**トレードの成功を目指してセルフコーチになるなら、ストレスを理解すること、ストレスがパフォーマンスにとってどう有益なのか、ストレスがどのように不快ストレスになって意思決定を妨げるのかを理解することが大切だ。

では、まずは日常の例から見てみよう。皆さんは長旅で高速道路を車で走っているが、少し退屈になってきたとする。すると突然、風が強くなり、雪が激しく降ってきた。視界はかなり悪くなり、路面も滑りやすくなってきた。すると皆さんは思わずハンドルに覆いかぶさるように体を丸め、フロントガラスにじっと見入ってスピードを落とす。退屈から一気に警戒態勢に変わり、自動操縦モードを解除する。

これが心理的ストレスである。身体の認識が高まり、難題に取り組む準備をしている状態だ。これは心と体を動員して困難な状況を回避する、あるいは逆にそうした状況に真っ向から立ち向かうことから、心理学では「逃走・闘争反応」と呼ばれている。筋肉の緊張、警戒態勢、アドレナリンの流出。これらはストレスを感じていることを示す合図のほんの一部である。

これは吹雪のなかを運転するときの適応状態だが、もし自動操縦モードのままだと、スピードも落とさず、事故を回避する手を打っていなかったかもしれない。ストレスを感じている状態がエネルギーを動員して——皆さんを退屈な状態から引きずり出して——、差し迫った状況に対応させたのである。このような状況でストレスを最小限に抑えろというのは愚の骨頂だ。猛吹雪のなかを車で走っているときには、心と体を「動員すべき」なのだ。

ストレスとは心と体が動員された状態であり、パフォーマンスを高めることがある。

では、この例をもう少し掘り下げてみよう。わたしは二〇年以上ニューヨーク州シラキュースに住んでいた。だから吹雪になると大変だったが、不慣れなわけでもなかった。以前にも同じような状況を体験していたため、どうすればよいかは分かっていた。わたしのストレスは絶対に不快ストレスにはならない。なぜなら、けっして吹雪を緊急の脅威だとは認識していないからだ。

ただ、わたしがフロリダ州の出身で、こうした吹雪を一度も体験したことがないとしよう。こういう状況だと車が玉突き事故に巻き込まれるという話は聞いたことがあったので、タイヤの路面グリップが失われないかと心配になる。わたしにとって吹雪はかなりの脅威である。自由自在に操れるとも思わない。警戒態勢が不安に変わるや、わたしのストレスはあっという間に不快ストレスになる。

この単純な車の例は、認識と体験の違いでストレスと不快ストレスの違いが生まれることを示している。デューク大学の学生だったとき、わたしはデビッド・アダーマンと一緒にある実験をした。二つの被験者群にスピーチをしてもらい、両群に出来が悪かったというフィードバックを与えたが、第一群には「話す力は性格と関係しているので変えられないだろう」と、また第二群には「話す力は比較的簡単に高められるだろう」とコメントした。セッションが終わると、第一群のほうが第二群よりもはるかに不快ストレスを感じていた。**不快ストレスを感じたのは、出来が悪いというフィードバックのせいではなく、その出来の悪さを変える能力がな**

いと認識させたからだったのだ。

状況をどう解釈するかで、普通のストレスも不快ストレスに変わってくる。

では、これがトレードとどう関係してくるのだろう。自分の資金をリスクにさらすトレードは、まさに雪道を車で走っているようなもの。つまり、警戒しつつ必要に応じて情報をリアルタイムで処理し、さっと中間軌道修正をするわけだが、損失をトレードの一部だと考え、以前に体験した損失から立ち直り、その損失を制限するための仕組みを作っているならば、ストレスが不快ストレスになる可能性は低い。負けトレードは単なる頭痛の種にすぎず、吹雪で道路が渋滞しているようなものである。

しかし、損失を通常のもの、当然のものとして受け入れていなければ、とくにその損失をコントロールするためにポジションサイズを制限したり損切り価格を決めたりしていなければ、相場が不利な方向に動いたときに、ストレスが不快ストレスになる傾向がある。さっと集中して中間軌道修正をする能力も働かなくなる。これではフロリダ州出身のドライバーが北東部の吹雪のなかを車で走っているようなものである。

ポジションサイズの制限、トレードプランの策定、そして損切り価格の設定は、例えて言えば、車に装着するスノータイヤである。順調に走行しているときには働いているようには見え

ないが、いざ悪条件に直面したときには間違いなく助けてくれる。雪道でパニックに陥っているドライバーは自分の車をコントロールできるとは思わないが、降雪を経験しているドライバーは自分に何ができるのかを知っている。それと同じで、パニックに陥っているトレーダーは損失をコントロールできるとは思わないが、経験豊富なトレーダーは損失を必ず制限できることを知っているのである。

自分のトレードのセルフコーチとしての課題は、ストレスを進んで受け入れること、そして絶対にストレスが不快ストレスにならないようにすることである。まずはポジションサイズの指針、トレードごとの損切り価格、トレードごとの利益目標、そして自分がすぐに受け入れられる毎日の損切り価格を決めてからトレードを始めるという、最良の目標を立てることである。その都度進んでとるリスクは、利益目標に含まれる見込みリターンよりも大幅に低く抑えるべきである。一日に損をしてもよい金額は、成績が最も良かった日に儲けた額のごく一部にすべきである。もしデイトレードをするなら、たった一度の損失でその日の利益が帳消しになるようではいけないし、たった一日の負けがその週の利益を帳消しにしてしまうほど多額であってはならない。**コントロール感は準備と慣れで養われるため、よく準備をして慣れていれば、ストレスが不快ストレスになることはない。**もし損失レベルを想定して徹底的に見直しをしていれば、そうした想定になじんできて、損失に備えられるようになる（**図2.1**の簡易質問表を参考に、自分のストレスが不快ストレスになるかどうかを判断してみるとよい）。

図 2.1　疲労に関する簡易質問表

次の評価基準に従って以下の質問に答えること

1．まれに、または一度もない
2．場合によっては
3．ときどき
4．頻繁に
5．ほとんどいつも

以下の問題がどの程度自分の仕事または関係に支障を来しているだろう？

①緊張感、または不安
②悲観的な気分、または抑うつ気分
③欲求不満、または怒り
④罪悪感、または自責の念
⑤アルコール、またはほかの薬物
⑥論争、または言い争い
⑦疲れ、または消耗
⑧睡眠障害
⑨頭痛、腹痛、または筋肉の緊張
⑩心配事、または否定的な思考

注記　評価基準が４以上の項目が１つあるだけでも、とくにその問題が長期化している（１年以上続いている）場合には注意し、できれば専門家に相談することをお勧めする（本章の最後にある「参考」を参照)。評価基準が３以上の項目が複数ある場合にも注意する必要がある。本書の第４章～第６章には、とくにこうした問題が慢性的にではなく状況的にある場合、そうした問題に取り組む際に役立ちそうな個別の短期療法（ブリーフセラピー）の技法を簡単にまとめてある。

困難に対する備えができていれば、それに対応するときには、不快ストレスではなく通常のストレスが生じるだけである。

トレードでは往々にしてストレスがたまるが、セルフコーチングによって不快ストレスはたまらなくなる。ちょっと思い出してみよう。自分の仕事は自信とモチベーションを高く保つという考え方を維持することではなかったか。そうした条件でなら、必死で働き、よく学び、そのうちに資金を増やすことも可能である。ただ、**それはストレスをなくすという意味ではなく、ストレスと不快ストレスの間を活発に動くファイアウォールを構築するという意味である。**あらゆる物事に対する最も優れた心理的ファイアウォールの一つがリスクマネジメントなのである。

コーチングのヒント

自分のトレードでは、考えられるあらゆる問題（証券会社と連絡が取れない場合、インターネットに接続できない場合、システム障害を起こした場合、データベンダーが利用できなくなった場合など）に備えてプランを立てること。わたしのトレードステーションそのものはこじんまりしているが、備えという点ではいずれも過剰と言ってもよいほどである。複数の証券会社、複数のインターネット接続回線、複数のコンピューター、そして複数のデータベンダーがある。もしポジションを保有しているときに何か問題が発生した場合に備え、常に予備プランの練習も行っている。問題や異常によってストレスは生じるが、不快ストレスが生じるわけではない。

レッスン12　トレードの前提条件を見直すには

人生に何を期待するかで、われわれの心の動き方が決まってくる。幸運を期待していると楽観的でエネルギッシュになる傾向があるが、否定的な結果を期待していると不安を感じる傾向がある。成功など手に入らないだろうと思っていると張り合いがなくなり、意気消沈してしまう。完璧を期待していると、やはり現実を見て落胆してしまう。

少なからず、どの程度自分の期待に沿っているか、または期待外れかを測るバロメーターになっているのが自分の心の動きである。これは重要な原則だ。心理学の研究からは、自分の期待にバイアスが掛かっていると、ゆがめられた心の動きを体験する可能性があることが分かっている。

トレーダーの育成に当たっては、心の動きと期待との関係がとくに重要になってくる。もし自分のトレードのセルフコーチになるなら、モチベーションや学習努力を持続させられるような肯定的な体験を積むことが最優先課題の一つである。挫折感を味わったり気が抜けておびえていたりしたのでは、効果的な学習はできない。もし学習努力を最大限に引き出す焦点や集中力を維持しようとするなら、相場に「没頭する」ことである。不快ストレスと闘っていたら没頭することなどできない。

アメリカの哲学者で小説家のアイン・ランドは、矛盾した結論に至ったときには「自分の前提条件を見直してみる」ようにと言って人を励ましていたが――「わたしは幸せだ」は「自己中心的ではない」など――、わたしも皆さんには自分の期待をもう一度見直してみることをお勧めしたい。自分の学習や成長が不快ストレスに妨げられていると感じたときには、とくにそうしてみるとよい。次のような期待は、トレーダーにとって最も問題あるものである。

一．素晴らしい日は勝ちトレードの日　これは心の動きによって損益が上下するという前提条件であり、期待である。われわれは一般に素晴らしい日になることを期待する――素晴らしい日を勝ちトレードの日と同一視し、相場では普通の出来事であるマイナスの日になっても落胆に備えられるように自分を仕向けている。**素晴らしい日とは、巧みなトレード執行や慎重なリスクマネジメントなど、分別あるトレード技術に従ってトレードをしている**

日をいう。素晴らしい日といっても、利益が出る日もあれば、そうでない日もある。ひどいトレードをしていても、思い掛けずに利益が出ることもある。トレードが成功する確率は三分の二、損失が出る確率は野球のオールスター戦で打者がヒットを打つのと同程度である。素晴らしい日の特徴が分別あるトレード技術に従ってトレードをすることなら、素晴らしい日になることを期待「すべき」である。長期にわたってその技法が利益を生んでくれなければ、その技法そのものに手を加える必要がある。いずれにせよ、毎日利益が出ることを期待してトレードをしていると、決まって意気消沈することになる。

目標の達成を十分にコントロールできないなら、絶対にそのような目標を設定しないこと。

二．トレードの猛勉強とは頻繁にトレードすること　これは何度もトレードをしていれば、より多くを学ぶことができ、より素早くスキルアップができるという前提に立ったものである。しかし、結果的にはトレードをしすぎることになり、結局はマーケットメーカーや証券会社を儲けさせてしまうことになる。**どのトレードも負けからスタートするものである。**売り気配値と買い気配値のスプレッド分のマイナスが出ていれば、間違いなく取引手数料として損をしていることになる。取引が成立するたびに更新されるわずか一ティック（値幅）のマイナスでも、それは実質的な取引手数料の額に近く、収支がトントンのデイトレーダーなら簡単に数千ドルの損失になる。明確なエッジ（優位性）もなく頻繁にトレードをしていれば、それだけ証券会社が儲かり、われわれが文無しになっていくのである。ポイント・アンド・クリックによるトレードの執行は、トレーダーが専門家としての力量を磨くプロセスのごく一部にすぎない。資金をリスクにさらす前にシミュレーションによってリアルタイムでパターンを追跡し、つもり売買でトレードの執行や休止を練習したりアイデアをリサーチしたりしていれば、たいていは変わってくる。トレードをすればするほど勉強になるだろうという期待から、学習意欲がトレードのしすぎを招き、そのうちに資金も学習意欲も失ってしまうのである。

三．成功とはトレードで生計を立てられるという意味

欲求不満や落胆のもとになること間違いなしの期待がもうひとつある。成長過程にあるプロのトレーダーは、専門知識を身につけている時期にトレードで生計を立てることはない。ゴルファーもテニスプレーヤーも、プロとしてトーナメントに参加する前には何年もの間大学のチームに所属したり、アマチュアとして活動したりするものである。有名な俳優も、ブロードウエーミュージカルに出演する前には何年もけいこを積み、地方の劇場で活動するのが普通である。外科医が生計を立てる前には、四年間を医学部の学生として、次の四年間を外科研修医として、その後さらに数年間を下位専門分野の研修を受けながら過ごす。トレードの初心者がトレードで生計を立てていこうなどと考えるのは、とにかく非現実的である。まずは損失を妥当なレ

ベルに抑え、きちんと費用を賄い、トレードのプロセスを改善していくことのほうが現実的だろう。**専門知識を身につけるには、まずは時間をかけて能力を開発していくしかない。**もしほかの専門家がその道で生計を立てられるようになるよりも早くトレードで生計を立てられるようになりたいなら、欲求不満と失敗に備えて自立することである。

こうした問題ある前提条件には、トレード日誌をつけるついでに自分の期待を書き出してみることが見直しとしては有効だ。日誌には取引日ごとの期待、つまり優れたトレードをするための目標に加え、**自分の長期的な成長への期待も**書き込んでみること。わたし自身は成績の目標を比較的控えめに設定している――せめて取引費用を差し引いたあとのリスクゼロの利回りは上回ってほしいので、それに満たない額をトレードしてその目標を達成したいなど。言い換えると、リスク調整済みリターンをプラスにすることを目標にしているわけである。これで自分の成績とプロセスの目標がひとつになる。それよりもさらに少ない額をトレードして、月平均一％のリターンを得られれば幸せだ。

絶対的な利益ではなくリスク調整済みリターンに焦点を合わせ、プロセスと結果の目標を一つにすることだ。

成長の度合いやトレーダーとしてのリスク選好次第では、月平均一％のリターンが皆さんにとって現実的な目標になるとは限らない。重要なのは、わたしの数値目標ではなく、わたしが自分のトレードのために現実的で達成可能な目標を設定したという事実である。もし自分の期待どおりにいっていれば、自尊心を感じ、達成感も得られるが、もし期待どおりにいっていなければ、すぐにその事実を見極め、自分のリスクの度合いを低くして必要な修正を加えればよい。

前向きなトレードで成長する秘けつは、**常に成功を期待し、常に成功の定義を明確にし、困難だが達成可能なものにすることである。**その日、その週、その月、その年の期待事項を書き出してみること、そしてそれが実現可能かどうかを確認してみること。それがトレーダーとしての心の動きに対する強力なテコになる。

コーチングのヒント

毎日、トレード日誌に「儲かってはいないが、今日はどうしたら自分のトレードを成功させられるのだろう」と書き込んでみるとよい。この単純な問い掛けが、プロセスの目標、つまり自分が最もうまくコントロールできる事柄に直接つながっていくのである。

レッスン13　トレード上の意思決定を妨げる不快ストレスの原因とは

利益目標に達する前に不安になって、せっかくの優れたトレードを手仕舞いしてしまう。欲求不満からリサーチやプランと完全にかけ離れたトレードをしてしまう。機会を逃すのが心配で、最悪のタイミングで仕掛けてしまう。設定した損切り価格で損失を確定するのが嫌で、さらに多額の損失を出してから強制決済を余儀なくされる……。

これらはトレーダーならだれもが必ず「どれもこれも経験したよ」と言う行動例である。人生では両親が過ちを犯さないようにとわれわれを守ってくれるが、それと同じで、トレードでも指導者が過ちを犯さないようにとわれわれを守ってくれている。しかし、その過ちを犯すことで、われわれは学習するのである。**長続きさせる秘けつは、早い段階でそうした過ちを犯し、それから多額の資金をリスクにさらすことである。**デートでへまをすると素晴らしい結婚ができる場合がある。トレードのシミュレーションでミスをしていれば、リアルタイムで良い成績を上げられる場合がある。成功しているトレーダーの大半が、リスクが最も低いときにミスを犯している。

ところで、こうしたミスの原因は何なのだろう。ミスを犯すと不快ストレスを感じ、それ以前に立てたプランや分別、一貫した意思決定に支障が出てきてしまう。そうしたミスの原因を突き止められれば、うんざりするような学習曲線を少しでも短縮することができるかもしれない。

情動、つまり心の動きがいかにトレード上の意思決定を左右するかにスポットを当てたのが、行動ファイナンスと神経経済学の分野である。本章の最後に紹介する参考文献を調べてみるとよい。

トレーダーたちが話しているのを聞くと、トレードで不快ストレスを感じるのは、軟調な相場やレンジ相場のせいらしい。トレーダーが退屈したりトレードをしすぎる原因はこれである。トレーダーがいら立ったり衝動的なトレードをしたりする原因は相場の反転らしい。トレーダーの心の動きはマーケットでの出来事に誘発されるのだから、マーケットがトレーダーの心の動きに責任を持つのが当然だ。彼らはそう思っている。もちろん、ちょっと考えればこんな考えは吹き飛んでしまうのだが、結局のところ、もしマーケットに心の動きを無理やり誘発する力があれば、「すべての」トレーダーが同じ状況にあらゆる点で等しく反応するはずである。しかし、そんなことはあり得ない。マーケットが動かなくなれば、すべてのトレーダーが退屈したりトレードをしすぎたりするわけではない。相場が意に反して逆行したら、すべてのトレーダーがいら立ったり衝動的に意思決定を下したりするわけでもない。外部の出来事以外にも、われわれの心の動きの原因になるものがたくさんある。

マーケットでの出来事に否定的な心の動きが誘発されるのは、われわれがその出来事を脅威だとみているからである。例えば、自分は日中に相場が軟調になってレンジ相場になるのを眺めているとする。だが、もしそれを自分のアイデアを最新のものにする機会だととらえて午後に備えていれば、軟調になった相場に少しも悩まされることはない。同様に、値動きが荒く出来高も少ないときを画面から離れる機会だととらえていれば、頭のなかを空っぽにし、気持ちを入れ替えて午後のトレードに臨むことができる。相場が軟調になったからといって、自分の心の動きやトレード行動が変わることもない。

ただ、今日はせめて数千ドルは稼がなければ、と自分に言い聞かせてトレードに臨んでいたら、軟調になった相場が自分の目標に対する脅威に映るかもしれない。レジリエンス（**訳注**　困難な状況にもうまく適応できる能力、弾力性、立ち直る力）はあるが、限られた動きによって機会が減少し、それによって利益も減少し、成功の機会も減少する。そのような心の枠組みだと、結局は軟調な相場が自分のキャリアに対する脅威に映ってしまう。軟調な相場が不快ストレスやトレードのしすぎの引き金になるのも無理はない。

だが、もちろん、軟調な相場だけが否定的な心の動きや行動の原因ではない。その相場に対する自分の「認識」も原因である。認識とは、ある出来事とその出来事に対する自分の反応との間にあるフィルターだ。ゆがんで見える眼鏡を掛ければ、世界はゆがんで見えるだろう。相場や自分自身に対してゆがんだ認識を持っていれば、ゆがんだトレードを体験するはずだ。

自分の感じ方を変えることはできるのだろうか。第6章では、その思考プロセスを再構築する自己改革への認知的アプローチを取り上げる。

では、正常なトレード体験を異常な体験にしてしまうフィルターを変えるにはどうしたらよいのだろう。

ルールは単純だ。もし自分のフィルターについて知らなければ、それを変えることはできない。自分の認識を変えるプロセスにとって絶対に必要なのは、自分の認識を形成する期待や信念について知ることである。

ここで皆さんが持っていそうなゆがんだ認識を詳しく知る助けになる簡単な練習問題を出そう。

マーケットでの出来事に対して否定的な心の動きを体験するたびに、「今の相場をどのような脅威として認識しているのか」と意識的に自問してみること。これによって自分の注意が認識のプロセスに変わり、認識した脅威を現実の脅威から切り離すことができる。

単純な例だが、これはわたしの最近のトレードで実際にあったことである。わたしは損益曲線の高値水準でその週を終えたいと切望していた。また、金曜日の午前のトレードでは買いポジションにかなり利が乗っていた。相場が思いどおりの方向に動いたので、わたしは逆指値の損切り注文を損益分岐点に移動した。相場はしばらく自分の思いどおりの方向に動いていたが、やがて反転し、その後数分間は逆行した。損切り価格を割り込んでしまったのか、とわたしは心配になった。

わたしはすぐにこう自問した。

「どうしてこのトレードにビクビクしているのだろう？　どうしてこのトレードを不安だらけだと思っているのだろう？」

しばらく熟考してから相場を見直してみると、そのトレードは申し分なく、プランどおりに進んでいた。せっかく勝っていたのに、相場の反転が脅威に映ってしまったのは、その週をどうしてもプラスで終えたいという欲求があったからだ――加えて言うなら、長い横ばい期間を経たあとの週だった。もし相場が急騰したあとで全体が横ばいで推移していたら、おそらくここが増し玉の機会ではないだろうか。わたしは増し玉分の（また、新たな平均購入価格を前提として、ポジション全体の）リスクとリターンを調整し、増し玉した。増し玉分はリターンとリスクを急激に左右するほど大きくはなかったが、心理的には大きなステップとなった――脅威だという認識を機会に変えたのである。

ここでカギになるのが、まったく自分の期待どおりに動かない相場、つまり「現実」の脅威と、「認識した」脅威とを区別することである。ここでは相場について、また自分の前提条件についてよく考えてみる必要がある。わたしの場合には、トレードが順調にいっていることが分かると、優れたトレードなのに不安を抱かせるようなフィルターに疑いを持てるようになった。

内なる観察者の視点から自分の思考について考えてみると、もう否定的思考のパターンに陥ることはない。

正常な出来事を脅威にしてしまう認識が確認できたら、次の課題は、その正常な出来事に存在する機会を見つけることである。わたしは妻との意見の食い違いに脅威を感じることもあるが、その脅威が実りあるコミュニケーションや問題解決の機会に変わる場合もある。小幅な上昇で始まり、その後一時撤退を余儀なくされるようなトレードに脅威を感じることもあるが、その脅威が自分のポジションを好転させたり、自分の相場の見方を改めたりする機会に変わったりする。

脅威が認識できたら、今度はその認識した脅威を機会に変えること。それがトレード上の意思決定をゆがめる心の動きの真の原因に対応する二段構えのプロセスである。日誌に自分の思考と認識だけを記入しておけば、この二段構えのプロセスを構築し、それをリアルタイムで開始する習慣にすることができる。

コーチングのヒント

その日のトレードについて語ったりインスタントメッセージを送ったりするときには、相場をどう説明するかに注意を払うこと（上昇、下降、閑散、活発など）。とくに自分の説明の口調に耳を傾けてみよう。たいていは自分の口調や言葉遣いで、自分がその相場に共感しているのか闘っているのかが分かる。もし相場はこうある「べきだ」という考えにとらわれているようならば、相場と闘っている可能性が高い。

レッスン14　心の日誌をつける

トレードを始めたころ、わたしは注釈付きチャートをいくつか使って日誌をつけていた。株式マーケットであらゆる転換点を探しては、トレンドの反転を示していそうな指数のパターンや価格・出来高のパターンを調べた。しばらくすると、一定のパターンが繰り返されていることに気がついた。新高値や新安値を付ける銘柄数、ＮＹＳＥ（ニューヨーク証券取引所）のＴＩＣＫ指標、そして各種セクターといった評価基準があるなかで確認と否認のパターンに頼ることを学んだのは、こうした初期のころの観察からである。あとになってから「マーケット・

デルタ（Market Delta）」（http://www.marketdelta.com/）などの新たなツールを手に入れて、これらのパターンに追加した。わたしにとって、日誌はパターンを認識する手段だったわけだ。チャート上で時間をかけてパターンを認識できるようになって、初めてそれが姿を現しているのがリアルタイムで分かるようになってきた。また、実際にこうしたパターンに基づいてトレードするのに十分な自信がついたと感じたのも、リアルタイムで時間をかけて観察してからだった。

心の日誌をつけているときも、学習原理はそう変わらない。まず、日誌は間違いなくトレーダーである自分のパターンを認識する手段であるということだ。自分のパターンとしては次のようなものがある。

●**行動パターン**　所定の状況下で特定のやり方で行動する傾向
●**情動パターン**　特定の出来事に対する反応によって特定の気分か状態に陥る傾向
●**認知パターン**　自分または相場に関係のある状況に直面したときに、特定の思考パターンか心の枠組みに入り込む傾向

トレード上のパターンの多くは、この三つのパターンが組み合わさったものである――われわれは周囲の状況に応じて、一定の方法で考え、感じ、行動する傾向がある。こうした特徴的

パターンが最大の利益に不利に働くこともあるし、それによって性急に意思決定を下したり、優れたマーケット分析やプランニングに支障が出てきたりすることもある。自分の不快ストレスのパターンを変えるのを助けてくれる日誌（そしてそれ以外の心理学的訓練）が必要になるのは、このような状況である。

トレード日誌をつけることとの詳細については、私のブログ（http://traderfeed.blogspot.com/2008/03/formatting-your-tradeing-journal-for.html）を参照してほしい。

それにしても、なぜこのようなパターンが存在するのだろう。結果が分かっているというのに、なぜ人間は実現されていない思考や行動のパターンを何度も何度も繰り返すのだろう。自分が繰り返す否定的なパターンにひどく不満を募らせ、「せっかくうまくいっているのに、邪魔をしやがって」と毒づくトレーダーもいる。ただ、こうして問題に悪態をついても事態が好転するわけではない。欲求不満を責めていたのでは、そのトレーダーは欲求不満をさらに募らせるだけである。

『精神科医が見た投資心理学』（晃洋書房）で強調したように、不適応パターンは一般に厄介な出来事に適応することから始まる。われわれは厄介な出来事に対する特定のコーピング（対処）の方法を学んだ。それも最初のうちは自分に有利に作用してくれるが、その結果、そうしたパターンは過剰学習されることになる――つまり習慣として内在化されるのである。

その好例は、他人と衝突したときに自分を責める傾向だろう。言い争いやけんかが多い家庭で育った子供は、他人を責めて衝突するのではなく、問題の原因は自分にあると思い込み、自分を責めてうまく状況に適応する。やがてそのパターンがしっかりと根づいてしまい、ちょっとした衝突でも自己非難や抑うつ気分の引き金になってしまうのだ。例えば、そのような人は、失敗から学ぶよりも、負けた日のあとで時間やエネルギーをたっぷり使って自分を責めすぎる恐れがある。

トレードで一貫して資金や機会を失うパターンを繰り返しているときには、幼少時代からのコーピング方略（それまでは自分を助けてくれたが、成長してからもずっと切望している方法）を繰り返している可能性が高い。ここでは一度根づいたパターンを断ち切ることである。ここで心の日誌が初めて役に立つのである。

マーケットのパターンをはっきりと認識できるようになるためにわたしがトレード日誌を使っているように、心の日誌は、正常な意思決定を妨げる思考や感情、行動を繰り返すパターンに対する注意を喚起してくれる。そのような日誌は、前述の注釈付きチャートのように、観察から始まる。その際には、自分がトレードした日を見直して、トレードに影響を及ぼしたあらゆるパターンに注目したい。当初の目標はそうしたパターンを変えることではなく、単にそのパターンをうまく認識できるようにすることである。そうすれば、最終的にそのパターンが表れているのをリアルタイムで確認できるようになる。

心の日誌とは、自分の内なる観察者を育成する手段、つまり自分の行動、いつその行動を取っているのかを認識するのを学ぶ手段である。

わたしが気に入っている日誌は、普通の一枚の用紙を三列に分けたもの。一列目にはマーケットの特定の状況を記入する。二列目には、その状況に対して考えたこと、感じたこと、取った行動をまとめる。三列目には、特定の認知パターン、感情パターン、行動パターンの結果を強調して記す。

最初の二列は、自分のパターンを引き起こす状況トリガー（誘引、引き金）を認識するのに役に立つ。これによって、トリガーの表れにいっそう敏感になる。三列目では、自分のパターンに対する悪い結果を頭のなかで強調する。この悪い結果には、不快ストレス、トレードでの損失、チャンスに乗り遅れる――などがある。**われわれが不適応パターンを悪い結果と明確に関連づけているときには、こうしたパターンを変えようという意欲を高め、持続させることができる。**三列目には、その繰り返しパターンの代償を詳細に書き出してみる（具体的には、いかにそのパターンが自分の幸せやトレードの成功を妨げているかなど）。そのパターンの表れがはっきりと分かってくるにつれ、またそれによって自分が払う代償を痛切に感じるようになるにつれ、リアルタイムでそのパターンを把握できるようになり、それを妨げ、変えようという気持ちになってくる。

しかし、差し当たっては、自分の繰り返しパターンとその結果を見極められるようになることを目指すべきである。そういうパターンを一度に変えようとしないことである。**自分が気づいていなければ、それを変えることはできない。**心の日誌は、何が自分の不快ストレスを生み出しているのかに気づき、それを理解する強力な手段である。三〇日間連続して日誌をつけてみると、自分に最も多いのはどのようなパターンなのかが分かってくる。また、それは自己観察を習慣に、つまり私生活やトレードで自分を助けてくれる肯定的なパターンに変えるプロセスの始まりでもある。

コーチングのヒント

心の日誌をつけるには、まず個々のトレードを追跡し、自分の考え方で正しいトレードの執行やアイデアの管理から逸脱しているような状況に着目することから始めてみよう。そのような状況は、言い換えれば、自分のトレード規則に従わなかった事例である。規則に従っていたのにアイデアが期せずして間違っていたという事例ではない。頭のなかでこうしたトレードを繰り返し、できれば自分のトレードをビデオに録画してトレードを直接観察することを検討し、何にカッときたか（A列）、何が脳裏をよぎったか（B列）、そしてそれが自分のトレードにどう影響したか（C列）を素早くメモしてみること。また、その状況トリガーのせいで自分がどのぐらいの代償を払ったかに着目すること。練習を重ねれば、自分の内なる観察者を育てることができ、そうした状況の発生に気づくようになる。それによって脚本の結末も変わってくる可能性がある。

レッスン15　焦り――金儲けに躍起になっているとき

トレーダーはこれを「焦り」（金儲けをしようと焦ること）と呼ぶ。手広くトレードをしすぎて焦ることもあれば、頻繁にトレードをしすぎて焦ることもある。焦りの大きな特徴は、**機会を作り出そうとすること**である。勝算があるときを選んでトレードをしようという心構えとは一八〇度違う。相場を自分に引き寄せてチャンスが訪れるのを待つのとは異なり、焦りの場合には、機会を作り出そう、今すぐに事を起こしたいと考えるのである。

皮肉なことだが、成功しているトレーダー、つまり競争力があり、成功を迫られているトレーダーの大半がこの焦りを感じている場合が多い。彼らは損失が大嫌いなので、たとえお粗末なトレードだろうと、勝つためなら何でもする。

トレードは戦闘機の操縦やチェスのゲームとやや似ている。高度にコントロールされた攻撃性が求められるからだ。トレードでは、いつチャンスが訪れるのか、いつ訪れないのかを知ることでコントロール感が生まれる。このコントロール感を植えつける最良の方法が、規則に従ってトレードすることなのだ。その規則とは、ポジションサイズや損切り価格に関する規則、トレードするときと休むときについて、トレンドの方向に仕掛けるかなどについてである。**常に規則に従っていると、規則が内在化され、自分でコントロールできるようになってくる。**このプロセスは子供たちにも見られる。子供たちは、「お年寄りを敬いなさい」「きれいに洗いなさい」という規則を耳にタコができるほど聞かされるため、そうした行動が（最終的には！）自動的にできるようになるのである。

正しいトレード行動は規則に従うことから始まり、やがてそれが習慣になっていく。

こうした自動的にできる行動は重要である。なぜなら、労力や心的資源を費やす必要がないからだ。もし何らかの状況に直面するたびに自分を規則に「従わせる」必要があるとしたら、自分に重い負担を掛けることになるし、そうした状況に細心の注意を払うこともできなくなる。人間の心の最大の強みのひとつは、規則を自動化する能力があることだ。自動化することができできれば、心的資源や身体資源を目先の難題に全力で投入することができる。その結果、コントロールしている状態で（すなわち、規則に支配された状態で）、そうした難題に立ち向かうことができるようになる。

では、どうしたら自分のトレード規則を自動化することができるのだろう。答えは、そうした規則を習慣にすることである。われわれにも「朝起きたら歯を磨きなさい」という、両親から押しつけられた規則があるが、繰り返すことでそれが習慣になっている。それを思い出すためのリマインダーも、規則に従うための特別なモチベーションもいらない。これがトレードでわれわれが目指す一種の自動性なのだ。自分の規則が十分に自分の一部になっていれば、特別な注意も努力も必要ない。

金儲けをしようと焦っているときには、トレードする必要性のほうが規則を守ることよりも勝っているものである。一般に、焦りは自分の成績に不満を募らせているときに起きる――おそらく損失を出したか、チャンスを見逃したか、あるいはちょうど損益曲線が踊り場相場に差し掛かっているかである。そうした欲求不満から、相場が提供してくれる機会を待つよりも、自分で機会を「作り出そう」とするようになるのである。

われわれは相場と一緒になって相場にリードしてほしいと思っている。われわれが相場をリードしようとすると、つまり何が起きているのかを「見極める」のではなく、何が起きるのかを「予測」しようとすると、次の値動きから取り残されてしまう可能性が高い。焦っているときには自分が相場をリードしようとしており、それが通常の損失や踊り場相場を本当のスランプにしてしまう可能性につながるのである。

では、どうしたら自分のトレード規則を自動化することができるのだろう。歯磨きと同様、繰り返せばいいのである。自分の規則をさまざまなやり方で何度も繰り返せば、それを徐々に内在化し、習慣にすることができる。それでもリスクや不確実性を払しょくすることはできず、マーケットでは通常のストレスを体験するだろうが、しっかりと自分の意思決定に従っていれば不快ストレスの犠牲にはなり得ないのである。

自分のトレードのセルフコーチになるときには、取引日の前日や日中に繰り返しの機会を作り出すことができる。

一．**自分にとって最も重要なトレード規則のリストを作ること**　このリストには、少なくともリスクマネジメントの規則、多額の損失を出したり複数回損失を出したりしたあとは休憩すること、明確なシグナルが出た時点で仕掛けること、日中に備えること――といった規則を網羅することである。**まずこれらが顕在化できていなければ、トレード規則を内在化することはできない。**

二．**トレードを始める前にルーティンを作り、規則を見直すこと**　心のなかでの練習は、繰り返しプロセスを生み出す強力な手段である。どのトレード規則も、平穏な心を保ち、集中しながら心のなかを歩き回っているというシナリオをイメージしたものとしてとらえることができる。実際にはトレードのさまざまな状況にある自分をイメージしつつ、規則を自覚し、そうした規則に従っているのである。さらに事細かにイメージすれば、現実的な体験としてそれを内在化できる可能性がいっそう高くなる。

規則についてよく考え、心のなかで練習をすればするほど、その規則がより自分の一部になってくる。内在化は繰り返しから生まれるものである。

三．日中に休憩時間を作り、自分が規則に従っているかどうかを見直すこと　日中、相場の動きが鈍くなったときの休憩は、頭のなかを整理し、その時点で自分のトレードを確認し、午後にどうすべきかを自覚する絶好の時間である。規則のリストをチェックリストにすれば、午前に規則に従っていたかどうかに「はい」「いいえ」で答え、簡単にチェックすることができる。もし特定の規則に従っていなければ、その規則を別の用紙に書き出して画面の上に貼り付けておき、午後のトレードでの注意点にすればよい。

四．引け後に規則のリストをレポートカードとして使用する　取引時間が終わってから見直しをすると、トレード、仕掛け、リスクマネジメント、手仕舞いがいかにうまく準備できていたかが分かる。各規則はA、B、C、D、E、Fで評価すること。B未満の項目があれば、それを翌日の具体的な目標の候補にする。このような方法で、最も取り組む必要がある規則を最も注意を向ける規則にするのである。

こうしたアプローチを用いると、規則から逸脱して行動している自分に気づき、欲求不満から焦りを感じることがなくなってくる。その結果、欲求不満がエスカレートして正常なトレードの原則に違反する可能性も低くなる。ただ、繰り返しによって自分の規則を強固なものにしていけば、いら立ちがトレードに影響するのを防ぐことで自分のトレードを指導することもできる。結局のところ、欲求不満の状態で一日をスタートしても（寝過ごしたのかもしれない）、それで朝の身だしなみという習慣が台無しになることはない。行動パターンというのは、一度過剰学習されると、心の動きには関係なく、ずっと根づいているものである。それが本当に自分をコントロールできているということである。

優れたセルフコーチングとは、トレード上の問題を正せるようにすることである。素晴らしいセルフコーチングとは、まずは問題が発生するのを防ぐルーティンを作り出すことである。結果は自分の気分で分かるだろう。また、多額の損失や負ける日や週が大幅に少なくなっていることでも分かるだろう。

コーチングのヒント

一度にあまり多くの規則を内在化しないこと。仕掛けの規則（手ごろな価格で仕掛ける）、ポジションサイズの規則（ポジションごとにリスクを制限する）、そして手仕舞いの規則（利益目標と損切り価格をきちんと設定する）など、ゲームを続けられる最も重要な規則から始めること。この三つを、自分のトレードの基本的な理由づけと共にトレードプランとして紙に書き出したり、声に出して言ってみたりするとよい。そうすれば、焦っている状態ではなく自分をコントロールした状態でトレードすることができる。

レッスン16　いつでもやめる心づもりを

トレーダーが感じる最も激しい不快ストレスの一つが絶望である。わたしは卓越したトレーダーたちが絶望するのを目にしてきた。必死に仕事をしていると飛躍的に進歩を遂げたように感じるが、その後少し後退する――まったく成果が上がっていないかのように思えるものである。ミスをしたり損をしたりすることにもうんざりする。すると、マーケットが開くのを楽しみにしていたときの興奮が恐怖に変わってくるのである。そうなると、リサーチやお決まりの朝の準備を持続させるのも難しくなる。もし身体が口を利けるとしたら、きっと「こんなことをして、いったい何になるんだ」と言うだろう。そういうときには、いつでも休みを取る心づもりをすることだ。

現実を直視してみよう。多くのトレーダーには、トレードをあきらめるときが「ある」。ごく少数だが、何年もの間トレードをあきらめ、経費を賄える程度の資産を築くための能力開発も怠っていたトレーダーを知っている——おそらく才能もなかったのだろう。**もし何か（自分の才能、スキル、そして関心事に訴え掛ける何か）をしようとしているならば、活動を開始してから一～二年の間に大きな学習曲線を描けるはずだ。**仮にその学習曲線が明確になってこなければ、それはおそらく自分の本職ではない。すぐに休みを取り、自分の際立った能力を発揮できるものを追求すべきである。やめてしまうことではない。臆病になることでもない。負けポジションを処分してほかの望ましいこと、例えば人生設計でもトレードでもよいが、賢明な活動に乗り出すことである。

ただ、時間と共に着実に成長し、本当に能力があることが分かっているなら、落胆や意気消沈は厳しい時期に自らに課す心の課題である。自分のトレードのセルフコーチになるには、困難な時期を乗り越えて自分を導いていくことが必要だ。

わたしの大学院時代の恩師のひとりであるジャック・ブレーム教授は、意気消沈はモチベーション抑制のひとつの形であるという理論を打ち立てた。有意義な目標まであと少しだと分かると、われわれは楽観的になって意欲がわいてくるのを自然に体験する。そうして感情が高まってくれれば、目標達成のためにさらに努力することができる。逆に、重要な目標には手が届かないと分かると、自然とそのモチベーションを抑制することを覚える。結局のところ、達成不可能な目標を立てて倍の努力をしたところで何にもならないというわけだ。そうしたモチベーションの抑制は、落胆だけでなく軽度の抑うつ症という形になって表れ、不愉快になる。だが、それにはそれなりの適応性がある。つまり、追求すべきでない目標からは目をそむけ、余計な努力をしなくても済むということだ。

そういう意味で、断念したいという感情には有益な情報が含まれているのである。それは単に克服すべき、または最小限に抑えるべき否定的な感情ではない。**落胆が教えてくれるのは、そのときの現実の自己（現在の自分）と理想の自己（自分がなりたい自分）との埋められないギャップを認識するように、ということだ。**そうなると、もう自分には未来をコントロールしようという認識はない。つまり、自分には重要な目標を達成する能力があるとは考えなくなるのである。もし効果的なセルフコーチになろうとするならば、この認識に注意を向ける必要があるだろう。

現実の自己は常に理想の自己とは程遠い。問題は、自分にそのギャップを埋める能力があることを認識しているかどうかである。

理想と現実とのギャップを埋める一番の方法は、その状況に照らし、そのギャップが現実を踏まえた何かを暗示しているのかもしれないと考えてみることだ。もはやトレードで頼りにできるエッジ（優位性）はない。おそらく相場のパターンも変化している――かつては有利な方向に動いていたのに、もはやその可能性もないなど。そのような場合には、一時的に休みを取りたいという気持ちが、トレードでは何が機能し、何が機能しないのかを把握することに努力を集中するようにと警告してくれているのである。この文のキーワードは「一時的に」である。落胆しているからと言っても、それはけっして楽観主義を装うべきだという意味ではない――モチベーションが下がるのにはそれなりの理由があるはずだ。一歩引いて考えてみると、相場が原因だと考えられる心の動きの訳を調べることができる。

また、落胆は、期待があまりにも現実離れしているという情報を提供してくれる場合もある。もしわれわれが内心、トレードのたびに儲けたい、または儲けを期待しているなら、偶然としか思えない連敗を体験したら失望するだろうということに備えて自立している必要がある。そのような場合には、モチベーションの抑制が、相場だけではなく自分についても調べる必要があるというヒントを与えてくれているのである。最高のものを期待しているときには、最悪のものには十分な備えができていないものである。

意欲やモチベーションが低下する三つ目の理由がバーンアウト（燃え尽き症候群）である。バーンアウトが起きるのは、目の前にある要求に押しつぶされたときである。トレーダーの場合には、バーンアウトによって仕事と私生活とのバランスが崩れていることが分かる。ストレスの多いトレードにどっぷり浸っていることで、娯楽や社会生活、創造力、精神のはけ口がなくなってしまうのである。短期間ならこうしてどっぷり浸ることも可能だが（ときには必要だが）、長期間になると健康を害してしまう。これはモチベーションの抑制どころか、モチベーションの枯渇である。仕事の負担が重すぎると、活力や情熱を持続させるのが難しくなる。

バーンアウトが起きるのは、自分に対する要求がそれを処理できる力量を超えているときである。

各シナリオで、セルフコーチになるトレーダーは失われた意欲を「情報」として扱っている――きっと相場の変化の表れだろう、きっと非現実的な自己要求のしるしか仕事と私生活とのバランスが崩れたしるしなのだろうと。もし最近のトレードで気落ちしているなら、その心の動きが何を訴えているのかを見極めるのが最優先課題になる。そうすれば適切な対策を講じることができる。

もしマーケットのトレンドやテーマ、ボラティリティの変化に伴って、利益やアイデアも変化しているなら、リスクを減らしつつ、どのパターンやマーケット、アイデアが機能するのかを調べるという対策を講じるべきである。そうすれば、それに努力を集中させることができる。

また、直近の成績を見直して、引き続き機能するマーケットやパターンを特定できるかどうかも調べてみたい。**リスクを減らし、自分のトレードを見直したら、資金を維持しつつ、落胆をチャンスに変えることである。**

断念したいという気持ちが自己要求の作用よりも強いなら、倍の努力をして目標を設定し、現実的で達成可能な目標に向かって一日、一週間をスタートさせているかどうかを確認してみる必要がある。バスケットボールの選手がスランプに陥ると、コーチは高い確率でシュートが入るような練習を準備し、選手が精神的に回復できるようにするが、皆さんも同じように、自分の心を動かしてトレードを進められる、達成可能な目標を設定し、自分の心の成功を準備したいと思うはずだ。

最後に、もしバーンアウトが原因で楽観的になれないならば、トレードから離れ、意識的に運動や社会活動に適した時間や治療期間を確保して、トレード以外の生活を組み立てることが課題になる。**心の多様性を育む優れた戦略は、トレード以外の生活で大きな目標を持つことである。**心のなかの卵をすべてトレードという一つのバスケットに入れてしまうと、利益が乏しいときに活力や情熱を持続させるのが難しくなる。

自分のトレードのセルフコーチになるというのは、良い気分だと自分に言い聞かせることではない。ときには肯定的な心の動きを伴わなくなるもっともな理由もある。優れたコーチならその理由に耳を傾け、それを建設的な自己改革への起爆剤にすべきである。

コーチングのヒント

自分の心にはどのぐらい多様性があるだろう。社会生活、家庭生活、そして一般的な心理状態でどのぐらいストレスや不快ストレスを体験しているだろう。また、その各々の領域でどのぐらい満足感を味わっているだろう。トレードの結果が芳しくないときには何に元気づけられているだろう。トレードする日には私生活のどのような問題が忍び寄ってきているだろう。身体の健康はどうだろう。睡眠や集中の質はどうだろう。活力のレベルはどうだろう。トレードの結果だけでなく、トレード以外の生活の部分も月に一度の総括で評価してみる価値がある。もし生活のほかの部分が不快ストレスの発生源なら、集中力や意思決定力、成績の落ち込みも単に時間の問題だろう。

レッスン17　恐怖に襲われたらどうすべきか

恐怖は危険に直面したときの正常な心の動きである。恐怖の条件が整うと、われわれは「逃走・闘争」反応を示す、つまり危険の出どころから逃れる、またはそれに立ち向かう準備をする。すでに見てきたが、われわれが立ち向かう危険とは、客観的な脅威の出どころではなく、われわれが脅威だと認識しているものである。何でもない状況を脅威だと認識してしまうと、恐怖が不安になる。十分な逃走・闘争反応を体験していても、逃げだしたり闘ったりしても無駄である。危険はわれわれの認識のなかにあるからだ。外にあるのではない。

トレード中に緊張する、またはトレードが苦になるときには、自分の反応が恐怖なのか不安なのかを知ることが大切だ。つまり、本当の危険が相場環境にあるのか、それとも自分の心のなかにあるのかを知ることである。

例えば、わたしはSPY（S&P五〇〇株価指数）を売り建てているが、前の支持線のレベルに達したとしよう。NYSE（ニューヨーク証券取引所）のTICK指標（**訳注**　値動きが変動する頻度を表す指標）も急に動意づいてきてマイナス五〇〇になり、一時的な売りが出ている。そのとき、SPYは新安値ギリギリまで下げたが、わたしはナスダックやラッセルといったほかの指数が新安値を付けていないことに気づく。TICK指標のマイナス五〇〇も、前のTICK指標の安値と比べるとはるかに上方で推移している。売りが枯渇する兆しが見えてくる。わたしは心配になって、新たな売り注文が入ってくるかどうかを見守っている。ポジションを仕切る準備はできているし、手もマウスの上で注文を執行する体勢に入っている。しばらくの間、相場も揉み合いを続けている。商いが薄くなってくる。わたしの緊張も高まってくる。わたしはすかさず心の動きに従って行動し、ポジションを決済する。支持線を下抜ける確率は低いので、この辺りで手仕舞いすれば利益を失う危険はない。わたしはそう判断する。

　このシナリオ（つい一日前のトレードに基づいたもの）では、恐怖には適応性があった。世の中には真の危険があった（その後、相場は次の三〇分間で大幅に反発した）。わたしは自分の心の動きを信じ、自分の恐怖心に従って行動していた。なぜなら、固有の危険の出どころ（確定している支持線のレベル、出来高の枯渇とTICK指標、ラッセル二〇〇〇指数とナスダック一〇〇指数のノンコンファメーション）に注意を向けていられたからだ。長年にわたるデイトレードの経験から言えるのは、こうした変動のときに押し目買いが増えなければ、短期的には変動（出来高、TICK指標）が大きくなる可能性は低いということだ。

恐怖がトレードの友だちになるのは、恐怖が本当の危険の出どころを示しているときである。トレードで不快感を覚えると、後に市況の変化を意図を持って認識するようになる。

　ここで注意したいのは、もしわたしが恐怖を否定的な心の動きだと思い込み、それを押しのけるか無視しようとしていたら、重要な合図を見落としていた可能性があるということだ。**自分のトレードのセルフコーチになるなら、心の動きを排除しないという目標を立てることである。心の動きを最小限に抑えてもいけない。**それよりも、課題はそうした心の動きの根底にありそうな情報を引き出すことである。つまり、自分の心の動きに素直に向き合い、ときにはそうした体験を信じることである。心の動きに従った無分別な行動は、大失敗に至るお決まりのコースである。不安を感じているが、それが現実に根ざした恐怖でないときにはとくにそうである。しかし、心の動きを無視することには同じく危険が伴う——心の動きを無視していると相場感がつかめなくなる。

では、意思決定のプロセスで緊張が高まってきたらどうすればよいのだろう。『精神科医が見た投資心理学』で、わたしはこうした心の動きを車の警告灯に例えた。緊張感は警告である。何かがおかしいという兆しなのだ。車の警告灯が点灯しているのが見えたら、それを無視することはないし、マスキングテープでぐるぐると巻いて覆ってしまうこともない。そうではなく、その警告によって「何かあったのか？　どうしたらいいんだろう？」と把握に努める。特定の計器灯を見ながら、完全に車を止め、修理店に連絡しようと思うかもしれない。マーケットから撤退するのと似ている。リスクが高すぎて先へ進めない状態だ。

緊張が高まっているときに最初にやりたいのは、単にその事実を認めることである。「今のトレードには納得できない」と自分に言い聞かせ、自分の体験から情報を引き出すようにキューを出してみよう。次は「どうして納得できないんだろう？　トレードに何か大きな変化があったのか？」と自問してみることだ。

後者の問い掛けは重要だ。なぜなら、不慣れな状況や不確かな状況で感じる現実的な恐怖と普通の不安とを区別するのに役立つからだ。先日、わたしは平均的なトレードサイズを大きくしたが、最初のうちはトレード中に少し緊張した。そこで「どうして緊張しているんだ？」と自問してみた。トレードでは何も間違いは見つからず、成績も予想どおり。最終的には、自分はトレードごとにリスクが高まっていくことにやや不安を感じていることが分かった。そこで損切り価格と全体的なトレードプランを確認してみた。すると高くなったリスクによる不安が解消され、利益を出せるようになったが、そうした内なる対話によって、体の警告灯（緊張感）が相場の問題に根ざしたものなのか、それとも認識の問題に根ざしたものなのかを知る必要はあった。

恐怖は警告灯であり、行動を自動的に導いてくれるものではない。われわれの心と体が「何かがおかしい」と声を上げる手段である。

同じように、もしトレードを仕掛けることに恐怖を感じているなら、「『なぜ』このアイデアに納得できないのだろう？　このトレードには本当にエッジ（優位性）があるのか？」と自問してみるとよい。こうして自問することが、アイデアの根拠を見直すきっかけになる。トレンドに乗れるのか、好ましいリスク・リワード・レシオで取引できるのか、これは過去に成功したパターンなのか、これは十分な出来高とボラティリティのある相場環境で起きていることなのか……。

トレーダーたちを相手に仕事をするとき――すなわち、トレードをしている彼らのコーチングをするとき――、わたしは特定のアイデアに関する思考プロセスが分かるように、彼らには声に出して話してもらっている。それから彼らの意思決定についての考え方の特徴をフィードバックする。そうすれば、神経質になるのも無理はないというとき（トレードにまったく期待が持てないとき）とそうではなさそうなとき（良いアイデアだが、スランプに陥っているので確信が持てないとき）とを把握するのに役に立つ。

皆さんが自分のトレードのセルフコーチになるときにも、自分で声に出して話すようにしてもよいし、またはプロップファーム（**訳注**　自己売買取引の専門業者）のように、もしほかのトレーダーと同じ部屋でトレードをしている場合には、短いチェックリストを使って自分のアイデアかトレードの状態を見直してもよい。チェックリストは、単に自分がトレードに熱中する理由、またはトレードを続ける理由を記した短いものにする。これは緊張感を利用して良いアイデアに対する不快感とあまり良くないアイデアに対する不快感とを区別するやり方だ。恐怖とは、単に未知のものや変化したものの副産物に対する恐怖であることが多いが、第９章でマイク・ベラフィオーレ氏も指摘しているとおり、それはトレードを控えるべきではないという意味ではない。

わたしは長い間トレードをしているため、自分のチェックリストが頭のなかにしっかりと出来上がっている。しかし、それを完全に、しかも自分の目の前で書き改めてもらわなければならないことがあった。自分のトレードの方向に沿って出来高が増えているか？　買い気配値と売り気配値ではどちらの出来高が多いか？　その買い気配値と売り気配値で取引される銘柄数は増えているか？　超短期のトレーダーでもそのような基準ならすぐに見直すことができる。ちょうど戦闘機のパイロットが危険な戦闘状態に入ったら計測器やレーダーをチェックするのと同じである。自分の計測器をチェックして、正当な理由で意思決定を下しているかどうかを確認するようにキューを出してくれるのが恐怖反応なのだ。

自分のトレードをより深く分析し、アイデアに対する確信の度合いを調整するキューとして、恐怖を利用することができる。

もしこうして恐怖を利用することができれば、否定的な心の動きをトレードに使い、その心の動きと仲良くなることもできる。皆さんへの課題は、とくに確信が持てないトレードの最中（またはトレードを始める前）に声に出して話したり照合したりすることができるように、簡単なチェックリストを作ることである。このチェックリストは、なぜ今トレードをしているのか、それでもトレードをすることに意味があるのかを再検討するきっかけになるはずだ。このように、最も緊張状態にあるときでも、セルフコーチになって最良の意思決定を下せばよいのである。恐怖のないところから自信は生まれない。ストレスや不確実性に直面してこそ最高の成績を上げることができるのだ、というのを知ることから生まれるのである。

コーチングのヒント

緊張するトレードで好ましい変化があったら、それをトレードの目標として追求してみよう。『精神科医が見た投資心理学』でも述べたが、不安は最も成長する道を示してくれることが多い。なぜなら、不安を感じるのは、既知のものやなじみのものから逸脱しているからである。新たなマーケットや金融商品のトレードで、サイズを大きくし、利益目標に達するまで保有してみよう。神経は疲れるが、大きく成長し、上達する可能性がある。そういう意味で、恐怖はチャンスの指標になり得るのである。

レッスン18 成績に対する不安――最も多いトレード上の問題

ちょっと想像してみよう。就職時のグループ面接の一環として、自分はこれからプレゼンテーションをしようとしている。何が何でも就職したい。準備も万端整えている。プレゼンテーションに入る前は緊張しているが、自分の資質についてもよく分かっているし、初体験でもないだろうと自分に言い聞かせている。

ところが、いざ話を始めてみると、聞き手があまり聞いてくれていないことに気づく。人が話をしているというのに、携帯電話を取り出してはメールを打ち始める者もいる。そうかと思うと、居眠りしている者もいる。自分の話はあまり面白くないのだろうかという考えがよぎる。聞き手の関心を引きつけていないじゃないか。就職は無理なのか。そこで、何か注目してもらえるようなオリジナルのアドリブを入れることにするが、緊張感は高まるばかり。一連の考えも吹き飛んでしまい、つまずいたり、用意してある原稿をきまり悪そうにのぞき込んだり……。パフォーマンスに対する不安から、もはや集中力も切れてしまい、プレゼンテーションは散々な結果に終わる。

パフォーマンスに対する不安が生じるのは、パフォーマンスについて考えることがパフォーマンスを高める行為を妨げてしまうからである。試験中にあまり心配しすぎると、頭が真っ白になり、せっかく勉強したことをすっかり忘れてしまう。試合終了間際のフリースローで力みすぎるとはずしてしまい、試合に負けてしまう。つまり、結果にばかり気を取られていると、そのプロセスがおろそかになってしまうのである。

これはトレーダーにもよく見られる問題だ。おそらくプロップファームやヘッジファンドのトレーダーには最も多く見られる問題だろう。パフォーマンスに対する不安は、トレーダーが絶好調で、より大きなポジションを保有してより高いリスクをとろうとしているときに噴出することもあれば、トレーダーがスランプに陥り、良いトレードができずに負けを心配するようになったときに噴出することもある。利益を出さなくては、というあまりのプレッシャーから、せっかくの勝ちトレードを早めに手仕舞いしてしまう場合もある。これではいくら良いアイデアでも可能性を最大限に引き出せるわけがない。先のプレゼンテーションの場合と同様、パフォーマンスに対する不安から、トレーダーは集中力を切らせてしまい、リサーチやプランニングについて、あとからとやかく言う羽目になるのである。

パフォーマンスに対する不安とそれにどう向き合うかの詳細については、わたしのブログ（http://traderfeed.blogspot.com/2007/04/my-favorite-techniques-for-overcoming.html）を参照してほしい。

本章ですでに見てきたとおり、不快ストレスを感じるのは状況のせいではない。そうした状況に対するわれわれの「認識」のせいである。もし自分が人気の職種に応募していても、ほかにいくらでも仕事はあるという確信があれば、面接やプレゼンテーションでも過度のプレッシャーを感じることはないだろう。大学院を修了してニューヨーク北部に面接を受けに行ったとき、わたしは臨床部長から、好きな心理療法のアプローチは何かと尋ねられた。わたしは笑いながら、「プライマルスクリーム療法（**訳注**　原初療法。大声で叫ぶことで幼児期の抑圧された心的外傷やストレスから解放するというもの）です」と答えた。これで堅苦しい雰囲気がほぐれ、二人で笑い声を上げた。その後は面接がうまく運んだ。もしこの面接がうまくいかなくても、ほかにチャンスがあるのは分かっていた。それでわたしは解放され、自然に振る舞うことができたのだ。

もし自分にはこれしか選択肢がなく、何が何でもこの職に「就かなくてはならない」と自分に言い聞かせていたら、プレッシャーはもっと大きかっただろう。緊張しすぎて面接中にはとても冗談など言えなかったし、きっとぎこちなく見え、無愛想な人間だと思われていたかもしれない。もし不合格になることを大失敗だと考えていたら、面接もうまく受けられなかったに違いない。

トレーダーは自分で自分の破滅に関与しているのである。不確実な条件下では損失などごく普通に起きるパフォーマンスの一部だと考えるのではなく、自己認識や自分の生活を脅かす脅威だととらえてしまうのだ。儲かっているときには、トレーダーも前途洋々で、自分でも好調だと感じている。ところが、負けが続いたりすると、損失にわれを忘れてしまうのだ。これでは儲けるためにトレードをしているのではなく、損をしないためにトレードをしているようなものである。不安を抱えて面接に臨む求職者と同じで、トレーダーももはや自分のスキルを自然に、また知らず知らずのうちに発揮することができなくなっているのである。

トレーダーがよく犯す過ちは、破滅的な否定的思考を肯定的思考に置き換えようとすることだ。「儲けるぞ」という確認を繰り返し、声がかすれるほどしゃべり続け、それを確かな期待にしようとする。ところが、それでどうなるかというと、彼らはトレードの結果のことばかり考えて、トレードそのものがおろそかになっている。**プロの役者は、演技をしているときには肯定的にも否定的にも考えない。正確に言えば、役者は演技をするという行為に完全に没頭しているのである。**ベテランの舞台女優が観客の反応のことばかり考えるだろうか、または翌日の劇評のことばかり考えるだろうか。専門の外科医が手術は成功するか失敗するかという考えにとらわれるだろうか。そんなことはない。彼らがなぜプロ中のプロになれたのかというと、脇目も振らずに自分のスキルを磨くことに完全に集中していたからである。

行為の結果について肯定的「または」否定的に考えると、行為のプロセスに支障が出る。行為そのものに集中していれば、結果はおのずとついてくる。

こうしたプロ中のプロが、没頭していればよいという確信を抱くのは、肯定的に考えるからではない。そうではなく、失敗してもそれに対応できることが分かっているからだ。もしある日の芝居がうまくいかなくても、女優はリハーサルで改善できることを知っている。もし術後に合併症が起きても、外科医はそれをすぐに発見し、手当ができることを知っている。彼らのようなプロは、大失敗を悪い結果から切り離すことで、大打撃になるパフォーマンスに対する不安を回避することができるのである。

トレードでパフォーマンスに対する不安を払しょくする最も強力な手段は、最悪のトレードをした日々を注意深く追跡し、それを学習体験にすべく意識的に努力することである。これで損失を単なる失敗ではなくセルフコーチングの機会にするわけだ。

例えば、極めて信頼できる条件が整っており、それによってある銘柄が上昇基調にあることが分かるとする。そこで皆さんはその銘柄を買い付けると、すぐに思いどおりの方向に動く。ところが、いきなり反落し、買い付け価格を割り込むところまで下落。皆さんは大商いを伴って反落しているのに気づき、損失を確定する。皆さんは自分の不運を嘆き、マーケットをのろい、次のトレードで損失の穴埋めをしようと自分にプレッシャーを掛けるかもしれない。しかし、こうした否定的な行為のすべてがパフォーマンスを圧迫する要因なのだ。自分のトレードを積極的にサポートしてくれるものは何もない。

もうひとつ、パフォーマンスに対する不安を払しょくする強力な手段として、この損失をマーケットを見直すきっかけとして利用することが挙げられる。同じセクターのほかの銘柄は売られているのか？　マーケットは全面安なのか？　その銘柄、セクター、またはマーケットを左右する材料が出ているのか？　見落としていた大幅な下降トレンドのなかに買いの条件があったのか？　精神力を試していて買い注文を出すのが遅すぎたのか？　こうした疑問はいずれも負けトレードから学び、おそらく後のトレードの成功を導いてくれる可能性を示唆している。例えば、あるセクターでの意外な赤字決算の発表がすべての足を引っ張っていることに気づいたら、その日の銘柄に対する見方を修正すれば、弱気相場から利益を出すことも可能かもしれない。自分のトレードのセルフコーチになるときには、「機能はしていないが良いアイデアだ」と、実際に「評価できる」レベルまで到達したいものである。もしマーケットが一定の状況で通常の動きをしていなければ、それは皆さんに声高にメッセージを発信しているのである。もしいつもの方法でアイデアを実行に移せないなら、「そこを改善しろ」とはっきりと指摘されているのである。こうした心構えを植えつけるための簡単な課題がある。それは、トレードする日に、あるいはポジションを翌日まで持ち越すならトレードする週に、それまでは利益を出せなかった確固たるトレードのアイデアや条件を一つでもいいから特定することである。そうした有益な負けトレードが、マーケットについて、自分のトレードについて、またはその両方について教えてくれるのだ。そのときにやるべきことは、短い休憩を取ってマーケットのメッセージを読み取り、その後のトレードに向けて調整することである。

目の前にある機会を見逃しても問題ないようなアイデアに基づいて行動すると、損失から脅威の大部分を取り去ることができる。それによって学び、成長することができ、それによって自分の成長を最もよく支えてくれる肯定的な心構えを維持することもできる。どんな失敗にも意味がある。それは自分の学習を支えてくれる、つまり自分を強くしてくれるものなのだ。パフォーマンスに対する不安は、失敗しても大丈夫だと思った途端に払しょくされるものである。

コーチングのヒント

自分のトレードの結果を長時間じっくり追跡していると、典型的なスランプや落ち込みがどのぐらい長く続くのか、またどのぐらい深いのかが分かってくる。どのようにスランプが姿を見せるのかを知ったうえで、それは頻繁に姿を見せて脅威値を下げるのを助けてくれるものなのだと考えよう。多くの場合、スランプを認識できるのは、それが姿を見せてさっとトレードサイズを小さくして準備を整え、ドローダウン（資金の減少）を最小限に抑えているときである。最も重要なのは、もしスランプを普通のトレードの一部として受け入れていれば、パフォーマンスに対する不安など生じるはずがないということだ。確かにスランプは、マーケットで新たな機会を見つけよう、変化する市況に合わせようと、われわれを後押ししてくれるもの。成功の多くは、逆境のなかからチャンスを見つけることでつかみ取ることができるのである。

レッスン19　不向きな人

『トレーダーの精神分析――自分を理解し、自分だけのエッジを見つけた者だけが成功でき

る』（パンローリング）の中心的なコンセプトの一つは、どんなトレーダーでもニッチ（得意分野）を見つけ、主にそのなかで行動すれば、大きく成長して利益を伸ばすことができるというものである。トレード上のニッチはいくつかの要素からなる。

●特定のマーケットと資産クラス　マーケットの動きや構造はそれぞれ異なっている。ボラティリティが高いマーケットもあれば、成熟度が高く、難解なマーケットもある。どこよりも情報を提供してくれるマーケットもある。**マーケットの個性はトレーダーの個性と一致していなければならない。**わたしのようにデータ収集や過去の出来高やセンチメントのパターン分析を生きがいにしている人間は、情報が充実した株式で成功することはあっても、為替ではそううまくはいかない。為替の場合には、出来高や瞬時のセンチメントの動きが不透明だからである。

●コア戦略　トレーダーが需要と供給の意味を理解できるかどうかは、そのコア戦略次第である。順張りに傾倒しているトレーダーもいれば、逆張りに傾倒しているトレーダーもいる。ほとんどをディレクショナルトレードに頼るトレーダーもいれば、サヤ取りやペアトレードなど、相対価値を示す相関取引に頼るトレーダーもいる。また、高度な視覚表示の機能を用いたチャートやテクニカル分析を駆使するトレーダーもいれば、より統計志向で、モデルに取りつかれているトレーダーもいる。

●時間枠　スキャルパーは瞬時に情報を処理してほんの数分間ポジションを保有するが、ポジションを日計りでトレードするデイトレーダーとは違う。ましてやポジションを翌日まで持ち越すオーバーナイトトレーダーとはもっと違う。複数のアイデアやマーケットを同時に扱うポートフォリオマネジャーは、単一の金融商品に携わるマーケットメーカーとは異なり、さまざまな思考プロセスに関与している。何を調べるかは自分の時間枠で決まってくるのである――マーケットメーカーは注文の流れに大いに注目するが、ポートフォリオマネジャーはマクロ経済のファンダメンタルズに照準を合わせる場合がある。また、時間枠によっては意思決定のスピードやトレードのマネジメントに費やす時間とリサーチに費やす時間との相対バランスも決まってくる。わたしの性格は、どちらかと言うとリスク回避型だが、短い時間枠で厳選してトレードする。頻繁にトレードしたり、より長期にわたってより値動きが大きい証券を保有したりするアグレッシブなトレーダーをほかにも数多く知っている。時間枠でリスクの度合いも決まってくるし、トレーダーのマーケットとの付き合い方も決まってくる。

●意思決定の枠組み　純粋に裁量で勘に基づいて意思決定を下し、明らかになったマーケット情報を処理するトレーダーがいる一方、意思決定を下す前に大量の事前分析に頼るトレーダーもいる。明示的モデル（単なるコンピューターシステムの場合もある）に依存し、トレードを自動化しているトレーダーもいる。また、一般的な規則には従うが、それを絶対順守の規則として定めないトレーダーもいる。わたし自身のトレードは、知力と体力を組み合わせたもの——自分のアイデアをリサーチしたうえでプランを立てるが、裁量でそれを実行し、管理する。トレーダーはそれぞれ、分析に基づいた意思決定と勘に基づいた意思決定とを組み合わせているのである。

トレードする対象やトレードのやり方には、自分の際立った認知スタイルと強みが表れるものである。

トレーダーたちとの仕事の経験や厳しいトレード講座を受けた経験から言えるのは、不快ストレス（distress）の大半は、トレーダーが自分のニッチの外で行動しているときに発生するということである。野球で殿堂入りした最強打者テッド・ウィリアムズが貴重なメタファーを示している。ウィリアムズはストライクゾーンをいくつものゾーンに分け、各ゾーンの打率を計算してみたところ、例えば外角低めの球では打率が最も低く、真ん中高めでは打率が極めて高いことが分かった。あるコースに来た球では並みの打者だったが、それ以外に来た球を打つことにかけてはスーパースターだったのだ。**ウィリアムズが偉大なのは、選球眼を磨いて自分の得意コースに球が来るまで待つということを学んだからである。**

その得意コースはトレーダーのニッチによって決まってくるのである。わたしのトレードも一定のマーケットではうまくいくが、ほかのマーケットではそうでもない。一定の時間枠ではうまくいくが、ほかの時間枠では損益分岐点にも達しない。もし自分がいつも見ている得意な時間枠を長くしたり短くしたら、成績は下がるだろう。もしリサーチしていないパターンでトレードしたら、きっと苦しむことになるだろう。ウィリアムズと同様、わたしも自分の得意コースに来る球を待っているとうまくいく。不得意な外角低めの球にバットを振っているようでは、きっと三振か簡単に打ち取られることになるだろう。

第9章の経験豊富なトレーダーたちの話から浮上してくるのは、彼らは自分がヒットを打てる球を知っており、そういう球を待つことの意味を学んでいるということだ。

何が言いたいかというと、われわれがどの程度一貫してニッチのなかで行動しているかは、われわれの心の動きに表れるということだ。それは職業、対人関係、トレードでも同じことである。われわれの欲求、関心事、価値観とわれわれが行動している環境とが見事に一致しているときには、その調和が肯定的な心の動きとなって表れるが、われわれの欲求、関心事、価値観がその環境によって妨げられると、不快ストレスが生まれてくるのである。このような状況では、否定的な心の動きがヒントになる。つまり、実際の自分と自分の行動とが一致していない可能性があることを警告してくれるからだ。

自分のトレードのセルフコーチになったら、ニッチの外に出ないようにし、得意なコースに球が来たらバットを振り、限界に近い結果を生み出せる球を強打することが仕事になる。これは、トレード「してはならない」とき、マーケットに参加「してはならない」ときを知るという意味である。同じく重要なのは、自分にアドバンテージがあり、機会を最大限に生かせるときを知ることである。アグレッシブなトレーダーに共通するパターンは、自分の枠組みを外れたところでトレードをしすぎて資金を失い、その結果、本当に得意なコースが見つかったときにはもうそのアドバンテージに乗じるだけの図太さを失っていることである。失敗して職を失うのは簡単だ。球が見えなくなるというのは、本当の機会に乗じる能力のなさに起因する失敗なのだ。

先日あるデイトレーダーと話をしたが、「数日間いくつかポジションを同時に保有していたら大儲けしていたのに」と自信満々だった。そのような保有期間をチャートで見つけるのは簡単そうに思えたが、リアルタイムでそういうトレードをするのはかなり難しかった。彼の得意コースではなかったからだ。つまりニッチの外だったからだ。一日の時間枠で機会とリスクを測定した彼は、ポジションを長く保有しようとしたときに相場が反転し、振り落とされてしまったのだ。さらに悪いことに、時間枠を組み合わせ、負けているデイトレードを長期保有に切り替えようとした――ニッチの外でルーキーのようにトレードを始めたのである。結果もルーキーらしかった。

自分の得意コースはどこなのか？　マーケットでは何が一番得意なのか？　一つの戦略、一つの金融商品、一つの時間枠だけでトレードできるとしたら、それは何なのだろう？　これらの答えが本当に「分かっている」のか？　どれが機能し、どれが外角低めの球だったのかを知るのに、本当に過去のトレードを調べているだろうか？

じっくり考えて注意深くニッチを広げていくのは何も悪いことではない。企業も新たなカテゴリーの新製品をテスト販売する。しかし、経営関連の書籍を読めば分かるとおり、偉大な企業はほかの企業に干渉することなく、コアコンピタンス（中核となる能力）を十分に生かしている。それと同じで、われわれもトレードビジネスを営む企業も自らの強みを十分に生かさなければならない。第8章で見ていくが、皆さんは単に自分のトレードのセルフコーチなのではない。トレードビジネスを営む企業の経営者でもあるわけだ。それは成績を見直し、資源を賢く配分し、変動する市況に適応しなければならないという意味なのだ。

トレードしすぎの最大の問題は、それによって自分のニッチから、自分の得意コースから外れてしまうことである。

ここでトレードビジネスを営む企業の経営者として成長できる簡単な練習問題をやってみることにしよう。トレードをするたびに、それを単純にA、B、Cに分類してみることである。

ずばり自分の得意コースに来たトレードをA（自分の本業であり、最高のトレード）、十分なトレードをB（必ずしも棚ぼたとかホームランではないが、一貫した勝ちトレード）、どちらかと言うと不十分で投機的なトレードをC（間違ってはいないが、明らかに自分の得意コースを外れているトレード）とする。

時間をかけてA、B、Cのトレードの利益を追跡していけば、自分のニッチがどこなのかを十分に確認することができる。また、ポジションサイズを調べてみて、得意コースでトレードしているときには最大限の利益を追求し、外角低めの球のときにはリスクを最小限に抑えるようにすることもできる。

自分のニッチがはっきりと見つかれば、それだけそのニッチから外れる可能性は低くなる。それがはっきりしているだけで、やがては自分の利益や心理状態にもプラスになってくる。

コーチングのヒント

自分のトレード、時間枠、セットアップ、マーケットを先のようにA、B、Cに分類しておくと、スランプに陥ったときに優れたリスクマネジメントができるようになる。マーケットが自分の予想どおりに動いてくれず、エッジ（優位性）を失ったときには、Aのトレードだけにとどめておくこと。スランプに陥るのは、自信過剰になったりニッチから外れたりすることが原因である場合が多い。Aのトレードがうまくいっていないときこそ、リスク（サイズ）を減らし、マーケットやトレンドを再評価する必要があると考えるべきである。

レッスン20　相場のボラティリティと感情のむら

最近、ブログ「トレーダーフィード（TraderFeed）」に重要な記事を書いた。わたしはEミニS&P五〇〇先物の二〇〇八年一月と五月の相場を取り上げ、その月の三〇分間の平均ボラティリティを比較してみた。その間の全体的なボラティリティは、VIX指数（ボラティリティ指数）が示していたとおり、かなり小さくなっていた。問題は、この日々のボラティリティが超短期のトレーダーにとっても小さいと言えるのかどうかである。

結果は目を見張るようなものだった。VIX指数が上昇していた一月には三〇分の平均価格変動率が〇・六〇％だったのに対し、VIX指数が低下していた五月の変動率は徐々に縮小して〇・二八％だった。言い換えると、アグレッシブなデイトレーダーにとって、相場の変動率は一月よりも五月のほうが低く、半分近くだったことになる。

では、これがトレーダーの感情にどう影響するかについて考えてみよう。認識が一月から動かず、五月にかなり大きな値動きがあると期待しているトレーダーは、利益目標を比較的離れたところに置く。ボラティリティが小さいと、トレードしている時間枠では相場もそのような目標に達することはない。それどころか、当初はトレーダーに有利な方向に動いていた相場も逆行し、期待にははるかに及ばなくなる。そのような体験を何日も何週間も繰り返しているうちに、どのように欲求不満が募ってくるかが分かってくる。その欲求不満が静まれば、いくら機会が枯渇していても、ポジションを倍増させることができる。わたしはトレーダーたちがもっぱらこの力学によって大金を失っていくのを見てきた。

また、ボラティリティが小さい環境で調整しているトレーダーは、約定した価格から比較的近いところに損切り価格を設定し、リスクを管理する。しかしボラティリティが大きくなると、相場はその損切り価格を下抜けていき、最終的にはトレードが間違っていなくても、やはり欲求不満が募り、トレードの規律が乱れてくる可能性がある。

これらは共に、お粗末なトレードがいかに不快ストレスの「原因」になり得るかという、ごく普通の見事な事例である。欲求不満が規律の欠如を引き起こしているかに思えるが――それはある程度正しいが――、ここで同じく重要なのは、相場のボラティリティに適応できないことで、まず欲求不満を募らせているということだ。損切り価格、利益目標、ポジションサイズの調整という一連の不変の規則、つまりボラティリティを考慮せず、それに従って調整しないという規則によって、ボラティリティが変動するとかなり異なる結果が生まれるということである。その結果、ボラティリティの変動から感情のむらが生まれるのである。われわれが相場に敏感に反応するのは、そうした相場の動きに適応していないからである。

お粗末なトレードの仕方、つまり下手なトレード執行、リスクマネジメント、トレードマネジメントは、大きな不快ストレスの原因になる。心理状態がわれわれのトレードを左右するように、トレードもわれわれの心理状態を左右するのである。

パーソナリティー（**訳注**　人の性格や個性）の研究から、金融リスク許容度はわれわれの性質によってまちまちであることが分かっている。リスク選好度はポジションサイズの大きさに表れるが、トレードしているマーケットにも表れる。相場が上昇から下降に推移しているときにはアグレッシブなトレーダーが欲求不満を募らせ、逆に相場が下降から上昇に推移しているときにはリスク回避型のトレーダーが脅威を感じる。**相場のボラティリティが感情のむらの一因になるのは、所定のトレードの潜在的なリスクとリターンが大きく変動するからである。**わたしのブログの記事の例では、そうした動きが数カ月単位で起きていた。

トレーダーがあるマーケットから別のマーケットへくら替えするとき、例えばS&P五〇〇株価指数から原油のトレードにくら替えするとき、またはある銘柄から別の銘柄に乗り換えるときには、同じ問題を体験する可能性があることに注意しよう。個別銘柄を売買するデイトレーダーは、よくウオッチリストに入れて銘柄を追跡しては、セクターからセクターへとさっと移動し、ボラティリティのパターンが異なる銘柄をトレードする。もし自分の損切り価格、利益目標、ポジションサイズをそれ相応に調整していなければ、利益目標に届かないままトレードからさっと撤退し、しかも並はずれて大きな利益や損失を出そうものなら、簡単に欲求不満が募ってくる。

特定のトレードでいかに大きく利食うかについて得意げに話すトレーダーは多いが、その利益というのは、たいてい変動の激しいポジションのサイズを果敢に大きくした結果である。トレードがプラスで終わるのはもちろん良いことだが、現実はおそらくリスクマネジメントが下手なことを露呈しているのである。たとえ株価は同じでも、小型ハイテク銘柄を一〇〇〇株トレードするのとダウ構成銘柄を一〇〇〇株トレードするのとではまったく違う。ハイテク銘柄の場合はベータ値が高く、その損益は大型株のトレードでの損益を矮小化することになり、それで結果も不安定になり、ひいては感情にもむらが出てくることになるのである。

リスクとリターンは比例している。つまり、大きな利益を追求するなら大きな損失は避けられないということだ。成功のカギは、自分のリスク許容度の範囲内でトレードすることである。そうすれば、価格が変動しても自分の相場の見方や意思決定が変わることはない。

自分が今参加しているマーケットのボラティリティをご存じだろうか。ボラティリティが小さいときには利益や損失を抑え、ボラティリティが大きいときには利益や損失を膨らませられるように、トレードを調整しているだろうか。異なるマーケットや金融商品をトレードしているなら、自分の期待をそのボラティリティに合わせているだろうか。**混雑している道路では、速度制限のない高速道路を運転するようにはいかない。同様に、活発なマーケットでは閑散としたマーケットでトレードするようにはいかないだろう。**

この点で、わたしにとって好都合な戦略は、過去二〇日間のトレードを調べ、異なる保有期間（三〇分、六〇分など）で価格変動幅の中央値を算出することである。また、その中央値付近の変動幅（最も閑散とした相場と活発な相場の幅）についてもメモを取ることである。こうした情報からいくつかの結果を得ることができた。

●数日たつと、その日の変動幅が二〇日平均と異なっているかどうかが分かるようになり、トレードしている日のボラティリティの感覚を養うことができたし、トレード中の期待値を調整することもできた。例えば、最近ではEミニS&P五〇〇の相場が午前で一二ポイント変動したが、調べてみると、これは最近の期待値のまさに上限だと分かり、それで相場の動きを追うのをやめ、売りポジションを仕切るのに役立った。

●過去二〇日間のボラティリティが極めて小さいときには、正しいトレード執行に集中し、約定価格近くに損切り価格を設定し、厳しい利益目標を守った。これによって、ボラティリティが小さいときにはよりアグレッシブに、都合良く利食うことができ、相場が反転したときの欲求不満も和いだ。

●過去二〇日間のボラティリティが大きいときには、損切り幅を広くしたり、利益目標を引き上げたり、ポジションサイズを調整したり、休みを取ったりすることができた。そう頻繁にあることではないが、複数の利益目標を設定し、最初の目標に達したら一部利益を確定し、残りのポジションでさらに大きな第二の利益目標まで突き進むことができるのは、このようにボラティリティが大きい環境である。

このような場合には、わたしがマーケットのボラティリティに基づいて自分のトレードをコントロールしていることに着目しよう。**相場の動き（または動意薄）にわたしがコントロールされるのではなく、わたしが自分のトレードを積極的にその日の環境に合わせているのである。**そうしてコントロールすることがトレードでの不快ストレスを解消する強力な薬になり、ボラティリティの変化を潜在的なチャンスにすることができるのだ。

マーケットの過去の出来高やボラティリティの平均を追跡するには、第10章にまとめたエクセルのスキルが役に立つ。

自分のトレードのセルフコーチとしては、常に自分の気分をチェックしていたいだろう。気分が暗くなったりイライラしているときには、心の動きの説明になりそうな変化がマーケットで起きているのかどうかを分析したいだろう。多くの場合、それは自分がトレードしているマーケットや金融商品のボラティリティの変化である。そのようなときには、自分のトレードも気分も救われるやり方として規則を作り、それをボラティリティが異なる環境に合わせてみることである。

コーチングのヒント

日中の各時点での株式や先物取引の出来高の平均を知っていれば、一日が小さいボラティリティで軟調に推移しているのか、それとも大きいボラティリティで堅調に推移しているのかが分かる。現在の出来高をその平均と比較する方法を知っていれば、相場が本当にレンジを突き抜け、大勢のトレーダーが飛びついて価格の再評価を始めるのがいつなのかを見極めることができる。相場が停滞し、その状態で推移していることが分かれば、それ相応の準備をし、トレードを手控えることもできる。

参考

本書の主な補足資料がブログ「ビカム・ユア・オウン・トレーディング・コーチ（Become Your Own Trading Coach）」である。第2章のテーマ「ストレスと不快ストレス」については、ブログのホームページにあるリンクや追加記事を参照してほしい（http://becomeyourowntradingcoach.blogspot.com/2008/08/daily-trading-coach-chapter-two-links.html）。

皆さんはトレーダーとして、成功し、さらに自信がつくような方法で自分の学習プロセスを構築できるようにすることである。このプロセスはストレスや不快ストレスの管理に大いに役立つだろう。とくにトレードで自分のニッチをいかに見つけるかというテーマについては、心的外傷についての節を含め、**『トレーダーの精神分析――自分を理解し、自分だけのエッジを見つけた者だけが成功できる』**（パンローリング）で取り上げた。心の動きがトレードをどう左右するかについての考察は、『精神科医が見た投資心理学』（晃洋書房）に詳しい。ブログ「ビカム・ユア・オウン・トレーディング・コーチ」（http://www.becomeyourowntradingcoarch.blogspot.com/）には両書籍とのリンクを掲載してある。

ストレスやトレードに特化した書籍を探しているなら、アリ・キエフ博士のホームページ「マスタリング・トレーディング・ストレス（Mastering Trading Stress）」（http://www.arikiev.com/）を参照するとよいだろう。

心の動きはトレードでの意思決定をどう左右するのだろう。それに関連した良書が二点ある。リチャード・L・ピーターソン著『インサイド・ジ・インベスターズ・ブレイン（Inside the Investor's Brain）』（ワイリー、二〇〇七年。パンローリングより近刊予定）とジェイソン・ツバイク著『ユア・マネー・アンド・ユア・ブレイン（Your Money and Your Brain）』（サイモン・アンド・シャスター、二〇〇七年）である。

ストレスと不快ストレスに対するコーピング（対処）、「文字にして書き出すこと」に関連したジェームズ・ペンベーカー氏の研究については、同氏のホームページ（http://pennebaker.socialpsychology.org/）を参照してほしい。

第3章 心の幸福
――トレード体験を強化する

> 幸福とは、人生の意義であり、目的であり、人間の存在にとっての究極の目的である。
>
> ――アリストテレス

いわゆる「ポジティブ心理学」の最近の研究から、幸福、すなわち肯定的な心の動きを体験することが重要だということが分かってきた。これはストレス（stress）に対処し、不快ストレス（distress）を最小限に抑えるだけでは不十分で、もしパフォーマンスを最大限に高めたいならば、集中力やモチベーションや活力を最大限に活用する必要があるということである。わたしもトレーダーがトレードでミスをしたり、あるいはその日の備えを怠ったりしているのを何度も見てきたが、それは彼らが疲れ切っていたからにほかならない。けっして絶好調だったわけではない。オリンピック選手ならベストコンディションに程遠い状態で本番に臨もうとは考えないだろうが、トレーダーの場合には、睡眠不足、バーンアウト（燃え尽き症候群）、または注意散漫の状態で資金をリスクにさらすことも多い。トレードをどう管理するかは、トレード以外の生活をどう管理するかにある程度かかわってくるのである。

ところで、幸福とは何なのだろう。また、どうしたらその度合いを高められるのだろう。こうした疑問に答えてくれる研究がたくさんある。その大半はここ一〇年の間に行われたものだが、トレーダーやトレードコーチにはあまり知られていない。では、より肯定的な体験をするための、またパフォーマンスを向上させるためのセルフコーチングはどうすればできるのかについて見てみよう。

レッスン21　快感を覚えることが大切

トレード心理で最も過大評価されている変数のひとつがトレード熱、つまりマーケットに対する情熱である。自己報告される情熱は、人によっては大きく異なることがある。わたしの経験から言うと、自己報告される情熱とトレーダーが実際に特殊な技術を駆使して懸命に仕事をしている度合いとの間にはあまり相関関係はない。金儲けがしたくてたまらないトレーダー、ギャンブラーのように相場にやみつきになっているトレーダー、一日二四時間相場で生きているトレーダー。だれもが自分の行動には特別な情熱を傾けていると言うだろう。だが、こうした情熱が優れたトレードや前向きな学習曲線を持続させる場合もあるが、そうでない場合もある。欲求やモチベーションは確かに必要だが、トレードで成功するにはそれでは不十分なのだ。**トレーダーの場合には、情熱に焦点を合わせるよりも、相場体験に対する全体的な感情のトーンについて考えたほうがうまくいく。**相場のリサーチやトレード技術の探究では、有意義な幸せ、充実感、モチベーションを体験しているだろうか。自分の行為を本当に楽しんでいるだろうか。

心理学者が「心の幸福」と呼んでいるのは、こうした心の動きのプラスの側面のことで、十分に幸福な人は次のような感情を頻繁に体験している。

●前向きな気分（幸せ）
●好ましい予想（楽観）
●良好な身体状態（活力）
●自己や人生に対する肯定的な評価（充足）
●他人との良好な関係（好意）

これらをすべて同時に体験している人はいない――確かに、この五つのうちの多くは生活環境によって変わってくる。さらに、心理学の研究からは、ほかの人よりもはるかに強い幸福を体験している人がいることも分かっている。その違いは、生活のさまざまな状況で顔をのぞかせる生まれ持ったパーソナリティーの特質によるもの。また、自分の環境、とくに自分の周囲の状態によってどの程度自分の欲求が満たされているか、どの程度不満を募らせているか、あるいは自分の価値観がどの程度肯定されているか、否定されているかにもよる。

心の幸福は、自分がその社会環境や労働環境にどの程度適合しているかによって変わってくる。

肯定的な感情を日常的に体験できないときには、気分変調として知られる抑うつ症などの情動障害を疑ってよいだろう。喜びや生活上の満足などの体験を阻むものとして、不安障害といったほかの情動障害がまん延している可能性もある。このような場合には、公認の経験豊富なメンタルヘルス専門家に助けを求めることが大切である。慢性的な問題によって肯定的な人生体験が阻まれている場合には、心理療法（投薬治療と並行して行われることもある）を施してもらうことで大きく違ってくることが多い。肯定的な感情を長い間体験していないときに心理学的な支援を受けようとして、無理に落ち込む必要はない（泣く、ベッドから起き上がらない、自暴自棄になるなど）。

第1章の「参考」には、フィラデルフィア郊外にあるベック認知療法研究所を通した短期療法（ブリーフセラピー）の照会先の情報も盛り込んである。

ただ、ほとんどの人は生活環境によって肯定的な心の動きと否定的な心の動きのバランスが変わるという体験をしている。生活のなかで価値観や欲求が満たされていれば、このような感情を楽しむことができるが、生活のなかでそうした欲求が満たされていなければ、不幸せ、欲求不満、活力の低下という反応が起きる。**その意味では、肯定的な心の動きが生活のバロメーターとして、自分がどの程度正しいことをしているのかを教えてくれるのである。**

これで肯定的な心の動きがなぜトレードにそれほど重要なのかが分かるだろう。もし満足なトレードをし、学習し、成長し、努力が功を奏しているならば、肯定的な心の動きが常に否定的な心の動きに勝っているはずだ。自分の仕事をコントロールする心の動きは、活力や楽観をもたらしてくれる一種の誇りや満足感、達成感でなければならない。もし満足なトレードをしていない場合、トレーダーとして成長していない、また努力が実を結んでいない場合には、自分のトレード体験はより否定的なものになる。満足や活力、楽観的な気持ちよりも、欲求不満やプレッシャー、落胆を感じる時間のほうが多くなる。

これは重要だ。なぜなら、トレーダーの学習曲線を持続させるのは、個人的な幸せや充足感が生み出す活力や楽観的な気持ちだからである。その活力や楽観的な気持ちによって集中力が高まり、トレーダーはさらに努力し、パターンを見事に内在化することができるのだ。強い幸福感を持続させているトレーダーは、自信を持って優れたトレードを果敢に追求し、つまらないトレードをしなくなる。肯定的な心の動きを体験しているトレーダーは、いら立って衝動的なトレードをすることも少なく、負けから立ち直るのに必要なレジリエンス（**訳注**　困難な状況にもうまく適応できる能力、弾力性、立ち直る力）が備わっている場合が多い。要するに、快感を覚えることが良い成績を上げるための重要な要素なのである。なぜなら、われわれの認知的機能がよく働くのは心が健康なときだからである。

心の健康が認知的機能の効率を高める。最も良い考えが浮かぶのは快感を覚えているときである。

自分のトレードのセルフコーチとしての建設的なステップは、常に自分の心の動きを追跡することである。毎日トレードを終えてから簡単な形容詞のチェックリストに記入していくと、自分が感情のゾーンに入っているという感覚か、あるいは感情の流れに逆らって泳いでいるという感覚を得ることができる。その簡易チェックリストのひとつを**図3.1**に示す。

必ずしも毎日トレードを終えるたびに爽快な気分を味わう必要はない。それは非現実的である。むしろ重要なのは、肯定的な心の動きと否定的な心の動きが長期にわたって変わっていく

図 3.1　心の動きに関する簡易チェックリスト

自分の今の感じ方に最も当てはまる形容詞に○を付けること

- 幸せ、どちらとも言えない、不幸せ
- 満足、どちらとも言えない、不満足
- 精力的、どちらとも言えない、元気がない
- 楽観的、どちらとも言えない、悲観的
- 集中している、どちらとも言えない、気が散っている
- 落ち着いている、どちらとも言えない、疲れ切っている
- 有能である、どちらとも言えない、無能である
- 成長している、どちらとも言えない、停滞ぎみである

採点法　それぞれの3つの形容詞のうち、最初の形容詞に○を付けた場合には＋１点。「どちらとも言えない」に○を付けた場合には０点。最後の形容詞に○を付けた場合には－１点とし、すべてを合計する。合計点が＋４点以上の場合には、正しいことをして、またはおそらくそれ以上のことをして、良い気分を維持していることが確認できる。合計点が－４点以下の場合には、間違ったことをして嫌な気分を維持していることが確認できる。得点が０点に近い場合には、その両方を取って、自分の行為がより好ましい体験をさせてくれていること、自分の行為が好ましい体験を奪い去っていることが確認できる。毎日の活動を調整することで、肯定的な心の動きと否定的な心の動きを好ましい方向に向けることができる。

バランスである。一日のトレードを終えたときに快感を覚えるよりも嫌な気分を味わうことのほうが多いなら、自分が満足のいくトレードをしていない、つまり相場の動きに自分が適応していない、あるいは明確で達成可能な目標を定めた学習曲線を上向かせるという、十分に満足のいく仕事をしていないことになる。

毎日トレードを終えてから感情の温度を測ると、自分の気分が良くなったり悪くなったりする特定のトレード行動を観察する良き観察者にもなれる。わたしがトレードで損失に歯止めを

掛けることを学んだのは、法外な損失によって自分の年間リターンが減少するだけでなく、トレードに対する愛着や関心も失ってしまうことに自らの体験からはっきりと気づいたときである。また、トレードでの強みに焦点を合わせることを学んだのは、そうした強みが長期にわたって深い達成感をもたらしてくれることに気づいたからである。心の動きを排したトレードなどナンセンスだ。パフォーマンスを「気に掛けている」かぎり、資金をリスクにさらして目標達成を目指しているときには自分の心の動きが「関与しているはず」なのだ。もしその心の動きの関与が、自分のセルフコーチングを通して肯定的な感情の状態を持続させ、自分に内在する最大の能力を引き出すことができるなら、それは自分にとっての追い風になる。

コーチングのヒント

出産、マイホームの購入、引っ越し、離別、家族の死、大病を患うなど、人生の大きな節目にはとくに注意して自分の幸福を追跡すること。多くの場合、このような節目にはストレスを感じ、幸福感が薄らぐこともある。出産などは、一見すると幸せそうな出来事だが、パフォーマンスに対するプレッシャーが高まって睡眠時間が短くなったりするものだ。そういう意味で、金銭的に逆境に陥った場合にはとくに厳しい。そうした状況の見通しが立ち、適切に対応できるようになるまでは、リスクを減らすことを考えてみよう。

レッスン22　自分の幸せを築く

心の幸福に欠かせない二つの要素が喜びと満足感である。自分の行為を肯定的に感じることは大切だが、自分の人生での満足感を享受することも大切である。その喜びと満足感が一体となって、継続的な幸福感を生むのである。

本章の冒頭で引用したアリストテレスの格言が示すように、幸福とは人牛のかなめである。古代ギリシャの哲学者が幸福と言うときには、単に肯定的で明るい気分を指しているのではない。そうではなく、幸福は充足感、つまり自分の潜在力を発揮し、自分がなりたい人間になっているという感覚と密接に結びついているのである。その意味で、幸福な人は、悲しみ、喪失感、不安、欲求不満の時期を乗り越えることができるのだ。確かに、そのような障害にぶつからない目標指向の人生を想像するのは難しい。しかし、人生を正しく歩んでいるという深い感覚、自分がやりたいことをやっているのだという感覚こそが、幸福を感じる要因なのである。

その意味では、アリストテレスの言う幸福の反対は悲しみではなく、むしろ一種の情動障害、つまり自ら人生でチャンスを見逃すのを許してしまう自分の存在、けっして木来の自分でなく

ても善しとしてしまうような自分の存在に対する、漠然とではあるがまん延している罪悪感のことなのだ。怒り、不安、意気消沈といった否定的な心の動きを体験することについては多くの論文があるが、この種のいつまでも消えない罪悪感について書かれたものはほとんどない。パニック反応や怒りの爆発ほど劇的ではないが、脳裏に焼きついて離れない心配の種という点では同じように有害である。毎日、毎週、毎月、仕事や恋愛関係のなかで、また個人的な成長過程において、自分を必要以上に謙遜していると感じていたら、そのうえに自信や自尊心を長続きさせることを想像するのは難しい。

逆に、本当に充実した活動に没頭しているときには格別な満足感がある。そのような瞬間にはすべてが良い方向に進み、心理学者であるわたしも他人の人生に意味のある一石を投じることができる――これは遅々として進まない漸進的で困難な仕事を最後までやり遂げられるという確信である。同様に、困難なトレードアイデアに備え、プランに沿ってそれを実行すれば、それが功を奏し、まぐれのトレードで同じ利益を得たのではけっして味わえない一種の幸福感が生まれてくる。たまに見られる傲慢さではなく、自分の選択の正しさに対する内心の確信としての自尊心は、アリストテレスが言う幸福の顕著な表れなのである。

悲しいことに、トレードをすればこうした充足感が得られるというわけではない。そう、トレーダーは儲かれば快感を覚え、損をすれば苦痛を感じるが、トレーダーには天職を追求する者だけが味わえる心の奥底での満足感や喜びがないのである。**なぜなら、トレーダーは利益が**

幸福をもたらしてくれると思っているからだ。実際にはまったく逆の関係なのだが。幸福を追求していると、人生における取り組みから恩恵を受ける。強引に異性を征服しても充実した情動関係という幸福は得られないし、宝くじに当たっても事業を築き上げた者だけが味わえる深い経験は得られない。それと同じで、トレードで儲けてもトレーダーのキャリアアップにつながる心の動きの一次燃料にはならない。利益は幸福の結果であって、幸福をもたらしてくれるものではないのである。

残念ながら、多くのトレーダーは充足感には「つながらない」方法で相場を追っている。ナンパの達人が異性を追い回すように利益を追求している。うまくいくときもあれば、うまくいかないときもある。ただ、努力の蓄積はまったくない。バーの常連客が意味深な関係を築くのとまったく同じである。多くの場合、トレーダーはそうした脳裏に焼きついて離れない罪悪感を認識している。何時間も画面の前に座っていても利益などほとんど生まないばかりか、何の意義も満足感も得られないことに気づいている。必ずしも不安だったり意気消沈していたり、あるいは不満を募らせていたりするわけではない。**単に心が空虚なだけなのだ。**

幸福なトレーダーは見れば分かる。それは取引時間外でもトレードのプロセスに没頭し、そのプロセスに充実感を見いだしているからだ。わたしはブログ「トレーダーフィード」のアクセス件数を毎日追跡しているが、金曜日の引けから週末にかけて急増することに以前から気づいていた。結局のところ、取引時間中でなくても、活発な取引がなくても、相場が楽しいのだろう。これがマーケットの常連たちの考え方である。幸福なトレーダーは相場のリサーチや理解に、翌日や翌週に備えることに、トレードの結果を見直してパフォーマンスを微調整することに、そして新しいアイデアや手法を生み出すことに喜びを見いだしているわけだ。ひたむきなアーティストや研究に没頭する研究者と同じで、彼らにとっては平日だろうと週末だろうと関係ないのである。確かに、彼らの夜間や週末の読書量が増えているという話はあまり聞かない。単にトレードで儲けるだけでなく、儲けるためのプロセス全体に没頭しているからだ。

取引時間中であるかないかに関係なく相場に没頭していると、自分は幸福を感じたいのだというのが分かるだろう。すてきな異性と恋に落ちていると、その恋は単にナイトクラブや寝室にいるときだけでなく、自分の活動すべてを満たしてくれる。単に相場で儲けているだけでなく、相場に熱中していると、相場に深い充実感を見いだすことができる。翌週になったら役に立つ自己評価の訓練をしてみよう。取引時間外にトレードに費やした時間とその間に何を感じたかを記録すればよい。新しいパターンやアイデアを思いついたときには喜びを爆発させているだろうか。自分を磨く努力をして腕が上がったときには深い優越感や自尊心が生まれているだろうか。相場を見極め、成績を向上させるために続けている努力によって自尊心や満足感が得られているだろうか。

取引時間中ほどには取引時間外に相場について時間を費やしていないなら、おそらくトレードは自分の天職ではない。朝九時から夕方五時までの間だけ宗教に時間を費やす神父など想像できるだろうか。美術展が開催されている間しか作品を描かないアーティストはどうだろう。スキルを向上させ、パターン認識を生み出すような活動に没頭できそうなときこそ、トレードが本当に自分の一部になり、自分に幸福をもたらしてくれるのである。したがって、そうして没頭した状態を持続できるようなニッチ（得意分野）を見つけることができれば、トレードはほぼ成功したも同然である。トレードは素晴らしい仕事、潜在的に儲かる職業かもしれないが、そう言えるのは、それが天職である場合に限られるのである。

コーチングのヒント

多くのトレーダーは充足感と怠惰や自己満足とを混同している。現状に甘んじることを恐れ、満足感を体験することに抵抗している。その結果、自分の進歩に満足できず、欲求不満やその欲求不満がトレードに及ぼす影響にとらわれてしまうのだ。皆さんもこれまでの進歩に満足し、やはり先へ進むモチベーションを持続させることができるはずだが、そのカギになるのは、短期の目標「だけでなく」長期の目標も設定することである。そうすれば当面の目標を達成した時点で満足感に浸りつつも、さらに大きな目標を熱心に追求することができる。

レッスン23　ゾーンに達する

経験豊富なトレーダーのほとんどが「ゾーン」、すなわち相場がはっきりと見えるため、正しい意思決定など朝飯前だという感覚を持っている。心理学者のアブラハム・マズローはこの瞬間を「ピーク体験」と呼び、同じく心理学者のミハイ・チクセントミハイはこれを「フロー（流れ）体験」と呼ぶ。役者はこれ以上ない形で力量を発揮しながら演じるが、意識して努力しているようには見えないこと、それがゾーンという心理状態に達しているときの特徴だ。

ゾーンは感情の状態とは異なるが、心の幸福をもたらしてくれるものであり、間違いなく否定的な心の動きによって分断される。ゾーンに達するには「没頭すること」、自分の行為に完全に集中することが必要だ。その意味で、ゾーンとは高度に注意を傾けている状態、ある活動に十分に焦点を合わせ、深く入り込んだ結果だと言える。

自分の活動に没頭していなくても、ゾーンを体験していなくても、自動的かつ高度なやり方で行動することはできる。空いている道路を運転したり街路を歩いたりといった繰り返しの多いルーティンには特別な注意を払う必要はないが、普通はそれで幸福が得られるわけでもない。ゾーンに達するには、自分の注意がすべて奪われるような仕事にいっそう精神的な努力を傾けなければならない。ゾーンの状態では何気なく演じているように見えても、実は機械的な動きとは程遠いのである。

以前に『**トレーダーの精神分析――自分を理解し、自分だけのエッジを見つけた者だけが成功できる**』（パンローリング）でも、「ニッチ（得意分野）」、つまり自分に才能や力量があり、関心が引きつけられる分野で演じることが重要だと強調した。自分のニッチのなかで行動しているかどうかを測るには、演技時間とゾーンの状態にいた時間との相対的比率が優れたバロメーターになる。わたしについて言えば、執筆中にそうしたフローを体験することが比較的多い。細かいことを事前にまとめてから仕事に入ることはめったになく、むしろキーボードをたたきながらテーマについて考え、思考や言葉を流していく。同様に、カウンセリングをしているときには、クライアントの言葉やその意味、どのように情報を利用すれば役立つかに全集中力を傾ける。だれかの面接をしていると時間があっという間に過ぎるというのはよくあることだが、互いのやりとりに没頭するあまり、時間がたつのも忘れてしまうからだ。

わたしがトレードをしている最中に最も頻繁にゾーンの状態に入るのは、積極的に相場を見極め、リサーチに没頭し、その洞察を短期のトレードに応用しているときである。重要なことだが、わたしが着目するのはトレードのパズルを解くような側面であり、トレードそのものではない。もし問題解決に取り組まずに機械的なトレードをしていたら、トレードに不快感を抱いてしまうだろう。表面的な付き合いで人と話をするようなものである。認知的には骨だけで身がないものである。わたしの注意力も散漫なままで、ゾーンの状態にはない。

トレーダーに見られる最も問題の多い心理的なパターンは、あまりにもリスクの高いトレードをしては見せ掛けのゾーンを作り出そうとすることである。言い換えると、もともと相場やトレードのプロセスに関心はなく、アイデアに大きく賭けて関心や注意を喚起しようとすることである。これは明確な理由から問題である——法外な損失や破産という潜在的リスクにさらされるからである。心理的に甚大なダメージを受けるものでもある。一度トレーダーが一定のリスクに慣れてしまうと、関心や注意を喚起するにはさらに高いリスクを求めるようになる。麻薬常用者がハイな状態になるのに大量の薬物を求めるのとまったく同じである。トレードへの関心を持続させるためにリスクという興奮を求めるトレーダーは、最終的には自滅するはずだ。これは情熱ではなく、単に依存しているだけである。

トレード依存の詳細については、『トレーダーの精神分析——自分を理解し、自分だけのエッジを見つけた者だけが成功できる』とブログ「トレーダーフィード」(http://traderfeed.blogspot.com/2006/11/dr-bretts-heartfelt-plea-when-trading.html)を参照してほしい。

フローの状態から抜け出す、または最初にその状態が姿を見せるのを防ぐ最も効果的な方法の一つが、自分の演技にではなく自分自身に注意を集中させることである。記録を打ち立てようとして自分にプレッシャーを掛けながらスポーツに励んでも、ゾーンの状態には達しない。トレード中に損益のことばかり考えているトレーダーは万事休すであり、もはや相場に集中していない。もし自分の目標がゾーンの状態で演技をすることならば、演技力に対する不安（演技中に演技について考えること）は大失敗の原因になる。

初めての著作を執筆しているとき、わたしは完全原稿を書き終えてから出版社のサインが入った契約書をもらうことにした。確かに出版前の原稿を見たかったが、印税や評価を求めて書いていたわけではない。その本は自分の考えを明確にするために、またこの分野の知識体系に貢献するために、自分に向けて書いたものである。そんな形で執筆していたときには、校正係りが自分のアイデアにどのような反応を示すか、編集者が自分の作品を気に入ってくれるかどうかなど心配する必要はなかった。執筆だけに集中していたのである。うまく演じたり演技に没頭したりすることを「必要とする」のは実に難しい。もし自分の注意力をアイデアの考案や執筆とそのアイデアがどう受け取られるかについての憶測とに振り分けていたら、わたしの執筆体験（と著作）は間違いなく台無しになっていた。演技が純粋な欲求ではなく緊急の「必要性」になってしまうと、演技の結果を心の奥にしまい込み、ひたすら演じることに集中するのは不可能である。

これはトレーダーの場合も同じである。トレーダーが儲けることを「必要とする」場合には、相場の変動を乗り切ってトレードのアイデアやプランの実行に集中するのは難しい。もし今日のトレードで明日の寝食代を稼ぐ必要があるなら、ゾーンの状態に達することなどあり得ない。同様に、もし心理的に利益に執着し、トレードの結果に対する自尊心や自分自身に浸るようになったら、もう自分のトレード体験をコントロールすることなどできないだろう。自分の感じ方が相場の変動にコントロールされる可能性がある。**フローを体験するには、自分の行為をコントロールする基本的な力が求められるのである。**

また別の出来事がこの問題を浮き彫りにしてくれる。最近のことだが、わたしは妻のマージと一緒に非課税の債券に一定額を投資した。利回りが（課税対象の）Ｔボンド（米長期債）やＣＤ（譲渡性預金証書）の利回りよりもはるかに良かったからだ。われわれのプランは、この債券を短期のトレードではなく投資としてしっかりと保有すること。やがて非課税の債券利回りが低下して課税対象の証券利回りと並んでも、魅力的な利回りや考えられるキャピタルゲインの恩恵にあずかれるだろうと踏んだのだ。金額としては貯蓄の一〇％にも満たない額だったので、これを気楽な投資と考えることができた。残りの資金はほかの投資に回し、短期的には債券が予想に反する動きをしても不利益を被らないようにした。こうして分散したため、一つのポジションに良い成績を期待する「必要」はなく、われわれも全体的な投資プランに集中することができた。

人生でもトレードでも、分散すれば成績に対するプレッシャーが軽くなり、自分の行為に没頭することができる。

同様に、少額をトレードしているトレーダーは、全体的なトレードプランの実行に集中することができる。そのポジションで結果を出そうというプレッシャーはないし、結果を出せなくても差し迫った脅威がないからだ。

これが心理パラドックスである。つまり、何かひとつのポジションの成績に集中すると、複数のポジションの成績が分散されるのである。もしわたしに父親、夫、そして心理学者としての成功体験があれば、著作の売り上げを伸ばしたりトレードで儲けたりする「必要」はない。わたしが執筆やトレードに集中し、そこから満足のいくリターンを達成できるのは、まさに感情を分散しているからなのだ。

自分のトレードのセルフコーチとしては、時間や努力、感情を必要以上にトレードに費やす必要はない。もし心の卵をすべてトレードというバスケットに入れてしまったら、それこそ燃え尽きて、トレードから離れざるを得なくなる。そうではなく、逆にトレードを自分の生活のなかで数ある充実した活動のひとつにすることで、最高のセルフコーチになれるのだ。ほかの卵は、精神世界への関心、芸術活動、スポーツ、社交、知的生活、家庭生活、地域活動、趣味などに振り分ければよい。そうして自分の生活が満たされれば、トレードの成績の変動など十分に乗り切ることができる。もう特定の時間に結果を出す必要もなくなるため、トレードのプロセスにいっそう集中し、優れたトレードができるようになる。

では、ここで皆さんに課題を出そう。前述の生活のさまざまな側面にどの程度関心があるか、どの程度満足感を味わっているか、そして自分の幸福のためにどの程度活動範囲を広げているかを自己採点してみること。次に、自分の感情をもっとうまく分散するための強化分野を一つ選んでみること。そうすれば、新たな喜びや達成感の源を見つけることができるだけでなく、心理的な基盤作り、すなわち内なる安心感や充足感を生み、自分が活躍できる場を見つけてそこにとどまることもできる。

コーチングのヒント

トレードの画面から少し離れてみよう。集中力を取り戻し、厄介な相場から一歩引いてみるには休憩するのがよい。最も良い休憩としては、無我夢中になれるもの、トレードとは違うゾーンの状態に入れるものがよい。運動をしたり、人との会話を楽しんだりするのも一考である。わたしが夢中になれるのは、飼い猫のジーナとじゃれているときかプールで泳いでいるとき。そのおかげで、今までの行動から気持ちが離れ、リフレッシュしてか

らトレードに戻ることができる。トレードに没頭したあとはスイッチを入れ替える、つまり心も体も無理やり切り替えることである。

レッスン24　精力的にトレードする

心の幸福で重要な部分を占めているのがエネルギーである。心身共に疲れているときに、幸せ、情熱、モチベーション、普通の満足感を持続させるのは難しい。疲労は集中の敵である。肉体的なエネルギーが肯定的ではつらつとした気分を盛り上げるのである。

われわれはバッテリーで動くノートパソコンに似ている。作業を長時間続けていると、疲れて動かなくなる。集中や注意には努力が必要だが、最後には心の蓄えを枯渇させ、集中力を失ってしまう。これがトレードでのミスにつながるのである。機会を見逃したり重要なデータを見落としたり、あるいはトレードプランの要点を忘れてしまったりする。また、疲れていると過去の習慣に、とくに否定的な習慣に舞い戻ってしまう可能性が高い。疲労困憊していると倦怠感から過食に走ったり、自分の思いどおりに事が運ばないと異常に欲求不満を募らせたり、否定的な思考に陥ったりすることもある。

こう考えてみるとよい。つまり、明確な目標を立てるには集中力を持続させておく必要がある。積極的に自分の方向を定めるには機敏で活発な精神が必要だ。疲れていると、この活発な精神が失われてしまう。消極的になり、事を起こすのではなく、起こった事の影響を受けてしまうのだ。

この積極的なトレードと消極的なトレードの違いは極めて大きい。アグレッシブなトレーダーは、リサーチを行い、明確な機会を特定し、意識してトレードを実行に移し、管理したうえで、その機会を最大限に高める。アグレッシブなトレーダーにとっては成り行き任せなどあり得ない。どこで機会を追求すべきか、どこで傍観すべきか、どこで利食うべきか、どこで損切りすべきかなど、すべてをあらかじめ計画しているのである。これには時間もかかるし、エネルギーや集中力を持続させる必要もある。その意味で、優れたトレードとは、純粋な意図性、つまり方向づけられた意思を持った行為なのである。

体が疲れ果てていると、この意図性のある集中力を持続させる力がなくなってくる。リサーチをさぼり、リスクやリターンも測定しなくなる。単純なヒューリスティクス（**訳注**　直観や経験則といった判断のための近道）に頼っては、チャートのパターンや価格といった単純な根拠をベースにトレードを始めてしまう。リスクとリターンに対して真のエッジを発揮するどころではない。さらに悪いことに、疲れていると感情的に反応してしまい、相場の変動を追い掛けたり機械的に規則を定めたりする。時間や努力を惜しみ、意思決定を大局的に評価することもない。

取引時間中に自分のエネルギーを管理するには、次の五項目を確実に行うとよいだろう。

●十分な時間と質の良い睡眠を取る　睡眠を妨げられると、睡眠における重要な段階が奪われ、ベッドのなかで十分な時間を過ごしていても気分が落ち着かなくなる。

●適切な食事を摂る　血糖値が上がったり下がったりすると、集中力を持続させるのが難しくなる。カフェインや糖分の摂り過ぎは一時的に悪影響を及ぼす場合があるが、急に摂取をやめるとリバウンド現象につながることもある。

●精神状態をしっかりと保つ　前の晩にどんちゃん騒ぎをすると翌日の成績に響くなど、わたしはアルコールや薬物がトレーダーにとてつもない損失をもたらしているのを長年目にしてきた。逆に、私生活を重視し、計画的に過ごしているトレーダーは、それを自分のトレードにも生かす傾向がある。

●体調を適切に維持する　トレードプランで最も軽視されがちなのが運動である。画面の前に何時間も座っていたのでは有酸素運動ができず、やがて体調を崩してしまう。また、エネルギーのバッテリーにも充電が必要になってくる。

●休みを取る　集中力を失わずに一日中ずっと画面に見入り、相場の動きを追い掛けられる人はそう多くない。相場が軟調なときに休みを取っておくと、相場が活発になったときに備えて必要なエネルギーを補充し、集中力を取り戻すことができる。

トレードという仕事はマラソンである。短距離走ではない。勝者は自分のペースで仕事をするものである。

前の考慮事項はどれも驚天動地のものではないが、もしこの五項目を毎日のチェックリストに追加してみると、自分の得点がいかに低いかが分かって驚くだろう。**われわれはトレードの準備はしても、トレードに備えて覚悟を決めることができない。**もし自分自身の規律に一貫性がなければ、規律のある意思決定をどのように貫けるというのだろう。

自分のトレードのセルフコーチになると、これ以上は無理だというほど必死に働いてヘトヘトになっている余裕はない。ノートパソコンのバッテリーのように、メモリーの影響で自分のエネルギー状態をどんどん低下させ、いちいち充電し直さなければならなくなるまで体調をおろそかにすることはできない。皆さんの仕事は、単にエネルギーのレベル（高い・低い）とトレードの仕方（積極的で計画的、または消極的で無計画）という二つの要因との関係で日々の利益と損失を追跡することである。自分のトレード日誌に簡単なチェックリストを追加し、自分の体調、集中度、意図性、そしてトレード結果との相関を見るのに役立てるとよい。

エネルギーが不足すれば集中力がなくなってくる。集中力がなくなれば意図性が失われる。意図性が失われればトレードプランに従う力も尽きてくる。

こうした相関を自分で割り出して評価しないかぎり、一貫して先の五項目に取り組むモチベーションを持続させるのは無理だろう。自分のエネルギーのレベルとトレードの質（そしてトレード結果）とが正の相関にあるのが「分かれば」、自分を鼓舞し、睡眠、食事、運動、健康的なライフスタイルに注意する日々のルーティン（型にはまった行動）を確立することができる。また、画面から離れることに対する罪悪感や恐怖心を克服すると、**機会とは、単に動いている相場の結果であるというだけでなく、そうした相場に乗じて利益を出す能力の結果でもある**、ということに気づくこともある。

コーチングのヒント

多くのトレーダーは、仕事に没頭してしまい、家庭生活をおろそかにしている。その結果、罪悪感やそうした満たされない必要性から注意力が散漫になり、質の高い時間を共有するのに費やす時間もそうだが、それ以上にトレードの成績にも支障が出てくる。週末だけでも休暇を取って心をリフレッシュさせれば、家族との関係を取り戻すことができるし、仕事にも精を出すことができる。もし私生活で疲労困憊しているときには、おそらく効率の良いトレードなどしていないはずだ。必ずしも全体的にバランスの取れた生活を送る必要はないが、もし生活のバランスが崩れていると「感じている」なら――バランスの取れた生活を送っている人などほとんどいないが――、それでエネルギーや集中力が低下し、楽観的な気持ちや努力しようとする力が奪われているのである。

レッスン25　意図性と偉大性――遊びを通して脳を鍛える

『精神科医が見た投資心理学』（晃洋書房）の根底にある中心的なコンセプトの一つが「意図性」である。意図性とは、意図を持った活動を長期間持続させる力のこと。注意や集中力を持続させる力、選択した目標に向けた一連の活動をコーディネートする力、また問題解決に至るまでのさまざまなアプローチを粘り強く試す力……。これらすべてが意図性である。

前述のとおり、意図性と心の幸福の間には興味深い関係がある。心理学者のミハイ・チクセントミハイはフローの研究で、「ゾーンの状態にいる」瞬間は自分の活動に完全に没頭した結果であることを発見した。楽々と仕事をしているかのように、まったく自然に見えるのは、自分の活動に完全に集中しているからである。これは実に愉快な状態で、クリエーターの場合には、これが自分の力で勝ち取った心のご褒美になる。**実際、クリエーターの作品に対する情熱はフロー状態のときの情熱の表れである。**したがって、模範的なパフォーマンスはそれ自体がご褒美なのである――心のフィードバックシステムが偉大性の中心をなしているのである。「さまざまな分野で偉人といわれている人は極めて生産性が高い」という研究者ディーン・キース・サイモントンの研究結果はこれで説明できるだろう。彼らは自分の得意な領域で作業をする要領をマスターしており、たゆまぬ努力はそれ自体が望みの結果になるのである。彼らの生産性とは、言ってみれば、良い意味での嗜癖の副産物、すなわち自分のために究極の活躍の場を極めた結果なのだ。

エルコノン・ゴールドバーグがその優れた著書『脳を支配する前頭葉――人間らしさをもたらす脳の中枢』（講談社）で述べているとおり、注意、計画立案、理由づけといった意図性のさまざまな側面は、脳の前頭葉の働きである。ゴールドバーグの研究は、脳に驚くべき可塑性があることも示している。つまり、**脳の働きを利用すれば、ジムに通って筋力や持久力を鍛えるのと同じように、脳の領域を鍛えてその働きを強化できるということだ。**われわれは決まったときに比較的定量の意図を持つことがある――これでもかというほど脳を酷使すれば、その取り組みに疲れ、休息が必要になってくる。ただ、前頭葉の機能を働かせれば、自然と脳を働かせて意図を持つことができる。ウエートリフティングが体を鍛える一番の方法であるのと同様、意図を働かせる力をつける一番の方法は、持続的で意図性のある活動に従事することである。

意図性と自由意思が育まれるのは、目標達成に向けて苦労しているときである。

まさにそういう訳で、トレードは優れた心のトレーニングだと考えられるだろうが、必ずしもそうとは限らない。われわれは意図を持たない考えに陥ることなく、楽々とマウスをクリックしてトレードを仕掛けている。これは前のレッスンで説明した消極的なトレードである。明確な意図を持たないままトレードしていると、心の筋肉を使うことはできない。普通の言い方をすると、自動操縦モードで人生を生きていると、そうした筋肉は萎縮してしまう。周知のことだが、職を転々とする人は、一見したところ自分の行動の長期的な結果には無頓着である。浪費して借金まみれになり、対人関係に飛びついては衝突を再び演じてしまう。G・I・グルジェフは、われわれが刺激に対して反応するマシンであるかのように、これを機械的に生きる傾向として説明している。これは退職者に見られる傾向だ。長い間消極的に労働したあとだと、ちょっと努力しただけでもひどく骨が折れる。人生が機械的になり、意図を働かせる力が委縮してしまっているのである。

一つの筋肉群を動かしてもほかの筋肉群は発達しない。つまり、有酸素容量を増やしても筋力がつかないのと同じように、一つの意図性を育んでも、必ずしもほかの意図性の自己主導的な能力が高まるわけではないのである。この好例が頻繁にトレードするデイトレーダーだ。一日中呼び値や相場の上げ下げをじっと追いながら、画面の前で注意力を持続させる驚くべき能力を持っている。ところが、同じデイトレーダーでも、長い間自己観察をしたり、マーケットを体系的に見直してトレンドやテーマを特定したりするのに必要な精神的な努力を持続させることはできないのだ。確かに、興味のある活動や自分のスキルに合った活動には集中力や努力を持続させることができる。フロー状態にとどまる創造の才がこの状態に達するのは、前章で論じた活躍できる得意分野、すなわち才能やスキルを発揮できる領域、関心のある領域から外に出ていないからでもある。ところが、このニッチから外に出てしまうと、結果を出すには大変な努力が必要になり、その結果が出せないことに対する欲求不満、自分の価値観や関心事から離れたところで仕事をする退屈さ、これらが一緒になってフローを妨げ、意図を断ち切ってしまうのである。

これが『**トレーダーの精神分析――自分を理解し、自分だけのエッジを見つけた者だけが成功できる**』で述べた力学である。才能が関心になり、関心がスキルアップのための没頭になり、没頭が適性になり、適性がさらなるフロー状態へ、場合によっては選り抜きのスキルの開発へとつながっていくのである。**フロー状態と意図性を育むこととの相互作用が加速的な学習曲線を作るのだ。フローがなければ才能は行き場を失い、けっして選り抜きのスキルが身につくことはない。**

多くのトレーダーが成功しないのは、才能、関心、そしてスキルの相互作用で決まるニッチの外でトレードしているからである。もともと関心のないことや際立った能力に働き掛けないことを試しているのだから、フロー状態に至ることなどないわけだ。彼らのトレードが幸福をもたらすことはほとんどない。フロー状態を体験していなければ、こうしたトレーダーには努力を持続させるモチベーションの勢いもなく、それが意図性を育むのを妨げ、そこでようやく、なぜトレードプランを堅持できないのか、なぜ衝動的なトレードをしてしまうのかと頭をひねるのだ。

一流の役者の学習曲線は、演技力を磨くのと同じように意図性を育んでいる。要するに、一流の役者が演技力を十二分に発揮すれば、おのずと他人以上のことができるようになるということだ。

では、トレードの成績を向上させるに当たり、まずは何をすればよいのだろう。最も一般的な答えは「実践すること」である。当然、それは重要だ。**しかし、実践する前に遊びがなければならない。**遊びによって、どの活動が楽しくて、どの活動が楽しくないのかが分かるからだ。何かをして遊んでいると、その喜びや欲求不満、つまりわれわれの内なる興味を発見することができる。自分のニッチが見つからない多くのトレーダーは、一度もマーケットで「遊んだ」ことがないはずだ。異なるスタイル、異なる金融商品、異なる時間枠でトレードしようとしたことがないはずだ。ポジションを一週間保有することと、ほんの数分間保有することと、どこが似ているのか、どこが違うのかが分からないはずだ。だから素早いパターン認識で行うトレードと厳密な分析で行うトレードの違いを評価することもできないのだ。ほかのトレーダーをまねようとするか、あるいはわずかな抵抗しかない道を選んで表面的なチャートや指標のパターンでトレードするかである。このような学習環境では選り抜きのスキルが伸びるわけがない。意図性は発育不全のままである。

一流の役者はけっして遊ぶのをやめない。画家はスケッチを描き、スポーツ選手は練習試合をし、俳優は即興で演技をする。遊びは自己発見の手段なのだ。しかも、自分にあるとは思っていなかった情熱や才能を発見できることもある。ここでも皆さんに課題を出そう。普段とは違うマーケット、トレードのスタイル、または時間枠を選び、普段のトレードと並行してつもり売買をしてみよう。シミュレーションでも、実際のトレードのアイデアやリアルタイムで追跡した損益を書き出してみること。ここでも利益目標や損切り価格、ポジションサイズの増減を決めて、実際のトレードと同じように管理する。

例えば、わたしは少額のトレード口座を別に持っているが、その口座では長期のアイデアで遊んでいる。ほんのわずかな額をリスクにさらし、リサーチを実践し、考えられるエッジ（優位性）を発見する手段にしている。この少額の口座でのアイデアはほとんど実を結ばないかもしれないが、チャンスに向かって新たな扉を開くには、とにかく期待できる取り組みが必要だ。これで自分の脳とトレードをフレッシュに保つことができるわけだ。また、これは日々の生計を支える短期トレードをするときにマーケットの全体像を知るのにも役に立つ。とりわけどのアイデアや戦略が本当に自分の関心や想像力をかき立てるのか、何が新たなニッチの基準として有望なのかを教えてくれる。トレードで遊ぶときには不振に陥らないことである。意図性と活躍を持続させるようなニッチを発見してみるのもよい。それがトレーダーとしてのキャリアを積む方法なのだ。それが自分の実績をかつてないレベルまで高めてくれる心の筋肉をつける方法なのである。

コーチングのヒント

体力トレーニングのプログラムを計画するように、トレードの準備を計画しようというならば、意図を持続させる力を毎日少しずつ足していくこと。最近のことだが、わたしはあるトレーダーが頼もしいアイデアでトレードを仕掛けるのを観察していた。彼は途中でやめたが、新たなシグナルが出てくるとまた同じトレードを仕掛けた。そしてまたやめ、また仕掛けた。三度目の正直だ。するとトレンドに乗って特大の勝ちを手に入れた。彼の回復力はその粘り強さ、つまり疲れや落胆にもめげずに長い間目標を持続させる能力が実を結んだものだったのだ。毎日熱心に準備をしながらも調子を整えていたため、ここぞというときに一踏ん張りできたのである。このような場面では、ほとんどの人がすでにアイデアに見切りをつけていることだろう。トレードの上達に力を入れるときには、心の準備だけでなく意思力の調整もしておくことである。

レッスン26　平穏な心を養う

心の幸福とは何かを考えるときには、喜びや楽しみ、活力についても考えるのが普通である。幸福のもうひとつの側面は心の平穏、心のなかに注意をそらすような考えや感情がない状態である。いろいろな意味で、高い成績を上げるには心の平穏が不可欠だ。**心が穏やかだからこそ、相場のパターンに完全に集中できるのである。**

われわれはあまりにも多くの時間を刺激のなかで過ごしているため、大きな平穏を得ることができない。人付き合い、テレビ、ラジオ、音楽プレーヤー、携帯電話、電光掲示板、コンピューターと、一日の大半がさまざまな色彩や音声が入り混じった状態で過ぎていく。どれも外側からわれわれの注意を引き、楽しませてくれるが、内側から自らを刺激することがこれまで以上の課題になっている。

自らを刺激する能力がないと、多くの人はその刺激のなさを退屈と同一視してしまう。退屈というのは、興味を引くものが何もない空っぽの状態、欲求不満の状態をいう。ところが、振り返ってみると、退屈というのは内面の空虚、内なる世界でも外界でも興味の対象を見つける能力がないことだというのが分かる。

トレード上の多くの問題は退屈に対する嫌悪感から起きている。 退屈を忘れるために、トレーダーは頻繁にトレードし、トレードしすぎては損失を出し続けてしまう。異常なほどのリスクをとり、大胆にポジションを大きくしてはワクワク感や関心を持続させる。しかし、皮肉なことに、多くのトレーダーは心の動きを敵だと考えているのである。実際、彼らがとくに怖がっているのは、相場が停滞して退屈なときである。

しかし、退屈に対する嫌悪感は、それよりももっと微妙な形でトレードに悪影響を及ぼしている。『**トレーダーの精神分析——自分を理解し、自分だけのエッジを見つけた者だけが成功できる**』で強調したように、トレーダーとしての力量は、ノイズの多いデータのなかからパターンを検知し、それに基づいて行動できるかどうかで決まってくる。潜在学習の実験からは、複雑なパターンの特異性を言葉で言い表すことができなくても、状況からそうしたパターンを検知できることが分かっている。これは相場がいつもと違った動きをしていると感じたとき、つまり対話に不安を感じたときに決まって起きる。幼児は文法を知らなくても文法的に正しい言い回しが分かる。つまり、きちんとした話し言葉に数多く出合っているため、何が正しいのか、何が間違っているのかを聞き分けることができるのだ。トレーダーや話し手と同じく、幼児もパターンやそうしたパターンからの逸脱に対する直観が発達しているのである。

このあらゆる確かな直観の根拠になっているのは、単なる勘ではなく、複雑なパターンが無数に繰り返された結果である。わたしが初めて車を運転したときには、同じ車線を走り続けることもできなかったが、経験を積むにつれて、今では前を走っている数台の車が事故を起こしているかもしれないと予知できるまでになった。何度もブレーキを踏んでは自分に警鐘を鳴らし、ようやく厄介な状況に意識的に気づくようになったのだ。もし活動するたびに明確な理由づけが必要ならば、危険に素早く反応することなど絶対にできなかったはずだ。概念を理解できるようになるのと同様、現実を感じる力を発達させられるようになるのは、進化論から言っても当然である。

直観を働かせるには心の平穏が必要だ。直観力のある人は心の平穏に退屈さを感じることはなく、実際にはそれを楽しんでいるものである。

注意が散漫になり考えがまとまらないと、直観も働かなくなる。これはそれとなしのパターン認識が実際に感じられた感覚として、微妙な気づきのようなものとして表に出てきているからである。もし心と体の微妙な合図に注意を払っていなければ、さまざまなシグナルを全部見逃してしまう。そのような状態だと、会話をしていても細かいニュアンスなどつかむことはできず、小さいが重要な売買パターンの変化も把握することはできない。貴重な情報を失うだけでなく、内在化されたパターンに基づいて素早く反応する能力もほとんど失われてしまう。

さらに悪いことに、慢性的に気が散っている状態では、そもそも注意力を持続させて相場の複雑なパターンを内在化することなどけっしてできない。

心の平穏、つまり穏やかな心が極めて重要だというのはそういう訳なのだ。心が穏やかだと、パターン認識の微妙なサインにも注意を払うことができる。気が散っていない状態でアンテナを張っていれば、正しいと感じる状況とそうでないと感じる状況を示すサインに気づくことができるのだ。経験豊富なトレーダーは多くのマーケットに身を置き、多くのマーケットの変数同士の関係を認識しているため、そうした直観的なサインを信じるすべを心得ている。これは不可思議でも不合理でもない。ホースウイスパラー（訳注　馬にささやいて心を通わせる能力を持った調教師）と同じで、極めて微妙なコミュニケーションを理解する経験豊富なトレーダーにはマーケットのささやきが聞こえるのである。

だが、もし心がざわついていたら、その騒音でマーケットのささやきもかき消されてしまうのだ。

退屈を感じている人はけっして心の平穏を得ることはできない。

穏やかな心に到達するためには、基本的に体を落ち着かせて考えを集中させることである。

トレーダーにとって「バイオフィードバック法」が極めて役に立つのはこのときである。バイオフィードバック法とは、心を穏やかにすることを学ぶ体系化された技法のこと。わたしは現在、アメリカのハートマス研究所が開発した「エムウエーブ（emWave）」（http://www.heartmath.com/）というバイオフィードバック装置を利用しているが、これで心拍数とHRV（心拍変動）の両方を測定することができる。指先につけた小さなセンサーを、フィードバックソフトウエアをインストールしたパソコンに接続する。HRVの測定値はチャートで表示され、測定値が高いとチャートは正弦波になるが、測定値が低いとギザギザで非周期的なパターンが表示される。目標は、できるだけ正弦波になるように心拍数とHRVを維持することである。また、ビーッという音と共に、高・中・低のHRV値の割合を自動的に表示する機能もある。そこで目を閉じて（イメージを思い浮かべている間など）、じっとHRVを追跡してみよう。この装置は、子供でもビデオゲームのような感覚で操作することができる。

しばらくの間バイオフィードバック法を利用していると、HRVで高得点を得る最高の方法は自分自身を穏やかな状態に保ち、注意を集中させながら、規則正しく深呼吸をすることだというのが分かる。ソフトウエアをさまざまな難易度に設定してスキルアップすることもできる。つまり、エムウエーブは訓練用ツールであり――心と体をコントロールすることを教えてくれる――、注意を長時間集中させているかどうかを追跡する手段でもあるわけだ。ほかにも「ジャーニー・トゥ・ザ・ワイルド・ディバイン（Journey to the Wild Divine）」など、同じような装置があるが、使いやすさや視覚表示が気に入るかどうかでトレーダーの好みが分かれる。もし一つだけトレードを支援する心理学的ツールに投資するなら、わたしはこの手のバイオフィードバック装置を選ぶだろう。持ち運びが可能で、トレード中にリアルタイムで使用することもできるからだ。フィードバック画面を最小化しても、音声はそのままだ。

バイオフィードバック法とは、自分で心と体の覚醒レベルをコントロールする訓練法である。

自分のトレードのセルフコーチになるなら、スポーツ選手がきちんと調整するのと同様、心の調子を整えておくことが大切である。穏やかな心でトレードを始めるには、毎朝トレードを始める前の五～一〇分間が大切だ。その間は椅子に深く腰掛け、ゆっくりと規則正しく深呼吸をしながらじっとしている。目はずっと閉じたままでよい。そうすれば呼吸だけでなく、心地良いイメージやヘッドフォンから聞こえてくる静かな音楽にも注意を集中することができる。要は『精神科医が見た投資心理学』で説明したヨーダ（**訳注**　映画『スター・ウォーズ』に登場するジェダイのマスター）の状態、つまり十分にリラックスしているが、絶対に注意を怠らずに集中した状態でいることである。これを毎日繰り返していけばスキルが身につき、最終的には好きなときにほんの数回規則正しく深呼吸をするだけで心を落ち着かせることができるようになる。これは取引日に忙しくて手が回らないというときに役立ち、相場の変動に対し、衝動的に行動したり敏感に反応したりする状態から距離を置いていられるようになる。

最近の相場の動きを復習し、チャートを見直し、機会を見極めてその日のトレードに備えるのと同様、自分のアイデアを十分に生かすのに必要な思考態度を決める心の準備に取り掛かるのは当然のことである。ここで皆さんに課題を出そう。毎朝、ほんの少しの時間を、心の準備と穏やかな心を作り出すのに使うこと。努力を持続させたりヨーダの状態に達したりするのが難しいという場合には、スポーツ選手がトレッドミルやウエートトレーニングマシンで毎日トレーニングをするように、バイオフィードバック法を毎朝の日課に組み入れることを検討してみよう。心の状態を制することが自分の実力を十二分に発揮する重要な要素である。相場がどんなに退屈でも心の平穏を持続させることができれば、相場が活気づいてきたらすぐにその動きに追随する準備が十分にできるはずだ。

コーチングのヒント

もしトレードを仕掛けることが大きな刺激になっているなら、トレードのしすぎは避けられない。同僚のトレーダーと協力し、トレードのアイデアやテーマを生み出すルーティンを確立すれば、相場が軟調なときにも退屈さと向き合わずに済むようになる。ほかの金融商品や時間枠など、アグレッシブなトレーダーにとっては必ず何か興味深いものがあるだろう。

レッスン27　レジリエンスを養う

三人のトレーダーがまったく同じトレードを仕掛けるが、三人とも損をしている。一人目は落胆し、相場をのろってその日はあきらめている。二人目は欲求不満を募らせ、損した資金を取り戻すと言い張ってさらに果敢にトレードするが、大金を失ってしまう。三人目はトレードを手控え、自分の戦略を見直してから明確な機会が訪れるのを待ち、そしてしっかりしたトレードを仕掛けて、その日の収支をトントンにまで持ち込んでいる。

この三人のトレーダーの違いは何だろう。心理学ではこの違いを「レジリエンス（訳注　困難な状況にもうまく適応できる能力、弾力性、立ち直る力）」という。強いストレスにさらされても高い機能を維持できる能力のことである。例えば、レジリエンスのある人は、失業することもあるが、自宅でも十分に働き、新たな職を探す効果的な戦略を考える。レジリエンスに欠ける人は失業するとひどく面食らい、トレード以外の部分にも支障が出てきて、新たな機会を見つけるのも難しくなってしまう。

多くの人がレジリエンスに欠けるのは、嫌な出来事を自分個人に対する当てこすりだと受け取ってしまうからだ。そういう人の自尊心の一部は個人的な結果と結びついている。事が順調に進めば気分が良くなるし、障害が立ちはだかれば落胆し、疑念を抱き、欲求不満になる。すると直接、前向きに障害と立ち向かうのではなく、出来事が自分に対して起きたものとして反応してしまうのだ。レジリエンスの好例としては、ビクトール・フランクル（**訳注**　オーストリアの精神科医兼心理学者で、『夜と霧』［みすず書房］などで知られる）がナチの強制収容所を生き抜く話が挙げられる。フランクルは抑留中に執筆に取り掛かり――最初は紙切れに、続いて心のなかに書きつづり――、目的、つまり執筆を続ける理由を自分に与えていた。ほかの囚人も同じ恐怖を体験していたが、このような目的がなかったため、結局は息絶えてしまった。粘り強さの大部分は、あくまでもやり通す理由、大きな目標やビジョンが育まれているかどうかである。

逆境を生き延びる人は、普通の人以上の目標やビジョンを持っているものである。

最近のことだが、新しいパターンについて調べてみたところ、早朝のトレードにチャンスがあることが分かった。わたしは小さめのサイズで仕掛けるか、もう少し通常のサイズに近いサイズで仕掛けるかで迷った。そこで相場が逆行した場合について考えてみた。すると、試したこともないアイデアでは絶対に損をしたくないと思っていることに気がついた。小さめのサイズならポートフォリオに影響が出ても気にならないが、大きめのサイズだとその週のパフォーマンスに傷がつくかもしれず、それでイライラしてくる可能性があった。そこで小さめのサイズで仕掛けてリアルタイムでパターンを観察していると、わずかな利益を得ることができた。そしてそのパターンを通常のトレードに組み入れるプロセスに取り掛かったのである。

トレードのサイズを決めるときには、どの程度リスクをとるかの判断をレジリエンスに任せた。自分のレジリエンスのレベルでトレードしている間は、結果に関係なく、自分自身を望ましい状態に保つことができた。「ここで一時休止したらどう思うだろう」と考えてトレードのサイズを決めた。確かに、これでは極端に不健全なリスク回避型だと受け取られても仕方がない。トレードでリスクがとれなければ、潜在的なリターンが極めて小さくなる。要は自分自身を知ること、とりわけ自分のレジリエンスの限界を知ることである。ときには有望なアイデアに基づいてトレードをしすぎ、莫大な利益を手にした自分を空想したりする。だが、相場が逆行した途端、たとえそれが予測し得る通常の逆行幅の範囲内であっても、損失が出ればストレスを感じるはずだ。間違いなく、これはわたしの効果的なトレードマネジメントの妨げになる。

成功しているトレーダーは、時間をかけて自分のレジリエンスを養い、かつては抗し難いとも思えたストレスに適合することを学んでいる。最近仕掛けた小さめのサイズのトレードは、わたしがトレードを始めた一九七〇年代後半なら大きいと考えていたはずだ。今では感情的に取るに足らないことであり、体験によって適応能力が育まれるのである。つまり、われわれは慣れた状況にはたいてい高いレジリエンスで対応することができるのだ。

あるレベルの課題をマスターすることは、次のレベルに備えたレジリエンスを養っていることになる。

レジリエンスを養う最も効果的な方法は、いつものたび重なる消耗に耐え、自分自身の体験からそれを克服できることに気づくことである。損失は、その損失を乗り越えれば最終的に儲けることができるのだという深い確信を与えてくれる。人生で何度も挫折を味わいながらも立ち直っている人は、どのような状況でもうまく窮地を脱することができるのだ、と確信しているものである。何度も消耗を体験している人は、やがて株価は新高値を付けるはずだから、相場が通常の調整局面を迎えていても恐れることはないというのが分かっているのである。

自分のトレードのセルフコーチになるときの課題は、高度のレジリエンスを持続させることだけでなく、時間をかけてそのレジリエンスを養うことである。最近のトレードのルーティンを拡充し、自分が仕掛けるトレードの最悪のシナリオを鮮明にイメージしてみるとよい。言い換えると、損切りを設定したら、その最悪のシナリオをどう感じるか、それにどう反応するかをイメージしてみることである。最も重要なのは、次に考えられるトレードを含め、次にどう行動するかを考えておくことだ。要するに、養いたいと思っているレジリエンスに富んだ行動を心のなかで練習するのである。これはレジリエンスの高い人物の役を演じることだと思えばよい。レジリエンスを養う練習を行い、その練習を基に行動すればするほど、その役がどんどん自分の一部になってくる。ニーチェの言葉を借りると、自分が偉大かどうかは自分の理想像を演じてみれば分かるのだ。

トレードは自分を鍛え上げてくれる。あらゆる利益が強欲や自信過剰を克服する機会になり、あらゆる損失がレジリエンスを養う機会になる。

とはいえ、警戒することだ。つまり、レジリエンスとは、負けトレードを続けたまま次のトレードに突入するという意味ではない。レジリエンスのあるトレーダーとは、予測し得る通常の負けトレードのあとでも幸福を持続させられるトレーダーのことである。レジリエンスに欠けていると否定的になり、次の相場展開よりも前回のトレードに反応するようになる。レジリエンスのあるトレーダーは、損失に直面していても常に前向きだ。つまり、レジリエンスのあるトレーダーは損失を出してトレードをやめるか、トレードに戻るかである。基本に忠実であり、実証済みのプランと戦略に従い、衝動的にリスクをとったりリスクから逃げだしたりしなければ、正真正銘のレジリエンスがある証拠だろう。

コーチングのヒント

調子はどうかとトレーダーに尋ねたときに、もし金額で返事が返ってきたら、問題が発生しているのが普通である。経験豊富なトレーダーは、リターンを絶対値ではなくパーセンテージで考える。したがって、例えばその年に五％のマイナスであればリスクを減らすことを、またはトレードのリスクを二五ベーシスポイント（ポートフォリオ価値の〇・二五％）に制限することを考える。もし金額で計算して調整していると、ポートフォリオが大きくなったときに、トレードのサイズを拡大するのが難しくなる。その考え方をパーセンテージに直して統一すると、自分のレジリエンスも養うことができる。二〇〇万ドルのポートフォリオで二万ドルの損失が出ても、五万ドルのポートフォリオで五〇〇ドルの損失が出ても、さほど大きな差だとは感じなくなる。同様に、トレードのサイズを小さくすると、絶対値で計算すれば少額だからといって損失の値をそのままにしておくのではなく、リスクマネジメントもパーセンテージで統一して計算することである。

レッスン28　一貫性と正しい行動

本書のレッスンの多くは、トレード上の問題について論じることから始め、その問題について何ができるのかという提案へと進めているが、このレッスンは提案から始め、そこから前に戻る形にした。皆さんへの課題は、アイン・ランドの小説『水源』(ビジネス社)を読んでみることだ。すでに読んだという人には、それを再読して批評を書いてみることをお勧めする。

この小説を知らない人のために少し説明すると、『水源』は型破りな天才建築家であるハワード・ロークの半生を描いたものである。愛する女性の二面性に加え、自分の考えが真っ向から否定されたローク、とくに二流建築家が世間の流行に迎合して商業的に成功を収めるのを見るにつけ、自分の理想を捨てて妥協するかを迫られる。いろいろな意味で、これは正義を貫き通すことの高潔さ、難しさ、そして大切さを教えてくれる小説だ。

自己、すなわち自分は何者で、何のために闘っているのかというはっきりした感覚がなければ、自尊心など持ち得ない。他人の賛同やトレードのサイズなど、自尊心に見せ掛けたものはたくさんあるが、結局のところ、自尊心というのは、自己を知り、自己の価値観、すなわち将来に対する先見の明を持ち、それに忠実に従った結果なのである。

多くのトレーダーは金儲けをしたいとしか考えない。もちろん金儲けは悪いことではなく、心の自助努力でそうしているトレーダーにとっては、そうして儲けた金は当然自慢の種になる。ただ、自分のプランや判断に頼らずに渇望の品を手に入れようとするトレーダーは、相場のパターンを読み、それに基づく行動力の開発という難しい課題に挑戦するのではなく、手っ取り早い成功を求めるものである。長い婚約期間を経て無事に結婚した人も一夜かぎりの関係を持つ人も同じ肉体的行為をするが、その意味合いはまったく違う。一方は尊重の表れだが、もう一方はおおむね自己からの逃避である。

多くの分野では勤労の結果が見えないものである。われわれが大きな組織とそのプロセスの一部になっているからだ。トレードが異彩を放っているのは、自分だけが利益に責任を持ち、自分の努力の結果が日々、目に見える点である。

『水源』を読みながら、ハワード・ロークならトレードにどうアプローチするだろうと考えてみると勉強になる。プロップファーム（**訳注**　自己売買取引の専門業者）に所属して躍起になって銘柄を物色し、ロボット制御で動きをかき消しながら相場の上げ下げを追跡するのだろうか。考えただけでも吹き出してしまう。それとも初心者のようにセミナーに出席したり読書をしたりして、試したこともないチャートのパターンでトレードするのだろうか。これも考えられない。

そう、ハワード・ロークというトレーダーは、建築家ハワード・ロークがまさに建築資材や建築構法に夢中になっていたようにマーケットに熱中するはずだ。彼はどの地所にも合うようにと同じ設計図を繰り返し描くことはなかったが、それと同じで、どのマーケットでも一つの手法でトレードするようなことはない。そうではなく、それぞれ異なる状況を丹念に調べ上げ、そのときどきの状況に合わせて戦略を練るだろう。ロークというトレーダーは、建築家ロークがゼロから作った青写真を基に作業をしたように、入念に練ったプランに沿って仕事をする。要するに、創造的なビジョンや何か価値のあるものを新たに生み出す純然たる喜びの表現として建築に取り組むのと同じようにトレードにも取り組むだろうということだ。

また、とりわけロークというトレーダーは、建築家ロークのように何かを求めて闘うはずだ。設計や建造物についてのビジョンを持っていたように、相場観、相場がなぜ、どう動くのかについてのビジョンを持っているはずだ。それは「彼の」ビジョンであり、伝統や一時的流行からそのまま借用したものではない。これは型破りなビジョンで、自称トレードのグルからはかなり懐疑的にみられる可能性が高い。だが、そんなことはどうでもいい。ロークというトレーダーは自分の枠組みに忠実であり続けるだろう。大衆に迎合するか、それとも自分の信念に基づいて行動するかの選択を迫られたとき、彼ならためらうことなく正しいことを行う――自分の信念に基づいて行動する――はずだ。

わたしが知っている偉大なトレーダーはだれもが、その人独自の物の考え方や一連の手法を持っているものである。

だからロークというトレーダーの経済的成功は、その努力の有効性と正当性を示す目に見える指標なのである。それは結果であり、理由ではない。彼は単に金儲けのためにトレードをするわけではない。住宅やオフィスビルを建てて売るのと同じである。建築家ロークは住宅やオフィスビルを建てたいから建てたのである。たとえ顧客がいなくても、頭のなかやスケッチでビルを設計した。トレーダーのロークも同じように、注文を出していなくても、相場を追跡し、リサーチしているだろう。その作品は自分の延長なのだ。その利益は長年の努力と一貫性の結果なのである。

われわれの作業には子育てや起業、高層ビルの設計、または金融マーケットの分析やトレードのための独自の枠組み作りが求められる場合がある。うまくやり遂げるには、いずれも持続的な取り組み、献身的な努力、先の見通し、そして心地良い時間が流れているときでもその見通しを追求する意欲が求められる。**これがレジリエンスの真の源泉なのだ。自尊心や敬意が強く、挫折や失望に直面しても自分に妥協するようなことはしたくない。**

自分のトレードは自分独自のものだという点についてはどうだろう。トレーダーとしての自分を最も際立たせるようなものを何か生み出しているだろうか。自分のトレードの奥にはどのようなビジョンがあるだろう。それがトレーダーとしての自分の本質や核になるものである。トレードが順調にいっているときにもその本質に忠実であり続ければ、最も手腕が試されるような時期にもそれが役に立つ。そうした問いに明確な答えが出せないのに、本当に自分の資本をリスクにさらす覚悟はできているのだろうか。借り物のアイデアや手法に頼るだけで、本当に逆境を乗り越える自信はあるのだろうか。本書の第９章をよく読んでほしい。経験豊富なトレーダーは自力でマーケットを見極め、その後も自分のアイデアや自分の感覚のあかしに忠実であり続けることからトレードビジネスに乗り出し、そこからキャリアを築いているのが分かるだろう。

コーチングのヒント

このレッスンでは、自分のトレードプランに従うのがなぜそれほど重要なのかを学んだ。プランは完璧ではないかもしれないし、常にうまく機能するとも限らない。しかし、もし自分の判断に自信を持ち、腕を磨いて一貫性を持って行動するなら、自分が正しいと信じるアイデアに従う以外にない。確信を捨てたり自分の認識を否定したりしているようでは、自信を持つことなどできない。マーケットについてのビジョンやさまざまなシナリオでの行動計画、そしてトレードする理由がはっきりしてくればくるほど、自分の判断に基づいて行動し、自らの経験に照らして進歩や成長を確かめるのが楽になる。

レッスン29　自信を最大限に深め、自分のトレードを続ける

リスクマネジメントや損切りの重要性について書かれた書籍はたくさんある。損切りとは、理想を言えば、自分の当初のアイデアが間違っていたことを教えてくれるもの。利益目標よりも約定価格に近いところにしっかりと損切り価格を設定しておけば、トレードごとのリスク・リターン特性を改善させるのに役に立つ。一般にプロのトレーダーはこの方法で負けトレードを決済する――強制的に撤退させられるが、それで慌てることはない。ゲームでは損をすることなど当たり前だ。優秀なトレーダーはこのような損失から学び、それを利用して相場の見方を改める。その結果、たとえ負けても次の勝ちに備えられるのである。

多くのトレーダーにとっては厄介なものだが、ほとんど論評されていないのが、利益確定価格（ストッププロフィット）である。損切りはきちんと実行しているトレーダーでも、勝っているトレードで利を乗せていくのは難しい。早めに利食い、リスク・リターン特性のリターン部分を小さくしてしまうのだ。長期的に見ると、そのようなトレーダーは成功するのに苦労し

ている。せっかくの勝ちトレードも、結局は負けトレードと大差なく終わってしまうからだ。負けトレード以上にひどい場合もある。

トレーダーが早めに利食ってしまう理由がいくつかある。ひとつは、利益目標を損切り価格ほど明確に決められないからだ。利益目標は、全体的なボラティリティ、明確な支持線や抵抗線の存在、トレードするパターンの時間枠など、多くの要因を踏まえて設定する。例えば、わたしのトレードの多くは、特定の価格レベル（前日の高値・安値、前日の高値・安値・終値に基づいたピボットレベル）に達する確率を過去のデータで分析したものを基にして行っている。各価格がセットアップの目標になる。**頭のなかに明確な目標があればそのトレードを続けるのは簡単だが、同様に頭のなかに明確な目標があれば作業を終わらせるのは簡単だ。**あらかじめ目標を定めていなければ、相場が一ティック動くたびに一喜一憂し、当初のアイデアとは関係ない不安や強欲にかられて行動してしまうのだ。

この利益確定価格でもう一つ問題なのは、トレードのアイデアに自信がないことである。セットアップを検証することの重要な利点の一つは、自分に有利に動く相場の過去の確率を予測できること。これが分かっていれば、トレードを最終目標に達するまで安心して追跡することができるが、セットアップやパターンが借り物で、（架空のトレードのデータか過去のデータ分析のいずれかによって）事前に検証もしていなければ、そのアイデアに大きな自信を持つのは難しい。相場が利益目標へ向かう途上で押しや戻りが入ると、そうした逆行を乗り切るのも難しくなる。そうした逆行を適切な価格で増し玉する潜在的な機会ととらえるのではなく、簡単に含み益にとって脅威になるものと認識してしまうのである。

三つ目の問題は、トレーダーのリスク回避性が早めの利益確定に重大な役割を果たしていることである。確実に一〇〇〇ドルを得るか、一五〇〇ドルを得られる確率が七五％、五〇〇ドルしか得られない確率が二五％という選択肢のうちいずれかを選択しなければならないと仮定してみよう。長期的には七五％のチャンスに賭けたほうが儲かるのに、ある決められた時点では確実に得られる一〇〇〇ドルに背を向けるのは愚かだと感じてしまう。そのような状況では、すべての利益が得られた場合と同程度トレーダーが安心できるような決定が下されるのだ。同じように、トレーダーが利益確定価格を設定するのは、リターンを最大化するためではなく、確実だという感覚を得るためなのである。

トレードがその目標に達するまで追っていくには、異常なほどの安心感と不確実性に耐える能力とが求められる。相場がどんどん自分に有利な方向に動いていけば、いくらリスク・リターン特性が魅力的でも、今後リスクにさらされる含み益が増大する。利が乗っていくにつれて不確実性が増すトレードを最後まで追っていくには、当初のトレードプランに強い確信を持っている必要がある。狭いレンジ相場のときよりも相場が自分に有利な方向に動いているときのほうが、より深い確信を持ってトレードに臨む必要があるというのは皮肉な話だが、それは単にリスクにさらされる含み益が増えるからなのだ。

普通はトレードを仕掛けるよりも勝ちトレードを追っているほうが深い確信を必要とする。

では、望ましいトレードを最後まで追っていくのに必要な確信を得るにはどうしたらよいのだろう。よくあることだが、トレーダーにとっての本当の脅威とは含み益を失うことではない。結局のところ、相場が自分に有利な方向に動いたときに損切り価格を慎重に損益分岐点まで引き上げておけば、突然大きく逆行しても傷つくことはない。含み益が減少すれば気落ちするかもしれないが、それ自体がトレード勘定に対する脅威になることはほとんどない。

むしろトレーダーにとっての脅威は、そうした逆行をどう「処理する」かにある。多くの場合、逸失利益に直面したトレーダーはかなり悲観的になる。機会を見逃した、あるいは欲求不満という落ち着かない状態に陥ったとして自分を責めるかもしれない。含み益の減少を損失ゼロ――単なるポジションの解消――とみなすのではなく、責めるべき状態だと思ってしまうのだ。トレーダーが避けるべきなのは自己非難やあとから非難するという不快症状であり、含み益の減少そのものではない。こうした心理的な現実に訴えるには、負けるよりも大きく勝つことが必要なのだという理屈を説くよりも、「利食いはけっして間違いではない」と言ったほうが説得力がある。

早めに手仕舞いすることをトレードをコントロールすることだと思っているトレーダーが

多いが、実際にはそのトレードに対する思考や感情をコントロールしているのである。

自信で大きな部分を占めているのが信頼である。結婚に自信が持てるのは、配偶者を信頼しているからである。運転に自信が持てるのは、路面の状態が変わっても車を巧みに操れる能力を信頼しているからである。もし自分のアイデアに従って行動していなければ、つまり結果が出るまでそれをずっと追っていなければ、そうしたアイデアへの信頼を高めることはできず、実際には自信を失うことになる。配偶者に不信感を抱くと結婚生活で安心感が得られないのと同様、実証済みのアイデアを信頼できなければ、トレードに自信を持つことはできない。自分自身の体験から、確かに不快症状には耐えられるし、計画していたトレードを続ければ負けよりもはるかに大きな勝ちにつながるのだと考えれば、自分に有利な方向に動く相場の不確実性にも耐えることができる。セルフコーチとしては、自分のトレードに対する信頼と自信を共に植えつけることが大切だが、この信頼と自信を植えつけるには次の二つの方法がある。

●自信が持てる思考態度を植えつける　トレードを始める前に、せっかく含み益が出ているのにトレードを解消する必要が出てきた場合、自分ならどのように自分に語り掛けるかを心のなかで練習しておきたい。とりわけ欲求不満になって自己非難するのではなく、「何のリスクもなく、利益もない」――トレードの大部分をそのまま保有できるなら、わずかな部分を解消しても問題ない――という思考態度の練習をしておきたいだろう。事前に逆行に備えておけば、脅威値のほとんどを取り除くことができる。

●小さな改革を足掛かりにして事を進める

効果的な短期療法（ブリーフセラピー）の原則は、小さな改革から始めて大きな改革へと進むこと。ほんの少し正しいことをしていれば、それが改革への取り組みを推し進めていくのに必要なフィードバックや励みになる。トレードの場合、これは簡単だ――あらかじめ定めておいた目標に達する前にポジションの大半を解消しても、わずかな部分を目標に達するまで残しておけばよいし、さもなければ解消すればよい。これで利益が保全され、リスク回避性も緩和されるが、一方で自分のアイデアを結果が出るまで追っていくという直接的な体験もできる。そうすればさらに大きな部分を保有し、それで成績を向上させることができるようになる。

自信とは、自分がどう考えたかの結果であるだけでなく、どう行動したかの結果でもある。自分の判断を信じて行動していれば、その判断が正しかったのを追跡する機会に恵まれる。それが自信につながるのである。残念ながら、利益確定のシナリオは「自信切り（ストップコンフィデンス）」のプロセスでもある。たとえわずかでも自信を持って行動すれば、自分のメンター（指導者）になって自己信頼を高め、その自信をより深く内在化することができる。

コーチングのヒント

衝動的なトレーダーは、裏を返せば完璧主義者である。わたしは多くのトレーダーが素晴らしいアイデアを思いつくのを見てきたが、望みの価格で約定したことがないため、結局は彼らがそうしたアイデアに乗ることはなかった。大きく勝てるアイデアを思いつき、コンピューターから離れてそれが機能しているかどうかを追跡するとなると、かなり欲求不満が募るのだろう。完璧なトレードが十分なトレードと敵対するようではいけない。もし素晴らしいアイデアがあるなら、例えば相場が急落してトレンド相場になるのが分かったら、少なくとも小さなサイズで仕掛けてみる。もしそれが良いトレンドなら、逆行したときにいつでも増し玉すればよいし、もし悪いトレンドなら、少々含み損が出たところで手仕舞えばよい。ただ、自分のポジションには常に自分の信念を反映させるように努めること。確信を持って行動していれば、心理的には必ずプラスになるものだ。

レッスン30　コーピング——ストレスを幸福に変える

これまで見てきたとおり、ストレスが十分な幸福感とバランスが取れていれば不快ストレス

(distress) になることはない。仕事がその人にとって有意義で、その努力に見合ったリターンが得られているならば、その人は高度の難題やプレッシャー、不確実性にも耐えられる。「コーピング(対処)」とは、ストレスの多い状況にうまく対処して、ストレスが不快ストレスにならないようにする方法である。マーケットのリスクや不確実性、学習曲線に対する要求に効果的に対処することが、好ましい心の動きのバランスを維持するのに大いに役に立つ。**心理学の研究からは、唯一最大の効果を発揮するコーピングの方法はないことが分かっている。**パーソナリティー(**訳注** 人の性格や個性)や欲求が異なれば、状況にうまく対処するコーピングのパターンもそれぞれ異なってくるからだ。自分のトレードのセルフコーチになったら、トレード上のストレスにどうしたらうまく対処できるかを知ることが大切だ。そうすれば、そのコーピングを好きなときに用いることができるようになる。

この知識はとくに重要だ。極度のストレスに襲われると、かつては機能していたが現状には合いそうもない従来の陳腐なコーピングのパターンに陥ることが多い。回避型コーピングのパターンは、対人関係で衝突するような過去の職場環境では機能していたかもしれないが、めまぐるしく動く相場で負けているさなかに用いたら悲惨だろう。簡単にできることをするのが、必ずしもストレスに対処する最良の方法ではない。第5章で見ていくが、そのように過去に過剰学習されたコーピングを用いると、循環的な問題のパターンにはまり込んでしまう可能性が高い。

わたしが普通に遭遇するのは、極めて直接的なコーピングの方法を用いるトレーダーの事例である。多くのトレーダーはアグレッシブで、目の前の課題に立ち向かうことで成功を手にするわけだが、これがうまく機能するのは、商取引の交渉や悪材料の処理といった場合である。だが、マーケットではアグレッシブな対応が必ずしも最良とは限らない。トレーダーならだれもが経験することだが、立て続けに負けたりするとさらにアグレッシブになり、さらに大きなトレードを仕掛けてはその状況に立ち向かおうとする。このように欲求不満を処理する場合には、相場がはっきりと理解できていないと法外なリスクをとってしまうことになる――これは事実上、壊滅的なドローダウン（資金の減少）への道となる。

自分の行動を振り返り、そのような行動を取った理由を考えてみると、コーピングの方法が失敗だったことを認識できることが多い。

では、特定の状況で最も機能するコーピングの方法は何なのかはどうすれば分かるのだろう。次に挙げるチェックリストを使うと、トレード上の問題を処理するさまざまな方法を整理することができる。このレッスンの課題として、皆さんには、トレードト上の問題をうまく処理した状況とうまく処理できなかった状況とを振り返ってもらいたい。それぞれのコーピングの下のカッコに、トレードが順調にいっているときに用いたコーピングであればチェック印を、順調にいっていないときに用いたコーピングであれば○を記入すること。それでは早速始めよう。

一．アイデアかフィードバックを求めて他人に接触した（　）。
二．対策を講じて自分が過剰反応していないことを確認した（　）。
三．その状況から一歩引いて、次に何をすべきかの把握に努めた（　）。
四．その問題で大騒ぎしないようにした（　）。
五．将来自分にとって役に立ちそうな状況にどうしたらとどまれるかを考えた（　）。
六．その場ですぐに問題と向き合うように努めた（　）。
七．自分のミスを認識し、対策を講じた（　）。
八．大局観を取り戻すためにしばらくトレードを休んだ（　）。

重ねて言うが、重要なのは正しいコーピングと間違ったコーピングを見極めることではなく、自分にとって最もうまく機能する方法、そして自分のトレード上の問題パターンと関係のある方法を見いだすことである。

コーピングの大きな特徴は、行動と省察である。迅速に行動して難題をうまく処理し、取り組むことでメリットを享受する者もいれば、一歩引いて平常心を取り戻し、物事を秩序立てて考えたり、計画を立てて考えたり、また他人と相談しながらメリットを享受する者もいる。もう一つの大きな特徴は、問題中心のコーピングに対して心の動きが中心のコーピングがあることだ。まずは息抜きをして思いを打ち明け、情報提供やサポートを求めて他人に接触したり、否定的な心の動きを抑えようとして積極的に働き掛けたりすることで状況にうまく対処する者もいれば、心の動きを排して状況を分析し、問題に取り組もうとして積極的な問題解決に携わることでうまく対処していく者もいる。

トレーダーは自分の最良のコーピングの方法を決められないときに問題にぶつかることが多い。分析的思考にたけたトレーダーが事前に熟考したり計画を立てたりせずに感情を発散させ、問題に直面していることが分かったりすると痛い目に遭う場合がある。社会的な支援や他人からのフィードバックを頼りにしているトレーダーは、落胆したり大切な同僚から孤立したりすると、効果的に対処できる可能性が低くなる。

最良のコーピングと最悪のコーピング、つまりトレード上の問題に効果的に対処できる場合とほとんど効果的に対処できない場合とを比べたうえで、幸福と不快ストレスとの好ましいバランスを持続させるにはどうすべきかを見極めることである。

トレードが順調にいっているときにどのように対処しているかは、トレード上の難題を処理するときの最良の方法を心のなかでモデル化してみると分かる。やがてそのモデルが困ったときに頼れる脚本になる。コーピングのチェックリストを毎日つける日誌の一部にすること。そうすれば、そのチェックリストが次に困難な相場に直面したときに頼れる行動パターンを教えてくれる。

コーチングのヒント

自分の最良のコーピングと最悪のコーピングのパターンを、単に別々の方法としてではなく「一連の行動」として考えてみよう。例えば、わたしは自分がうまく対処できているときには、まず自分を落ち着かせて集中する――それから具体的な問題解決に取り掛かる。徹底的に損失を分析することで――何が間違ったのかを把握することで――、損失にうまく対処し、そこから建設的な教訓を引き出している。うまく対処できていないときには、自分を落ち着かせることができず、代わりに自分を責め、損失を穴埋めする手段として再びひどいトレードを繰り返してしまう。お粗末なコーピングだと、自分の負けトレードを分析することなく、有望なマーケット、金融商品、またはセットアップにいっそう注意を注いでしまう。これでは自分の損失からは何も学べないし、やがて同じミスを繰り返すことになる。コーピングを一連の行動として考えてみると、極めて困難な市況で必要になる対応の青写真を心のなかに描くことができる。これでトレードでのストレスがパフォーマンスを奪っていく不快ストレスになることはない。

参考

本書の主な補足資料がブログ「ビカム・ユア・オウン・トレーディング・コーチ（Become Your Own Trading Coach）」である。ブログのホームページには、第３章のテーマである心の幸福や、どうしたら幸せや充足感を最大限に高められるかに関するリンクや追加記事を掲載している（http://becomeyourowntradingcoach.blogspot.com/2008/08/daily-trading-coach-chapter-three-links.html）。

ポジティブ心理学の研究をまとめた初期の論文のひとつが、ダニエル・カーネマン、エド・ディーナー、ノーバート・シュワルツ編『ウエルビーイング――ザ・ファウンデーションズ・オブ・ヘドニック・サイコロジー（Well-Being：The Foundations of Hedonic Psychology）』（ラッセル・セージ財団、一九九九年）である。さらに読む価値のある参考文献としては、C・R・スナイダー、シェーン・J・ロペス編『ハンドブック・オブ・ポジティブ・サイコロジー（Handbook of Positive Psychology）』（オックスフォード大学出版局、二〇〇二年）と、同著者編『ポジティブ・サイコロジー――ザ・サイエンティフィック・アンド・プラクティカル・エクスプローレーションズ・オブ・ヒューマン・ストレングス（Positive Psychology：The Scientific and Practical Explorations of Human Strengths）』（セージ出版、二〇〇六年）の二点がある。

ジェームズ・W・ペンベーカー編『エモーションズ・ディスクロージャー・アンド・ヘルス（Emotions, Disclosure, and Health）』（アメリカ心理学会、一九九五年）は、心の動きがわれわれの健康や幸福にどう影響するかをテーマにした論文である。

わたしのホームページ（http://www.brettsteenbarger.com/articles.htm）の「トレード心理関連記事（Articles on Trading Psychology）」という項目には、トレードでのストレス、コーピング、感情などのトピックを扱った数多くの無料記事を掲載している。

第4章 自己改善策——コーチングのプロセス

成功の要因は、けっして過ちを犯さないことではなく、同じ過ちを二度と繰り返さないことにある。

——ジョージ・バーナード・ショウ

セルフコーチングの中心的なプロセスとは、また自分のトレードを変えて成績を向上させるための具体的な手段とはどのようなものなのだろう。この二つが本章で取り上げるテーマである。本章の大半は、カウンセリングや心理療法へのあらゆる取り組みに共通する効果的な要素を浮き彫りにした過去数十年にわたる研究を基にして書いたものだが、そこから興味深いことが分かってきた。カウンセリングへの取り組みは、いずれもカウンセリングをまったく行わないよりは効果があるが、多種多様な人間や問題に対してひとつの取り組みだけが一貫して良い結果を生むことはないということだ。素晴らしい支援方法が同じように役立つだけでなく、原因が同じさまざまな問題にも効果を発揮する可能性があるわけだ。これらの原因が自己改革の本質、そして自分のトレードのセルフコーチになるための取り組みの本質を突いているのである。

レッスン31　トレード日誌をつけてセルフモニタリングをする

「セルフモニタリング（自己監視）」とは、自分自身の思考や感情、行動のパターンを常時追跡するのに用いる方法である。本章で説明するセルフコーチングの数々の手法の基本になるのがセルフモニタリング。自己改革を推し進めるには何が必要かを教えてくれるからだ。もしパターンの存在に気づいていなければ、パターンを変えることはできない。短期療法（ブリーフセラピー）では、初めて課題をこなすときにセルフモニタリングを必要とすることが多い。自分のトレード能力の向上については、とやかく言うよりもマーケットのパターンを観察することが先決だが、それと同じように、自分のパターンを知ることがそれを変える第一歩なのだ。

セルフモニタリングの方法として最も一般的なのは、トレード日誌を使うことである。アグレッシブにトレードするデイトレーダーは、昼休み中や取引時間間際に仕掛けているかもしれない――ほかのトレーダーは、意思決定を下した日の取引が終了した時点で必ず日誌をつけているかもしれない。重要なのは、おぼろげな記憶に頼るのではなく、自分のパターンが表れたら、なるべく早くそのパターンを把握することである。

注意してほしいのは、セルフモニタリングというのは自己改革の手法そのものではなく、自己改革を導くものであるということだ。手痛い結果を含め、自分のパターンが手に取るように見えるようになれば、そのパターンを断ち、将来二度と表れないようにすることができる。また、セルフモニタリングが自分の知らないパターンの存在を知らせてくれることもある。これはことのほか有益だ。さもなければできそうもない自己改革の土台作りをしてくれるからだ。

自分の長期的な成績や成功しているトレード、または失敗したトレードの要因を系統立てて点検するたびに、セルフモニタリングを行っていることになる。例えば、わたしは最近の自分のトレード結果をトレードごとに点検してみたところ、大きく張ったときよりも小さく張ったときに大敗を喫していることに気がついた。また、トレードが極めて順調にいっているときには、損切りの設定とそれを守ることにあまり気を配っていないことも分かった。トレードごとの損失額はさほど大きくなかったが、ちりも積もれば山となるで、長期になるとその少額の損失がどんどん積み上がっていた。これでわたしは、注文を出す前に各トレードのリスク・リワード・レシオをきちんと書き出して、小さく張ったときには慎重に損切りを設定し、それを守るという新たなルーティンを確立したのである。セルフモニタリングによって自分の行動をそれまで以上に意識するようになり、それで順調に勝てるトレードができるようになったというわけだ。

セルフモニタリングはコーチングのあらゆる取り組みの基本である。

わたしの経験から言うと、トレードという仕事では、セルフモニタリングを持続できなくなることが失敗を予知する最高の判断材料になる。そうなると、トレーダーは自分の問題パターンをはっきりと特定できなくなり、自己改革への取り組みについて考察したり、そこから学んだりすることに支障が出てくることがある。目標ばかり定めておいてセルフモニタリングをしないのは単なる善意にすぎず、これでは自己改革を推し進め、長続きさせる具体的な行動にはけっしてつながらない。

では、なぜトレーダーは、成功を切望しているように見えるのに、自分の思考や感情、トレードの成績を監視する取り組みを続けようとしないのだろう。おそらく自分自身やマーケットを理解したいという思いに突き動かされているのではなく、トレードで金儲けをすることが動機になっているからだろう。これは大きな違いである。バスケットボールの名物コーチのボブ・ナイトの言葉を借りると、「彼らはただ勝ちたいだけで、勝つために必要な努力をする気などさらさらない」のである。**一流のトレーダーは、自制、すなわち自己に打ち勝つことが主な動機になる。**だから退職後にいくら裕福な暮らしをしていても、彼らはトレードを続けるのである。

セルフモニタリングの計画を進めるときに最も多用されるのが日誌である。基本的な内容は次のようなものになる。

まずは日誌のページを三列に分ける。一列目にはトレードのサイズや時刻など、自分で仕掛けたトレードについて記入する。一つのポジションに絞ってトレードしている場合には、それを一つの欄に記入する。同様に、一つのアイデアで複数のポジションを保有している場合には（貴金属銘柄を買い持ちしていたいので、鉱業株を三銘柄買い付けるなど）、それらのポジションをすべて一つの欄に記入する。そうして一列目にはそれぞれのアイデアに対してどうしたか、そのアイデアにいくらを投じたか、いつトレードを仕掛けたか、いくらで仕掛けたか、どのようにトレードしたか（一度に全部を注文したのか何度かに分けて注文したのか、成り行き注文か指値注文かなど）をまとめる。もし頻繁にトレードをしているなら、「ストックティッカー（StockTickr）」（http://www.stocktickr.com/）や「トレーダーＤＮＡ（Trader DNA）」（http://www.traderdna.com/）といったツールでトレードのモニタリングを自動化できるかどうかを検討してみるのもよい。

二列目にはトレードを手仕舞いした価格と時刻、そのトレードの損益（またはアイデア）、それをどのように手仕舞いしたか（一度に全部を手仕舞いしたのか何度かに分けて手仕舞いしたのか、成り行きか、それとも現在逆指値注文中かなど）といった結果をまとめる。

三列目にはその個別のトレードやアイデアに対する自分のおおまかな行動、つまり何を考えていたのか、どう感じていたのか、備えはどうだったのか、自信の度合いなどをすべて記入する。言い換えると、三列目ではトレード中の自分と自分の精神状態、思考パターン、体調をチェックするわけだ。また、三列目には仕掛け、マネジメント、手仕舞いがどの程度うまくできたかといった観察結果を記入してもよい。良いことも悪いことも含め、そのトレードでは何が目についたのかもこの列に記入する。

トレード日誌をつけられる状態を維持すること。それが重荷になってくると、セルフモニタリングへの取り組みの多くが挫折する。

一日にせいぜい二～三のトレードしかしないわたしのようなトレーダーがこうした日誌をつけるのは比較的楽だが、一日に十数回もトレードするプロップファーム（訳注　自己売買取引の専門業者）のトレーダーなどは煩わしいと感じるかもしれない。セルフモニタリングの取り組みが挫折するのは、間違いなく日誌をつける取り組みを続けられなくなるほど負担が重くなるからだ。もし皆さんがアグレッシブなトレーダーで、モニタリングを自動化することができないなら、次の方法のいずれかで日誌を簡素なものにすることである。

●午前のトレードで一項目を記入し、午後のトレードでもう一項目を記入し、列には単に自分のポジション、午前と午後の損益、そのときのトレードに関する観察結果をまとめるだけにする。

●大成功だ、または大失敗だという理由で、自分の心に残っているポジションだけを選び出して項目を作る。こうして自分のトレードからサンプルを抽出し、好ましいパターンとそうでないパターンを観察できるように、最良のトレードと最悪のトレードが含まれていることを確認する。一番学ぶべきことが多いのはこのようなトレードである。

●トレードが複雑で、ポジションやヘッジ、リスクの変動が常に大きいという場合には（マーケットメーカーやアクティブ運用のポートフォリオマネジャーなど）、日誌に一項目だけを記入して一日のまとめをすればよい。一列目には主なトレードアイデアの見直し、二列目には損益、三列目には自己観察した結果を記入する。

どのトレーダーにとっても完璧なセルフモニタリングの形などひとつもない。重要なのは、その形を自分の必要性やトレードのスタイルに当てはめることである。本当に功を奏してくるのは、長く日誌をつけ、自分のトレードのパターン、最良のトレードとトレードした日の特徴、最悪のトレードの特徴に気づいたときである。セルフモニタリング日誌をどう分析するかは次のレッスンで取り上げるが、ここでは単に自己認識を持続させること、自分のトレードのプロセスを積極的に観察することを皆さんへの課題とする。

自分のトレードのセルフコーチになると、常に自分の意思決定とその実行から距離を置き、自分自身を観察し、自分の行為とそのやり方をコントロールしている自分がいるはずだ。トレード日誌をつける本当の価値とは、自己認識のプロセスを組み立て、それを規則正しく自動化するのを日誌に助けてもらえることである。なじみの通りを歩くときには歩き方など考えず、完全に惰性で行動するが、地雷原の上を歩くときには過剰なほどに意識し、一歩一歩注意しながら歩くだろう。トレードは公園を歩くことでもなければ地雷原の上を歩くことでもない。たぶんもっと美しいけれど、少し危険な公園を歩くようなものである。きっと歩くことに没頭したいだろうが、同時に警戒し、意識するはずである。それがトレード日誌の効用なのだ。日誌をつけることで、いくら自分の行為に没頭していてもセルフモニタリングができるようになるものである。

コーチングのヒント

日誌をつけることがいかに優れた方法かについては、第9章でチャールズ・カーク氏が述べている（http://www.thekirkreport.com/）。カーク氏の観察結果はデータベース化されているため、さまざまなトピックに関する日誌の記入内容をすぐに検索できるようになっている。これはトレード上の特定の課題を長期間モニターする効果的なやり方である。

レッスン32　自分のパターンを認識する

短期療法（ブリーフセラピー）の要点の一つは、自己改革に具体的に焦点を合わせられることである。伝統的な精神分析を含め、従来の心理療法がそれに時間を要したのは、一般的なパーソナリティー（**訳注**　人の性格や個性）を変えようとしたからである。パーソナリティーの特性やその生物学的・遺伝的要素に関する理解から、われわれは目的に対してかなり謙虚になっている。コーチングやカウンセリングが人のパーソナリティーを再構築することはないし、再構築などしてはならない。**コーチングの目的は、人が基本的なパーソナリティーやスキルをできるだけ肯定的に、しかもうまく表に出せるように、その人の短所に取り組み、長所を伸ばすのを支援することである。**

自分のパーソナリティーを変えることはできないが、それをどのように表に出させるかを変えることはできる。

自称コーチの多くは正式な心理学の教育を受けていない。とくに公認の援助専門職者としての経験や基礎が欠けている。数々のセルフヘルプ（自助）の技法を習得しては、あらゆる問題をそれに当てはめようとするが、結局は所定の問題に対してあらかじめ用意されている決まった解決法を用いてしまう。これではどうしようもない。トレードの妨げになるパターンは、お決まりのセルフヘルプという特効薬が効かないところで見つかることが多いからだ。最近、学会の発表会である成功したトレーダーと出会った。だが彼女は、その年にはほとんどトレードをしておらず、引退すら考えているという。トレードに対する熱意やワクワク感をなくしただけでなく、体重も増え、以前よりも自分自身について否定的な感情を抱くようになり、すでに三人のコーチやセラピストの面接を受けているが、すべて無駄だったと訴えていた。少し話をしているとかなりの情報が得られたので、掛かり付けの医師のところで血液の精密検査を受けてみたらどうかと提案してみた。彼女は血液検査を受けた。すると、甲状腺活性が低いことが分かった。そこで適切なホルモン補充療法を受けたところ、気分やエネルギーのレベルが向上し、集中力も高まってきたため、うまくいっていた仕事を再開したという。

問題の奥に潜むものを理解していないために、いかに多くのトレーダーが職を失っていることだろう。

こんなことを自問してみるとよい。

「どちらかと言うと応用心理学の教養がない自分は、ホルモンレベルが低いなど、大まかなパターンを特定したいのだが、どうしたらよいのだろう？　もし経験豊富なコーチやカウンセラーがそのパターンを見落としていたら、自分ではどうやって見つければよいのだろう？」

皮肉なことに、コーチングを生業にしている大勢の人よりも、皆さんのほうが優れたトレードを妨げる異常なパターンを見極め、それに従って行動するのにたけている。わたしはトレーダーの彼女を相手に商売をする気はなかったので、すぐに紹介状を書いた。彼女も料金を払わなかったし、わたしも紹介状を書いて儲けようとは思わなかった（**原注**　わたしはコーチングをプロップファーム、ヘッジファンド、投資銀行に限定して行っており、個人のトレーダーを相手にすることはない）。一方、個人トレーダーを相手に商売をしている大半のコーチは、常に宣伝をしてカウンセリングの契約を増やす必要がある。後々の仕事や追加料金につながりそうもない血液検査や甲状腺剤治療などの助言をいくらしても自分の利益にはならないため、自分で提供できるような解決法を中心に考えるわけだ。かつて心理学者のアブラハム・マズローが指摘していたが、もしハンマーしか持っていなければ、どのような問題でもくぎとして扱う以外にないのである。

自分のコーチである皆さんには、このような利害の衝突はないはずだ。パターン認識を自分で学ぶことも、自分の懸念を診断することもできる。自分の日誌をざっと見直してもまだ問題が把握できないという場合には、本書のために取得した専用のアドレス（coachingself@aol.com）までメールを送ってほしい（「最後に」を参照）。うまくいきそうな方向性について最善を尽くして助言する。だが、基本的な手法を二～三つ覚えるだけで自分の難題にすぐに対応できるようになることが分かれば、うれしい驚きがあるだろう。

一度セルフコーチとしてのノウハウを覚えてしまえば、生涯自分の進歩を導くスキルを身につけることができる。

では、前のレッスンで説明したトレード日誌を踏まえ、どうしたら自分のパターンを認識する達人になれるのかを見ていこう。日誌の記入内容を見直していると、最もうまくいったトレードのときの記述と最悪のトレードのときの記述との二つに分けたくなるだろう。われわれは前者を「ソリューション（問題解決）パターン」と呼び、後者を「問題パターン」と呼ぶ。多くの場合、ソリューションパターンと問題パターンの違いそのものが、自分の成績を向上させるための実際の行動を指摘してくれるものである。例えば、順調にいっている間はトレードをするときも辛抱強く、二～三つのトレードしかせず、しかもどれもサイズが小さめであることに気づくが、そうでないときには頻繁にトレードし、サイズも最大限に大きくしている。

最良のトレードと最悪のトレードとを比較してみると、マーケットの難題へのコーピング（対処）の違いにも気づかされる。例えば、トレードが順調にいっているときには問題に集中しているが、逆に順調にいっていないときには、明確なサインが出るのを待たずに戸惑い、不満を募らせながらトレードしていることが分かるだろう。

重要なのは、良いトレード、悪いトレードといった個別の事例ではなく、パターンを見つけることである。トレードが成功した日ごとに、いくつかの正しい行動を簡単にメモし、次にどの日にも共通して記入されている内容は何なのかを調べてみることだ。同じように、トレードが失敗に終わった日を見直すときには、主なミスを書き出して、どのミスが長い間続いているかを観察してみることである。

トレードにおける自分の強みは、成功したどのトレードでも繰り返し発生しているパターンから見つかるものである。

際立ったパターンが見つからなければ、長期間自分のトレードをモニターする必要が出てくるかもしれないが、そうなれば、逆に成功した日と失敗した日のサンプルを豊富に得ることができる。要は、パッと目に飛び込んでくるような一般的な要素を探すことである。けっして細かい内容を読んで慌ててパターンとして組み込んではならない。最も有効なのは、一番際立っているもの、つまりすぐに目に入ってくるものを探すことである。わたしの例で言うと、パターン認識作業を終えて自分の最良のトレードと最悪のトレードを比較してみると、トレードのサイズ（あまり大きくもなく小さくもない当初のポジションが最も成績が良かった）、タイミング（早朝に建てたポジションも夕方近くに建てたポジションも、トレードを始めてから数分後に相場が落ち着いたあとで建てたポジションには及ばなかった）、そして保有期間（明確な利益目標と損切り価格を決め、比較的短期で保有していたポジションのほうが成績が良かった）

で著しく違っていることが分かった。また、最良のトレードをしていたのは、相場の長期的展望がはっきりしており、それで短期のトレードに決めたということも分かった。最悪のトレードをしていたのは、マーケットが開いた時点ですでに確固たる見方をしており、時間がたってもその見方を変えず、トレンドに逆らってトレードを続けていたときである。

こうしたパターンから、トレーダーは「何を」変えればよいかに焦点を合わせることになるわけだが、それが「どう」変えるかの第一歩になるのである。トレーダーが自己改革に失敗するのは、多くの場合、何を変えるべきかがはっきりしていないからである。具体的な行動を見極めるのではなく、あいまいな一般論に頼ってしまうのだ(「もっと規律正しくする必要がある」など)。自分の最良のトレードと最悪のトレードとをつぶさに比較してみれば、自分のセルフコーチング活動でどこに焦点を合わせればよいのかが分かり、一番プラスになる方向に自分のエネルギーを注ぎ込むことができる。自分のパターン、成功や失敗につながるパターンが分かれば、長続きする自己改革のほぼ折り返し点まで来たと言えるだろう。次に示すのは、自分の日誌を見直すときにとくに気づいてほしいパターンである。

●**感情パターン**　トレードが順調にいっているときとそうでないとき、とくにトレードを始める前とトレードをしている最中にどう感じているかの明確な違い

●**行動パターン**　最良のトレードと最悪のトレードをしている最中にトレードにどう備え、そ

れをどう管理しているかの顕著な違い

●**認知パターン**　最良のトレードと最悪のトレードをしている最中とそのあとの思考プロセスと集中の度合いの大きな違い

●**身体パターン**　最良の状態で、また最悪の状態でトレードしているときの自分のエネルギー力のレベル、身体の緊張と弛緩、態度をどう感じているかの違い

●**トレードパターン**　順調なトレードとそうでないトレードの結果として、トレードのサイズ、トレードをしている時間、仕掛けと手仕舞いの方法、トレードしている銘柄の違い

コーチングのヒント

多くの場合、一つのパターンだけを観察しているわけではない。それらのパターンが相互に関連している場合も多い。例えば、自分の認知パターンが特定の感情パターンを誘発し、その感情パターンが今度は特定のトレードパターンを誘発していることもある。パターンを二者択一する現象としてではなく、断層的に相関のある好ましいカスケード、好ましくないカスケードのように考えてみよう（訳注　カスケードとは階段状に連続している滝のこと）。卓越したコーチには、単なるパターンだけでなく、パターンのなかのパター

ンも見えているはずだ。トレーダーが警戒すべきパターンのうち、最も一般的なものをいくつか挙げてみる。

- 負けトレードのあと、いら立った状態で衝動的にトレードを仕掛けてしまう
- 負け期間が続くとリスク回避的になり、良いトレードができなくなる
- 勝っている期間が続くと自信過剰になり、つまらないトレードや無計画のトレードをするようになる
- 収益に不安を感じ、勝っているトレードも早めに手仕舞いしてしまう
- 以前の損失の埋め合わせをしようと、サイズが大きすぎるトレードをする
- 損失を回避するための損切り価格を無視する
- 損をしているときにはトレードに懸命に取り組むが、利益が出ているときには何もしない
- 積極的にトレードを管理する、次のトレードに備える、またはポートフォリオを管理するのではなく、常に相場の動きに一喜一憂するようになる
- 負けトレードのあとで後悔の念に駆られ、トレードする意欲をなくしてしまう
- 利益を出すためではなく、刺激を求めて一種の遊びとしてトレードをしている
- トレードをするのは、相場の動きを見逃すことを恐れているからであり、自分のアイデアか

ら見てリスク・リターン特性が好ましいからではない

レッスン33　パターンに関するコストと利益を測定する

自分の良き指導者になろうとするトレーダーにとっては、成功しているトレードとそうでないトレードに絡む行動、思考、感情のパターンを知ることが大きな一歩になる。自己改革を根づかせるにはその改革について知ることが必要だが、それだけでは不十分だ。**なぜなら、パターンを知ることと、そのパターンを変えようという動機を持つこと、それを持続させることとは違うからだ。**個人としてもプロとしても、改革への取り組みの多くに欠けているのは、その動機の部分である。何をすべきかを知ることと実際にそれを行動に移すこととは別なのだ。それを理解するには、健康的な食生活をして定期的に運動をしよう、というダイエットへの取り組みが散々な結果に終わっているのを見るだけで十分だろう。

自分のトレードのセルフコーチになるときの課題は、スポーツコーチが選手を鼓舞してきついトレーニングをさせたり練習への取り組みを維持させたりするのと同じで、改革する「動機を与える」ことである。日誌をつけ、良いトレードと悪いトレードのパターンを追跡することが日常的な課題、「やることリスト」の一つの項目にすぎないというなら、それで意欲をかき立てられることはないし、自分もその努力を持続させようとはしない。変えたいという欲求をかき立てるのは難しい。トレードがそこそこ順調にいっているときにはとくにそうである。「触らぬ神にたたりなし」などと言っていると、結局は実際に問題が起きたときに十分な対応ができなくなるのが常である。

しかし、セルフコーチングへの取り組みを持続させるもっと重要な理由がある。**トレードが順調にいっているときにはまさに自分の強みについて最も自己認識を高めたいときである。そうすれば、自分の利益を最大限に伸ばすことができる。**スポーツや戦闘、またチェスといった脳を使うゲームでは、勝利を収めるのは殺害本能のある者である。彼らはいつ有利な立場に立てるのかが分かっており、いざそのときが来たら徹底的にその利点を追求する。トレードが順調にいっているのにそれなりの額しか儲けられないのは、相場が見えていないとリターンは激減するということだ。多くのトレーダーの場合、全体的な利益を最も押し上げるのは、最高のトレード期間から得られる、めったにない大きな利益なのである。

利益が出ているときにいかにトレードに懸命に取り組むかがセルフコーチングの評価基準になる。

トレードが順調にいっているときもそうでないときも、同じように自分のやるべきことに取り組むことが大切だ。発生してもいない問題を解決しろということではない。そうではなく、自分の正しい行動を具体的なものにまとめておけば、それをさらに押し進め、十分に活用することができるのだ。逆にトレードが順調にいっていないときには、落胆し、敗北感に襲われる。そのときにできるのは、たとえ悪いパターンが頭をもたげてきてリスクを減らさざるを得ないときでも、日誌をつけることとパターン認識の努力を続け、前向きな気持ちを維持することである。これも同じように前進である。

では、卓越したトレーダー（または、何らかの分野の競争相手）がモチベーションを持続させ、極上の成績を上げるにはどうしたらよいのだろう。その動機をかき立てる大きな要因は、強い競争意欲と勝ちたいという激しい欲求である。わたしが直接一緒に仕事をしているトレーダーたちは、全員が高成績を上げる稼ぎ手だが、トレードの仕方も違うし、相場の見方もかなり違う。豪放磊落で社交的なトレーダーもいれば、感情よりも理性に訴えるトレーダーもいる。気味が悪いほど勘が鋭いトレーダーもいれば、分析力にたけているトレーダーもいる。だが、そんな彼ら全員に共通しているのが高い競争意識である。同僚と競い合い、マーケットと競い合っているが、とくに自分自身と競い合っている。彼らは単に金儲けではなく腕を上げることにプライドを感じ、それに正当性を見いだしている。それで成功したトレーダーは、退職後も何不自由なく暮らしていけるというのにゲームに参加し続けるのである。

逆にそれほど高い競争意識を持っていない並みのトレーダーの場合はどうだろう。彼らがトレードをするのは負けないためである。雇用を維持するためであり、今よりも上を目指したいという渇望はない。上達したいとは思っているが、最高のトレーダーになるつもりはない。

自己改善欲とは、金儲けをしたいという欲求ではなく、それよりもはるかに素晴らしいものである。

こうして成功したトレーダーが動機を持続できるのは、悪いパターンに絡むコストと良いパターンによる利益を十分に心に留めているからだ。成功しているトレーダーが特定のトレードやマーケットを回避しようとするのは、そのアイデアがかつて損失をもたらしたのだという特定の記憶が頻繁によみがえってくるからだ。最悪のトレードによる痛みに共感していると、ミスを回避しようという意欲がかき立てられる。同様に、成功しているトレーダーにとって、自分の長所を知るというのは、単に抽象的な認識ではなく、順調なトレードに対する自尊心や達成感に共感することなのである。

セルフコーチングの最良のやり方は、このレッスンの素晴らしい課題にもなるが、自分の最良のトレードと最悪のトレードのパターンを簡単にまとめるだけでなく、実際に最悪のパターンに絡むコストと最良のパターンによる利益とを書き出して、それらをイメージしてみることである。言い換えると、自分が書いている事柄に共感するまで日誌をつけるのをやめないということだ。悪いパターンを憎悪し、自分を妨害するようなやり方に嫌悪感を抱くようになると、そうしたパターンを変えたいと思うだろう。好ましいパターンによる利益が分かり、それを感じているときには、そのパターンを足掛かりにしたいと思うだろう。セルフコーチングが順調にいっているときには、日誌をつけるのも単なる認知的訓練ではなく、心の訓練にもなるのである。

抽象的な肯定的思考から得られるものはほとんどない。「トレーダーとして成功するぞ」という主張を復唱するのは、良く言えば空虚、最悪の場合でも自己欺まんである。このような肯定的な思考が機能しないのは、それが自分の日々の行動と関連づけられていないからである。単に満足感を求めるだけでは不十分で、二度とミスを繰り返すまい、という後悔の念を感じることに真の価値があるのである。効果的なのは、トレードという最高の休験、喜びと達成感を味わうという素晴らしい体験を、自分にそういう幸福をもたらしてくれる特定の行動と関連づけることである。また、「二度とこんなことはするものか」と具体的な誓いを立て、自分の最悪のトレードの痛みを再び思い描いてみることも極めて有益である。

アメリカンフットボールやバスケットボールやテニスのコーチを考えてみよう。練習のたびに技術を教え、フィードバックをして選手のモチベーションを高めていく。セルフコーチングの観点から見てもけっして間違ったやり方ではない。否定的な思考や行動のパターンを具体的なコストと利益に関連づけて考えていくと、そうしたパターンを変えられる可能性が高い。肯定的な行動を特定の利益と関連づけることが、そうした行動の動機づけになり、意欲が出てくる可能性が最も高いのである。

コーチングのヒント

例外を設け、それを過去のやり方に戻し始めると、自己改革への取り組みは行き詰まる。例外を受け入れるには、過去の悪いパターンを受け入れる必要がある。われわれが最も改革を長続きさせることができるのは、過去のパターンを完全に受けつけなくなったときである。日誌をつけるときには、感情を交えずに自分の行動の要点をさっとメモするだけではなく、そういう姿勢を確立したいと考えるだろう。自分の日誌に感情を表す言葉が書かれていなければ、つまり肯定的な表現がなければ、その日誌は改革についての要点をまとめてあるだけで、改革の動機づけになっている可能性は低い。

レッスン34　効果的な目標を設定する

コーチングを成功させるには自己改革に焦点を合わせることが必要だ。**トレーダーたちのセルフヘルプ（自助）努力の多くが失敗するのは、その焦点が合っていないからである。**ある日のこと、あるトレーダーは日誌にポジションサイズのことを書き、それに取り組んだものの、翌日には心の動きをコントロールすることを強調し、またその翌日には早めに損失を確定することを強調した。このように焦点を次から次へと変えているようでは、一つの方向性を維持できるわけがない。

一度にすべてを学習できることはほとんどないため、これは問題である。研究によると、学習には一般に多くの試行錯誤が必要である。コンピューターの操作や車の運転など、われわれが学んだ重要なスキルについて考えてみても、試行錯誤するのが普通である。見知らぬ都市の地図をいくら研究しても大して覚えられないが、いろいろな道路を走り、信号に従い、道に迷い、ランドマークの建造物などを見つけることでようやく道を覚えることができるのだ。こうした学習を意図を持って続けていけば――一定期間は集中して新たな試みを続け、その間ずっと速やかにフィードバックをしていけば――、学習曲線を大幅に短縮することができる。ときどき練習することを長年続けるよりも、毎日練習し、毎週レッスンを受けたほうが、ピアノの弾き方を覚えるのも早い。

オリンピック選手のトレーニングとは、適切なスキル開発の研究、つまりパフォーマンスの具体的な側面に徹底的に取り組むことと同時に、コーチングによるフィードバックや矯正の努力を何度も繰り返すことである。

自己改革にとくに焦点を合わせることなく、トレードの目標を毎日のようにコロコロと変えていたのでは、学習曲線は伸びていかない。これでは努力が蓄積されることはない。セルフコーチとしては、自分の成長と進歩を導く特定の方向性を打ち出し、それを持続させることが必要だ。これが効果的な目標設定のカギである。動機づけが自己改革に向けた活力を与えてくれるものだとすれば、目標はそのエネルギーが向かう方向、つまり経路を提供してくれるものである。

問題パターンを認識すると、自分の作業の目標が定まってくるのが普通だが、問題パターンを認識しただけでは目標を定めることはできない。問題パターンとは、自分の行動が間違っていることを警告してくれるものである。目標を設定するには、問題パターンに代わる新たな思考や感情、または行動のパターンが必要だ。特定の状況で自分がしようとしていること、またはしてはいけないことをはっきりさせるのが目標である。これまでのレッスンで提案してきた方法で自分のトレード日誌を作り、パターン認識の練習を体系化していれば、自然と自分の最良のトレードに絡むパターンから目標の多くが定まってくる。何よりも大切な目標は、トレードが順調にいっているときのやり方でトレードすることである。

わたしが絶対的な結果としてではなくプロセスを目標と定義していることに注意してほしい。

これは極めて重要なことである。多くのトレーダーは、大金を稼ぐこと、またはトレードで生計を立てられるようになることが目標だと考えている。確かにこうした結果を目標にすれば意欲をかき立てられるだろうし、それなりの意味もあるだろうが、それではトレーダーが成功するために今やるべきことに集中することはできない。短い時間枠では十分に自分の結果をコントロールすることなどできない。自分に有利な方向に賭けて素晴らしい意思決定を下すことはできるが、相場が変則的な動きをしようものなら損をするだけである。トレーダーがコントロール「できる」のはトレードのプロセスである。つまり、どのような意思決定を下し、その決定をどう実行に移すかである。最も効果的なのは、大金を稼ぐことではなく、トレードをうまく進めることに集中することを日々の目標にすることである。

スポーツコーチも同じ論理に左右される。コーチは次の対戦相手に勝利するという目標を重視するかもしれないが、日々の練習では、良い球が来たらバットを振る（野球）、素晴らしいパスを出す（バスケットボール）、連続プレーをうまく阻止する（アメリカンフットボール）といった基本的なプレーが中心になるが、こうしたプロセスを目標に設定することで長期にわたる練習にも継続的に焦点を合わせ、コーチングによって効果的な学習につなげることもできるのだ。どのコーチも本来は教師である。皆さんがセルフコーチになるときには、自分の学習努力を導けるようにすべきである。

効果的な目標とは、トレードをコンポーネントスキル（訳注　超精密技能、ミクロスキル）ごとに分けた効果的な練習に的を絞り、後にそのスキルに合った目標を一つずつ設定することである。

日誌の記入事項から自分の最良のトレードと最悪のトレードとの違いが分かるようなパターンを調べてみると、こんなことを自問してみたくなるだろう。「自分のトレードで最も大きな差が出るとしたらどのような差なのだろう？」別の言い方をすれば、「自分の最良のトレードに近く、最悪のトレードとは程遠いトレードとはどういうやり方なのだろう？」ということになる。この答えが最良のプロセスを目標に設定する土台を築いてくれるのだ。さらには毎日、毎週の自己啓発努力も導いてくれる。目標をあまりに限定的なものにすると、ごく限られた状況にしか対応できなくなってしまうが（「プット・コール・レシオが一〇〇日ぶりの高値を付けたら買いたい」）、逆にあまりに大まかであいまいなものにすると、具体的な行動を導いてくれなくなる（「それほど頻繁にトレードをしたくない」)。**最良の目標とは、数週間、十数週間にわたって連日頑張れるものである。**せめて数週間、目標を目指して連日頑張ることができないというなら、新たなパターンを肯定的な習慣に変えられる可能性は低い。

前にも述べたが、一度にあまり多くの目標に焦点を合わせることはできない。わたしは集中力を持続させて取り組める目標はせいぜい三つぐらいだと思っているが、たいていはそれよりも少なくしている。これはつまり、優れたセルフコーチは必要な改革に優先順位をつけ、最も大差が出るような差を重視するということだ。目を閉じて、優秀なトレーダーになった自分を想像してみるのが良い訓練になる。自分がなれる最高のトレーダーとして自分をイメージしてみることである。あるいは申し分ないトレードの日をイメージしてみることかもしれない。優秀なトレーダーになったら、いつもとはどう違うトレードをするだろう。申し分のない日のトレードは、芳しくない日と比べてどう違うだろう。自分をイメージするときには、トレードが順調にいっているときに正しいことをしている自分を想像するようにすることだ。自分は何をしているだろう。それをどのようにやっているだろう……。そうやって鮮明に思い浮かべることが、自分の目標の骨子になるのである。

コーチングのヒント

トレード体験が豊富で成功しているトレーダーと知り合いになろう。たいていは彼らの最良のトレードを見習うだけで、効果的な目標を設定することができるようになる。

レッスン35　最良の状態を足掛かりにする——ソリューションフォーカスを維持する

本章ではこれまで、自分のトレードの失敗と成功に関連したパターンを追跡することがいかに重要かを強調してきた。普通は失敗にばかり焦点を合わせてしまうものである。われわれは単に短所を改善するのではなく長所を伸ばすためにコーチングを利用するわけだが、そういうときにはソリューションフォーカス（**訳注**　問題解決に焦点を合わせること）を行うと、驚くほど、また驚くほどの速さで結果が出てくるものである。

ソリューションフォーカスアプローチの詳細については、『精神科医が見た投資心理学』（晃洋書房）を参照してほしい。

なぜソリューションフォーカスがセルフコーチングを求めるトレーダーの役に立つのだろう。それにはいくつかの理由がある。

●動機づけ　意欲と楽観的な気持ちを容易に持続させられるのは、自分の至らない点ではなく、自分の正しい行動を強調しているときである。選手の短所ばかりをどんどん突いてくるコーチを想像してみよう。それが続くと、やがて選手はやる気をなくしてしまう。長所に焦点を合わせているときには、必要な改革やそうした改革の緊急性をないがしろにすることなく、コーチングにも自信がつき、奮起する。

●目標設定　間違った行動について知っているだけでは、何が正しい行動なのかは分からない。自分の最良のトレードに焦点を合わせれば、自分の成功と関連づけられた特定のパターンが何なのかを確認することができ、それを今度は将来のトレードの具体的な目標に変えることができる。

●お金を稼ぐ喜び　短所の改善にばかり取り組んでも、それが長所になる可能性は低い。せいぜい不十分な部分を平均的レベルにまで持っていける程度である。最適な結果を出すには、長所を最大限に活用し、至らない点にどう取り組むかを学ぶことである。

シミュレーションをはじめ、わたしが数々のトレードのスタイルやマーケットでトレードする重要性を強調するのは、ひとつは、その体験によって自分の長所をじかに観察できるようになるからである。トレーダーは偶然にニッチ（得意分野）を見つけたときに自分は何が得意なのかを発見することが多い。自分の長所を知らなければ、体系的にそれを足掛かりにし、それを高い成績の要因に変えるのは無理である。

しかし、皆さんはきっとこう考えるだろう。「来る日も来る日も損をしてスランプに陥っているというのに、どうやって問題解決に焦点を合わせろというんだ。損益計算書が自分の欠点で埋め尽くされていたら、長所と関連づけるなんて無理だろう！」と。

勝っている日を良いトレード、負けている日を悪いトレードとすると、こうした疑問が具体的な課題になる。こうした考え方だと、儲かっていないと良いトレードを観察して評価するのが難しくなる。しかしトレーダーたるもの、たとえ相場が自分の意に反した動きをしていても、良いトレードはできるものである――実証済みのエッジ（強み）で準備を整え、ポジションサイズをしっかりと決め、リスクを管理することができる。だが、結局は一度のトレードで六〇～四〇％のエッジがあっても負けが続くことがある。結果ではなくプロセスという点から良いトレードと悪いトレードを定義すれば、スランプに陥っている間に長所を観察し、儲かっているときに短所を見つけることもできるのだ。

ソリューションフォーカスの状態を維持するには、「今日は何がうまくできただろうか。このトレードについてはどうだろう。自分は正しいことをしていただろうか？」と自問してみたくなるものだ。長い間には成績も変化してくることに気づくだろう。トレードの構想がすべてひどいとは限らないし、下手な執行で負けているとも限らない。今日の損失が過去数日間の損失よりも少ないなら、何がうまくできたのだろう。数日間負けているのに何度も勝ちトレードがあるなら、その勝ちトレードはどこが違うのだろう。自分のトレードの改善に焦点を合わせたら、次にその改善のために取った特定の行動を別に取っておこう。そのような行動が毎日の「やることリスト」に追加する重要事項になるのである。

「今週は先週と比べて何がうまくできただろう？」が、翌週の行動の重要な起点になる。順調にいっていることはそのまま続けよう。それがソリューションフォーカスの基本である。

ソリューションフォーカスを持続させるもうひとつの方法は、自分が尊敬するメンター（指導者）かトレーダーを決め、その人は特定のアイデアでどうトレードするのだろうと自問してみることだ。借り物のソリューションパターンを試してみるとためになることもある。そのパターンがはっきりと自分のものになるように、時間をかけてそれを自分の考え方やトレードの方法に当てはめていけばよい。例えば、わたしはヘッジファンドのポートフォリオマネジャーたちを相手に仕事をしてきたが、彼らからはテーマとしてマーケットを考えることの重要性を学んだ。さまざまなセクターや資産クラスを観察し、長期的な見方を導く物語を作るのだ。わたしが追っている特定のテーマと見ている時間枠は彼らのものとはまったく違うが、プロセスには類似点もある。だからトレードがうまくいかないときには、彼らのプロセスを手本にし、自分をよりマーケットのトレンドに合わせることができる。

ソリューションフォーカスを維持するもうひとつの方法は、自分のトレードでは「やらない」ミスについて特別なメモを取ることである。このメモは問題パターンの例外になる。後に同じようなミスをしたときに、そのミスをしていなかったころのことを思い起こすのに役に立つ。ミスを避けるために、当時とはどのように違うことをしているだろうか。おそらく問題を予測し、意識的に何か違うことをしているはずだ。おそらく特定の規則や慣習に従ってミスを避けているはずだ。さほど間違いではないことをするのに役立つものは、問題解決の土台にもなる。

最悪のミスをしていない状況を見てみよう。そうした状況が問題パターンをより一貫して回避するカギになっている場合が多い。

ソリューションフォーカスの底力は、最良のトレードの最中に自分は何をしているかが分かったときに、そうした好ましいパターンを自分だけのものにすることができるという点である。つまり、専門家やメンターの役割をほかの人に譲るのではなく、自分だけの最良のやり方を見つけて自分を自分のメンターにすること、**自分が自分のロールモデルになるのである。**これはセルフコーチングの最も頼れる側面のひとつである。最良の状態の自分を発見することで、自分固有の、自分だけの、自分に関係のある目標を見つけることができるのだ。その結果、学習がより意味を持ち、自信を与え、力を与えつつ、その力をさらに伸ばすことになるのである。

ここで重要な課題を出そう。自分のトレード日誌を見直して、問題の記入事項（自分の悪いトレードについての書き込み）とソリューションの記入事項（最もうまくできたことについての書き込み）との割合を見てみることである。もしその割合が問題のほうに偏っていたら、次のような基本的な疑問点に取り組めるように、自分の書き込みを体系化してみることを考えてみよう。

●最近のトレードでとくにうまくできていることは何か？
●トレードが順調にいっているときには、とくに以前のミスをどう回避しているか？
●最良のトレードの最中には、とくに理想とするトレーダーのアイデアをどのように自分のアイデアに取り込んでいるか？

優れたスポーツコーチは、たとえ短所を改善しているときでも、けっして選手の潜在能力を見失ったりしないものである。セルフコーチングの課題は、けっして自分の長所を見失ったりせず、それを最大限に伸ばすにはどうしたらよいかを日々考えることである。

コーチングのヒント

行動にソリューションパターンがあるのと同様、ソリューションマーケットというものもある。それはトレードでの最大の成功を支えてくれる特定のマーケットや市況のことである。このマーケットや市況に詳しくなれば、リスクを自分のアイデアに配分するのにとても役に立つ。また、ある種のトレードには手を出さず、ほかのトレードに集中するときにも役に立つ。

レッスン36　過去の問題パターンを断ち切る

数週間、あるいはさらに長期間日誌をつけ続けていると、自分の問題パターンに敏感になってくる。普通、トレーダーは一〇の問題を抱えているわけではない。そうではなく、一つか二つの問題を抱えているだけで、それが一〇通りの形で表れるということなのだ。例えば、あるトレーダーが優れたトレードを見逃していると悩んでいたら、損切り価格を無視している、ポジションサイズを保守的にしすぎている、または勝っているトレードを早急に手仕舞いしている可能性がある。こうした例は、問題がそれぞれ異なり、それぞれが異なるコーチングのプランやプロセスを必要とするかにみえるが、日誌を点検してみると、たったひとつの問題パターン、つまり否定的なセルフトークとなって表面化する不安があらゆる問題の原因になっていることがある。**トレーダーはけっして多くの問題を抱えているわけではなく――確かにそう感じるときもあるが――、たった一つの問題、中心的な問題がトレードの多くの側面に影響を及ぼしているのである。**

前の例からも分かるとおり、セルフコーチングでは、パターンを見つけるだけでなく、パターンのなかのパターンを見つけることが求められる。普通、コーチングの大きな焦点になるのは、そうしたパターンのなかのパターンなのだ。これはつまり、もし中心的なパターンを正確に見極めることができれば、トレード上のさまざまな問題も、ある程度時間がたてばそれなりにうまく収まる場合があるということである。例に挙げたトレーダーが一度不安に打ち勝ち、自滅的なセルフトークで不安を表に出してはならないということを学べば、機会を見逃す回数もぐっと減り、損切り価格に一貫してこだわるようになり、適切なリスクをとり、自ら定めた目標に向けてトレードを上達させられるようになる。

パターンのなかのパターンを見つけるプロセスは、「自分のさまざまなミスの裏に潜む共通した特徴は何なのだろう？」と自問することから始まる。

中心的なパターンには、トレーダーが何度も思い出し、優れた意思決定を台無しにしてしまう心の動きが伴うことが多い。例えば、トレーダーは不安、欲求不満、あるいは自滅を体験する場合がある。この心の動きがトレードにどう影響するかは日によって違ってくるが、そこからいくつもの兆しが表れ、それで多くの問題を抱えているのだという考えを抱いてしまうのだ。トレード上の問題をそれぞれ特定の認知（思考）の状態または情動（感情）の状態まで追跡していけば、そうした状態を誘発する出来事を特定し、そのような状況やトリガー（誘因、引き金）に立ち向かう効果的なコーチングの計画を立てることができる。

自分の行動が間違っているのは分かるが、何が正しい行動なのかは分からないという場合が多い。これはトレーダーが十分にソリューションフォーカス（**訳注**　問題解決に焦点を合わせること）していないからである。例えば、資金を取り戻そうとして次のトレードで倍賭けしてはならないことは分かっていても、当初のポジションを一度手仕舞いしてから再び仕掛け、きちんとしたリサーチを有効活用するすべは知らない。このような場合には、重要なコーチングの手続きが二つ求められる。一つは、トレードを台無しにしないように、問題パターンを断ち切ること。もう一つは、考えられるソリューションパターンに合わせて規則や手順を作成することである（これは次のレッスンのテーマである）。

トレーダーは必ずしもソリューションをすぐに利用できるわけでもなく、損失を食い止める必要もないため、問題パターンを断ち切ることがコーチングの第一の目標になることが多い。

ここでは「何にもまして、害を及ぼさないこと」――医学におけるソクラテスの誓い――である。間違った行動をやめる力はあっても、それだけでは良いものは生まれないが、ソリューションが見つかるまでは心の動きを抑えておくことはできる。

自己改革が始まるのは、効果がないことをやめたときである。

問題パターンを断ち切るには、そうしたパターンが最初に表れたときの自分の状態を変えることがカギになる。これが『精神科医が見た投資心理学』の大きなポイントであった。これはつまり、パターンの表れに警戒し、それがどのような表れ方をするのか、その特徴を認識することが大切だという意味である。例えば、わたしが最悪のトレードをしたのは、トレード中に損益に目がいってしまったときである。こうして損益のことばかり考えてしまうと、小さなポジションを保有しているときには通常の損失よりも大きな損失を容認してしまうことになる。なぜなら、それで困ることはないからだ。また、大きなポジションを保有しているときは、確かな利益を出すために早めに利食ってしまうことにもつながる。わたしはトレード中に利益を計算し始めたら、再び集中力を取り戻す必要があることを学んだ。その後、画面から短時間目を離し、近くにあるものをじっと見詰めながら何度か深呼吸をすることで集中力を取り戻すことができた。一度新たな状態、つまりより穏やかで集中した状態に身を置くと、損益から離れ、予定どおりのやり方でトレードを進めるのが楽になることが分かった。

もうひとつ、状態を素早く変える方法がある。それは一時的に画面から離れ、トレードとは関係ない、動きの速い作業に従事することだ。例えばストレッチや運動をする、仲間のトレーダーと話をする、食べ物や飲み物を摂ることである。何か違ったことを「する」ことで、違った状況にアプローチできる場合が多い。新たな作業をすると、自分の思考や感情の枠組みを変えることができる。損失を出したあとには、こうした活動がとくに役立つことが分かった。トレードから離れて外を歩き回ったりすると、新鮮な見方で再び画面を見ることができるのだ。

身体の状態を変えるには、社会経験や情報処理のやり方を変えることである。

さらに、状態を変える方法として、特定の状況になったら日誌をつける、または大声で話をするというのもある。独りきりでトレードをしているときには後者がとくに役に立つ。大声で情報を処理してもほかの人の邪魔にはならない。実際に起きていることを書いたり話したり、そのときに考えていることや感じていることを声に出したりすると、その体験に没頭している人からその体験そのものを観察している人間に変わることができるのだ。もし自分がアグレッシブなトレーダーで、頻繁にトレードをしているなら、そのようなやり方で日誌をつけたり自分自身を観察したりする時間はないかもしれない。ただ、画面を見ながらでも大声で話すことはできる。実は、それがシカゴでわたしと一緒に仕事をしているトレーダーたちのやり方なのだ。トレードをしている最中の出来事を大声で話すのである。

先の例で言うと、もしわたしがトレード中に自分の損益について大声で話しだしたら、それはもう自分がトレードそのものには集中していないという合図である。もし現在のトレードマネジメント以外のことを考えていたら、それは自分を違う状態に追いやり、トレードそのものに戻るべく努力するようにと、背中をポンとたたいてくれているということなのだ。トレーダーが習慣を自己観察することを学ぶと、このように状態を変えるのがかなり楽になる。

自分の考え方や感じ方を声に出して話しているときには、もはやそうした考え方や感じ方に共感しておらず、観察者としてそれを聞いているということである。

セルフコーチングについては、「もし負けトレードの最大のほうから五％を取り除いたら、自分の損益はどの程度違ってくるだろう？」と自問してみるとよい。五％とはいえ、トレーダーの利益にはかなり大きく影響する可能性がある。悪いトレード――単にアイデアが間違っているのではない――による大きな負けに絡むパターンを断ち切れば、「何にもまして、害を及ぼさないこと」が可能になる。**普通は特定の心の動きか思考経路が悪いトレードを誘発する。**もしそうした状態や思考を、それが表れたときに認識していれば、自分の気持ちを抑え、少なくとも最悪の事態は回避することができるわけだ。

こうした認識が、トレードで取り組むべき素晴らしい目標設定につながるのである。自分の最大級の負けトレードの原因になっている悪いパターンを一つだけ選び出し、そのパターンに共通した要因を特定してみること。続いて、その要因の一つが発生しているのに気づいたら、そのパターンを断ち切る方法を一つ選ぶこと――心の安定が取り戻せるまではこれ以上トレードをしないというだけでもよい。優れたコーチは、いつ選手を試合から外して休ませるべきか、いつレッスンを受けさせるべきかを知っている。もし自分のセルフコーチになるなら、同じことをする必要が出てくるだろう。ちょっと思い出してほしい。目標はトレードをすることではない。利益を出すことではなかったか。長期的に儲けるための最善策は、悪いパターンがすべて出そろっているときにも資金を減らさないようにしておくことである。

コーチングのヒント

自分がトレードを始めようとしているとき、すでに始めているトレードを管理しているとき、またはトレードを手仕舞いしようとしているときに、もしいら立った口調で話をしていたら、またはいら立っているような身振りをしていたら、それは表れているパターンを断ち切る必要があるという合図である。わたしはたいてい、仕事を続けるときにはゆっくりと深呼吸をし、自分の呼吸に集中する。そのあとはできるだけ早く短時間だけ画面から離れ、なぜいら立っているのか、それは（自分やマーケットの）何を教えてくれているのか、それをどのように自分のトレードに生かせるのかが分かるまでは、新たなポジションを建てないことにしている。もしパターンを断ち切るヒントがいら立ちだと考えているならば、いら立ちについて考えて行動するだけでなく、いら立ちの理由も心に留めておくことである。

レッスン37　規則に従って一貫性を保つ

肯定的なトレード行動を習慣にすること。これがセルフコーチングの大きな目標の一つである。これは極めて重要だ。チャンスが訪れるたびに、まずは考えてから正しいことをしようとは思わないだろう。自然に正しいことをしていたいと思うはずだ。何が正しい行動なのかを考え、そうしようと努めることに労力やエネルギーを費やしていたのでは、マーケットそのものに集中することができなくなってしまう。正しいことができれば、自分の行動に完全に集中することができる。需要と供給の微妙な動きに敏感になりたいならば、まさにこれが基本である。

新たな行動パターンと習得した習慣との橋渡し役が規則である。子供たちは発達した倫理観や責任感をもって生まれてくるわけではない。親や先生から教えられた規則が最終的に内在化されるのである。なかにはロールモデルを長期間観察することで内在化される場合もあるが、大半は望みの行動を明確な規則に変えることによって内在化され、その練習が行われる。このように心のなかで練習することによって、過去の行動パターンを抑制し、新たなパターンに従事しようと意識的に努力することができるのである。

こうした力学が働くのは、トレーダーが損失をコントロールすることを学んでいるときだ。損失の痛みがあまりにもひどいとき、つまりパターンがあまりにも自然に表れたときには、それまでのトレードではなく、規則に従って損切り価格を設定するが、その規則には、規則の重要性、規則に従わなかったことで発生する損失、そして規則に従ったことによるメリットを浮き彫りにするようなほかの思考が伴う場合がある。このような場合、トレーダーはそのときにやりたいことを拒絶し、むしろ規則に従うことを望むべきである。そうすることによって、急いでいるときでも道路の片側を走り続けることはできる。規則とはわれわれの衝動を抑え、自分や他人の最大の利益になるように行動するのは嫌だというときでさえ正しい行動を強いるものなのである。

われわれは正しい社会的行動に関する規則のことなど考えずに社会の規則に従っている。

なぜなら、われわれは正しい行動を頻繁に繰り返し、その規則を長時間かけて徹底的に内在化しているからである。トレードの規則でもこれが目標になる。

トレードの手腕がことのほか問われるのは、人間の普通の反応がおおよそ金儲けのための反応ではないからだ。ブログ「トレーダーフィード（TraderFeed）」のある練習問題で、一日、一週間、一カ月単位で上昇基調にある期間を調べ、それを同じ一日、一週間、一カ月単位で下落基調にある期間と比較してみた。前者の期間については、ほぼ全員が上昇トレンドだと考え、後者の期間についてもはっきりと下降トレンドだと考えた。ただ、上昇トレンドの期間が過ぎてから買い建てていたら市場平均を大幅に下回る成績しか残せないはずだ。また、下降トレンドの期間が過ぎてから売り建てていたら大きな損失を出していたはずだ。分かり切った戦略が失敗するのは、まさにその戦略が分かり切っているからだ。トレンドが目で見てすぐに分かるようになるころには、トレンドフォローのトレーダーたちがとっくに全員参加している――損失を抱えながらも分かり切った戦略で行動しているトレーダーを尻目に、風向きが変わったらさっと逃げだす連中だ。

規則を作ると、そうした人間の普通の傾向に歯止めを掛けることができる。規則は「X期間中に相場が押したら初めて買い」のように単純なものになるだろう。広範な株式マーケットでは、思いのほかこのような単純な規則がうまく機能するものである。もう一つの規則は、「まずはリスク（損切り価格）とリターン（利益目標）を評価し、リターン・リワード・レシオが二対一以上にならないかぎり、トレードを始めてはならない」というものになるだろう。このような規則があれば、相場が動き始めてからしばらくして飛びつこうとしているトレーダーは思いとどまることになる。

トレーダーがよく「セットアップ」基準と呼んでいるのは、単にトレーダーをトレードに引き込むための規則のことである。この基準がしっかりした規則として確立されていなければ、また心のなかで練習ができていなければ、そのセットアップに違反する傾向がある。こうした違反が起きるのは、利益獲得の機会を見逃してしまうのではないかという不安から、または前回の損失や一連の損失を経験したあとでリスク回避的になっているからである。セットアップが規則として確立されているときには、トレードも機械的になることはないが、いっそう一貫したものになる可能性がある。一貫性のないトレーダーの規則はかなり緩い場合が多い。

規則はトレードに一貫性を持たせてくれる。

皆さんが自分のトレードコーチになるときには、ただ自分の規則を作るだけでなく、自分が実際にその規則に従う確率が最大になるような形で作らなければならない。成功する規則作りのカギになるのは、規則は頭に浮かぶ思考以上のものであるという認識だ。**優れた規則を作れ**

ば、感じ方もそれに伴って変わってくる。つまり、規則に違反したときの結果と規則に従ったときのメリットの両方に対する認識が伴うというわけだ。糖尿病患者にダイエットを忠実に実行してもらうには、また張り切っている子供にクラスで質問に答える順番をじっと待っていてもらうには何が必要だろう。単に規則について考えさせることだけでなく、規則を破ったらどうなるかを瞬時に理解させることが必要だ。「そんなのはうまくすり抜けられるさ」と皆が考えているようでは、その規則に威力はない。単に中身のない言葉と善意を並べ立てているだけである。

したがって、これがトレード規則を作る秘けつになるわけだ。その規則がトレードの仕掛け、手仕舞い、ポジションサイズの調整、損切り、分散、またはアイデアの創出と関係しているかどうかに関係なく、**その規則を書き出し、心のなかでそれを練習するときには、常にその規則と感情が関連づけられているかどうかを確認することである。**規則に違反したときの状況を自ら追体験することである。規則に従ったトレードの成功体験に意識を集中させることである。また、ガイドライン以上の規則を作ることである。きっとそれが信念や確信になるはずだ。最高の規則とは、「単にすべきもの」ではなく、「絶対にしなければならないもの」なのである。

皆さんへの課題は、自分のトレード規則のリストを徹底的に調べてみることだ。実際にはいくつあるのか、どの程度明確になっているのか、何となく思い出すだけなのか、それとも信念や確信を持って練習をしているのか……。もし自分が多くのトレーダーと同じならば、緩いガイドラインはたくさんあってもしっかりした規則はほとんどないはずだ。これはつまり、最良のトレードと最悪のトレードに隠れているパターンを本気で見極めようとしたことがないということである。このパターンこそが、まさに優れた規則作りの重要な要素になるのである。

規則はトレードにおけるベストプラクティス（最良慣行）を反映したものにすべきである。

ちょっと思い出してみよう。**そもそも自分で作ったこともない規則には従うことなどできない。**規則が明確になり、その規則を感じるようになればなるほど、自分の衝動を抑えるブレーキとして、また自分の最良の行動を導く手引きとして強く作用するようになる。一貫性が重視されるような職業を考えてみよう。飛行機を着陸させるパイロット、メスを入れる執刀医、一団となって走行するレースドライバーなど、最高のパフォーマンスを求められる人は規則に支配されている。つまり、彼らは自分の職業に関する規則を無視することの危険性を十二分に知っているのである。そうした規則を内在化しているからこそ完璧にやり遂げられるのだ。それがセルフコーチングの目標である。規則をルーティン化してしまえば、並み外れたパフォーマンスが平均的なパフォーマンスになり得るのである。

コーチングのヒント

規則に従うことが自己評価の基本中の基本である。チェックリストやレポートカードを作り、自分が規則に支配されているかどうかを追跡してみると、日々の最良のトレードの土台作りに役に立つ。自己評価のために作り、追跡したほうがよい規則を挙げてみる。

- ●ポジションサイズを調整する場合の規則
- ●トレードごと、一日ごと、一週間ごとなどで損失を制限する場合の規則
- ●既存のポジションにさらに追加する場合の規則
- ●トレードを中断する場合、またはサイズやリスクを制限する場合の規則
- ●トレードごと、一日ごとなどでサイズやリスクを大きくする場合の規則
- ●ポジションを建てる場合、また手仕舞う場合の規則
- ●トレードする日や週に備えるための規則
- ●ポジション間で分散する場合の規則

すべての規則がどのトレーダーにも当てはまるわけではない。自分の最良のトレードができるような規則に焦点を絞り、毎日または週に一度の自己評価や目標設定に備えてそれ

をレポートカードに書き込んでおくことが大切である。

レッスン38　逆戻りと繰り返し

コーチングの最大の敵は逆戻りである。自己改革を主導するのは比較的楽だが、それを長続きさせるのは容易ではない。過去のパターンに戻るのは簡単だ。来る日も来る日も繰り返してきたことだからである。そうしたパターンは過剰学習されている——何度も繰り返され、自動的にできるようになっている。もし自己改革への取り組みが続かなければ、その自動パターンが当然その穴を埋めることになる。

これが実践で何を意味するかというと、改革のプロセスは一歩ずつ段階を踏んでいく必要があるということだ。

ステップ1　過去のパターンを自動的に繰り返し、結果を体験し、できるだけその結果を回避しようと努める。

ステップ2　過去のパターンの結果が蓄積され、改革が必要だという認識は高まるが、どう改革してよいかが分からず、改革についてどっちつかずの感情を抱く場合がある。

ステップ3　もはや過去のやり方の悪い結果を受け入れることができず、違った考えや行動で改革を起こすことに全力を傾ける。
ステップ4　改革への取り組みが失速すると定期的に過去のパターンに逆戻りしてしまい、改革と逆戻りが交互に訪れる振動周期が生まれる。
ステップ5　自動的にできるほど新たなパターンに従事し、過去のやり方に逆戻りするケースが大幅に減る。

では、一つ実例を挙げてみよう。ステップ1では、満たされない恋愛関係にあるが、問題を最小限に抑え、その日その日でうまくやっていこうと努める。ステップ2では、問題がそこにあるのは分かっているが、本当に事を荒立てたいのか、懸念を持ち出したいのかという疑問と格闘する。ステップ3では、改革や問題を解決するための気楽な話し合いが必要だとはっきりと気づく。ステップ4では、問題ある付き合い方によって中断していた楽しい時間を模索する。おそらくカップルそろってのカウンセリングが役に立つ。ステップ5では、カウンセリングの練習への取り組み、より建設的で新しい互いとのかかわり方がルーティン化できるまで、コミュニケーションのパターンを変える取り組みを続ける。

この段階を踏んだ取り組みは、逆戻りは問題ではなく、改革途上にあるひとつの段階であることを示唆している。パターンを一気にすべて、しかもこれから永久に変えられる人はまずいない。ほとんどの場合、過去の過剰学習されたパターンと新たな建設的パターンの間には綱引きがある。この綱引きが行われるのは、まさに新たなパターンがまだ過剰学習されていないからである。そうしたパターンを作り出すには意識的な努力が必要だ。改革プロセスの初期の段階では改革について考えることはないが、中期の段階では意識的に考える必要がある。そしてプロセスの後期の段階になると、ようやく新たな行動がより自然に、また自動的にできるようになるのである。

あらゆる改革のプロセスには、過去の問題パターンと新たな建設的パターンが共存する中期の段階がある。この段階での逆戻りはごく普通のことであり、必ずしも失敗の兆しではない。

では、どうしたら苦しい改革から新たなパターンの内在化へと移行することができるのだろう。そうしたパターンが習性になるほど徹底的に移行するにはどうしたらよいのだろう。車の運転を練習していたころを思い出してみよう。ライトを点滅させて合図を送ったり車線変更をしたりと、運転のあらゆる側面に意識的に注意を向けていた時期があったはずだ。これを何度も繰り返してようやく運転がさまざまなことを意識することなくできるようになったのではないか。必要があれば道路状況に注意し、通行人に話し掛けては不案内な目的地を教えてもらう、ということからも解放されたのではないか。同じように、トレードでも新たな認知パターン、感情パターン、行動パターンを繰り返し体験すれば、そうしたパターンが定着し、マーケットへの集中からも解放される。逆戻りは繰り返しによって克服できるのである。

新たな行動とは、さまざまな状況のなかで何度も繰り返してようやく意識せずにできるようになるものであり、それによって逆戻りする傾向も克服することができる。

目標設定について取り上げたレッスンでも見てきたが、自分のトレードのセルフコーチとしては、ある日ひとつの目標を設定し、翌日には別の目標を設定し、その週末にはまた違う目標を設定しようとは思わないだろう。これは多くのトレード日誌に共通した欠点である。先のいくつかの段階を踏んで改革に取り組むための対策は講じるが、体験を繰り返して改革を根づかせるということができていないのだ。短期間に多くの改革を進めようとするよりも、数週間または数カ月をかけて一つか二つの改革に焦点を合わせ、それを規則的に実行したほうがはるかにましである。

皆さんへの課題は、第３章の規則に関する議論を踏まえ、自分の現在のトレードの目標を見直して、**毎日そうした目標への取り組みをいかにうまく持続させているか**を評価してみることである。理想を言えば、自分の目標――そして自分がしようとしている改革――を、取引日に欠かさず取り組まざるを得なくなるような形で表現してみることである。この一貫性を保つ一つの方法は、毎日レポートカードを作り、そこで自分が改革しようとしている行動を自己採点してみることである。目標は毎日高得点を取ること。単に特定のときだけ目標をクリアすればよいというわけではない。

同じように、もし自分の目標に向けた行動について毎日レポートカードに記入しているなら、新たな行動について考え、それを評価するという行動だけでも一種の繰り返しになる。真っ先に思いつく行動が新たな行動であれば、そういう行動に固執する可能性が高くなる。自分が進めている改革について毎日語り、文字に起こし、採点し、とりわけ日々トレードをしている最中にそうした改革を実行すればよい。車の運転については、すぐに自分が自然と正しいことをしていることに気づくようになる。そのときには動機など必要ない。すでに目標が習慣になっているからだ。

コーチングのヒント

目標を掲げた一日に弾みをつけるには、その日の最初の活動として重要な目標志向のパターンに従事することである。わたしが一緒に仕事をしているトレーダーたちは、フィットネスのプログラムを開始してからというもの、いっそうトレードの目標に固執するようになった。なぜなら、フィットネスのおかげで目標を持って一日を始めざるを得なくなり、それがトレードにも影響を及ぼすようになったからだ。フィットネスは単にトレードを上達させるだけでなく、生活のあらゆる側面で自己改革への取り組みを持続させることもできるのである。

レッスン39　自己改革に向けて安全な環境を作る

レッスン38では、思考、感情、行動の新たなパターンを定着させるには繰り返しがいかに重要かについて論じた。熟練したトレーダーがより高い成績を上げることを目指したセルフコーチングに失敗するのは、もっぱら自己改革に「着手する」ものの、それを「長続きさせる」ことができないからである。事が順調に運んでいるとみるや、すぐにその努力を怠り、元のやり方に戻してしまうのだ。成功しているコーチは、対戦相手がいつ絶体絶命のピンチに陥るのか、いつ攻めてくるのかを知っている。良い体験をしているときには、その体験を自己満足のきっかけではなく、今後も良い体験をする動機にしたいと思うはずだ。そうして一種の弾みをつけ、成功のうえにさらに成功を重ね、優越感や達成感を持続させるようにするのが最良のコーチングである。

体験で問題なのは、それに時間がかかることである。とくに長期のトレーダーの場合には、新たな体験のしっかりした土台作りをする機会が得られるまでに何週間も何カ月もかかることがある。自分の体験をどんどん積み重ねていければ学習曲線の上昇を加速させることも可能だろう。もしそれができれば、何カ月もかかるような改革でもほんの数週間で成し遂げることができるはずだ。

スポーツコーチや舞台監督が体験を積み重ねていくには、練習を繰り返し行う必要がある。チームが対戦相手と試合をするのは週末だけだが、平日には毎日練習して試合に備えている。それと同じで、役者も舞台本番の幕が開くまでに毎日せりふのけいこをする。そうしたけいこのなかにコーチングのプロセスを凝縮しているのである。つまり、自分のせりふが正しいのか間違っているのかを学んだうえで、確信の持てる演技を繰り返し、間違ったせりふを正そうと意識的に努力し、最終的にそのせりふが自然で自動的に出てくるようになるまで努力を積み重ねるというわけだ。練習は極めて重要である。ミスを犯しても問題ない環境が整っているからだ。もし練習中に選手が何か新しい技を試して失敗しても、試合に負けることはないし、プレーも台無しになることはない。

練習は学習曲線の上昇を加速する。

セルフコーチングへの取り組みには練習がとても役に立つ。とくに改革が必要な問題が見つかったら、まずは資金をリスクにさらさないシミュレーションから始めてみよう。練習はいくつかの方法で行うことができる

●チャートの簡単な見直し　自分のトレードを変える場合には、トレードをどう仕掛け、どう手仕舞いし、どうリスクを管理するのかという意思決定に関係してくることがある。そうした改革が自分の目標なら、岐路に立たされたときにチャートを見直し、自分が下そうとしている決定を単に声に出して言ってみるとよい。これはリアルタイムでトレードをする臨場感には欠けるが――実生活での体験の代用にもならないが――、極めて意識的で思慮深い方法で新たなことに挑戦できるレベルにまで意思決定プロセスのスピードを落とすことができる。わたしが気に入っているチャートの見直し方法は、画面上のチャートで一本ずつ足を追っていき、続いて自分の認識や決定事項を声に出すというものである。これは初めて車の運転を習うときと似ている――まずは広くてだれもいない駐車場でゆっくりと運転する。そうすれば、のろのろ運転の時間をたっぷり取ってから普通に車道を走れるようになる。

●シミュレーションモードでのトレード　わたしのチャート作成ソフトウエアにはシミュレーション機能も備わっているので、注文を出したり、長期にわたって損益を追ったりすることができる。これは実物のリアルタイムのマーケットデータを使って意思決定が下せるのでと

ても役に立つが、実際に資金をリスクにさらすことはない。シミュレーションモードでトレードすることで、たった一日で何日分にも相当する体験が得られる。最も問題の多い困難な市況に目を向け、新たなパターンを最も必要とするような状況でスキルを磨くリハーサルに集中することもできる。

●小さいサイズでのトレード

わたしが自分のトレードで進めている改革のすべてが画期的なものだというわけではない。進化する過程で微調整することもある。先日、利益目標を設定する基準を変更したところ、一定のポジションを少し長く保有できるようになった。だが、この新たな基準でトレードするときにはポジションサイズを半分にしたが、保有期間が長くなると、それだけで落ち着かなくなることが分かった。一度はサイズを小さくして安心できるレベルを見つけたが、リスクの度合いが小さくなるとミスを犯してしまうのだ。それからは徐々に以前のリスクのレベルに戻していった。

とにかく安全な環境で学習を始めるのが一番だ。リスクのある状況に挑むのはそのあとでよい。安全性を冒すと注意散漫になり、学習が妨げられることになる。

着目してほしいのは、もしわたしがトレードを劇的に変えようとしていたら、つまり、株式指数のトレードから農産物のトレードにくら替えしようとしていたら、実際に資金をリスクにさらす前にチャートを見直したり、シミュレーションにもっと時間がかかっていただろうということだ。大きな改革になれば、それだけ内在化するまでに時間がかかる。つまり学習曲線がより長くなるということだ。ちょっとした微調整ではなく大きな改革に取り組もうとすると、それだけミスも増えてくる。もし自分のセルフコーチになるなら、大きな改革への取り組みに備えて安全性を高めることである。小さなパターンの変更ならば、リスクの度合いを小さくしたリアルタイムでのトレードから始めればよい。

トレーダーが犯す最大の過ちの一つは、一回や二回変革を成し遂げたら、その後すぐに大きなリスクをとりに行き、新たな習慣から新たなリターンが得られるのではないかという期待で舞い上がってしまうことだ。わたしのコーチングやトレードでも、トレード中に有意義な改革と格闘しつつ、上達しないうちに結果を求め、状況をさらに悪化させてしまうことがよくある。車の運転でも、二度の講習を受けただけではブレーキの使い方やギアの入れ方は覚えられないし、その後すぐに高速道路を走ろうとしても無理だろう。それと同じで、高いリスクをとっているときには、自分の意思決定プロセスを大きく変えたいとは思わないだろう。『**トレーダーの精神分析――自分を理解し、自分だけのエッジを見つけた者だけが成功できる**』でも強調したとおり、トレーダーが犯す可能性のある最悪の心理学的過ちは、自ら心的外傷（トラウマ）を負ってしまうことである。改革への備えができていないからといって自分の口座の資金を激減させてしまったのでは、トレードの成績だけでなくセルフコーチングにとってもまずい結果になる。常に成功するために、そして感情に悪影響を及ぼす損失を出さないためにも、できるだけ改革のプロセスを計画的なものにしたい。それこそが、たとえ自分で過ちを犯しても自信と自己効力感とを持続させるやり方なのである。

トレードしたくてうずうずしているトレーダーが多すぎる。過度の刺激や利益を求めすぎると、観察やシミュレーション、またリスクを減らしたトレードが難しくなる。これでは新たなパターンを定着させる繰り返しのプロセスを省略してしまうことになる。せっかく改革を推し進めているときに損失を出してしまうと自信を失い、改革への取り組みを後退させてしまう。成功し、自信を深めるどころか、改革を恐れることを学習してしまう。セルフコーチングにとって重要なのは、実践やフィードバックを最大限に活用することで集中体験が生み出せるように自分を変えることである。われわれは損失を体験したあとで改革を求めることが多い。トレードに戻って損失分を取り戻そうとするのは人間の本能だろう。しかし、目標は正しいトレード行動を自分に植えつけることであり、一気に資金を取り戻すことではない。もし正しいパターンを内在化していれば、結果はおのずとついてくる。

皆さんへの課題は、毎日新たなスキルやパターンを心のなかで練習する時間を作り、集中的な学習を自分のスケジュールに組み込むことである。**優れた目標とは、取引時間外に新たなパターンを心のなかで練習するだけでなく、取引時間中にも練習することで、二日分にも相当する学習体験を毎日生み出すことである。**再生機能があればビデオモードでもシミュレーションモードでもよいが、この目標を達成するには、トレードした日を再生してみることである。

わたしのブログのアクセス件数の統計値やほかの情報から分かったのは、トレーダーは取引時間終了後、とくに週末や祝日にはマーケット情報の収集にほとんど時間を費やしていないことである。取引時間以外はマーケットから離れているのである。仕事と私生活とのバランスを取ることが必要だとか、大切であるのは論をまたないが、朝九時からトレードの仕事をして夕方五時に帰宅するというやり方は、芸術家や科学者、スポーツ選手がビジネスを運営したりキャリアを積んだりするのと同じでうまくいかない。何らかの分野の偉人について書かれた本を読むと、あるひとつの事実が浮き彫りになってくる。つまり、偉人といわれる人々は毎日決まった作業に従事しているわけではないということだ。自分の関心事に没頭し、その結果、ほかの人よりもはるかに多く学び、同僚よりもはるかに速く新たなスキルや適性を開発しているのである。それはただ経験をどんどん積み上げているからにほかならない。

多くのトレーダーはトレードで問題が生じると画面から離れてしまうが、それによって経験を積む機会を逃している。最悪のドローダウン（資金の減少）に見舞われたときには、トレードやリスクの度合いを最小限に抑えたうえで最大限に努力すればよい。

自分自身や自分のトレードを変えるに当たって安全な環境作りをするには、ピアニストやチェスのチャンピオン、オリンピック選手など、偉大な人物の学習行動をまねることである。練習から、つまりそのミスから学ぶ練習から始めれば、進歩が喜びになり、けっして負担になることはない。これこそが最高のセルフコーチングである。

コーチングのヒント

あとで見直しをするためにトレードをビデオに録画するというのは、経験を積む優れた方法である。トレードした日を再生すれば、さまざまな市況でパターンが表れるのを何度も観察することができる。自分が見落としていた相場の動きを見直すことで、今後の機会の訪れにも敏感になる。

レッスン40　イメージ作業を利用して改革のプロセスを促進する

前の二つのレッスンでは新たな行動の仕方を定着させ、一度学習した過去のパターンを断ち切る（訳注　「学習を解除する」、つまり間違った関連づけを断ち、一度学習したことをゼロに戻す）には繰り返しがいかに重要かを強調した。身につけたばかりのスキルや洞察、行動パターンを心のなかで練習する新たな機会を作り出せば、その内在化を加速し、トレードという基本的な仕事に備えて精神を解き放つことができるのだ。

この文脈からすると、人間の脳の大きな強みは、想像力を働かせて事実上の体験を生み出す能力があることだ。特定のトレードの状況を鮮明に想像し、段階的に自分をイメージしながらその状況に取り組む新たな方法を決めていけば、心のなかで練習で実体験に近づけることができる。トレードに絡む行動を何度も練習するためにわざわざトレードする必要はないが、心のなかにリアルな状況を作り出し、想像力を働かせて望みのパターンを思い起こすことで、そうしたパターンを定着させることもできる。

この種のイメージを思い浮かべる作業を活用する技法としては、心理学者のドナルド・マイケンバウムが考案した「ストレス免疫訓練」がある。**ストレスの多いトレードのシナリオを想起し、それにどう対応したいのかを心のなかでつぶさに描写することで自分のコーピング（対処）の準備を整えつつ、そうしたストレスに対する免疫を作り出すというものである。**こうした心の準備は、精神的に苦しいときや新たなトレード手法が求められるようなときなどに幅広く応用することができる。

われわれのコーピングが動員されるのは、予想されるストレスの多い状況を想起し、トレ

ードの最中に実際にそうした状況が起きた場合に備えているときである。

イメージ作業を効果的に活用するカギは、そのイメージを鮮明にし、現実感を醸し出すことである。トレードの目標をただ口頭で繰り返すのとは異なり、イメージにはその状況と関連する心の動きを呼び起こす力がある。こうしたイメージが口頭での繰り返しをトレード体験により近いものに変えるのである。手仕舞いする前に損切り価格を割り込んでしまったトレードを心のなかに鮮明に思い描いてみると、普通は思わぬ損失に伴う不安やいら立ちといった心の動きを呼び起こすことができる。トレード時の穏やかな心の動きを体験しているときには――イメージが実体験を完全に再現することはめったにないが――、自分のベストプラクティス（最良慣行）を練習することができ、ストレスに直面しても自分の計画や規律を維持することができる。こうしてトレードの最中に穏やかなストレスを感じるのは、弱いウイルスに感染するのと似ている。適応反応を起こすだけの抵抗力があるため免疫はできるが、大きな脅威になるほどの力はない。

イメージ作業と同様のものとして認識され、推奨されている心理学的手法はほとんどなく、十分に実行されているものも皆無に近い。イメージ作業を活用した効果的な訓練にはいくつかの側面がある。

●**具体性**　損をする、機会を見逃す、といったストレスの多い状況を想像するのは理論上あまり好ましいことではない。具体的なマーケットや市況、具体的な価格、具体的な値動きを思い描くなど、イメージは極めて具体的で、自分をそのなかに誘導するようなものでなければならない。訓練を実体験の代用として機能させるのがイメージのリアリズムである。

●**ダイナミズム**　イメージは静止した全体のスナップ写真よりもリアルで詳細な動画に近いものでなければならない。脚色されたある出来事を動画で見たときよりも、その同じ出来事についての新聞記事を読んだときのほうが反応は鈍い。リアリズムにはイメージの劇的な特徴が不可欠だが、免疫プロセスにはそのリアリズムが不可欠なものになる。平坦で説得力のない画像を見てもそれに対処しようとは思わないし、トレードの実体験に事実上近づくこともない。

●**緻密な仕上げ**　改革を推し進める手法としてイメージ作業を利用する際の最大の欠点を挙げるとしたら、それはそのイメージ作業が短縮されてしまう傾向があることだろう。イメージした難題を長時間、詳細に思い浮かべるほうが、短時間思い浮かべるよりも効果がある。確かに思い浮かべる時間があまりにも短いと、ストレスから逃げるパターンをうっかり強化してしまう！　最初から最後まで、緻密に描かれた状況をイメージし、**二度と心を動かされなくなるまでそのシナリオを繰り返す**のが最良のやり方である。これを実践することでコーピング行動を起こす度合いが高くなるだけでなく、熟達や成功の度合いも高くなる。

行動療法の論文には興味深い技法が紹介されている。それは「フラッディング法（情動氾濫法）」といい、イメージした極めてストレスの多い状況に長時間自分をさらすという手法である。ストレスの多いイメージが氾濫している間もコントロールしている状態にとどまることを学ぶと、トレーダーはマーケットが何を突きつけてきても最大限それに備えることができるようになる。

●**バリエーション**　トレーダーは普通に挑戦のシナリオを思い描いてイメージを想起するが、すぐに別のことに関心を移してしまう。すでに見てきたとおり、学習内容を確固たるものにするのは繰り返しである。イメージで繰り返しの原則を活用できなければ、トレーダーは逆戻りのリスクにさらされる。一度リアルで詳細なトレードのシナリオとそれをどう処理するかを思い出し、そのシナリオを習得するまで繰り返しイメージしたら、次はそのシナリオのバリエーションを作ってみたい。例えば、めまぐるしく動く相場による欲求不満を想像することから始めてみよう。もし自分の目標が欲求不満を募らせている間の新たなコーピングのパターンを学ぶことなら、まずはこの最初のシナリオを習得し、次に停滞した相場による欲求不満、注文中で満たされない欲求不満といったバリエーションを作ってみることだ。シナリオを変えてみると、自分の学習内容を新たなシナリオに広げ、徐々に実際のトレード条件に当てはめていくことができる。

●一貫性　たった一度イメージを思い浮かべただけで、何日も何週間も行動が変わったままではない。**イメージを毎日繰り返して思い浮かべることで揺るぎない結果が生まれるのである。**多くのトレーダーは、イメージを思い浮かべる最初の作業から何らかのメリットを引き出すと、すぐにいつものように仕事に戻ってしまう。一貫して訓練を続けていけば、自分が心のなかで練習している新たなパターンが常に真っ先に思い浮かぶようになる。改革や改革の必要性を常に心にとどめておくには、イメージを思い浮かべる作業を頻繁に活用するのが優れたやり方である。

自分のトレードのセルフコーチになったら、成功するという考えを時折抱くのではなく、成功している自分を「見たい」「感じたい」と思うだろう。内なる世界では、スキルを磨き新たな思考パターンを実行すれば、一貫して目標を達成することができるが、実際のトレードでこれらをすべて達成できるのははるかに先の話である。皆さんへの課題は、ストレスが多く手ごわい相場、それに伴なう思考、感情、行動のパターン、そしてそうした状況に打ち勝つための特定の手段など、緻密に仕上げた迫力あるイメージでシナリオを描き出すことである。思い浮かべたイメージを組み立てるときには、不安、強欲、欲求不満、退屈といった心の動きを感じ、そうした状態に対していつもの否定的なパターンを実行したくなっている自分を想像したくなるだろう。シナリオをイメージすると、問題になっている否定的なパターンを維持し、意図を持って最良のやり方を決めている自分を鮮明に思い描くことができる。つまり、例えば損切り価格を割り込んだら増し玉したくなるが、そうした衝動を抑え、代わりに損切り注文に従って行動している自分を想像するわけである。

トレーダーにとってイメージする作業とは、スポーツ選手にとっての練習グラウンド、つまり試合を模擬体験する環境を作って試合に備える場所と同じである。

イメージを思い浮かべる作業や訓練では、すぐに自分が理想とするトレーダーになれるが、日常のトレードのなかで一貫してそうした理想をかなえられるのははるかに先の話である。 毎日集中的な学習ができているときには、行動のパターンを変えるのに数カ月、数年はかからない。ほとんどの場合、セルフコーチングの成功は、イメージを思い浮かべる作業や訓練を創造的かつ粘り強く活用した結果である。

コーチングのヒント

リスクテイカー、規律のある意思決定者、アイデアを辛抱強く実行に移す者、負けトレードから学ぶ抜け目ないトレーダーなど、イメージ作業を活用し、理想とするトレーダーになった自分を想像してみよう。ある役割を決め、その役割を演じている自分のイメージを作り出せば、いずれは自分の一部になるシナリオを描くことができる。

参考

本書の主な補足資料がブログ「ビカム・ユア・オウン・トレーディング・コーチ（Become Your Own Trading Coach）」である。第4章については、このブログのホームページにコーチングのプロセスに関するリンクや追加記事を掲載している（http://becomeyourowntradingcoach.blogspot.com/2008/08/daily-trading-coach-chapter-four-links.html）。

本章で論じた枠組みの大半は、短期療法（ブリーフセラピー）の支援プロセスに関するリサーチから取ったもの。この分野の主な参考文献には、ロバート・E・ヘールズ、スチュワート・C・ユドフスキー、グレン・O・ガッバード編『テキストブック・オブ・サイキアトリー（Textbook of Psychiatry）』（第一巻、第五版。アメリカン・サイキアトリック・パブリッシング、二〇〇八年）でデュワン、スティーンバーガー、グリーンバーグが執筆した「ブリーフ・セラピー（Brief Therapy）」に関する章、ならびにアラン・タスマン、ジェラルド・カイ、ジェフリー・A・リーバーマン、マイケル・B・ファースト、マリオ・マイ編の参考資料『サイキアトリー（Psychiatry）』（第三版。ワイリー、二〇〇八年）で同著者が執筆した「ブリーフ・サイコセラピーズ（Brief Psychotherapies）」に関する章がある。

強みを最大限に活用することについて考える優れた枠組みは、マーカス・バッキンガムとドナルド・O・クリフトン共著『さあ、才能（じぶん）に目覚めよう』（日本経済新聞社）に記してあるギャラップ調査だろう。また、経営学関連で評判のジェームズ・C・コリンズ著『ビジョナリー・カンパニー2・飛躍の法則』（日経BP社）も参照してほしい。

ソリューションフォーカス作業の詳細については、マントッシュ・J・デュワン、ブレット・N・スティーンバーガー、ロジャー・P・グリーンバーグ編『ジ・アート・アンド・サイエンス・オブ・ブリーフ・サイコセラピーズ（The Art and Science of Brief Psychotherapies）』（アメリカン・サイキアトリック・パブリッシング、二〇〇四年）でわたしが執筆した章「ソリューション・フォカスト・ブリーフセラピー　ドゥーイング・ホワット・ワークス（Solution-Focused Brief Therapy : Doing What Works）」を参照してほしい。

第5章

過去のパターンを断ち切る
――セルフコーチングのための精神力動的な枠組み

否定的な情動について、実は人々がそれを賛美しているという事実が最も奇妙であり、異様である。

――P・D・ウスペンスキー

ここまでは自己改革へのさまざまな取り組みやトレードの成績向上を目指したコーチングに共通するプロセスについて見てきたが、ここからはコーチングのための個々の枠組みについて論じてみる。まずは精神力動的モダリティー（心的態度）から始めよう。この枠組みは、過去と現在の連続性、つまり過去のパターンが現在どのように繰り返されているのか、また現時点での関係が過去の問題ある関係を体験することから生まれたパターンをどう変えていくのかに焦点を合わせたアプローチである。

精神力動学的な枠組みは、一般にコーチングよりも長い期間が必要な精神分析と関係してくるが、トレーダーの成績向上を支援するにはさまざまな関係を体験する手段を利用することに大いに価値があることが分かった。本章では、精神力動がトレードとどう関係してくるのか、また力学的枠組みがセルフコーチングでの自分の取り組みをどう特徴づけるのかを説明する。

わたしは個人的に、人生の大きな挑戦の一つであるトレード上の問題に取り組むとき、とくにその挑戦がトレードを始める前の生活の一部でもあるという場合には、力動的モダリティーを最大限に活用している。トレードを左右する多くの問題、つまり成功と失敗、自信と自信喪失、安全と危険に対する懸念は、トレードに取り組む前から存在するものだが、トレードで意思決定を下すときには最後までついて回る。

精神力動とは何なのか。それを説明するには、これは一つの考え方、また一連の手段としてではあるが、人の過去を絶対にその人の未来にしないようにすることである、というのが一番分かりやすいだろう。また、本書との関連で言えば、それはたった一つの洞察、つまりわれわれはマーケットと関係を築いているが、ほかの関係で自分たちが作り上げてきたパターンがその関係のなかでも繰り返されるという洞察が起点になっている。では、そうしたパターンをいかにして打ち破っていけばよいのかを見てみよう（**訳注**　精神力動とは、衝動、動機、葛藤など、心のなかの拮抗関係［力関係＝ダイナミズム］がどのように働いているかを考える理論）。

レッスン41　精神力動──過去の関係の重さから逃れる

自己改革への精神力動的なアプローチは、ジグムント・フロイトの精神分析論と後続の「新フロイト派」の研究以降、大きく進化している。こうした進化のプロセスで、精神力動は本能や性衝動を行動の根源とみなすことに背を向け、繰り返し発生する葛藤やパターンに関する相互理解だと考える方向に向かった。同時に、力動精神医学でも、時間がかかる机上の分析や心理療法の推定でなく、より活動的で時間のかからない改革の手法を重視するようになった。意外なことに、こうした進化は主に世間の関心が極めて低いところで起きていたため、それが分析を用いた手法など古くさい、時代遅れだ、という認識が高まる一因になってしまった。しかし、これはまったくの見当違いである。

精神力動では、現在起きている問題は過去の関係で生じた葛藤やパターンが再現されたものである、というのが基本的な考え方である。自己とは、さまざまな関係の体験を長年にわたって内在化してきた結果だと考えられる。有意義で肯定的な関係を築いているときには、肯定的な自己イメージや考え方が内在化される。否定的で対立した関係は、否定的で対立した自己意識として内在化される。この考え方は、本書ですでに論じたテーマのひとつとも関係している。つまり、さまざまな関係はわれわれが自己を体験する鏡になるということである。われわれは重要な関係の体験をすべて集めたものなのである。

われわれは、これまでも関係における葛藤やその結果がもたらす不安に対処するコーピングの方法（防衛）を学んでいる。こうした「防衛」の働き（**訳注**　不安や葛藤など、適応できない出来事に再び適応しようとする心の働き。心の安定を守ること）は不快症状を取り除くには利用価値があるかもしれないが、将来の関係や生活状況にはもう古くて使えなくなる可能性がある。もし現在の状態が引き金になり過去の関係で生じた問題に引き起こされた感情がよみがえってきた場合、われわれは古くなったやり方で望ましくない結果をもたらすような行動を取ってしまう。こうしてよみがえってきた感情パターンに心の安定を守ろうとする反応や否定的な結果が加わると、心理療法研究者のレスター・ルボルスキーが「中心葛藤関係テーマ」と呼ぶものになる。こうしたテーマはさまざまな形で、またさまざまな状況で繰り返され、われわれが望ましくない行動を取る一因になっている。この点からカウンセリングや心理療法の目的は、循環する不適応パターンからわれわれを切り離すこと、ということになる。

われわれが状況に「過剰反応」しているときには、過去のテーマだけでなく、そうしたテーマを呼び起こす現状にも同時に反応している可能性が高い。

『精神科医が見た投資心理学』（晃洋書房）の例を挙げてみよう。わたしはとても円満な家庭で育った。両親は共にそれぞれの両親と別居しており、子供たちのためにまったく違った家庭環境を作ろうと誓っていた。その点では両親は大成功を収め、わたしも親密「すぎる」と感じるほどだった。その結果、わたしは独りになりたくて、長時間自転車を乗り回したり歩いたりした。わざわざシャワーを浴びたりもした。ところが、後に妻のマージーと出会い、三人の子供たちと共に家庭を築いたとき、わたしは長時間シャワーを浴び、家庭生活から離れようとしている自分に気がついた。これで毎朝の日課は台無しになり、家庭内にやや緊張感が走った。

独り暮らしが長かったため、わたしはほかの人とあまり親密な感じを体験したことがなかったのだ。新たな家族との生活に入ったときにも、過去の成長期の体験からくる心の働きがよみがえってきて、当時のやり方で堅苦しく振る舞っていた。要するに、家族と離れて独りになりたかったのだ。ところが、子供のころにはうまくいっていたことが、新たな家庭ではもろくも失敗に終わった。新たな状況のなかで心の安定を守ろうとする過去のやり方を繰り返すことで、新たな問題を生み出していたのである。

こうした「防衛」の働きはすべて、意識的にではなく自然と表れる傾向がある。こうした繰り返しのパターンを意識するすべを知らなければ、それを変えることはできない。精神力動的な作業では、無意識を意識化することをひとつの目標にする。つまり、われわれが自己を認識し、過去の葛藤に新たな終止符を打てるようにするのである。わたしは家庭内での自分のパターンを変えることができたが、それは「もう過去のやり方で対処しなくてもいいんだ――今の家族は以前の家族とは違うんだ、わたしはもう子供じゃないんだ」ということに気づいてからだった。

精神力動的な作業の最初の目標は、洞察すること、つまり人のパターンとその人が限界を自覚することを認識し、理解することである。カギとなるのは、簡単に言うと、今まではそうする理由があったが、今後はもうそうする必要はないという洞察である。

では、これがトレードとどう関係してくるのだろう。**トレードのリスクと不確実性、すなわち利益と損失、勝ちと負けは、不思議な経路をたどってわれわれの過去の感情を呼び起こす。**典型的な例は、自分は両親の求める基準や期待にはけっして及ばないと感じているトレーダーである。そのトレーダーは自分の劣等感をトレードに持ち込んでは、自分が本当に成功していることを立証するために軽率にリスクをとるが、当然トレードで何度勝利を重ねても空虚感を埋めることはできず、さらに大きなリスクをとっては最終的に自滅してしまう――そして最大限の恐怖を味わってしまう。こうなると、トレード手法をちょっといじった程度では問題解決には至らない。ジレンマの中心にある葛藤がなくなるまで、トレードで自分の脚本を演じ続けることになる。

トレード上の問題の多くは、マーケットで自分の脚本を演じた結果である。

過去の葛藤が現在のトレードに立ち入ってくるのを見極める最も良い方法は、自分のトレード上の問題が引き起こす心の動きについて調べてみることである。それが過去の職場や人間関係で体験した心の動きと似ているなら、それは循環する不適応パターンの最たるものである可能性が高い。例えば、自分の欲求不満からトレードでトラブルが生じ、友人や恋人ともトラブルに陥っていたら、それは明らかに単なるトレードの域を超えたパターンである。もしトレードによって自分が過去の体験と同じように葛藤を感じ、傷ついているならば、それは今でも過去を引きずっているしるしである。

自分のトレードのセルフコーチとしては、問題を深く掘り下げてその原因を究明することも必要になる。この原因を究明するには、自分の過去を見直したうえでその過去を最近の体験に照らして位置づけなければならない。**言い換えると、現在のパターンだけでなく過去のパターンも見なければならないということだ。**自己改革の精神力動的な技法を最大限に活用できるのは、現在と過去のパターンが一致した部分である。

皆さんへの課題は、一枚の紙に二本の正弦波を描き、それぞれに山と谷を最低四つずつ作ることである。一本目の正弦波には、山のところに自分の人生で「最高の体験」、すなわち最も前向きで充実していた体験を記す。それは対人関係でも職場でも、人生のどの活動領域の体験でもよい。もう一本の正弦波には、谷のところに、やはりどの活動領域の体験でもよいが、人生で最低だった体験を記す。これは感情的に最も激しい苦痛や苦悩に満ちた体験になる。全部書き終わると、この正弦波チャートは人生の浮き沈みであふれたものになるはずだ。

最初の正弦波チャートに書き終えたら、次にまた一枚の紙に二本の正弦波を描き、同じように記入するが、**今度はトレード関連の事柄に限定する。**つまり正弦波の山のところには最も前向きで充実していたトレード体験を記し、正弦波の谷のところには最もつらくて気が動転したマーケット関連の体験を記す。そして、「なぜ」その出来事が最高の体験だったのか、または最低の体験だったのかがすぐに評価できるように、両方の正弦波の記入事項がすべて詳細に記してあるかどうかを確認する。

さあ、本当の作業はこれからだ。二組の正弦波の山と谷を比較してみること。そして**自分の人生における体験とトレードにおける体験の両方に関連している共通のテーマを探してみることである。**このような共通のテーマの多くは、ある同じ感情レベルにあるはずだ。注意すべき共通のテーマをいくつか挙げてみよう。

- ●適格性と不適格性
- ●規則や規律に対する反抗
- ●退屈さとリスクテイキング

●達成・希望と失敗・落胆
●認識と拒絶
●充実・容認と怒り・欲求不満
●安全と危険

もしマーケットを自分が人生の谷を体験している間に感じたとおりだと思ったら、葛藤とコーピング（対処）が繰り返されるというわなにはまっている可能性がある。そのわなを認識し、心にしっかりととどめておけば、自己改革の闘いも半ばまで来たことになる。自分のトレードのセルフコーチとしては、自動的に過去を繰り返さないように、トレードでも十分に気をつけようと思うだろう。それがどのようなパターンなのかがはっきりしてくれば、過去の破壊的なパターンに陥るのは難しくなる。

コーチングのヒント

われわれはごく最近体験した心理戦と格闘することが多い。まずは自分の人生における最近の対立関係の体験と、その関係が引き起こした思考、感情、行動を特定してみること。

続いて一番最近のトレード上の問題が、同じような思考、感情、行動が関係しているかどうかを調べてみること。幼少期の関係だけでなく、ごく最近の葛藤も、われわれの現在の行動を左右していることが多い。その関係のなかでそうした問題をどう解決しているかを見極めることが――または、それが現在の問題なら、その問題解決のために対策を講じることが――、トレードのしすぎを最小限に抑えるのにとても役に立つ。

レッスン42　繰り返しのパターンを明確にする

前のレッスンでは、正弦波チャートを使って自分の人生やトレードの山と谷とを確認した。間違いなく共通性があるという感じがつかめたら、次はそのパターンを明確にすることである。そうすれば、なぜそのようなパターンが存在するのか、またそのパターンがどのように繰り返されてきたのかをはっきりと理解することができる。

ただ、もしチャートが示す山と谷全体に共通したテーマが見つからなければ、まずはそれがどういう意味なのかを考えてみよう。ひとつ考えられるのは、チャートにさらに多くの山と谷を描いてテーマをはっきりさせる必要があるということだ。もうひとつは、自分が起きている出来事を心理的にではなく論理的にみていることである。山と谷を調べ、表面上の細かな点ではなく、動機と心の動きの類似点を探してみよう。多くは、そのパターンを**心の動きが再び起きたもの**と考えると、共通の要素が浮かび上がってくる。

しかし、トレード上の問題とこれまでの人生における難問にまったく「関連がない」場合もある。トレード上の問題は、相場の動き、スキルや経験の不足、または最近集中できない周囲の要因が反映しているだけの場合もある。もしこうしたことが現在のトレードを困難にしている最大の原因なら、改革への取り組みに精神力動的なアプローチはあまり関係がない。むしろ**『トレーダーの精神分析――自分を理解し、自分だけのエッジを見つけた者だけが成功できる』**（パンローリング）で述べたとおり、自分の学習プロセスを系統立てたものにするか、あるいは第6章と第7章で説明するセルフコーチングへのアプローチなど、今現在により重点を置いた枠組みを用いる必要があるのかもしれない。

トレード上のすべての問題が心の動きに起因しているわけではない。自分のスキルが不足しているだけという場合もある。

わたしの経験では、トレード上の問題とそれまでの人生で生じた葛藤との類似点を最も多く見つけられるのは、両親や恋愛のパートナーとの関係など、重要な人間関係においてである。**普通、最も激しく心が動かされるのが両親や恋人との衝突であり、しかも、それはトレードで**

も心の安定を守ろうとする「防衛」の働き（訳注　不安や葛藤など、適応できない出来事に再び適応しようとする心の働き。心の安定を守ること）が最もよく機能する――よって再現される――可能性が高いパターンである。一度こうしたパターンを明確なものにしておけば、そのパターンが再び表れたときにうまく認識できるようになる。それがそうしたパターンを回避し、新たな結末を用意する最初のステップなのである。

わたしが一緒に仕事をしているあるトレーダーは、昔から何人もの女性と付き合っているが、だれにものめり込んだことがない。確かに、本命の女性との関係がご破算になったときに備えて、しっかりと別の女性との関係を維持していることもあった。彼は幼いときに姉妹を亡くしており、両親はそれに大きな打撃を受けたが、いつまでもくよくよせずに前を向いて生きていこうとした。彼は他人にあまり深入りしないことによって傷つかないすべを学んだのだ。こうして自分の心の安定を守れば幼少期のつらい出来事を追体験しなくても済むわけだが、恋愛面でも満たされなくなっていた。

では、彼のトレード上の問題とは何だったのだろう。彼はトレードに無我夢中になっていると言うが、実際にはトレードに時間を費やしていなかった。相場のことは理解していた――言い換えると、シグナルを無視し、驚くほど小さなサイズでトレードしていた――が、すぐに気が散ってしまい、チャットルームに行ってはチャットをし、ホームページを閲覧していた。ホームページを見るのはトレードの「準備」だ、と彼は弁解していたが、実際には真剣にトレードに取り組んだことなど一度もない。まさに深入りした人間関係が壊れるのを避けているのと同じで、マーケットの隅っこのほうでちょっと手を出していただけで、けっして自分の潜在能力を発揮することはなかったのだ。

このパターンを明確にするには、「自分の暗黙の必要性」から考えてみるとよい。このトレーダーは圧倒的に安全性を求めており、よって人間関係やトレードでも最も安全そうにみえる道を選んでいる。彼が警戒しているのは喪失による痛みである。つまり、自分が投じた額と、そのときに入れ込んだ気持ちを失うことに対して脆弱なのだ。彼は姉妹と仲が良かったため、その喪失によるショックからは完全に立ち直っていない。そういう感情に陥らない方法が、本気でかかわらないようにすることなのだ。人間関係やトレードにあまり深入りしないようにすれば、幼少期のようにつらい喪失を体験しなくても済むからだ。彼はとくに虚無感に襲われる。恋愛でも仕事でも心から満たされたことはない。

大半の繰り返しパターンは次のようなスキーマに分類することができる。

- **必要性**　自分に不足しているもの、自分が切望しているもの
- **感情の状態**　その必要性が満たされていないことに伴う不快ストレス
- **防衛**　痛みを伴う感情の状態に対処し、それを回避するためにすること
- **繰り返し**　現在の状態で「防衛」の働きを再現するにはどうしたらよいか

●結果　現在の「防衛」の取り組みによる悪い結果

わたしが面接したあるトレーダーは、心の支えを強く求めていた。幼いころに両親が離婚したが、母親はすぐに再婚し、彼に新しい家族とうまくやるよう無理強いした。彼は母親に見捨てられたと感じることがたびたびあったが、（離れて暮らす）父親を巻き込む必要があるとも思えなかった。こうした心の動きに対する彼の防衛とは、学校で一番の成績を収め、スポーツでも活躍し、課外活動でも目立つように精を出すなど、頑張り屋の役回りを演じることだった。もっと頑張れば、もっと立派な人間になれるだろうと思ったのだ。ところがその結果、彼は頑張りすぎて極度に消耗し、絶望を味わうことが多くなってきた。いくら頑張っても満たされない両親の愛情を補うことができなかったのだ。先のトレーダーとは違い、彼は身を粉にしてトレードをしているが、いくら頑張っても結果が出ないと取り乱すことがある。

そこで、自分のトレードコーチとしての皆さんに精神力動的な課題を出そう。**要は、自分にとって一番必要なものを把握することである。**この必要なものはたいてい、皆さんが過去の関係において望んでいたものの、一貫して手に入らなかったものになる。それは自主性、愛情、尊敬の気持ち、あるいは支援かもしれない。一度その必要なものが確認できれば、自分の正弦波チャートで谷のときの体験を見直してみたくなるだろう。すると、その感情の状態が自分にとって一番の必要なものに対する不満に関係していることがはっきりと分かるはずだ。きっとその心の動きは落ち込みや悲しみかもしれないし、不安や怒り、いら立ちかもしれない。その心の動きこそが、自分が最も困難なトレードをしているときに繰り返される可能性が高いのである。

私生活で最も満たされていないものによって、自分のトレードが妨害される可能性がある。

今度はそうした心の動きを振り払うにはどうすればよいのかを考えてみよう。それが自分の「防衛」パターン、満たされない欲求という痛みに対処する方法なのだ。多くの場合、このコーピング（対処）を用いると、たちまち自分のトレードが困難になり、トレードをしすぎる、機会が訪れているのに傍観してしまう、といったことが起きる。**そうなると、自分の資金をコントロールするためではなく、大きな葛藤からくる不快ストレスをコントロールするために意思決定を下すようになる。**最悪のトレードをしてしまうのは、自分のポジションではなく自分の心の動きをコントロールしているときである。

皆さんへの課題は、前のレッスンで説明した正弦波チャートを描き、必要性、感情、コーピングと防衛、結果の順に自分のトレード上の問題を位置づけてみることだ。満たされていないものと心の動きがどのように関連づけられているのかを示すフローチャートなら正確に描けるはずだ。そうすれば対策を講じて昨日や今日の問題を浮き彫りにすることができる。このチャートは、自分の精神力動的なセルフコーチングへの取り組みでは何に重点を置けばよいのかを示してくれる。このパターンを打ち破って新たな要素を加えれば、もっと計画的にトレードし、自ら定めた結果を導くことができるようになる。

コーチングのヒント

大半のトレーダーは長期的な心理療法を求めていない。大きな問題を抱えていたら、トレーダーとしてのキャリアを持続させることなどできない。むしろトレーダーはうまく対処して仕事をしてはいるが、その実効性を妨げる過去のパターンに周期的に舞い戻ってしまう。多くの場合、トレーダーは自分のトレードパターンから逸脱していることを確認し、続いてそうした逸脱に伴う心の動きや状況に気づくことで、自分のパターンを確認する。この逸脱はかなり頻繁に起こり、代償も大きい。最近のトレード上の問題からくる心の動きに気づいたら、トレード以外の生活の部分でその心の動きをいつ感じたかを観察していけば、将来のトレードに最も影響しそうなパターンを浮き彫りにすることができる。

レッスン43　自分の防衛の働きに立ち向かう

自己改革への取り組みの動機づけになるのは、一般にさまざまな状況で繰り返される中心的な葛藤ではない。これが精神力動的な作業の基本的な考え方である。むしろ問題になるのは、不幸な結末をもたらしたり、自己改革が必要だと認識させるような葛藤の痛みに適応しようとする「防衛」の働き（**訳注**　不安や葛藤など、適応できない出来事に再び適応しようとする心の働き。心の安定を守ること）である。その点では、われわれの問題も一昔前の融通が利かないコーピング（対処）なのである。以前はうまく機能していたものが、今では自分の足を引っ張る存在になっている。

トレードにおける好例が「リベンジトレード」である。これは損失を出したあとで果敢にトレードし、一気に資金を取り戻そうとするもの。損失による痛みと欲求不満が過剰な防衛反応となり、痛みを取り除こうという取り組みにつながるのである。そのときのトレードはけっして機会に乗じたものではなく、落胆の気持ちや喪失感を無意識のなかに押し込めようとする心の働きである。当然のことだが、これでさらに損失を膨らませ、新たな結末を迎えることも多い。

ここで防衛のメカニズムが働くのは、深く落ち込んだトレーダーが損失の痛みや悲しみには耐えられないと思っているからだ。以前ならこうした痛みには確かに耐えられたかもしれない。今では熟年になったはずである。仕事であれトレードであれ恋愛であれ、通常の損失や喪失には対処できるはずである。だが、実際にはそう「感じていない」。トレーダーは相変わらず、かつての子供のころのやり方で損失や喪失に対処している。しかし、パターンを明確にすることで自己観察能力が養われ、延々と続く過去のサイクルの結末をはっきりと認識できるようになる。最終的にトレーダーがこうした心の働きに立ち向かい、過去の脅威に新たなやり方で対応できるようになるのは、こうした認識が高まってくるからなのである。

精神力動的な状態を変えるというのは、簡単にできないことをする、つまり不快感を振り払う過去のコーピングをやめるという意味である。

自分のトレードを指導する立場としては、パターンにはまってしまうのではなく、循環的な問題の観察者になってそれを断ち切らなければならない。**循環的な問題が及ばないところで観察するのである。そうすれば、もう循環に振り回されることはない。**前に描いた正弦波とフローチャートは、この自己認識を持続させるのに役立つツールである。皆さんの目標は、繰り返しパターンが勝手に芝居をして不幸な結末を迎える「前に」それを認識することである。

これをやり遂げる方法は、次のコーチングの仕事の基本になるものである。皆さんはたいてい、あるパターンが表れ始め、それと関連づけられた感情の状態が自分のトレードを妨げるのを観察しているはずだ。前のリベンジトレードの例で言えば、その特徴的な心の動きは欲求不満と緊張だろう。それ以外の状況では、喪失感や空虚感である。その特徴的な心の動きに気づいた途端に、スポーツの実況中継でもしているかのように大声でそれを伝えたくなるだろう。例えば、「たった今、俺は損をした。だから本気でイライラしている。気が狂いそうだよ。損した金を取り戻したいんだ。別のトレードがあればいいが、以前それで苦しんだからな。マーケットに飛んで戻ったら、事態はもっと悪くなる」と大声で言いたくなるかもしれない。

もしこの自己観察の結果を声に出して言えなければ（おそらくトレードをしている部屋に他人がいるため）、心の日誌が同じ機能を果たしてくれる。要は自分が考えていることや感じていること、その考えや感情を振り払うためにやろうとしていること、またその行動でかつてはどのように苦しんだかを詳述することである。無謀なトレードのサイクルにはまって資金を失い、罪の意識を感じ、マーケットから撤退し、無謀なトレードを見直して失った時間と機会を取り戻そうとしているトレーダーの自己観察の結果は、「もう自分には愛想が尽きた。今日はマーケットから離れたい」となるかもしれない。心理療法士の役割を演じ、現実に共感するのではなく、現実を見極めることである。

自分の行動のパターンについて説明できるようになったら、もうそのパターンに共感することはない。

このときには、われわれもパターンを変えることに関心はない。むしろそのパターンが表れることをより警戒し、その表れ方や結末をより意識するようになっている。自己観察者としての姿勢を持続させるときには、何日も、あるいは何週間も、一貫して努力することが必要になる場合がある。こうした努力を続けるには、ときにはパターンを完全に断ち切ること、つまりリベンジトレードや無謀なトレードのしすぎを回避することが欠かせなくなる。正しい行動を取る前に、間違った行動をやめることである。これによって達成感やコントロール感が養われてくる。つまり、**自分がパターンにコントロールされるのではなく、自分がパターンをコントロールし始めることになるわけだ。**

声に出して言ったり日誌をつけたりするだけでは過剰学習された行動のパターンから抜け出すことはできないが、選択肢は得られる。何か違う行動を取るだけで——わずかな額でリベンジトレードをするなど、ごくささいなことでも——、ある程度のコントロール感は達成できる。

今起きていることはまったく問題ではないということを積極的に自覚するというのも、自己認識を得るために声に出して言うやり方である。問題は過去に起きて苦しんだことであり、今反応する（過剰反応する）ことではないからだ。例えば、損切り注文に引っかかる前に損失を確定してしまうかもしれないし、恐怖感に駆られて早々にトレードから逃げだすかもしれない。この恐怖や逃げだしたくなる気持ちを声に出して言うこと以外にも、次のことをよく自覚しておいてほしい。

「このポジションの損失は真の問題じゃない。自分の損失（または自分の人間関係の喪失）には昨年から反応しているじゃないか。トレードのアイデアをこれからは使わないとしても、以前に被った損失がなくなるわけじゃないだろう」

（もちろんこの例は、自分のポジションを責任の持てるサイズにし、妥当な損切り価格を設定していると仮定したものだが、もしそうでなければお粗末なトレードになる可能性がある。また当然のことだが、恐怖や手仕舞いしたいという欲求の引き金になるのは過去に起因する問題ではない）

こうして声に出して言うことで本当に強調したいのは、「問題は自分のトレードではない。何か別のものだ」というメッセージである。それで解放され、今になって過去の心の動きに反応するのではなく、「何かほかのこと」に対応することができるのだ。**また、感情的に打ちひしがれたものとしてではなく、単なる一つのトレードとして自分のトレードに対応することもできるのだ。**自分のパターンが表れているときに一貫してそれを見極め、受け身の参加者ではなく観察者としての役割を維持すればこそ、自分が著しい進歩を遂げたことが分かるのである。

コーチングのヒント

トレードをビデオに録画することで、トレーダーがいかに需要と供給のパターンに敏感になり、それがトレードで意思決定を下すときに役立つかについては、本書でも『トレーダーの精神分析――自分を理解し、自分だけのエッジを見つけた者だけが成功できる』でも述べた。トレーダーには机の向きを変えてもらい、トレードしている自分を録画できるように、ビデオテープレコーダーを自分のほうに向けてもらった。これは自己観察をはじめ、自分の心の動きや行動のパターンを認識する素晴らしい手段になる。テープを再生して繰り返される循環を見ておけば、リアルタイムでトレードをしている最中にそれが表れても敏感に感じ取ることができるようになる。

レッスン44　敵に打ち勝つ――自分の問題と距離を置く

精神力動的な作業の最中に見られる二つの決定的な変化は、自分の過去のパターンが自分には合わなくなったと考えるようになることと、次にそれを自分の個人的障害と感じるようになることである。**一度過去のトレードの仕方や混乱をうまく認識できるようになったら、次はそ**

こから距離を置くことである。もしそのようなパターンをなじまないと感じ、それを痛みの原因だと思えるようになれば、もうそうした考え方や感じ方、行動に引きずられることはない。

精神力動の分野では、「自我異和性」という言葉がよく使われる。世の中の見方、その体験の仕方、またはそのなかでの行動の仕方が自分の自我になじまなくなるという意味である。人が自我異和性のあるパターンを繰り返していると、結果的に次のように考えるものである。

「これは本当の自分ではない」
「これは以前にやっていたことだ。やりたいと思っていることではない」
「自分は今起きていることにではなく、以前に起きたことに反応している」

当然のことだが、破壊的な行動パターンを意識的に繰り返す人はいない。ただ、それを漫然と繰り返してしまうのは簡単だ。そうしたパターンが自我異和性のあるものになると、単にそのことを考えなくなるだけでなく、**それを積極的に拒絶するようになる。**

そういう意味で、過去の自分と今の自分について考えることから始めてみるとよい。過去の自分は失敗を恐れ、ほかの人に愛されず、認めてもらえないのは、自分の至らなさのせいだと考えていたが、今の自分は、一度のトレード結果で自分が良い人間になることはないし、悪い人間になることもないと分かっている。過去の自分はコントロール不能だという感情を抱くのが嫌いだったので、うまくいかないと怒り、欲求不満を募らせていたが、今の自分はきちんとプランを立ててトレードをコントロールし、マーケットにその仕事をさせている。トレーダーが建設的かつ肯定的なパターンを確認し、過去のパターンと距離を置くには、過去の自分と今の自分との違いをはっきりさせておくことがいかに重要かに着目すべきである。

「自分はマーケットに反応しているのだろうか、それとも過去の心の動きに反応しているのだろうか？」――これが自己観察によってわいてくる疑問である。

この違いの枠組みを作るもう一つの方法は、「これをやれば利益が出る、これをやれば損をする」という思いに集中することである。一定の思考や行動方針を心に抱くときには、「利益が出ているときにはどう考えて行動するだろう、また損をしているときにはどう考えて行動するだろう？」と自問してみることだ。もう一度言うが、自分の行動の予想される結果に焦点を合わせることで自分のパターンの観察者になり、そうしたパターンが自動的に繰り返されるのを阻止することができるようになるのである。

パターンの代償についての議論でも見てきたとおり、過去の破壊的なパターンの結果に焦点を合わせることでこうしたパターンを自分になじまないものにできるだけでなく、モチベーションを高めてそれを繰り返さないようにすることもできる。過去の習慣に陥った結果として資金や機会を失った最近の出来事を思い出すこと、とくにその記憶が金銭的な代償や感情的な痛みを伴っているときには、それが同じ過ちを二度と繰り返さないようにする優れた方法になる。『精神科医が見た投資心理学』（晃洋書房）で、わたしは過去の否定的なパターンを敵視することが重要だと強調した。もし何らかのパターンを敵視していれば、そうしたパターンを受け入れるのは難しく、そのパターンを変える取り組みを持続させるのが楽になる。

多くの人は憎悪の感情に不快感を示す。「他人を憎むのは良くないことだ」「他人には親切にしなさい」とわれわれは教えられてきた。だが、憎悪に効用がある。憎悪は完全な拒絶（完全に自己から遠ざけること）を暗示している。過去のパターンを憎悪すると、その破壊的な結果に共感するため、それを繰り返さないように全力を尽くすことになる。薬物乱用の破壊的な結果を見てきた依存症患者は薬物を憎悪することを学ぶし、自己陶酔的なパートナーとの結婚と離婚を体験した人はそうした体験に嫌悪感を抱くため、二度と同じ過ちを繰り返さない。当然のことだが、もしわたしが過去に満たされない人間関係を築いていたら、今の人生のパートナーとは出会っていなかっただろう。わたしは悪い人間関係によって生まれる感情が大嫌いだったので、何かもっと良いものを見つけようと固く心に誓っていた。

過去のパターンにいかに苦しめられてきたか、もうごめんだと思っていると、肯定的な意欲の源、つまりより良い人生を生きたいという強い願望に気づくものである。

アルコホーリクス・アノニマス（**訳注**　アルコール依存症を克服するための自助グループ）では、アルコール依存症患者は落ちるところまで落ちてから禁酒への取り組みを続ける、と言われている。深刻な結果がいくつも重なってくると、問題を拒んだり最小限に抑えたりして、しまいには忘れてしまうのが楽になる方法になる。落ちるところまで落ちてしまえば、結果はもう無視できないところまで来ているはずである――かなりの痛みや打撃を被っているはずだ。そこまで来ると、もう完全にあきらめざるを得なくなる。つまり、自分の習慣が人生に及ぼしていた悪影響を憎悪するところまで来るわけである。「もう二度と後戻りはできない」というのが、憎悪や嫌悪感の域に達した多くの人の感情である。そこまで来ると、過去のやり方との距離が生まれる。もうそのやり方に共感することはない。

こうした考え方の上手な活用法――また、やってみる価値のある課題――は、今後のトレードで克服したいと思っている一つの敵に焦点を合わせることである。そのときに敵として選ぶのは、過去数カ月の間に自分のトレードをひどく苦しめた思考、感情、行動のパターン、または生活のほかの部分で見られたパターンである。もし正弦波チャートに、トレードだけでなく生活のほかの部分でもそのパターンによる有害な結果が表れているなら、これがとくに有効だ。そうすれば、このパターンが長年にわたって引き起こしていた痛みやそのパターンが繰り返されたときに払った代償をすべて思い浮かべることができる。そうしたらそのパターンを敵だと断定し、毎日のトレードでその敵に立ち向かう機会を確固たる決意で探せばよい。

注意してほしいのは、これは単にパターンが表れたときにそれを観察することとは違うということだ。そうではなく、これはそのパターンを拒絶する機会が得られることを積極的に「期待し」、それが表れるのを楽しみにさえすることである。トレーダーの心の枠組みは、「自分が問題なのではない。この過去のパターンが問題なのだ」となる。一度過去の考え方や行動の仕方を、もう自分にとっては役に立たない過去の遺物だと考えられるようになれば、そうしたパターンから解放される方向に大きく近づいたということである。

敵を退治するには持続的な努力が必要だが、同時にとても面白く、自信がつくことでもある。かつて資金を失ったときのやり方に気づき、そうしたやり方を拒絶するたびに、自分の敵に打ち勝っているのである――敵を打ち倒して自信感や達成感を得ているのである。**もし自分がとても対抗意識が強く成果志向なら、意思の自由を勝ち取りたいのか、それとも過去を繰り返してそれを失いたいのかと自問してみることだ。**対抗意識が強い人は負けず嫌いで、死ぬまで敵と闘い続けるだろう。競争意欲を駆り立てて自分の幸福の敵、すなわち自分の内なる悪魔を打倒することが、自己改革を強力に推し進めることになるのである。

コーチングのヒント

セルフコーチングで最初に闘うべき敵の一つが先送りである。われわれは自己改革が必要だと分かっていてもぐずぐずと先送りし、切迫感を持ってそれを持続させることができない。そのような状況では、先送りそのものが闘うべきパターンになり、生活を変えようとするエネルギーも奪われてしまう。多くの場合、先送りはそれ自体が「防衛」、つまり予想される変化に伴う不安に適応するための手段になる。われわれが毎日欠かさずやっている何の変哲もない小さな改革から始めれば、先送りと闘い、改革のプロセスをコントロールしているという感覚を得ることができる。高い目標や急激な改革は、先送りされることが多い。規則正しく追求できるような中ぐらいの目標に集中すれば、改革から脅威値をなくすことができる。

レッスン45　セルフコーチとの関係を最大限に活用する

精神力動的な作業の基本原則の一つが、自己改革はさまざまな関係のなかで進んでいく場合が多いということだ。自分のトレードコーチになるときの課題の一つは、適切な関係、すなわち自分の目標達成を支えてくれ、自分がなれる人間やトレーダーの姿を映してくれる鏡のような関係で自分の周囲を固めることである。

わたしがプロップファーム（**訳注**　自己売買専門の会社）でトレーダーたちと仕事をしているときのコーチングのシナリオを二つ挙げてみよう。いずれのシナリオでもトレーダーはポジションを大きくしてから損切りに引っかかり、予定よりも多額の資金を失った。たった一日の損失でその週の利益が全部吹き飛んでしまった。まずは一つ目のシナリオ。わたしはトレーダーにこう言ってたしなめた。

「どうしてそんなにそそっかしいんだい？　今週はボロボロじゃないか。こんなことを続けていたらどうなるか分かっているだろう？　新入りのトレーダーを雇ってくれる会社を探してほっつき歩いている場合じゃないんだぞ」

だが、二つ目のシナリオでは言い方を変えた。

「どうしたんだい、前よりもずいぶん良くなっているじゃないか！　先月のことを覚えているかい。勝ちトレードの日ばかりだっただろう？　でも、あそこまで大きいサイズにする必要はなかったけどね。また先月のような素晴らしいトレードができるかどうか調べてみようじゃないか」

最初の対話からは挫折感がうかがえる。いかにも「君にはがっかりだ！」と言いたげだ。このやり方は否定的な側面に焦点を当てており、最悪の場合のシナリオを強調している。だが、二つ目のシナリオの場合には、問題には触れているが、優れたトレードを強調している。この対話からは激励していることが読み取れ、このトレーダーに自分の長所を想起させるものになっている。

こうしたやり取りが毎日、毎週続くことを想像してみよう。前者のやり方だと、トレーダーは安心感や自信をなくし、もっとひどいトレードをしてしまうかもしれないということが容易に考えられる。一方、後者のやり方からは、トレーダーが優れたトレードに戻れるように支援していることがうかがえる。これだと単にトレードでの失敗を回避できるだけでなく、コーチとしても成功するはずである。

どのようなトレーダーでもいや応なく自分自身のコーチになる。常に成績について自分自身に語り掛け、成績を上げるための対策を講じ、結果を記録する。唯一の問題は、このセルフコーチングがどの程度目的意識を持ち、指導的かつ建設的なものかである。精神力動的な観点からすると、自分とセルフコーチとの関係は自分とプロのコーチとの関係と何ら違いはない。その関係の力学が鏡の役割を果たし、われわれはそこに映し出されるものを内在化する傾向があるからだ。

「自分のセルフトーク」が自分のセルフコーチングになる。

どういう意味かというと、セルフコーチングを成功させるには、自分の過去の問題のパターンに焦点を合わせることが「極めて」重要だということだ。ときには過去のパターンに舞い戻ってしまうこともある。新しい肯定的なパターンを作り出す機会を見逃してしまうこともあるパターンを回避しようと必死になるものの、最後には別のパターンに陥ってしまう場合もある。こういうときには決まって意欲がそがれ、いら立ちを覚えるものである。しかし、自分のトレードコーチとして、皆さんは自分自身、すなわち自分の生徒との建設的な関係を維持する責任を担っているのである。

「悩める者を慰め、安穏としている者を悩ます」というのは、わたしが『精神科医が見た投資心理学』のなかでほかの人と仕事をするときのやり方を言い表したものだが、これはコーチングの場合にも当てはまる。もし自分が苦しんでいたら――悩み、傷つき、迷っていたら――、自分が自分にとっての一番の支えになりたいと思うだろう。もし勝っていたら、自分に倍の罰を与えて自分を苦しめ、以前のやり方でもトレードを再開できるのだという過剰な自信に警鐘を鳴らしたいと思うだろう。

練習としては、トレード日誌から自分の感情的なトーンを抜粋し、詳しく分析してみるとよい。それは建設的なコーチングのセルフトークだろうか、それとも否定的で不満だらけで、非難ばかりするようなセルフトークだろうか。それは自分の進歩や成果を同じように強調しているだろうか、それとも「自分は正しいことができなかったんだ」とくどくどと繰り返し言っているだろうか。

トレードコーチとして最悪なのは、自分が乗り越えようとしている破壊的で循環的な葛藤に関与していた過去の人物の声を聞いて、過去のパターンを呼び起こしてしまうことである。もし敵意を抱いて批判ばかりする親がいたら楽しくないはずだ。自分の成果を認めてくれない配偶者や怒りっぽい姉妹がいたら、セルフコーチングで彼女たちの声を再生しようとは思わないだろう。自分をどう扱うかが、自分が変えようとしているパターンの一部になる場合がある。コーチの声に耳を傾けることが、先に進める優れた方法なのである。

完璧主義は敵対的であることも多く、達成への意欲に見せ掛けた一連のセルフトークを拒絶する。

わたしと一緒に仕事をしているあるトレーダーは、セルフコーチングモードに入ると、実際に第三者になって自分自身に語り掛け、自分の目標やパフォーマンスをテープに録音しては、休憩時間中に再生して見直しを行っている。彼ならきっとこう言うだろう。

「ビル、今日はここでトレードしすぎないように気をつけたほうがいいよ。先週はそれで面倒なことになったんだから。ＦＲＢ（米連邦準備制度理事会）の発表どおりさ。それが違わないかぎり、相場もそれほど動くとは思えないしね。今週はしっかりやるようにしよう！」

来る日も来る日もこうした言葉を聞いていると、セルフトークも目的意識を持った話が内在化されたものになってくる。長い間正しいことを言い続けていると、自然とそれが正しいと感じられるようになり、それを自分に向けて繰り返し言うようになる。そこまで来ると、コーチの役割が本当の意味で自分の一部になってくる。逆に自分のセルフコーチの声が不満だらけならば、自分自身との関係は、やがて自分からやる気や自信を奪っていくだけのものになる。多くのトレーダーが成功するために無理をしていると感じるのは、自分の行動が実際には過去の関係で耳にした批判的で冷淡な声を再生しているだけという場合である。

もうひとりのトレーダーは、大金を稼ぎ、負けトレードよりも勝ちトレードのほうがはるかに多い。だが、その話しぶりからはとても想像がつかないが、常に負けトレード、もっと大きな利益を狙って長期間放っておけるトレード、そしてすぐにでも撤退できるトレードに焦点を合わせていた。「自分のやることなすこと、すべて物足りない」というのが彼の口癖で、リスクを高くしてさらに大きな利益を追求しようとすると壁にぶつかり、結局、自己改革に着手することもできなかった。毎日、毎週、毎月のように、自分のトレードには何かが足りないと自分に語り掛けていたためか、自信を持って大きなサイズでトレードする能力が失なわれていったのだ。彼は自分の利益に甘んじることなく、成功するためにセルフコーチングをやっていると思っていたが、現実には自尊心を傷つけていたのである。

これとはまったく異なるセルフコーチングへの取り組みの例をご紹介しよう。困難だが達成可能な成績の目標を設定し、その目標を達成したら待望の休暇を海外で過ごそうと自分に（そして妻に）約束するトレーダーがいる。彼が前向きなやる気を維持することができたのは、自分のトレードを改善する取り組みに妻を巻き込み、トレードにとっても妻にとっても大きなご褒美を与えることにしたからだ。これによって二人の海外旅行は彼の成功の記念として特別なものになった。このように、彼は自尊心と達成感を与えてくれる自分自身との関係を育てていったのである。

精神力動的な取り組みをする真意とは、われわれはあらゆる重要な関係で成り立っているということだ。さまざまな関係のなかでも、自分自身との関係ほど重要なものはない。**セルフコーチングでも、われわれは自分の自己との関係をコントロールしているのである。**つまり、マーケットのリスクや不確実性と闘うときには、コーチとしての声を聞いているということなのだ。

コーチングのヒント

コーチは一般に、まずは自分のチームに注意を向け、重要な教訓を強調してやる気を高めてから試合に臨む。マーケットが開く前に自分に注意を向け、その日のプランや目標に焦点を合わせることを検討してみよう。また、自分の取り組みをテープに録音し、日中に聞き直してみよう。自分にどんなことを語り掛けているかにはとくに注意を払うこと。自分のセルフトークをはっきりと言葉にし、聞き手の立場からそのセルフトークを聞き直してみよう。そういうときには否定的な気持ちにはならないものである。

レッスン46　良いトレード仲間を見つける

どういう運動をすればよいのかが分かっているのに、なぜ人は体を鍛えるのに専任のインストラクターを雇うのだろう。ヘッジファンドでは、なぜわざわざコーチを雇って経験豊富なポートフォリオマネジャーと一緒に仕事をさせるのだろう――仕事についてはそのマネジャーのほうがはるかに詳しいというのに。ベテランのスポーツ選手にしても、自分が雇っているコーチよりも熟知しているのに、なぜ相も変わらずコーチに頼るのだろう。

自己改革の精神力動論を理解すると、こうした疑問に対する答えがすぐにはっきりしてくる。コーチやインストラクターを雇うと、自己の能力開発のプロセスを経たあとで、それを今度は対人関係のなかで能力を高めていくプロセスに変えていく必要が出てくる。これは学習曲線を加速させられる人にとっては最強の手段だが、あまり理解されていない。

ほかの人と一緒に目標を追求しているときには自分の取り組みに次々と意欲がわいてくる。心理学の研究からは、カウンセリングや心理療法の結果で最も重要なのは、支援する者と支援される者との関係の質であることが分かっている。これは当然だ。支援される者が支援する者を高く評価していれば、自分のためだけでなく、その支援者のためにも変わりたいと思うし、自分が高く評価し、自分のために働いてくれる人の期待を裏切りたくないからだ。もし一日おきにジムに通って体力作りをしようと決めても、サボるのは簡単だ。ところが、それを親友の前で宣言してしまえば、友人を失望させたくないため、自分のプランを貫き通す可能性がより高くなる。

自己改革をほかの人の前で宣言すると一段と意欲が高まり、その人もますます自分の意欲を高めてくれる。

ほかの人をひとり、自己改革への取り組みに巻き込むと、新しい鏡映の対象を取り込むことができる。優れたスポーツコーチは、自分がどういう動きをしているかについてフィードバックをしてくれ、努力が停滞期に入っていそうなときでも意欲を高めてくれる。滞在型ダイエットセンターのスタッフも、自分の減量のプロセスを支援し、プランを実行しているときに肯定的なフィードバックをしてくれる。連日のようにこうして激励されると、自分でも励みになるようなセルフトークが簡単に口をついて出てくるようになる。実際のスタッフの役割をある程度内在化すれば自分のコーチになれるのである。

これができるようになるには、自分のメンター（指導者）がプロとしての訓練を受けている必要はないし、そのメンターとの関係が商取引の関係である必要もない。同輩組織の好例がアルコホーリクス・アノニマス（**訳注**　アルコール依存症を克服するための自助グループ）である。ここでは経験豊富な会員が新会員を支援する。グループ会議は自己改革を支援するような環境を整えてくれる。標語や掲示も共通の信念や責任を抱かせ、身元引受人との関係は、自分の命のことを心配してくれる人と一緒に取り組んでいこうという意欲を与えてくれる。**究極の効果は、克服に失敗した依存症患者としてではなく、克服に成功した人間として、参加者の新たなアイデンティティーを鏡に映し出せることである。**

トレードコーチとして、わたしは一緒に仕事をしているトレーダーやポートフォリオマネジャーと同じようにお金を稼ごうと頑張って仕事をしている。彼らも定期的に電話やメールをくれ、その都度進歩の度合いについて教えてくれる。ただ、わたしはその分を請求しようとは思っていない。それはわたしが利他主義者だからではなく、単なる金銭の問題ではないということを強調したいからである。連絡をくれるトレーダーの邪魔はしたくなかった。その後の様子が心配だから連絡してほしいのだ。請求書を起こしたいからではない。わたしにとって、それは対人関係の問題、トレーダーの幸せや成功を支援するためなら何でもしたいということであり、トレーダーにもそうであってほしいからである。トレーダーが成功するのを見たいというわたしの意欲によって、彼らも自信喪失という不安定な時期を乗り越えられるのだ。トレーダーの強みは、そのトレーダー本人よりもわたしのほうがよく知っている。

素晴らしいコーチとは、自分が内に秘めている最大の能力をけっして見くびらない者のことをいう。

意味のある自己改革を成し遂げるために、または自己改革への取り組みを対人関係のなかでの取り組みに拡大するために、自分のトレードコーチとしてわたしのような人間を雇う必要はない。それよりも、**自分でパフォーマンス向上チームを結成し**、自己啓発に精いっぱい取り組むほうがよい。パフォーマンス向上チームとは、同じ考えを持ち、互いに気遣いながら助け合う同輩同士のグループのこと。もしわたしが終日トレードをするなら、まずはブログのコメントやフォーラムへの書き込み、会議の出席者やトレーダーたちの同じような会合をざっと調べ、自分と同じマーケットに参加して真面目にトレードをしている人間を探すことが最初のステップになるだろう。クローンのような存在が必要なわけではない。トレードする対象や時間枠でわたしと相性が良いトレーダーが必要だという意味である。次に、わたしが「仮想トレードグループ」と呼んでいるグループを結成しようと彼らに持ち掛ける。これは自分の資金でトレードをするのだが、自由にアイデアを共有したり助け合ったりするグループのこと。グループは入念に選別し、参加者は全員、自分のトレードのアイデアや結果を完全に自由に共有する。こうした環境だと、参加者が互いにアイデアを交換し、困難な時期には支え合い、学び合うことができる。こうしたグループでとくにプラスになるのは、仲間同士で指導し合えることだろう。アルコホーリクス・アノニマスの相互支援とよく似ている。

ホームページ「ストックティッカー（StockTickr）」（http://www.stocktickr.com/）は、パフォーマンスの向上を視野に入れつつ、トレーダーたちのグループのまとめ役として活発に活動している。

アイデアや結果を共有してくれる協力的な同僚を一人か二人見つけるだけでも、自己改革を目指した新たな対人関係を築くための重要な段階に進んでいるはずである。賢く仲間を選べば、彼らは皆さんの意欲をかき立て、支え、指導してくれるだけでなく、皆さん自身から学ぶこともあるだろう。というのも、皆さんはその人を高く評価し、失望させたくないと思っているため、自分の準備や規律、目標にこだわり、それを貫く可能性が高いからだ。

心理学的な知恵だが、ほとんど認識されていないのが、自分が理想とする人物（トレーダー）になるための社会的な関係を見つけることである。ほかの人からのフィードバックや反応は自然と自分の一番の長所を映し出してくれ、理想的な自己がますます自分の一部になっていく。自分のトレードコーチになるときには、何でも自分でやる必要はない。精神力動的な枠組みに内在する基本原則は、最も激しく心が動かされるような関係を体験した結果が最良の自己改革になるということである。

ここで皆さんに課題を出そう。自分のチームの一員としてひとり、つまり自分が支援できる自己改革に取り組んでおり、かつ自分の取り組みを支援してくれる人物を見つけること。その関係からは、はるかに大きいもの、すなわち互いに指導しながら意欲を高め合うプロのネットワークが生まれてくる。トレードを対人関係の体験に変えていけば、ロールモデルができるし、自分がロールモデルになり、ほかの人から学び、ほかの人を指導することで恩恵に浴することもできる。今までになかったやり方で自分の長所を体験し、その長所を足掛かりにすることもできるのだ。

コーチングのヒント

オンラインのトレーディングルームは、同じ考えを持ったトレーダーたちにとっては絶好の議論の場であり、心強い学習手段にもなる。長く続いているものとしては、複数のマーケットに投資するテクニカルトレード中心のリンダ・ブラッドフォード・ラシュキ氏のトレーディングルーム（http://www.lbrgroup.com/）、ビル・ドゥリエー氏が運営するマーケットプロファイル志向のオークションマーケット理論研究所のトレーディングルーム（http://www.instituteofauctionmarkettheory.com/）、ジョン・カーター氏とヒューバート・センターズ氏が運営するトレーディングルーム（http://www.tradethemarkets.com/）がある。同じ考えを持ったトレーダーたちの交流の場にもなっているジム・ダルトン氏とテリー・リバーマン氏が運営するマーケットプロファイル関連の教育プログラム（http://www.marketsinprofile.com/）ものぞいてみる価値がある。有名なトレードフォーラムとしては「エリート・トレーダー」（http://www.elitetrader.com/）と「トレード・トゥ・ウィン」（http://www.trade2win.com/）の二つがあるが、共にほかのトレーダーとの情報の共有や交流の場になっている。システム開発者向けには、トレードステーションのプラットフォームを中心に開発しているグループ（http://www.tradestation.com/）をチェックしてみるとよい。気に入っているトレードのプラットフォームやアプリケーションがあるならば、間違いなく同じツールを利用しているトレーダーと交流することが極めて重要だ。「マーケット・デルタ」（http://www.marketdelta.com/）はユーザー向けの教育プログラムを運営しており、「トレード・アイデアズ」（http://www.tradeideas.com/）と同様、ウエブ上で存在感を発揮し続けている。わたしが有益だと思ったトレード用アプリケーションはこの二つである。

レッスン47 不快感に耐える

過去の葛藤のパターンによる痛みに対処しようとする心の働き、すなわち「防衛」には、身体症状が伴うというのが力動精神医学の重要なポイントである。ポジションを失ったトレーダーについて考えてみよう。相場が自分の意に反してジリジリと逆行していくのをかたずをのんで見詰めている。緊張も徐々に高まり、背中を丸めて画面に見入っている。首や額の筋肉をこわばらせ、マウスをぎゅっと握り締めている。**この身体の緊張は防衛の方法として出てくるものである。**こうした心の働きはほかの心の働きを排除し、身体や心の動きに影響を及ぼす。おそらくこのトレーダーは怒鳴り散らしたい、ののしってやりたいと思っているかもしれないが、コントロール感を失うのを恐れている。無用の損失が続いたことで悲嘆に暮れている。きっと泣きたいと思っているかもしれないが、弱虫だとは思われたくないので、涙をぐっとこらえている。

この心の働きにはほかにも身体症状を伴う例がたくさんある。研究し尽くしたシグナルに基づいて行動することに矛盾を感じているトレーダーについて考えてみよう。不安が募ってくるにつれ、「マーケットには不確実なことが多すぎるよね」と彼は自分に語り掛け、画面から離れてしまうが、結局はそのシグナルが有効だったことが分かる。この痛みを避けようとする心の働き（回避的な防衛）によって、彼はその場を離れて一時的に緊張感を和らげることはできるが、マーケットを理解し、機会に乗じて行動することはできなくなる。

また、トレーダーが不満を募らせた状態で行動しているときにも別の身体症状が見られる。机をドンドンたたき、マウスを投げつけ、大声で悪態をついては、損をしたと言って目に見えない相手を責めてしまう。このようなトレーダーは、感情を発散させることで内省や自己責任を回避するが、これは自分のポートフォリオを駄目にしてしまったという認識や自責の念に対する心の働きである。

臭いものにふたをするときには自分の身体を使うことが多い。

わたしが心の安定を守るためにやっているささやかな方法をひとつご紹介しよう。それは、相場が自分の意に反して逆行していると感じたら、すさまじい勢いで情報を精査して自分のアイデアが正しいことを確認することである。もちろん、間違っているという感情に対してもこうした心の仕組みが働き、必死にトレードを続けて損失を取り戻す理由を模索する。だが、こういう反応は事態をいっそう悪化させるものである。わたしが学んだのは、むさぼるようにトレードをしているときには、普通は自分にはそういう感情を抱く妥当な理由があり、そうした感情に耳を傾ける必要があるということだ。

思い出してほしいのは、精神力動論では、心の安定を守ろうとする働きは過去の葛藤による痛みの感情から守ってくれるコーピング（対処）の方法であるということだ。心の安定を守る最も基本的な働きのひとつが「抑圧」である。思考、感情、記憶を意識的に気づかないようにしておけば、それで困ることはないというものである。**もちろん、抑圧にも問題はある。それは、抑圧された葛藤はその葛藤が未解決のままであるということだ。**その存在に気づいていなければ、それを克服することはできない。多くのトレーダーは自分を使って心を抑圧しようとする。つまり、身体の緊張が心を拘束し、心の動きが身体や心に表れるのを抑えてしまうのである。わたしはかつて、肉体的にはかなりきついのに、自分の心理的ストレスの度合いや特性についてはまったく分かっていないというトレーダーと面会した。おかしなやり方だが、気を張り詰めることが彼らのコーピングだったのだ。四六時中、危険と立ち向かい、しっかりと理性的に自分をコントロールしていた。**緊張や痛みで体が悲鳴を上げているときには直観に頼っ**

てトレードするのは難しい――直観というのは、長年のパターン認識に基づく暗黙的な知識だからである。

セルフコーチングでこうした心の安定を守る働きをやめて、そこから最大限のものを引き出すには、自分の意思だけでは不十分だ。心の安定を守っているという意識に集中する能力も必要だ。そこではこんなことを自問してみたくなるだろう。「筋肉を緊張させているときにはどのような感情を抑えているのだろう？」「他人を責め、画面から離れることで、何を回避しようとしているのだろう？」。要するに、そういう心の働きを抑え、つまり意識的に筋肉の緊張をほぐして内面に集中し、画面の前にとどまり、**単に脅威になっている心の働きを体験する**という発想である。

精神力動療法の研究では、これを「自分の防衛に向き合う」、または「立ち向かう」という。例えば、カウンセリングを受けているクライアントは自分のつらい関係を体験したことから語り始めるが、いきなり話題を変えて、自分の子供の話やその子の学校での様子について語りだすことがある。そんなとき、わたしは話題が変わったことをそっと指摘し、「きっとご自分のことよりもお子さんたちの話をするほうが楽なんですね」と説明する。すると彼女は自分の関係に話を戻し、新たな情報（そしてほとばしる感情）を提供してくれる。やがて父親との確執の記憶へと話を進めていく。**防衛の働きを打ち崩すことは心を動かすきっかけにもなる。**彼女は抑圧された感情とそれがいかに深い意味を持っているかに気づいていくる。

精神力動療法ではこうした現象によく遭遇する。もし抑圧された思考、感情、衝動を感じたら、自分の状況に対して心がどう動くかという認識を新たにしたということである。**自分の感情の状態や認識が変わると、物の見方も変わってくる。**こうした変化によって、厄介な葛藤を処理するときに新たな洞察力やインスピレーションが生まれてくるのである。

今までと違った感じ方をしていると、物の見方も違ってくる。

こうした心の動きを利用した作業を行う際にはイメージを思い浮かべることに集中すると効果的である。市況をありありと思い描いたときに、もし緊張が高まったり欲求不満で難癖をつけたりするようであれば、自分の心の枠組みに入り直し、心の安定を守るつもりはないという感情に気づけばよい。そうすると、今までは気づいていなかった感じ方など、実にさまざまな感じ方があるのが分かる。例えば、大声で他人を非難するのを拒んでいる場合には、自分のことで悲しみ、自分の損失に苦悩しているのだと感じていることが分かる。これによって自分は解放され、ほとばしる怒りの奥底に感情を葬り去るのではなく、痛みに立ち向かい、自立することができるようになる。

心が動いているという認識が高まると、意欲が出てきたと感じるようになり、強い不快ストレスは感じなくなる。精神力動療法の優れたカウンセラーやセラピストは、われわれの心の安定を守ろうとする働きに「真っ向から立ち向かって」きて、われわれがあの手この手で厄介な感情を寄せつけないようにするのを妨害する。**結果はというと、われわれが回避してきた感情は、結局はそれほど破壊的なものではないのだという認識に至る。**おそらく人生のある時期、まだ若くて感情的にも傷つきやすかったころには、こうした感情を処理することなどできず、こうした感情を消し去ることに全力を注いでいたはずだが、熟年になった今では「逃げだす必要なんてないんだ」、やがては「それほど怖がることはないじゃないか」と、一番の脅威になっていた心の動きを感じ、それを理解することが、途方もなく大きな自信を与えてくれるのである。

では、皆さんは何から逃げだしているのだろう。**「防衛」の方法、すなわち痛みの感情に対応するための心の働きである自分の最悪のトレードパターンを思い浮かべてみよう。**続いて、そのようなパターンに基づいて行動するのを拒んでいるときには、しばらくその体験を続け、どう感じるかを把握してみよう。ほとんどの場合、衝動的なトレードをするときの不安に駆られたリスク回避、感情の爆発、そして誤ったリスクマネジメントは、つらい心の動きを体験することから自分の心を守る取り組みになっている。一度そういう体験をし、そういう感じ方をすると、何からも逃げる必要などないということが分かるだろう。そうすれば損失や失敗に対する恐れや失望に対処することができるのだ。自分のコーチとして必要なのは、そのことを自分に立証してみせることだけである。

コーチングのヒント

メッセージは身体の緊張をほぐす優れた手段だが、自分の身体の緊張のパターンについて学ぶ手段でもある。自分の体のことがよく分かってくると、気がついたときには筋肉を緊張させ、呼吸を抑えてから、意識的にリラックスしようと努めることができる。この方法で筋肉をほぐし、深呼吸をしながらリラックスすると、心の動きに、そして自分の感じ方の新たな処理方法に心を開くことができる。

レッスン48　感情の転移を習得する

大学院生だったころ、わたしはインターン生としてニューヨークで精神分析療法を受けたことがある。セラピストの部屋はマンハッタンを象徴するような高層ビル内の自宅にあった。わたしが取り組みたいと思っていた課題の多くは、権威者に対する反抗、職場や学校といったさまざまな環境で見られるパターンと関係があった。わたしはいつも指導教官に気に入られようと努めていた。もし教官に認めてもらえなければ、間違いなく反抗的になっていた。わたしは他人に支配されるのが大嫌いだった。もし職場での関係に威圧的な雰囲気が少しでもあったら、ときにかなりきつく反抗していたに違いない。

セラピストの部屋に着くと、鍵がドアに挿入されたままになっていた。わたしは鍵をポケットに入れ、ドアをノックした。セラピストと対面し、セッションが始まった。数分後、セッションに割り込んできてよいものかどうか迷っていたセラピストの妻が部屋に入ってきて、家の鍵を持っているかと夫であるセラピストに尋ねた。わたしはポケットに手を入れると、彼女にほほ笑み掛け、ウインクしながら鍵を手渡した。初のセッションにしては上出来だった。

もちろん、鍵という性的シンボルは別にしても、フロイト主義者になって野外研究日に心理療法を受けに行く必要はない。鍵を持っていたのはわたしである。つまり、わたしが支配権を握っていたわけだ。彼女が何かを求めているときに、それを与えたのがわたしだということである。

セラピストには永遠に頭が上がらないが、彼は状況に見事に対応し、身構えることもなく、しかもその問題を無視することもなかった。何が起きたのか、なぜ起きたのかを一緒に考えようと言ってくれた。これぞ精神力動的なやり方だ。つまり、過去から繰り返される葛藤を処理する手段として自分の対人関係を使うのである。

セラピストは、もちろん感情の「転移」に気づいたのである。感情の転移というのは精神力動の言葉で、過去の葛藤を現在に転移するという意味である（**訳注**　子供のころにある人に対して抱いていた感情を知らず知らずのうちにセラピストに対して向けること）。言い換えると、わたしはセラピストに対し、自分の父親か上司に対するのと同じように対応していたのである。もしセラピストが敵対的で身構えていたら（わたしが家の鍵をポケットに入れていたことを考えると、こういう反応を示しても不思議ではない！）、わたしは反抗的な態度を崩さなかっただろう。もしセラピストが身構えるような態度を示していたら、わたしは権威者に対して最大の恐怖を感じるというわなにはまっていたはずだ。ところが、セラピストはわたしの予想を裏切り、頑としてプロ意識を持ち続けて権威者の役割をうまくかわした。そのおかげで、わたしはこの対人関係やほかの関係で自分がどうしていたのか、なぜそうしたのかを考える余裕ができた。最終的には、強みではなく弱みや恐怖から生まれた関係では自分が支配権を握らなければならないのだと分かった。積極的にほかの人とかかわるには、自分の対人関係で培ったスキルを生かせば、はるかに強い支配権を握ることができるのだということを学んだ。

精神力動的な作業における治癒力とは、対人関係を利用して、肯定的で、かつ力強い心の動きを新たに体験できるようにすることである。

トレーダーがマーケットを擬人化するのは珍しいことではない。マーケットを危険なもの、われわれをやっつけようと躍起になっているもの、八百長ゲーム、宝箱、遊び場、あるいは複雑なパズルとして見ることもある。われわれが人間の性質をマーケットに当てはめているときには、なぜその性質を当てはめたのかと自問してみるべきだ。**まさにわたしが権威者の姿を自分のセラピストに投影していたように、われわれは必死で格闘している性質をマーケットに投影しているのである。**これも感情の一種の転移である。だれも自分の話を聞いてくれないと思いながら長年過ごしていたら、マーケットは不合理で気まぐれだ、と今でも感じているはずだ。だれもが自分の弱みにつけ込んでいると感じていたら、マーケットを操作してわれわれに損失を与えるマーケットメーカーに対していら立ちを感じているかもしれない。

感情の転移という考え方からすると、われわれがマーケットに対して一番腹を立てているのは、過去に、またおそらくは対人関係で一番腹を立てていたことと同じである場合が多い。ある意味で重要なことだが、われわれにはトレードしているマーケットとの関係があるため、そのマーケットとの関係を自分の個人的関係につきまとう同じ性質で染めてしまうことが多い。現在のマーケットで過去のパターンを演じていたら、もはや客観的な需要や供給には反応していないことになる。自分の過去のパターンにとらわれ、現在のマーケットの需要や供給が見えなくなっているのである。

トレードのパートナーたちとのやり取りにも感情の転移の例が見られる。トレーダーがわたしとどう付き合うかで、そのトレーダーがマーケットとどう付き合っているかが分かる。最近損失を出したため、きまり悪い思いからわたしとのやり取りを避けるトレーダーがいるが、そういうトレーダーに限って、トレードで回避的なパターンを演じては損切りを無視し、準備を怠っている。そうかと思うと、コーチングの最中にも手の施しようがないという態度を示し、自分で試してみるのではなく、手取り足取り教えてくれと言って泣きついてくるトレーダーもいる。こういうトレーダーは困難な市況では弱腰になり、すぐにあきらめ、通常の損失を出したあとでもほとんどレジリエンス（**訳注**　困難な状況にもうまく適応できる能力、弾力性、立ち直る力）を見せることがない。自分のトレードを同僚のメンター（指導者）か同じ志を持ったトレーダーたちと共有するメリットは、自分が彼らとどうかかわっているか、彼らが自分にどう対応しているかを自分でチェックできることである。トレーダーたちとのやり取りに表れるパターンは、自分のトレードで取り組むべきパターンを反映していることが多い。自信過剰、回避性、正当化といったパターンは、すべて社会的相互作用、すなわち人付き合いにも表れてくるものなのだ。

対人関係に対応するときの最大の欠点がトレードにも表れる。

自分が参加しているマーケットをどう見ているだろうか。トレードで気が動転しているときにマーケットのことを何と言っているだろう。トレーダー以外の人にマーケットを説明することになった場合にはどのように描写するだろう。やってみる価値のある課題は、日誌を見直したりセルフトークを追跡したりして、マーケットやトレードを擬人化するときに自分が口走っていそうなことを確認することである。

自分のトレードコーチである皆さんには自分のトレード体験を生み出す能力がある。リスクにさらされる度合いを自分でコントロールし、リスク・リワード・レシオが魅力的なときだけトレードを執行し、セットアップを明確な実証済みパターンに限定すれば、感情の転移の筋書きに従わないトレード体験を生み出す機会を得ることができるのだ――わたしが与えた役を演じなかったセラピストのように。もし欲求不満を処理できないという問題を抱えているなら、トレードに取り組むときに扱いやすい欲求不満を生み出すという努力目標を立ててみるとよい。もし現実逃避が自分のパターンなら、自分のプランに従ってトレードを続ける安全なやり方を見つけるのが課題になる。

自分の恐怖と安全に向き合い、欲求不満に積極的に語り掛けられるようなトレード体験を生み出すこと。その体験によって、過去のシナリオでも結末が違ってくるものである。

嫌いな性質をマーケットに投影すると、自己分裂を起こしてしまう。自分の一部はトレードのプロセスと格闘しているが、一部はそれに没頭している。こうして取り乱し、分裂してしまうと、マーケットのパターンやその変化についていくことができなくなる。

トレーダーがよく使う言い習わしは、「マーケットを自分に近づけろ」である。これが意味するのは、広い心でトレードに取り組み、パターンが表れたらそれに当たるべきだということ。要するに、トレードには投影作用や葛藤を持ち込まないということである。自分がマーケットにどう語り掛けているか、マーケットについてどう話しているかを追っていけば、繰り返されるテーマから一歩離れ、マーケットを自分に近づけることができるのだ。

コーチングのヒント

ここまでの考察を読めば、困難なトレードを体験しているときにはトレードのサイズとリスクを減らすことがなぜ精神的に重要なのかが分かってくる。これによって、新しいアイデアを試したり、自分の手法に手を加えたりする安全な環境が整うため、守りの姿勢でトレードに臨むのではなく、マーケットの問題に直接かつ積極的に向き合うことができるようになる。自分のトレードをより計画的に、また規則に従ったものにすればコントロール体験が生まれ、リスクを減らせば安全体験が生まれる。精神力動モードでセルフコーチングを行う真の目的は、自己や他人、周囲の世界を相手にするときのやり方を変えるような、新しく心強い体験を生み出すことである。新しいトレード体験を作り出すと、チャンスの扉を開けてくれる新鮮なやり方でトレードやマーケットを体験することができるようになる。

レッスン49　矛盾の力

精神力動的な枠組みの基本は、いくら独り言を言っても長続きする自己改革に乗り出すことはできないということだ。そうではなく、前のレッスンでも見てきたとおり、今までになく力強い心の動きを体験することで改革を推し進めるのである。こうした心の動きが力強いのは、まさにわれわれの最大の恐怖や憶測を和らげ、それまでは手の施しようもなかった過去の葛藤や感情は間違いなく克服できるのだということを示してくれるからだ。

この自己改革のプロセスは、過去のシナリオに違う結末を用意することだと考えることができる。きっとわたしの過去のシナリオは、トレーダーとして、あるいはトレーダーとして仕事をする前に、心に傷を負うようなことを経験しているのでトレードでの損失におびえているというものになる。こうした損失に対する恐怖から、論理的な損切り価格や利益目標に達するまでポジションを保有していることができず、判で押したように自分の利益を守り、損失を最小限に抑えることばかりに気を取られ、自分のプランを先取りしては早々に手仕舞いしてしまうのだ。

これも自分の心の安定を守ろうとする「防衛」の働きである。つまり、早め早めにトレードから離れて損失の不快感を取り除こうとするわけである。こういうパターンだと、自分の損益の方向性をちょっと変えるだけで、自分のアイデアの良い面にはけっして触れないという代償を払うことになる。そのパターンに従って行動しているかぎり損失に対する恐怖に触れることはなく、よってその恐怖を克服することはできないのである。パターンの繰り返しは、それを強固なものにするだけである。

精神力動的な作業にはシナリオに違う結末を用意することが必要だというのは、そういう訳なのだ。われわれは守りに入るのを拒み、固い決意でトレードを続ける一方で、恐怖という感情も残しておく必要がある。これはつまり、人生のある時点ではこの恐怖と隣り合わせというのがかなりの脅威だったが、より多くの経験を積んだ今の新たな人生ではその恐怖に対応することができる、という考え方だ。もう恐怖から心の安定を守る「必要」はない。精神力動的な改革のプロセスにとっては、基本的な葛藤やそのときの心の動き、つまりこれまで最も心の安定を守るために戦ってきたものと付き合うことが極めて重要なのである。

精神力動的な改革のプロセスは、次のような順番で組み立てることができる。

- ●繰り返し発生する問題パターンを特定する
- ●その問題パターンの代償と結果に自分を関連づける

●その問題パターンが何に対する「防衛」なのか（自分が回避しているもの）を特定する
●自分が回避してきたものと向き合うため、とくに対人関係での体験を生み出す
●さまざまな関係を通してこうした体験を繰り返し、建設的なコーピング（対処）を新たに内在化する

自分の多くの問題は、単に恐ろしい記憶、感情、または欲求から自分の心の安定を守る手段にすぎない。一度そうした恐怖を体験し、それを認識すると、自分のトレードプランを頓座させないやり方で、その恐怖を導き出すことが課題になる。そうすればトレード仲間と話をして違った考え方に触れたり、何らかの訓練をして落ち着きを取り戻して安心したりすることもできる。あるいは日誌をつける機会を利用し、不安に陥るのではなく不安を傍観し続けることもできる。

過去の防衛のやり方に従って行動するのをやめれば、精神力動的に良い結果が保証される。これは極めて重要だ。損切り価格や利益目標を設定するときに自分のポジションを適切なリスクとリターンに見合ったサイズにしているかぎり、利益目標に達して利益を確定するか、あるいはあらかじめ設定した損切り価格に引っかかるかのどちらかになる。

損切り価格に引っかかるほうが望ましいとは言えないが、いずれも壊滅的なシナリオではない。自分の過去のパターンと矛盾する行動によって、どちらも共に得をする状態が生まれるか

らだ。つまり利益を出す、あるいは自らの体験から「結局は大して損をしていないじゃないか、怖がることは何もない」ということに気づくからである。いろいろな意味で、最も有益なのはこの後者の体験だ。最悪のシナリオに直面しても間違いなく対応できるというのが分かれば、大きな自信感や達成感が生まれてくるものである。

優れたトレードは、今までになく力強い肯定的な心の動きを作り出してくれる。

矛盾した体験を作り出す方法はたくさんある。一つは、以前からいる人ではなく自分に異なる反応を示す人で周囲を固め、その人たちを自分が取り組む自己改革の一部にしてしまうことである。そうすれば、その人たちに支えられ、過去のパターンを繰り返さなくなるだけでなく、肯定的なパターンを新たに演じ始めるときにも肯定的なフィードバックをもらうことができる。もう一つ、矛盾を生み出す方法は、不快な状況と直接向き合い、心の安定を守ろうとする過去のやり方をやめることである。自分が寄せつけなかった心の動きに一度触れると、新たな建設的な結末をもたらしてくれるコーピング（対処）がいかに早く見つかるかが分かって驚くかもしれない。

精神力動療法士のアレクサンダーとフレンチが用いた「修正情動体験」という言葉は、この取り組み方の本質をとらえている。自分の問題のパターンを克服できるのは、過去の葛藤時に学んだことを修正してくれる一連の情動体験、つまり心の動きによるのである。**問題を認識し、その問題について考えるだけでは不十分だ。自分のトレードコーチとしては、その問題を通過できるような新たな体験を作り出す必要がある。**これは厄介な心の動きを葬り去ったままにしておくのをやめ、代わりにその心の動きを十分に体験し、その心の動きに直接向き合うという意味である。心理的に最悪のシナリオを克服することができるのだ。いつまでも消えない痛みを背負っている必要はないのだと分かった瞬間、「それこそ」が修正情動体験、すなわち心のゆがみが修正されたということである。

では、皆さんに課題を出そう。トレードの最中に個人的に実験をし、修正情動体験を一つだけ探してみること。自分のトレードを最も混乱させる繰り返しの多いトレード行動を特定したら、もしそうした行動に「従事していなければ」何を考えていただろうと考えてみること。自分のパターンを普通に繰り返しているような状況が表れたら、自分が特定した心の動きを寄せつけずに体験するように努力してみよう。そうした心の動きがどのようなものなのか、自分がそうした心の動きにどう向き合うのか、そして新たなコーピング（対処）が自分のトレードにどう影響しているのかを想像してみよう。自分の恐怖と向き合うことがその恐怖を克服する一番の方法なのだと分かって驚くだろう。

コーチングのヒント

もし自分のトレードのメンター（指導者）や、自分が尊敬する人、素晴らしいと思っている人がいるならば、一日だけでよいからその人のまねをしてトレードしてみよう。その人ならこうするだろうと思うことは何でもやってみよう。矛盾した体験をどう感じるかを想像してみよう。それができれば、自分の否定的なパターンを捨てざるを得なくなる。理想的なパターンを演じれば、過去から繰り返されるパターンを断ち切るようなマーケット体験が新たに作り出されるものである。

レッスン50　ワークスルー

精神力動的な作業では「ワークスルー」（訳注　「徹底操作」と訳されることもある。心理療法を通して自分の問題を繰り返し振り返り、徹底的に自分のものにしていくプロセス）という言葉がキーワードである。一度最初の改革を進めると、すなわち心の安定を守ろうとする過去のパターンを打ち破り、挑発的な心の動きとの葛藤に直面し、それに対処する新たな方法を見つけると、さまざまな状況でこのワークスルーのプロセスを繰り返し、そのプロセスがそうして見つけた方法をさらに拡大していくというわけだ。これまでに見てきたとおり、**繰り返しは逆戻りと闘っている。**つまり、数多くの対人関係を通して問題に取り組むと、中心的な葛藤に立ち向かうためのしっかりした新たな方法が固まってくるのである。

典型的な例が、拒絶されるのを恐れて親密な関係を避けているトレーダーである。案の定、カウンセラーとの関係でも過去の恐怖を現在の関係に転移し、個人的な話題を避けている。これで表面的な安心感は得られるものの、本当に重大な問題が何なのかは話せない。それを超える話もできない。だが、一度カウンセリングで心を開いて自由にしゃべろうと意識的に努力すると、カウンセラーも拒絶されていないことが分かるため、相反する対応を示してくれる。それからしばらくすると、カウンセラーと共にパターンを打ち破り、心を開いているのがずっと楽になる。

このトレーダーの場合には、ワークスルーのプロセスでカウンセラーの助けを借りて前に進んだら、今度は必要に応じてほかの対人関係、つまり友人関係、職場での親しい人間関係、そして恋愛関係にもそれを応用していけばよい。複数の状況でこの葛藤をワークスルーすることで、新たな肯定的なパターンが固まってくる。多くの対人関係を積極的に鏡に映し出すと安心感を内在化し、それを今度はさまざまな生活の場面でも役立たせることができるようになる。言い換えると、自己意識を内在化できるようになるには、たった一度の修正情動体験ではなく、それを何度も体験する必要があるということだ。

成功しているセルフコーチングでは何度も修正情動体験が得られるため、新たな建設的パターンが内在化される。

要するに、これがまさに精神力動的な作業の本質である。すなわち、もう過去に固執していられなくなるような衝撃的かつ建設的な体験をたくさん作り出し、それを吸収することで自己を見直すということである。わたしが著者としてのアイデンティティーを内在化することができたのは、ただ記事や書籍を執筆したからではなく、長い間編集者や読者ともやり取りをしていたからだ。自分の文章は物分かりの良い読者をつかめないのではないかと心配して、真っ白な画面の前でじっと座っていたこともあるが、執筆や読者との有意義なやり取りを何度も繰り返していくうちに、もはや心配ではなくなった。文章は会話のように自然に流れてくる。

同じように、皆さんにも、自分はしがない駆け出しのトレーダーだと思っていた時期があるだろう。長い年月をかけてトレード体験を積み重ね、利益を出し、資金を増やしていけば、もう自分を初心者だとは思わなくなる。有意義な体験を通して、経験豊富で腕の立つトレーダーとしてのアイデンティティーを自分のなかに取り込んでいくのである。『**トレーダーの精神分析――自分を理解し、自分だけのエッジを見つけた者だけが成功できる**』の専門知識の開発プロセスを思い出してみよう。専門知識を身につけるステップは、アイデンティティーを確立するステップでもある。学習曲線を上昇させ、新米トレーダーから有能なトレーダーへ、そして熟練したトレーダーへとステップアップすることは、知識やスキルを身につけるということだけではない。繰り返しの多い有意義な体験の結果として、自分を変えていくということなのである。

トレーダーとしての訓練を積んでいけば、継続的な修正情動体験が得られるはずだ。訓練そのものがわれわれの弱みをワークスルーする手段になる。

ちょうどワークスルーをするところなら、さまざまな体験を積極的に作り出し、できるだけ多くの状況で自分のパターンに立ち向かい、新たなパターンを演じる機会を得たいだろう。これまでのレッスンでも強調したとおり、また、第９章の経験豊富なトレーダーたちの助言からも分かるように、もし同僚のトレーダーたちの支援を受けて問題をワークスルーしているなら、これはとりわけ効果を発揮する。同僚たちの姿に自分の成功が映し出されていれば、著者としてのわたしのアイデンティティーを強固なものにしてくれたフィードバックのように、皆さんも文字どおり、徹底的に自己改革を推し進めることができる。

精神力動モードでセルフコーチングに取り組むことによって、もし同僚たちから活発なフィードバックが得られ、過去のパターンを断ち切り、新たなパターンを「毎日」演じられるようになれば、最大の成功を勝ち取ることも可能である。知り合いの多くのトレーダーは、自分の具体的なトレードの成績を内緒にしておこうと考えており、さほど儲かっていないためか、明らかにバツの悪そうな顔をしていた。勝った日のことは自由に話すが、負けた日のあとだと、妙にあやふやな態度を示すか寡黙になるかであった。これでは自分にとってはまさに逆効果である。**皆さんは長所も短所も含めて社会的に認知される存在になりたいはずだ。それが心理的にそうした短所を視野に入れるときに役立つからだ。**もし自分の欠点、またはほかの人がその欠点にどういう反応を示すだろうという懸念が大きな脅威になっているのならば、その欠点を隠さなければならなくなり、そうなると「防衛」の働きが自分をコントロールしてしまうことになる。自分が完全にほかの人に認知されるような存在になれれば、もう何も隠す必要はない。ほかの人は全面的に、また心から自分を受け入れてくれる。偽りの自己が間違った形で映し出されることはない。

少し前のことだが、ブログ「トレーダーフィード（TraderFeed）」で自分のトレードを公開したとき、わたしは読者にもトレードを一緒に公開しようと呼び掛けた。当時はホームページを訪れる人が一日に約二〇〇〇人。もしその一％の半分でもいいからわたしの誘いに興味を持ってくれれば、一〇種類のトレードモデルから学習することができるだろうと考えたのだ。だが、その二〇〇〇人のうち、とりあえず興味を示してくれたのはたったひとり。自分のトレードを人目にさらそうという人はひとりもいなかった。

トレーダーの皆さん、これが敗者の反応である。もしトレーダーが精神力動的な自己改革への取り組みを続けていれば、自由に自分のトレードをリアルタイムで共有し、何があっても偽りの自己を維持しようとはしないだろう。やがて進歩がはっきりと分かるようになり、自分たちによる大量の好意的なフィードバックが、新たなアイデンティティー、深い安心感、そして心理的な恐怖心のなさを強固なものにしてくれるのである。

説明責任を果たすことで、自分の最大の不安感をワークスルーする力強い機会が得られる。

このレッスンで皆さんが挑戦するのは、心を開いてほかの人とワークスルーを行い、自分が尊敬する人からフィードバックをしてもらうことである。これが毎日のトレードプランの一部になれば、一日も欠かすことなく修正情動体験を作り出せるようになる。わたしが知っている数人のトレーダーは、自分たちでブログを開設して自分たちのトレードを公開し、そのアイデアに良い反応を示してくれたトレーダーたちとの関係を築くことで、こうした取り組みをきっちりと進めている。**対人関係は自己改革の力強い味方である。おそらく最も力強い味方だろう。**もし適切な対人関係を生かすことができれば、セルフコーチングにトレード日誌への一度の記入にも勝るリアリティーをもたらすことができる。

コーチングのヒント

トレーダーとしての自分の成長について説明できる人を少なくともひとり見つけること。これは自分の損益計算書やトレード日誌、個人的な目標の追跡記録を信頼して共有してくれる人にすべきである。証券会社のトレーダーたちの大きなメリットは、彼らは自動的にパフォーマンスに対する説明責任を負っているため、メンター（指導者）やリスクマネジャーらと成功や失敗についてオープンな話し合いができることである。説明責任を負うと隠れる余地などなくなってくる。これは自分の心の安定を守ろうとする働きと格闘し、逆戻りの裏に潜む脅威を取り除く優れたやり方になる。

参考

本書の主な補足資料がブログ「ビカム・ユア・オウン・トレーディング・コーチ（Become Your Own Trading Coach）」である。ブログのホームページには、第5章のテーマであるコーチングのプロセスに関するリンクや追加記事を掲載している（http://becomeyourowntradingcoach.blogspot.com/2008/08/daily-trading-coach-chapter-five-links.html）。

短期療法（ブリーフセラピー）への精神力動的な取り組みについては、マントッシュ・J・デュワン、ブレット・N・スティーンバーガー、ロジャー・P・グリーンバーグ編『ジ・アート・アンド・サイエンス・オブ・ブリーフ・サイコセラピーズ（The Art and Science of Brief Psychotherapies）』（アメリカン・サイキアトリック・パブリッシング、二〇〇四年）のハンナ・レベンソンの章「タイム・リミテッド・ダイナミック・サイコセラピー――フォーミュレーション・アンド・インターベンション（Time-Limited Dynamic Psychotherapies）」に優れた要約が載っている。

心理的に自己を認識するための価値ある文献としては、レスリー・S・グリーンバーグの『エモーション・フォーカスト・セラピー――コーチング・クライアンツ・トゥ・ワーク・スルー・ゼア・フィーリングス（Emotion-Focused Therapy : Coaching Clients to Work Through Their Feelings）』（アメリカ心理学会、二〇〇二年）がある。また、レスリー・S・グリーンバーグ、ローラ・N・ライス、ロバート・エリオットによる有名な著作『感情に働きかける面接技法――心理療法の統合的アプローチ』（抄訳、誠信書房、二〇〇六年）も参照するとよい。

精神力動やセルフコーチングに関する論説は、わたし個人のホームページ（http://www.brettsteenbarger.com/articls.htm/）の「アーティクルズ・オン・トレーディング・サイコロジー（Articles on Trading Psychology）」の項目に掲載してある。論説には「ビヘービオラル・パターンズ・ザット・サボテージ・トレーダーズ（Behavioral Patterns That Sabotage

Traders)」や「ブリーフ・セラピー・フォー・トレーダーズ（Brief Therapy for Traders)」がある。

精神力動に詳しいトレードコーチなどめったに見つからないが、例外としては、ローラ・シザー編『ザ・サイコロジー・オブ・トレーディング（The Psychology of Trading)』（W&Aパブリッシング、二〇〇七年）の「ホワット・ウッド・フロイト・セイ――ストロール・ダウン・フロイツ・メンタル・パス・トゥ・プロフィッツ（What Would Freud Say : Stroll Down Freud's Mental Path to Profits)」の章を執筆しているデニス・シャルが有名だ。

第6章

心の地図を描き直す
――セルフコーチングへの認知的アプローチ

最大の危険は、目標を高くしすぎて記録を達成できないことではなく、目標を低くしすぎて簡単に達成してしまうことに潜んでいる。
――ミケランジェロ

第5章ではセルフコーチングのための精神力動的な枠組みについて述べた。こうした枠組みがとくに関係してくるのは、われわれがさまざまな状況で非生産的なパターンを長い間繰り返しているときである。基本的に、精神力動的な視点は過去の事実に基づいた視点、つまり、過去のコーピング（対処）の方法と現在のコーピングの方法との結びつきに焦点を合わせたものである。

第7章で論じる行動の枠組みと同じで、認知の枠組みもあまり過去の事実とは関係なく、今ここで周囲の世界にどう対応するかを重視したものである。視点を変え、自分の行動を変えることが認知的なアプローチの基本的なメッセージ。過去がこのアプローチと無関係というわけではないが、周囲の世界にどう対応するか、その方法を変えるために、今ここでできることに重点を置いたのが認知的セルフコーチングである。

認知的コーチングが関係してくるのは、自分の意欲、集中力、そして意思決定に割り込んでくる否定的思考のパターンと闘っているときである。トレーダーが自己改革の対象にしている最も一般的な認知パターンには次のようなものがある。

- ●完璧主義
- ●損失を出したあとの自責の念
- ●心配事
- ●マーケットでの悪い出来事を自分への当てこすりだと受け取ること
- ●自信過剰

認知療法を用いると、自分の思考について考え、自己や周囲の世界に対する自分の認識を改めることができる。では、そのやり方を見ていこう。

レッスン51　心のスキーマ

第5章では自己改革のプロセスへの精神力動的アプローチについて概説した。その枠組みは、自分の心の動きとの力強い関係を利用して、過去の葛藤から続いている行動パターンを打ち破るというもの。それをセルフコーチングに応用した場合、精神力動的な視点で見るには過去と現在の両方を考察し、現在のトレードで過去のパターンが繰り返されるようなケースを認識する必要がある。一方、認知の枠組みは、どちらかと言うと現在志向である。われわれはどう考えるのか、つまり、われわれの思考と感じ方や行動の仕方との関係に焦点を当てるのである。

自己改革への認知的アプローチは、第7章で述べる行動療法と同じように、学習理論に根ざしたものである。さまざまな関係を体験することではなく、「スキルを高めること」に焦点を当てている。したがって、認知的なアプローチでは課題の練習問題が重要になり、セルフコーチングにとっても認知モダリティー（心的態度）がとくに役に立つ。認知的コーチングでは、皆さんは情報処理のスキルをより積極的に学ぶことになる。

科学者は自然を観察し、パターンと規則性を探求することから、多くの認知心理学者は、われわれの思考プロセスを描写するときに科学者の例えを利用する。科学者は、一度その関係に気づいたら、理論を打ち立てて観察事項を説明する。また、実験をしてその理論を検証し、以前の理論を修正できるような新たな観察事項を発表する。このように、科学者は検証、観察、修正、また検証といったプロセスを通して、じっくりと世界に対するこれまで以上に正確な理解に到達していくわけである。

認知心理学者はこの理論を「スキーマ」(訳注　過去の体験からその人が導き出した信念、思い込みなど。つまり、個人のなかにあるかなり一貫した知覚・認知の構え、すなわち個人が世界をどのように見ているかということを指す)」と呼んでいる。スキーマとは心の地図のようなもので、周囲の世界に適応できるよう、われわれの位置づけを正してくれるもの。われわれはこのスキーマを通してさまざまな物事や他人とのやり取りを解釈し、可能であればそうしたスキーマに新たな物事を同化させ、必要であれば自分たちの理解を新たな物事に合わせて調節する。発達心理学者のジャン・ピアジェが説明しているように、この同化と調節のプロセスによって、われわれは周囲の世界をより深く、十分に理解することができるのだ。われわれは現実の地図を常に描き直しているのである。

われわれは世界を直接体験することはない。すべて心の地図というフィルターを通して認識するものである。もしその地図が世界をゆがんだ形で描いていれば、われわれの認識もゆがんだものになる。

スキーマとは、単に思考を集めたものではなく、思考や感情、行動の傾向の複合体である。例えば、わたしは子供のころに激しく殴られたことがあるので、今でも世界を危ない場所だと認識しているとしよう。するとわたしのスキーマは、「他人を信用するな、みんなに殴られるぞ」となる。したがって、他人がわたしを理解しようとするときにも、わたしのスキーマを通してわたしを見ることになる。わたしは親しみを込めて対応するどころか、警戒心を強め、距離を置いてしまう。このスキーマのせいで、他人の行動を危険なものだと解釈するわけである。

だが、そのレンズもゆがんでいることがある。前の例のように、われわれはゆがんだレンズで物事を見ては大げさに反応する。損益を通して自分の価値を見ているトレーダーの例を挙げてみよう。儲かっているときには自信過剰になり、心も広くなるが、スランプに陥っているときにはリスク回避的になり、自信をなくす。このスキーマを通してトレードの結果を見ているかぎり、このトレーダーは自分の収益についてもゆがんだ見方をし、ゆがんだ反応を示す可能性がある。

問題のパターンが大きくなるのは、われわれの世界に対するゆがんだ反応を自ら強化しているときである。先の例では、他人に痛めつけられるから、わたしは他人を危ないもの、信用できないものだと認識している――たとえその人が親しみを込めて近づいてきても。警戒心からわたしは、他人に敵対心を持っているか懐疑的になっているように見られ、相手は当然、親しみを込めた態度を取らなくなる。それでまた、わたしは自分の見方が間違っていなかったのだという確信を抱き、自分のゆがんだスキーマを強化してしまうというわけだ。**こうした自ら強化するような状態に陥ると、心の地図を描き直すのをやめてしまうものである。**つまり、いや応なく世界を否定的に見てしまい、それに否定的な反応を示すようになってしまうのだ。

「自動思考」とは、われわれのスキーマによって、ある状況に置かれたときに瞬間的に浮かんでくる考えやイメージのことである。一度そのスキーマの引き金が引かれると、普通はそれがわれわれの行動を導く一連の思考や感情を呼び起こす。例えば、傷つきやすい自尊心というスキーマの場合には、トレードで損をしたときには意気消沈し、考えあぐねた結果、「俺は絶対に成功なんかできないんだ」となる。こうした思考や感情はマーケットや自分のトレードを客観的に評価したものではない。そうではなく、むしろ自動学習した反応であり、習慣になっているものである。

われわれが自分のスキーマを直接観察することはない。むしろ、自分の自動思考を通して表れたものを体験しているのである。

認知的なアプローチの目標は、そうした否定的思考のパターンを断ち切り（訳注 「学習解除」。つまり間違った関連づけを断ち、一度学習したことをゼロに戻すこと）、それをもっと現実的な世界の見方に置き換えることである。この思考の再構成は、われわれも科学者のように自分の理論を修正しなければならないという意味である。こうした理論の修正方法を示したものが認知的アプローチなのである。

リスクや不確実性と闘っているときのトレーダーの心を左右する自動思考がたくさんある。それをいくつか挙げてみよう。

- 「もっと儲けなければ」
- 「俺は何てバカなんだ。なぜあんなことをしたんだろう？」
- 「俺はこのマーケットをやっつけてやった」
- 「損をしている場合じゃない」
- 「マーケットは俺をやっつけようと必死だよ」
- 「とうとう損した金を取り戻したぞ」
- 「自分のやることはことごとく間違っている」

認知という意味で、自分のトレードのセルフコーチになるための最初のステップは、トレード中に表れる自動思考を確認することである。わたしが一緒に仕事をしているトレーダーたちは、トレードする日はずっと自分の声を録音したり映像を録画したりするという、独特の対策を講じ、取引時間終了後にそれを再生して見直しを行っている。これはトレードに伴って繰り返し表れる思考や感情を確認する素晴らしい方法だ。われわれの体験を左右するような自動思考は一つか二つという場合が多いが、コーチングでまず集中して取り組むことになるのがこうした思考である。

皆さんへの課題は、トレード中の自分を映像か音声に記録しながら観察し、繰り返し表れる思考や感情をメモすることである。最初のうちは思考が変わっても気にせずに、ある物事が特別なスキーマの引き金を引いたときに自分の心がどう奪われていくかを観察していればよい。重要なのは、自分自身の体験から、自分には意思や心の完全な自由はないのだということを理解することだ。だれもがロボットのようになって思考を再生し、それが単なる習慣になっていることもある。こうした習慣的な思考パターンを観察することで、自分をそうした思考から切り離すプロセスをスタートさせることである。

コーチングのヒント

最も問題の多い自動思考が表れるのは、疲れているとき、または打ちのめされているときである。仕事や責任、トレード上の難問など、重い負担を抱えていると感じていたときのことを思い出してみよう。そのときにはどのような思考が心に浮かんできていただろう。

その思考は自分の感情や行動をどう左右していただろう。自分の心を左右する否定的思考のパターンやスキーマをはっきりと把握するには、精神的に最も弱っているときの自分を観察してみるとよい。

レッスン52　感情から自分の考えを理解する

自分のトレードを大きな危険にさらす恐れのある「自動思考」（訳注　ある状況に置かれたときに瞬間的に浮かんでくる考えやイメージ）を確認するには、自分の最も強い感情を追跡してみるとよい。認知の枠組みでは、自分の認識の仕方によって感じ方が変わってくる。つまり、物事をどう見るか、そしてそれをどう解釈するかが自分の感じ方を形成するのである。物事の解釈が極端なときには、極端な感情を抱いて反応する可能性が高い。自分の行動をバツの悪い思いをしながら振り返り、なぜあんなに大騒ぎしたんだろうと首をかしげるようなら、ゆがんだ心の地図による自動思考にコントロールされていた時期を振り返っていることになる。

例えば、もしわたしが一番腹を立てたことに思いをはせるとすると、それはきっと、何かをやりたいが、正当な理由もなくその道がふさがれているのが分かったとき、あるいはきっと約束の時間に間に合うように努力しているが、携帯電話で話をするのに気を取られてのろのろ運転をしているドライバーが前を走っているとき、あるいは会社に勤務するトレーダーと仕事をしたいと思っても、官僚的な対応で自分が窮地に立たされているような状況――などになるだろう。わたしの爆発した感情の裏に潜んでいるのは、「これをやらなくちゃいけないんだ、『今すぐだ』！」という思いである。

ほとんどが生死にかかわるような問題ではない。当時も、本当はやる「必要性」など感じていない。ただ、わたしのスキーマだと、もし今何かをやらなければ「大変なこと」になる、「取り返しのつかないこと」になる。わたしは自分の内なる「すべきだ」「しなければ」に反応しているのであり、状況の客観的な必要性に反応しているわけではない。大げさな反応は、自分の認識をゆがめる不変の思考パターンがあるという手掛かりになるものである。

欲求を必要性に変えるときには、自分の体を動員してストレスに反応する。

精神力動的な作業では過去に焦点を当てる。つまり、自分の特定の考え方や感じ方の起点になっていたかもしれない過去のさまざまな関係のパターンを把握するのである。しかし、認知の枠組みでは、思考パターンの出どころを問題にするのではなく、むしろ現在何をして過去のさまざまな関係のパターンを認識し、修正するかを問題にする。**自分の極端な心の動きで反応したときにそれを追跡すれば、現在自分の心を左右している思考パターンを認識し、やがてそ**

れに立ち向かうことを学習するようになる。認知的アプローチでこれを達成するには、まさに違った考え方をするように、違ったレンズで物事を見るように自分を指導すればよい。

例えば、やり遂げたいと思っている仕事で自分にプレッシャーを掛けると、わたしは欲求不満が募ってくるのを感じ、こんなことをしても何の得にもならないと自分に語り掛ける。こうした状況を違った視点から見てみると、「何が最悪の事態だって？　これが本当に大変なことになるのか？」となる。最悪のシナリオを楽しめるように自分を追い込んでみることで、感情的になるのがいかに愚かしいかが分かってくる。自分に掛けたプレッシャーの大きさに見合った結果が得られることなどめったにない。結局はそれで自分のスキーマがゆがんでしまうのだ！

物事を見るレンズを変えると、その物事に対する反応も変わってくる。

自分がマーケットに対して最も大げさに示す反応とはどのようなものだろう。自分のアイデアが良い結果に結びつかないと怒りを感じるだろうか。損失を出したあとは意気消沈するだろうか。相場が乱高下している間は不安に駆られるだろうか、それとも自信過剰になって、図に乗っている状態から落胆へ、そして無気力へと心が揺れ動くだろうか。自分の固まった思考パターンを映し出しているのが自分の最も強い感情であり、その感情が自分の中心にあるスキーマを映し出しているのである。

●公平性のスキーマ　「これだけ時間を費やしているんだから、儲けられる『はず』だ」

●大惨事のスキーマ　「トレードがうまくいかないと大変なことになる」

●安全性のスキーマ　「ぼくは動けないよ。相場はあまりにも危険だ」

●自己価値のスキーマ　「ぼくは大失敗しているんだ。金儲けなんかできない」

●拒絶のスキーマ　「これで成功しなかったら、ぼくは大バカ者さ」

こうしたスキーマが自然と怒りや欲求不満、不安、落胆といった大げさな心の動きに結びつくことは容易に分かる。トレードのセルフコーチとして、皆さんは自分の最も極端な心の動きを利用して自分自身や自分のトレードに対する最もゆがんだ見方を把握してみたいだろう。**もしリスクマネジメントをきちんとやっていれば、一度たりとも、また一日たりとも過度に脅威になるものはないはずだ。**もしビクビクしながら相場に反応しているなら、問題は相場そのものでも自分のトレードでもなく、トレード結果に関する自分の解釈になるはずだ。

この直前の二つの文をもう一度、ゆっくりと読み直してみてほしい。もしうまくトレードをしているなら、つまり実証済みのエッジ（優位性）を基にプランを立て、適切なリスクマネジメントをしているなら、ストレスはあるだろうが、不快ストレス（distress）がたまることはないはずだ。相場が不安や落胆、あるいは怒りを「感じさせる」ことなどあり得ない。脅威は自分が自分のトレード結果をどう考えるかに潜んでいるのである。

わたしがトレードに激しく反応しているときにやりたい練習は、単に「**自分は本当の状況に対応しているのか、それとも状況について自分が口にする独り言に反応しているのか**」と自問することである。こうして自問すれば、自分の思考に向き合い、自分の反応の大きさが本当に自然なものかどうかを考えざるを得なくなる。もし自分の心の動きを生み出しているのが客観的な状況ではないなら、そうした心の動き、つまり自分が物事を処理するための機能を心のなかに作り出す必要がある。もし自分の心の動きがその状況にふさわしくなければ、その状況に対する自分の思考がゆがんでいるということだ。

思考のゆがみが大きければ大きいほど、心の動きのゆがみも大きくなる。

ほかの人、つまりほかのトレーダーに、自分がたった今反応したように反応してもらうために、言うべきことを書き出してみよう。極端な反応を示してもらうには何と言えばよいだろう。心の動きを作り出すためにほかの人に投げ掛ける言葉は、自分自身に語り掛ける内容になる可能性が高い。

●「駄目じゃないか！」
●「全部お前が悪いんだ！」
●「そんなことをしたら損をするぞ！」
●「勝てるわけがないだろう！」

気がつくと極端な心の動きに苦しんでいたというときに、決まってこのような言葉を書き出しているようなら、自分の認知のスキーマから出てきた結果を繰り返しているのだと思ってよい。心の地図が目の前に広がっていれば、それを描き直すのは簡単だ。

コーチングのヒント

相場に対するトレーダーの反応をゆがめる共通した思考パターンは、われわれが「公平性のスキーマ」と呼んでいるものである。すなわち、相場は公平な「はずだ」、機会を提供してくれる「はずだ」、あるいは過去の動きと同じように動く「はずだ」という発想である。一度相場はこう動くはずだという考えに陥ってしまうと、仮にそれと違う動きをしたときには不満を募らせ、失望する。相場が動かないと言って落ち着きをなくしたり、カンカンに怒ったりしているトレーダーを何度も見てきたが、彼らは新高値や新安値を付けたりすると待ち切れなくなって、これからさらに動きを速めるかもしれないと考えてすぐに飛びついてしまう――結局は元のダラダラしたボックス相場に戻るだけなのだが……。相場はこう動く「はずだ」（だが動かない）と考えたり語り掛けたりしている自分に異議を唱えれば、その不満を利用してエネルギーの流れをほかの方向に、つまり同じ相場でも長期の枠組みや新たなリサーチに、あるいはほかの銘柄やトレード対象に振り向けることができる。自分の公平感や不公平感に反応していたら、もう実際の相場の動きに客観的に反応していないということである。

レッスン53　自分の最悪のトレードから学ぶ

アルコホーリクス・アノニマス（訳注　アルコール依存症を克服するための自助グループ）では、「鼻持ちならない考え（否定的な思考）」に気づくようにと会員を指導している。幸い、われわれはアルコール依存症になって世の中をゆがんだ形で処理する必要はない。われわれは繰り返される行動パターンをこなし、しかも日々のルーティン（型にはまった行動）に従っている。多くの人が習慣に支配されている。つまり、一貫した朝のルーティンをこなし、同じ時間に食事をし、ほぼ同じ時間に就寝し、同じ道を通って通勤し、同じ音楽に耳を傾け、同じテレビ番組を見る。生活のほとんどがパターン化されているわけだ。

われわれの考え方もこれと同じである。**われわれは情報処理の仕方を学び、しかもそれをルーティンの一部にしているのである。**われわれはわが身を責めてほかの人との衝突を避けようとする。悪い結果を予想しては、事態が悪化しても驚かないようにする。個々の状況ではこうした考え方でも十分かもしれないが、それが習慣として深く根づいてしまうと、どうしても世の中をゆがんだ形で見てしまうのである。結局のところ、すべてがわれわれの過失ではないし、すべての物事が不十分なわけでもない。

否定的な思考というのは学習された習慣である。認知的なアプローチのカギになるのは、一度学習された習慣を断ち（訳注「学習解除」。つまり間違った関連づけを断ち、一度学習したことをゼロに戻すこと）、それをより建設的なものに処理して置き換えることである。

一度そうした考え方が自然にできるようになると、それに伴う心の動きも同じように自然になってくる。われわれは自分を責めると落胆し、意気消沈する。最悪の状態を予想すると心配になり、不安になる。こうしたスキーマをトレードに持ち込んでいる以上、相場に客観的に反応できなくなり、まるでロボットのように、自動思考や望ましくない感じ方で対応するようになる。

ロシアの神秘思想家グルジェフも述べているように、こうした現実に気づくことが重要である。ある時点ではトレードに没頭し、マーケットのパターンを観察し、それに従って行動しているが、やがて変化が起きると、もう自分の思考をコントロールできなくなる。思考が奪われてしまった状態だ。そこで立ち上がったスキーマが、今度は目の前の状況とはまったく関係なさそうな思考や感情を雪崩のように誘発する。もしトレード中にだれかにコンピューターを奪われ、いきなり手当たり次第に違う画面に切り替えられたらどうするだろう。マウスが勝手に動きだし、クリックし、望んでもいない注文を出してしまったらどうするだろう。

もしそんなことが起きれば間違いなく動揺するはずだ。自分のコンピューターやマウスがだれかにコントロールされているなんて耐えられるはずがない。コントロール権を取り戻そうと、できることなら何でもするだろう。それが心が奪われたことに対する自分の姿勢なのだ。コントロール権を握っていても自動思考をただ観察しているだけでは不十分だ。自分の心と行動のコントロール権を失ったことに嫌悪感を抱かなければならない。まずは人生のあらゆる面で誤ったスキーマに押しつけられてきた痛みに気づくことで、そのスキーマを変えようという意欲が生まれてくるのである。

自動思考は、ただ心のなかに入り込んでくるだけでなく、心をコントロールしてしまう。自己改革を推し進めることができるのは、自分の心をコントロールしたいという意欲を持ち続けているときである。

音声や映像を記録して自分のセルフトークを見直したり、トレード中の極端な心の動きを追っていたりしていると、自分の鼻持ちならない考えに注意するようになる。さらにもう一つ、問題あるスキーマや思考パターンを確認する有効な方法がある。それは、最悪の意思決定を見直すことである。最悪の意思決定が最大の負けトレードになる場合もあるが、そうではなく、単に絶好のチャンスを見逃しただけという場合もある。このように、最悪の意思決定に対する反応から、最悪の意思決定について分かることもある。

「どうしてあんなことをしたんだろう？」

この反応こそが、ひどい意思決定を下したときの素晴らしいメッセージであり、本当は自分本来の思考態度ではなかったことを示しているのである。また、自分はどうしてあんな間違いをしてしまったのか、どうしてあんな間抜けなことをしてしまったのかと当惑しているときには、心が奪われていたことを認識しているのである。

一度こうした最悪のトレードを認識すると、日誌を見直して最近のトレード体験を振り返ってみる必要が出てくるが、そうなると、当時の誤った意思決定に至った思考や感情をもう一度思い起こしてみたくなるだろう。普通は「次はもっとしっかりした規律に従い、もっとしっかり準備をしてトレードに臨もう」と再確認するだけで、そういう出来事は隠しておきたくなるものだが、この練習では、あのときは何を考えていたのか、自分の意思決定に従って何を回避しようとしていたのか、あるいは何をやり遂げようとしていたのかなど、心理学的剖検によって誤った意思決定のプロセスをつぶさに明らかにしてみたい。

このように情けないトレードの最中に浮かんでくる共通した思考や感情は、そのときに心のなかにどのようなスキーマが描かれていたのかを知る手掛かりになる。きっと安全性のスキーマだったかもしれない——「含み益を失ったり特定のリスクをとったりする余裕などなかったはずだ」と自分に語り掛けていた。いや、そうではなく、自尊心のスキーマだったかもしれない——「もしこのトレードがホームランになっていたらどんなに素晴らしかったことか」と自分に語り掛けていた。トレード中のこうした感情、すなわち不安や自信過剰といった感情が、そのときにはどのように自動思考が浮かんできたのかを知る手掛かりになるのである。

最悪のトレードをしてしまうのは、相場そのものに反応するからではなく、自分の自動思考に反応してしまうからである。

わたし自身はトレードで、安全性、すなわち危険を回避するというテーマのバリエーションが普通のスキーマとして描いている。確かに、これは状況によっては効果的な方法で、トレーダーが適切なポジションサイズを決めたり損失を制限したりするのに役に立つ。ただ、スキーマがゆがんだ認識を取り込んでいるときには、大きく損をすることではなく、高値からの下げを危険なものだと決めつけてしまう。こうなると勝ちトレードを続けるのがとくに難しくなる。少しでも上昇すれば利食いたいという気持ちが刺激されるからだ。より現実的に考えれば、含み益が目減りするという点からも機会を見逃してしまうという点からも、危険なものだと定義するはずだ。わたしの最悪のトレードのいくつかは、短期的な見方で行動しているうちに長期的な相場の動きを見失ってしまったというものである。危険を回避する必要に迫られて、同時に利益も減らしてしまうという危険にさらされていたわけだ。

こうした最悪のトレードが、思考、感情、行動のパターンに広く及んでいることに注意しよう。**一度誤った前提条件から始めてしまうと、「リスクを回避せざるを得なくなり」、一度リスクを自分の意に反して動く相場であると決めつけてしまうと、それに従って感情や行動の方向が決まってしまうのだ。**自分の最悪のトレードを見直すのはつらいものだが、そこから解放されることでもある。それによって自分の心がどこに向かっていたのかが分かるだけでなく、正しい行動にも導くことができるからだ。

コーチングのヒント

最悪のトレードの多くは自分に対する要求が原因である。相場の動きに乗るべきだ、乗らなければ、儲けるべきだ、儲けなければ、と何度自分に語り掛けたかを覚えておくとよい。そういう要求が「絶対的なもの」になると、結局は相場の動きを追い掛け、わずかな損失を確定するのも拒み、良いトレードの原則を破ってしまうことにもなりかねない。自分のトレード規則ではなく、そうした内なる要求に焦点を当てているときが最も損失を出しやすい。そうした要求があるかないかは、その要求から生まれるプレッシャーという内なる感情で分かるものである。機会に乗じてトレードしているときとプレッシャーからトレードしているときの感情は違う。自分の最悪のトレードとそれに関連づけられた感情を追っていけば、警戒して自分の自動思考がどのように良いトレードを妨げているのかが分かってくる。

レッスン54　日誌を利用して自分の思考を見直す

過去の心の動きの表れやトレード上のミスを、自分の心の地図を確認する優れた方法として、また自分の認識をゆがめる可能性のあるものとして見直してみよう。ただ、認知的な作業の目標は、自分の自動思考（**訳注**　ある状況に置かれたときに瞬間的に浮かんでくる考えやイメージ）、すなわち一時的に鼻持ちならない考えが浮かんできたときにそれを把握し、自分の心とトレードが奪われないようにすることである。

『トレーダーの精神分析――自分を理解し、自分だけのエッジを見つけた者だけが成功できる』（パンローリング）では、トレーダーが自分の思考プロセスを組み立て直すには認知日誌がいかに役立つかを概説した。わたしが提案した日誌の形式は、トレードした日または週を一ページとし（トレードの頻度によって異なる）、各ページを表の形にしたものである。表の一番左側の列には、自分がトレードで問題を抱えたときに発生した出来事について記す。また、マーケットで何が起きたか、自分はどんなプランを立てていたか、どのように仕掛けたか、または仕掛けなかったかを記してもよい。

二列目には、その問題について自分がどう自分に語り掛けていたか、その詳細を記す。同著では、この二列目にはさまざまな出来事に対する自分の信念を記すという、従来のやり方にした。**ただ、皆さんのセルフコーチングで最も役に立ちそうなのは、その出来事についての自分の考えを実際に文字に起こし、何を考え、何を感じたかを把握することである。**二列目では、「トレードできる状態だったのになぜしなかったんだろう？　今日は利益を増やすべきだったのに、逆に必要以上に損をしてしまった。もう自分にはうんざりだ。トレードを続けたいのかどうかも分からない」など、できるだけ細かくそのときに浮かんできた考えを明確に記すべきである。

多くの場合、立ち上がっているスキーマがどういう性質のものかは、自分が文字にしたセルフトークに含まれるキーワードで分かる。例えば、前の例では、「すべきだった」が完璧主義的な自尊心のスキーマを立ち上げ、それが怒ったセルフトークや落胆した気持ちにつながっているという良い合図になることが多い。一度「しなければならない」「すべきである」の引き金が引かれると、トレーダーは相場から注意をそらし、自尊心という問題に向かってしまう。建設的な状況だとこうはならない――むしろセルフトークは批判的で厳しいものになる。このような思考ではトレーダーが行動を起こすとは考えにくい。

わたしは、この二列目の自動思考を特定の状況（一列目）になると音を立てる脳のテープレコーダーのようなものだと考えている。状況が変わってもまったく同じ言葉やフレーズが繰り返し書かれていることが多いが、自分の認知日誌を見直していると、このプロセスを容易に観察できるようになる――セルフトークがいかに否定的かということだけでなく、いかにロボットのように自動的に出てきているかも分かるようになる。

セルフトークで繰り返されている感情的な言葉やフレーズには特別な注意を払うこと。この言葉やフレーズは心の中心にあるスキーマによって決まってくる。

三列目には、そのセルフトークの結果どうしたか、つまり何を感じ、どういう行動を起こしたかを記す。例えば、前の例で言うと、怒りや完璧主義的な思考によってその日はふてくされて黙ってしまい、機会や現在の相場について学ぶチャンスを見逃してしまうかもしれない。また、怒ったセルフトークが後のリベンジトレードになり、もっと大きな損失につながる可能性もある。三列目には、個人的なことも資金のことも含め、自動思考の結果を「すべて」時系列で書き出してみることだ。

時間をかけてこの三列目を見直していくと、思考のゆがみが絶対的な損失をもたらすのだという考えが固まってくる。自分のトレードコーチになると、自己改革を推し進める動機を長続きさせる必要が出てくる。自分の思考はテープレコーダーのようなものだが、同時に結果を妨害するものでもあると考えると、**改革は自由意志によるものではないのだ**と強く思うようになる。来る日も来る日も記入内容を追っていけば、同じ思考、同じ行動、同じ損失が浮き彫りになり、機会を見逃したことによって自分の心に集中できるだけでなく、改革を推し進める動機を長続きさせることもできるのだ。

トレーダーがこうした日誌をつけるときに犯すごく一般的なミスは、記入内容が大ざっぱになって重要な内容や理解を見落としてしまうことである。次ページに挙げるのは、詳細に欠け、トレード中のさまざまな状況で表れる特定の思考パターンや結果を理解するのに役に立たない日誌の例である。

状況	セルフトーク	結果
朝チャートをチェックしなかった。	「休憩を取る必要があるな」	絶好の相場の動きを見逃した。
トレードサイズを大きくしすぎた。	「すごいトレードになるぞ」	大きな損失を確定した。
相場が損切り価格を割り込んだ。	「かなりの含み損だ」	一休みした。
トレードで利食いしなかった。	「株価はもっと下落すると思う」	相場が反転した。
材料が出た。	「実際に株価も動いている」	上昇しなかったので、その日はトレードをやめた。

では、同じ認知日誌だが、今度は詳細に記入したものを見てみよう（三八四ページ参照）。

詳細を追加することで、何がトレーダーの脳裏をよぎっているのかがはっきりする。自分のセルフトークを詳細に記すと、あるスキーマ（自尊心のスキーマ）では、まずはうぬぼれた思考や感情が引き金になり、次に欲求不満、敗北感や挫折感が引き金になり、一つのミスが別のミスにつながったりと、出来事と出来事の結びつきがはっきりしてくる。また、自分の配偶者だけでなく自分自身にも力量を示す必要があると感じている場合には、その人の家庭生活がトレードでの意思決定を左右する思考や感情にどう関連づけられているのかも分かってくる。

トレードのセルフコーチになると、日誌の記入内容と記入内容の「行間」を読みたくなるはずだ。行間を読んでいると、自分の思考と思考の結びつきが分かってくることが多い。ある出来事が処理中にゆがみを誘発し、それが新たな出来事を誘発し、それがさらにゆがみを誘発

状況	セルフトーク	結果
夕べは遅くまで騒いでいて疲れていたので、マーケットが開く前にチャートをチェックしなかった。	「少し休まなくちゃ。でも、マーケットが開けば状況を理解できると思う。いい感じだ」	相場を直視できなかった。先週リサーチしていた機会を見逃したが、取引時間になったらすっかり忘れてしまった。数千ドルは儲かったのだが。
午前のトレードでミスをしてから良いアイデアだったことに気づいた。その損失を穴埋めしようとポジションサイズを倍にした。	「これはすごいトレードになるぞ。もし思いどおりの方向に動けば、今日はプラスになる。あのトレードをし損なったのが良かったのかもしれない」	経済レポートが発表され、相場が自分の思惑に反して動いた。レポートが出たのを忘れていた。わたしはパニックに陥り、数千ドルの損失を確定してしまった。今月は良いスタートを切れたのに、これで赤字だ。
大損した直後、金の価格が動いていたので、そのトレンドに乗ったが、その後反転して損切り価格を割り込んだ。	「今日はマイナスだ。もしこんな状態が続けば、今月はひどいことになるぞ。もう立ち直れない。妻にも説明のしようがない」	トレードから少し離れることにしたが、リラックスすることはできなかった。帰宅して今日のことを妻に話せるかどうかが心配だった。
ソーラー技術の銘柄では勝っていたが、前日の損失の穴埋めのため、利益目標を上回ってもそのまま保有することにした。	「もう1日たりとも負けてはいられない。今日はこのトレードをしたら帰ろう。自分で歯止めを掛けなければ」	ソーラー技術の銘柄は反落し、わずかな利益を確定した。利益目標を無視した自分は本当にバカだと思う。
アナリストが自分の銘柄リストの1つを推奨しており、材料も出たが、これ以上損をしたくなかったのでトレードはしなかった。	「これはレンジを上抜けるな。かなりの高値を付けるはずだ。これに乗りたいが、もう損はできない」	株価はレンジの高値付近でもたついていたが、その後大量の出来高をこなした。わたしはその動きには乗らずに株価の推移を眺めていた。自分にはすっかり愛想が尽きた。もうトレードなどする資格はない。

するということだ。皆さんへの課題は、自分の思考の流れと、それが自分の感情や行動とどう関連づけられているかを把握することだ。一度心のドミノがどう倒れていくかがはっきり見えてくれば、その処理を中断して自分の心を違った方向に向けることができるようになる。

コーチングのヒント

自分の「最良の」トレードにはどのようなスキーマや思考が伴ってくるだろう。トレードが順調なときに考えていたことを日誌に記入してみると、ソリューションフォーカス（解決志向）アプローチで認知的な作業に入るのに役に立つ。本章の最後のレッスンでは、このやり方に沿ったアイデアをいくつかご紹介する。また、願望のスキーマにも注意を向けることである。そこでは含み損が引き金になり、再び逆行して損益分岐点まで戻してくればいいのに、という自然な願望が生まれる。そういう思考は、損切り規則を破り、その後の後悔や自己非難というスキーマを誘発することも多い。トレードには直観が果たす役割もあるが、自分が何か願望を抱いているような状況には警戒することだ。損益分岐点に戻り、大局観を取り戻すという意味では、そうした状況も悪くないが、自分の観察者になると、否定的な思考そのものが信頼できるトレード指標になってくる。

レッスン55　否定的思考のパターンを打ち破る

習慣はどのように打ち破ればよいのだろう。喫煙の習慣がある、あるいは常に何かを食べているという場合、自己改革の最初のステップは、単に自分がやりたくない行為を繰り返すという行動に自分を追い込むことである。**習慣パターンを打ち破ると、その習慣は徐々に習慣ではなくなり、徐々に自分がその習慣にコントロールされることもなくなってくる。**

習慣的な思考パターンも同じである。そのようなパターンを断ち切り、壊してしまえば、「自動思考」（**訳注**　ある状況に置かれたときに瞬間的に浮かんでくる考えやイメージ）ではなくなってくる。そうした思考をコントロールする方法が分かれば、もはやそうした思考に自分がコントロールされることがなくなるわけだ。

否定的思考のパターンを打ち破る最も基本的な手法が「思考中断法」である。思考中断法とは、一連の思考が表れたときに、文字どおりそれを中断しようと意識的に努力することである。認知日誌を使って自分のトレードを見直し、自動思考をはっきりと確認しようとしていれば、そうした思考が何度も表れてくるうちに徐々に敏感になってきて、やがてそうした思考が表れるとリアルタイムで認識できるようになる。自分の心に「ストップ！」と命令を出して自動思考を断ち切るのである。これで冷静になって注意をそらし、ほかの有益な認知的訓練に従事する時間を稼ぐことができるというわけだ。

前のレッスンから好例をひとつ挙げてみよう。トレードで含み損を抱えて、相場が反転してくれることを期待しているというトレーダーの面接をしたことがある。種の駆け引きをし、もしポジションが損益分岐点まで戻したら二度と規律には違反しないと誓っている。彼の認知のスキーマを支配しているのが願望であることから、彼が少なからず自暴自棄になっていることが分かる。このトレーダー、「このポジションを保有しているとまずいことになる」とどこかで気づいているが、心の奥底にあるスキーマが「損をしちゃ駄目だ、損失は負けに等しい」と言っているのである。これでは通常の相場の下落でも過度の不快ストレスが生じ、不適応なコーピング（対処）を誘発してしまう――願望があるために損切り価格を割り込んでも損切りをせず、含み損が倍増してしまう。だが、もしこのパターンが表れたときにそれを認識していれば、自分で「ストップ」を掛けたいという願望の表れを利用して、自動思考や自動行動を打ち破ることができるわけだ。

「ストップ」を掛けることに積極的になれば、厄介な思考や行動のパターンを打ち破れる確率も高くなる。

思考中断法は、自分の考え方から自分を切り離してくれるという点で有益である。自動思考やそれが引き起こす感情に共感するのではなく、自分の心をそこから切り離し、「これで以前に問題が起きたんじゃないか」と自分に言い聞かせるのである。トレードのセルフコーチとしては、最初のうちは日中に何度も何度も思考中断法に取り組んでいなければ駄目だと思うだろう。ただ、否定的な思考を認識し、それをうまく断ち切れるようになれば、自分の心を抑えることがかなり楽になる。自分の気持ちを違う方向に向けるには、「さあ、また行くぞ！」という単純な言葉だけで十分だ。習慣的な考えを断ち切るだけで、肯定的な習慣になるのである。

ストップ命令をとくにインパクトの強いものにすれば自分のトレードに役に立つ。これは体を揺すって目を覚まし、ほかの方法を動員して状況に対応しているようなものである。あるとき、わたしは勝ちポジションを保有していたが、相場が逆行して一度損益分岐点まで行ったことに気がついた。そのときわたしが学んだ鉄則は、閾値を超えて有利に推移しているトレードでも、放置しておくと負けてしまうということだ。勝っているポジションが損益分岐点まで逆行し、その後含み損を抱えながら推移しているのを眺めていたわたしは、再び損益分岐点まで戻してくるだろうという願望を抱いていた。しかし、よどみなく出される注文は、機関投資家が売り抜けて相場を下げていることをはっきりと示していた。わたしはほおをピシャリとたたき、「撤退だ」と自分に言い聞かせた。こうした自発的な行為――正直なところ、これはほかのトレーダーに教えるコーチングの手法ではない――でわたしは目が覚め、小さな損失を確定し、大きな損失を出さずに済んだのだ。だが、長い間ほおを平手打ちしているおかげで何度も問題に巻き込まれずに済んでいたことを思い出した（今は画面から離れ、冷水で顔を冷やしている。自分が相場をどう考えているかをもう一度考え直してみる必要があるときには、体に衝撃を与えると認知の切り替えが楽になる）。

インパクトのあるやり方で思考中断法を用いると、気持ちも大きく切り替わる。

わたしと一緒に仕事をしているトレーダーたちは、ストップを掛けたいと思っている思考を思い出すために、コンピューターの画面に張り紙をしておくとよいことに気づいたようだ。「謙虚であれ」は、あるトレーダーが自信過剰や傲慢な考え方のパターンを認識したあとで張り紙に書いた言葉である。こうした張り紙は、自分の考え方について考え、普通なら否定的な感情やお粗末な意思決定の引き金になるようなパターンから距離を置くのに役に立つ。また、それはトレーダーが定期的にストップを掛け、自動思考のパターンを妨げ、前向きになってマーケットに戻るようにとくぎを刺してくれるものでもある。自分で自分を観察していると、思考パターンに没頭することはできなくなる。

わたしが自分のトレードで役に立つと思った簡単な思考中断法の例をご紹介しよう。トレードの最中に、「自分は」「自分を」などの言葉を含む思考に警戒するという発想だ。目標はそうした思考を断ち切り、壊すことである。**そうするのは、相場に集中しているときには自分に集**

中していたいとは思わないからだ。自分のこともトレードの成績のことも過度に肯定的に考えようとも思わないし、過度に否定的に考えようとも思わない。自分の自動思考が自分の内面に向いているときには、今すぐそのパターンを打ち破り、相場に注意を集中させろ、という合図なのである。

自分の気持ちを相場からそらすような自分の内面に向けた思考の例がたくさんある。

- 「(自分は)なかなかやるじゃないか。今こそ積極的に攻めるときだ」
- 「(自分が)そんなにひどいトレードをしているとは思えない」
- 「(自分は)なぜあんなことをしたんだろう」
- 「(自分は)相場でひどい目に遭っている」
- 「(自分で)資金を取り戻すぞ」
- 「(自分が)やることなすこと、すべて間違っている」
- 「(自分は)こういう相場が大嫌いなんだ」

一度「自分は」とか「自分を」という言葉が出てきたら、すぐに目を閉じて深呼吸をし、筋肉をほぐしてから注意を相場に向けることである。また、すでに十分に仕事をしたというなら、画面からしばらく離れる――頭をすっきりさせ、注意をよそに向ける――のが効果的だ。

トレード中には「これは自分の問題ではない」と定期的に自分に言い聞かせるとよい。

練習を重ねるにつれ、自分の内面に向けた思考から積極的に気持ちを切り替えるのがうまくなっていくものである。最近のことだが、わたしはトレード中に自分の損益に見入ってしまい、トレードがいかにうまくいっていたか、今週はどの程度の利益が出たら進んで休むか――などと考えていた。もちろん、そんなことはトレードの成績とは何の関係もないため、以前に練習していたこともあり、損益表を見て数字を頭に入れないように自分の心を抑えることができた。まずは「これは自分の問題ではない」――相場の問題だ――というのを思い出すことが、トレード中に自分の意思決定をコントロールできるようにしておく優れたやり方だ。間違いを犯さないように自分の心にストップを掛ければ、分別あるトレードの習慣を身につける準備になる。

コーチングのヒント

トレーダーと仕事をしているわたしの役割のひとつは、彼らが否定的な自動思考の流れを「ストップする」のを支援することである。ただ、皆さんがセルフコーチになる場合には、取引時間中にひとり以上、評価も高く信頼できる同僚のトレーダーと常に連絡を取り続けるようにしていれば、同じメリットを得ることができる。これは同じトレーディングルームにいるときや、スカイプ（Skype）、ホットコム（Hotcomm）、あるいはインスタントメッセージを使ってもできる。否定的な思考が表れたら、自分が気づく前に仲間が気づいてくれるからだ。これは自分自身をチェックし、再び注意を集中させるのに実に効果的である。

レッスン56　否定的思考のパターンの枠組みを変える

「リフレーミング」（訳注　枠組み［フレーム］でとらえられている物事を、その枠組みを外して異なる枠組みで見ること、枠組みを変えること）とは、問題パターンを取り出して、それを異なる状況に置き換えて新たな目線で見直そうとする心理学的な手法である。そうすれば新たな反応への道を切り開き、新たな方法で問題パターンについて考えることができる。成績に対する不安に襲われているため明確なシグナルに従って行動できなくなっているトレーダーと面会しているとしよう。彼は自分をトレードでは絶対に成功できない弱い人間だと考えているが、わたしは違った考え方をし、リスクをとることに慎重だから大きな損失を回避できているのだということを強調し、「きっといつもと同じようにきちんとした決定を下せば、安全な方法でチャンスを見極め、それに基づいて動けるでしょう」と指摘した。このトレーダーが弱さの枠組みに入れていたものを、わたしは潜在的な強さの枠組みに移したのである。自分の考え方の癖や傾向と闘うのではなく、枠組みを変えてみると、そうした考え方の癖や傾向を利用して、どうしたら許容可能なリスク調整済みリターンを得られるのかを考えることができるのだ。

自分の弱さの奥に潜む強さを見つけることができれば、新しいやり方で問題パターンに取り組めるようになる。

リフレーミングによって否定的な動機を肯定的な動機にできる場合がある。わたしは一時、娘が学校の宿題をやっていないのは怠けているからだと思っていたが、やがて娘の第一の動機が本来は人付き合いなのだと分かってきた。娘は本当に人気者だった。そこで「一緒に宿題をやろう」と娘に持ち掛けたところ、娘はすぐに、いつもなら見せない底力を発揮した。これは学校を卒業するまでの父娘の習慣になり、きずなを深める貴重な体験となった。息子も同じように、早く宿題を終わらせるようにと言って「にらみつける」先生に怒りをぶつけていた。そこでわたしは、教室から飛び出したり先生に暴力を振るったりせず、言葉だけを使ったのは素晴らしいことだと言って褒めたうえで、息子との対話を始めた。わたしは規律の問題を失敗体験の枠組みに入れるのではなく、自制という重要な教訓を強化した。息子はその後、わたしの話をよく聞くようになり、その出来事についても楽に考えられるようになった。対立から学んだのである。**最も否定的な思考のパターンは、理由があってそこに表れるのである。はっきりした理由を見いだして、それを克服する新たな方法を見つければ、セルフコーチングにも自信が持てるようになる。**

例えば、トレードで負けている間に希望を失ってしまったトレーダーについて考えてみよう。わたしなら、規律に欠けていると言って彼を責めるのではなく、「希望メーター」という貴重な指標を見つけたことを強調する。トレードしている最中に心のなかに希望が入り込んでくれば、そのトレードは不運をたどるという合図である。希望メーターを見ていれば、自動思考のパターンはトレードを妨げるのではなく、良いトレードを促進することができる。

それまでと違う新たな方法で問題を見詰めてみると、新たな方法でそれに対応する能力が備わってくる。あらゆる自己改革への取り組みの核になるのが新奇性（目新しさ）である。

多くの問題は循環するという性質を持っている。わたしは損をするのが怖くて損切り幅を狭く取ってしまい、相場がちゃぶついているときに余計な損失を出し、ますます損失が怖くなっている。しかし、問題の枠組みを変えてみると違った視点で見られるため、その循環を断ち切ることができる。もしわたしがこれをポジションサイズの問題として異なる枠組みに入れれば、もっと損切り幅を広くして同じリスクをとり、ちゃぶついた相場でも損失の循環を断ち切ることができるわけだ。**自分のパターンをどう考えるかで、それにどう対応するかが決まってくる。**

『精神科医が見た投資心理学』（晃洋書房）で説明した効果的な練習は、内なる対話の枠組みを変え、それを実際の対話だと考えてみることだ。自分自身に語り掛ける言葉は、同じ言葉をほかの人に言われた場合とはまったく違って聞こえてくる。損をしたあとで自分に厳しく当たっているととくにそう聞こえてくる。自分の考えに没頭しているときには心配事のように感じることも、それを内なる対話の一部として異なる枠組みに入れてみると、より強い敵意を感じたりするものだ。

例えば、良いトレードをし損ねたトレーダーが自分自身にこう語り掛けているとしよう。

「こんなミスをするなんて信じられない。いったいどうしたんだい？　一週間も前から待っていたんだろう？　やっとチャンスが訪れたというのに、乗り損ねるなんて。もしこんなミスを続けていたら、もう金儲けなんて絶対に無理だよ」

実は、多くのトレーダーがこのようなセルフトークを建設的なものだと考えている。自分に厳しくすれば、将来同じようなミスを犯すのを回避できると考えているのである。しかし、まったく同じ言葉を友人に言われたものとして異なる枠組みに入れてみよう。

「こんなミスをするなんて信じられない。いったいどうしたんだい？　一週間も前から待っていたんだろう？　やっとチャンスが訪れたというのに、乗り損ねるなんて。もしこんなミスを続けていたら、君にはもう金儲けなんて絶対に無理だよ」

間違いなく、こうした対話の枠組みが作られると、この口調がまったく建設的なものではないことが分かる。確かに、こんなふうに話し掛けてくる親友などいないだろう。これはほかの人を非難し、敵意を感じさせるメッセージであり、思いやりや改善に向けた提案もなされていない。セルフトークを実際の対話として異なる枠組みに入れてみると、自動思考の裏に潜む本当の感情が見えてくる。

思考の枠組みを対話に変えてみると、自分の思考に新たな光を当てて考えるのに役に立つ。

自分が親友に話し掛けるのを想像してみると、このようなリフレーミングがとくに効果的だ。例えば、一連の負けトレードの渦中にある親友に「まさかあんなトレードでミスをするなんて、信じられないよ。どうしたんだい？」と話し掛けるのを想像してみよう。われわれは自分に厳しく、敵意のあるあらゆるセルフトークを受け入れるが、友人に同じような状況で同じ言葉を掛けることを想像してみると、そんな言葉は一言も出てこない。自分の思考の枠組みを友人とのやり取りの枠組みに置き換えてみると、ほかの人を支えられるという個人的な強みに頼ることになる。こうした強みがあれば、怒ったりほかの人を非難したりするという姿勢を維持することはできない。

トレードのセルフコーチとしては、集中力を切らせたりモチベーションを下げたりしないように、自分自身に対する一貫した建設的な口調を維持したい。これをうまくできるようにする優れた練習は、目を閉じて、自分を自分が面倒を見ている別のトレーダー（おそらく助手か学生のトレーダー）だと想像してみることである。そして自分にとって大切なこの助手が自分とまったく同じミスを犯してしまったと考えてみよう。その助手にはどのように声を掛けようか、何と言ってあげればよいのか、自分の口調はどんな感じだろう、どのような感情を伝えようか……。こういったことをできるだけ鮮明に、詳細に想像してみることである。そうしたら、自分へのセルフトークとは違い、このトレーダーにはどのようにアプローナをしたかをメモしておこう。もし自分に語り掛けるのと同じやり方でこの大切な同僚に語り掛けていなければ、自分の自動思考が悪い方向にゆがんでいることになる。当たり前のことだが、ほかの人にも自分に語り掛けるのと同じやり方で語り掛けるべきなのだ！

自分のトレードを妨げるのは、セルフトークの内容ではなく、その口調であることが多い。

このイメージを思い浮かべる練習を来る日も来る日も繰り返していると、とくに自分の否定的な思考を断ち切ったあとは、徐々により肯定的なやり方で自分に語り掛けられるようになる。この練習の一つのバリエーションとして、わたしは「自分が」語り掛ける助手のトレーダーになったつもりでやってみるようにと、トレーダーに助言している。そうすれば、文字どおり自分がほかの人を支えるときのやり方で自分に語り掛ける練習ができる。この練習をしているうちに、一番不安定で怒り狂っていたトレーダーは、自分が面倒を見ている助手として自分を見詰め、思いやりがあり支えになるようなメッセージと数多く出合うだろう。

皆さんは自分のトレードコーチである。自分のコーチにガミガミと怒られたいだろうか。いちいちミスを指摘されたいだろうか。悲惨な結果になるぞ、と言って脅かされたいだろうか。それとも自分の一番良い点を引き出してもらいたいだろうか。自分の思考を対話だと考えてみると、自分の思考、感情、そして行動を導いてくれる心の地図を描き直す機会が得られる。われわれはいや応なく自分自身に語り掛けている。「自分が」自分のコーチなのだ。問題は、意識的かつ建設的なトークをしているのか、それとも自然な、また破壊的なトークをしているのかである。

コーチングのヒント

もしメンター（指導者）か一緒に仕事をしている同僚のトレーダーがいるなら、自分が問題を抱えているときに彼らがどう話し掛けてくれるかにとくに注意してみよう。たいていは自分の自動思考のパターンの枠組みを変えてみると、ほかの人の声を内在化することができる。「先生ならぼくに何と言ってくれるだろう」「素晴らしいコーチならわたしに何と言ってくれるだろう」と考えてみることが、建設的なリフレーミングを行う素晴らしい第一歩である。

レッスン57　集中的なイメージ作業で思考パターンを変える

イメージを思い浮かべることの意義は、そのイメージが実体験の代用になり、心の動きにアクセスできる並々ならぬ力を発揮することである。

これまでのレッスンでも強調したとおり、練習の最初のステップは、繰り返し表れては自分のトレードを妨げる「自動思考」（訳注　ある状況に置かれたときに瞬間的に浮かんでくる考えやイメージ）を特定することである。前述のように、こうした思考は、自分が最も感情的なトレードをしたときにセルフトークという形になって表れるのが普通である。このセルフトークをはっきり把握できるようになれば、それだけ自分のイメージがリアルで鮮明なものになる。

それでは具体例を見てみよう。わたしが最近一緒に仕事をしたあるトレーダーは、自分の成功を大きく阻んでいるパターンを発見した。彼は何年もの間トレードで利益を上げていたが、常に自分の能力を発揮し切れていないという思いがどうしても頭から離れなかった。そこで二人で彼のトレードと思考のパターンを調べてみたところ、彼は自分の資金が最高額に達したり、その日の損益が新記録を達成したりすると、よりリスク回避的になっていたことがはっきりした。今までの最高額で仕事を終えた日や週はうろたえてしまい、トレードを終えるたびに異常なほどリスクを避け、トレードのサイズを縮小したり回数を減らしたりと、急激なドローダウン（資金の減少）に見舞われたばかりのトレーダーのように振る舞っていた。

そういうときの彼のセルフトークはこうだった。

「今日は良かったじゃないか。この利益を手放したら駄目だぞ。明日にはもっと大きなチャンスが来るからな」

この異常なほどの警戒心からチャンスを見逃していたことが分かったとき、彼は何となく罪の意識を感じていたが、損益曲線は上向いているし、「利食いすれば無一文になることは絶対にない」と自分に言い聞かせていた。

これは打ち破るのが難しいパターンだった。トレーダーはそのパターンの限界に気づいているのに、心の動きのレベルではやはり黙認していたからだ。自虐的なトレーダーは自分のセルフトークの結果に本気で悩み、単に楽になりたくてそれを変えたがるものだが、このトレーダーの場合には、リスク回避的な思考によって安心感を得ていたのである。彼は警戒しすぎの結果を「気に入っていた」が、それが彼の心の動きを抑制する助けになっていたのである。

あるパターンを黙認し、少なくともそのパターンの結果に対して不快ストレス（distress）を抱えていなければ、それを変えられる可能性は低い。

このトレーダーのセルフトークを変える際に重要なのは、「損をしないようにしよう」というトークの枠組みを「自分は金儲けができないと思っている」という枠組みに変えることだった。彼は自分のセルフトークを安全のメッセージだと思っていたが、わたしはそれを自尊心のなさというメッセージに変えた。彼はあるレベルになると口座資金が最高額を超える自信がなくなるので、最高額で仕事を終えたいとは思っていない。ドローダウンから立ち直れないのではないかと自分の能力を疑っているので、必死でドローダウンを避けている。着実だが控えめな損益曲線で善しとしていたのである。もっと力強いリターンを生み、それを持続させられる自信がないからだ。おそらく自分には大きな利益を得る資格などないとさえ感じ、深く落ち込んでいるのだろう。

この場合、「リフレーミング」（**訳注**　枠組み「フレーム」でとらえられている物事を、その枠組みを外して異なる枠組みで見ること、枠組みを変えること）は、トレーダーが否定的なパターンをより肯定的なものだと考えられるようにする方法ではないことに注意しよう。むしろ、わたしはトレーダーの不快な症状を際立たせるような方法でパターンの枠組みを変えている。それはつまり、コーチングとは「悩める者を安穏とさせ、安穏としている者を悩ます」ことに尽きる、という概念に立ち戻ることなのだ。このトレーダーは自分のリスク回避的なやり方にかなり不快感を募らせていた。要するに、わたしの目標は、彼のコーピング（対処）による代償を際立たせることで、彼に自己改革に備えて行動を起こしてもらうことだったのだ。認知的セルフコーチングでは、単に否定的思考の枠組みを肯定的なものに変えるだけでなく、改革を推し進める動機を与えるような方法で枠組みを変えていく。否定的なパターンを自分の敵だと考える意義については前述したが、これが安穏としている者を悩ますリフレーミングの例なのだ。

わたしが前のトレーダーのセルフトークを自信喪失の枠組みに変えたとき、彼は即座に自分の母親について説明するという反応を示した。彼は母親を愛しており、息子として親近感を抱いていたが、母親は過保護だという。よその子供たちが遊びに行っても、けんかに巻き込まれるのではないかと心配して、家から出してくれなかったのだ。大人になってからも説得され、デートにも行かせてくれなかった。女性たちが彼を「利用する」かもしれないというわけだ。さらにこのトレーダーは、子供のころから将来を期待されていたにもかかわらず、「母親がけがを心配していましたから、スポーツでも活躍するチャンスに恵まれたことがないんです」とやや悲しげに話してくれた。

こうした反応を見ているうちに、わたしはイメージを利用した訓練を行うきっかけをつかんだ。そこでそのトレーダーに、目を閉じて、朝早く利益を出し、今はそれをかばんに詰めて何もしないで座っている、という状況を鮮明に想像してみるようにと指示をした。相場は動いており、チャンスも目の前にあるが、**彼がリスク回避的なセルフトークで自分自身に語り掛けていた言葉を母親がすべてしゃべっているような状況をイメージしてみるようにとも言ってみた。**

すると彼は、心配症で過保護な感じが顔に出ている母親が「トレードなんてやめなさい。せっかく稼いだお金なんだから失っちゃあダメ。痛い目に遭うわよ」とくぎを刺しているのを想像した。

自分が変えたいと思っているパターンを擬人化してみると、そのパターンを変えたいという動機を高めることができる――また、その動機を持続させることもできる。

このトレーダーはイメージ作業を活用した訓練を終えないうちに目を開けて、「オエッ！」と声を上げた。少年が母親に支配されているという考えにむかついたのだ。

「でも、それはお母さんが話しているんじゃないでしょう、自分に語り掛けているんでしょう？　損をするな、トレードで痛い目に遭うな、というのは？　お母さんの声が心のなかから聞こえてくるわけではないよね」とわたしは尋ねた。

このトレーダーが自分のパターンから自分を切り離すには、まさにリフレーミングが必要だった。最後に彼がやろうとしたのは、再び過保護に育てられた子供になることだった。チャンスが潜むマーケットに挑むことに不安を感じると、彼は必ず目を閉じて、そういう状況で母親が言いそうなことをイメージした。こうしてイメージを思い浮かべることによって、彼は否定的な思考を脇へ追いやり、トレーダーとしての直観に従って行動する動機が芽生えてきたのである。

『精神科医が見た投資心理学』で述べたとおり、われわれの多くが、嫌いな人、否定的な思考や影響力と関連づけられている人の記憶を抱いている。自分が好きではない人（自分にとって意味のある人、自分を嫌っていた人、自分を虐待した人など）が自分の最悪のセルフトークで、自分が散々自分に対して言い続けてきたことを口にしているのを想像すると、それを押しのけるのがかなり楽になる。もしトレードをしている最中にその大嫌いな人が実際に自分の目の前に立って否定的な言葉を発していても、難なくその人を黙らせることができるはずだ。イメージを利用して自分の最悪の思考を過去の最悪の人間と関連づけると、自分が殻に閉じこもることを学習してしまう。これもセルフコーチングの大きな勝利である！

コーチングのヒント

ほかにもイメージの効果的な利用法がたくさんあるので、否定的な自動思考のパターンと闘うときに利用してみるとよい。わたしが一緒に仕事をしていたあるトレーダーは、武術やワークアウトによって、自分を妨害していたパターンに打ち勝っているのをイメージした。その心の枠組みを何度も実際に練習したら、あとは闘いの姿勢を取り戻すためにトレードをしている最中の心構えを決めるだけでよかった。もうひとりのトレーダーは、身体が元気なときにはトレードでも最高に切れていることを発見した。彼は運動の日課を利用して、自分についての考え方、自分の長所を生かすトレードのやり方を心のなかで練習した。日中には運動するために短い休憩を取っていた。これは頭をすっきりさせるのに役立ったが、それだけでなく、彼が培ってきた思考態度にも大いに思いを寄せられるようになった。効果的なイメージだが、何でもイメージすればよいというものでもない。考え方を体調と結びつけてみると、体を使って心に良い影響を及ぼすこともできるのだ。

レッスン58　認知日誌で否定的思考のパターンに立ち向かう

これまでに見てきたとおり、否定的なセルフトークとそれがどのように自分の心の動きや行動と結びついているかを十分に意識できるようにするには、自動思考のパターンを追跡するときに認知日誌を使うのも一つの方法である。単に日誌をつける範囲を広げるだけで自分の心の地図を描き直すのに役に立つ。

先述の日誌ではページを三列に分け、一列目には自動思考が表れるパターンの説明を記し、二列目にはセルフトークを記し、三列目にはそのセルフトークの結果（気分や行動、トレードなど）を記したが、ここでは四列目を追加し、心のなかの対話を変え、否定的な自動思考をより現実的で建設的な思考に置き換える系統立てた取り組みを記すことにする。

それでは、記入例から見ていくことにしよう。あるトレーダーは自分の成績を物足りないとよく批判し、完璧主義的なパターンに対応している。利益を確定したときでさえ、高値も安値もとらえられなかったと言って、テーブルに座ったままボーッとしていた。その結果、彼女は弱気になり、正確に高値と安値をとらえようとしてひどいトレードをするようにもなった。

彼女は日誌の四列目に、そうした否定的な思考に対するソクラテス式問答を記し、それに取り組み、そうした状況を違った方法で見詰めることを思いついた。これぞまさにセルフコーチングである。なぜなら、二列目が否定的なセルフトークの声でびっしり埋まっているように、四列目が内なるコーチの声になっているからだ。

認知日誌は、自分の最も否定的思考のパターンに積極的かつ心理的に取り組むフォーラムになり得るものである。

ここに日誌の記入例を示してみる。どのように見えるかを考えてみよう。**四列目のトレードコーチの声が、自分と同じ状況を体験している人に言いそうな内容にいかに近いかに着目してみよう。**これは非難しているのでもなく、自己批判的でもない見方を示そうとしている。日誌のほかの部分についても、四列目に詳細を記入することが重要だ。そうすれば別の見方について考え、それに没頭することができる。「自分にはそれほど厳しくする必要はない」と書くよりも、「これは以前の職場で上司が言っていたのと同じだ。上司はぼくに我慢できなかったんだ。ぼくはその上司が大嫌いだった。ぼくに対する態度が嫌だったのだ。自業自得だ。自分のためにやるつもりはない」と書くほうが効果的だ。また、四列目に自動思考の悪い結果を詳しく記入するのも効果的だ。「こうした考えが一年中自分のトレードの邪魔になっているんだ。こんなことにもう金を費やすつもりはない！」など。

自動思考には心の動きの勢いで立ち向かおう。自分の考え方に立ち向かうという心の動きを体験することによって、新たなパターンが根づいてくる。

日誌をつけるのが効果的だというのは、日誌は自分にセルフコーチの役を演じる機会を定期的に、また体系化して与えてくれるからだ。これは自分を指導する素晴らしい練習法である。最初のうちは日誌を使うなんて形だけのものだろうと思うかもしれないが、繰り返し記入する

状況	セルフトーク	結果	セルフコーチの声
わたしが損失を出したのは、意外な利上げで相場が反転し、損切りを実行したからだ。	「自分が何を考えていたのか分からない。材料が出てきて打撃を受ける可能性があったのにトレードするなんて、何てバカなんだろう」	アイデアも良かったし、確信していたのだが、午前中はずっと落ち込んでしまい、次のトレードでもほとんどリスクをとれなかった。	「こんな利上げは予想できなかったって？　わたしなんか何ひとつ予想できない。十分に可能性のあるアイデアを持っていたし、損失も十分に想定の範囲内に収めていた。常にこういうトレードをするべきだ」
勝っていたのに手仕舞うのが早すぎた。結局相場も予想どおりの方向に動き、5ポイントも高いところで引けた。	「好調なトレードなのに、なぜそのまま続けられないんだろう。儲ける唯一の方法は勝ち組を保有することじゃないか。そうしていればもっと利益を上乗せできたのに」	利益を出したのに、良い気分になるどころか不愉快な気分で1日を終えた。その日の夜はずっと嫌な気分だった。	「これはわたしがイライラしているときのトークだ。相場は1日中ちゃぶついていた。そういう相場ではさっさと利食いするのもプランの1つだ。少し休みが欲しい。良い値で売ってそこそこの利益を手に入れたんだから。自分を痛めつけると、次のトレードも台無しになるだけだ」

ことで、そのコーチの声を内在化し、否定的な思考が表れたときにそれに立ち向かうことができるようになってくる。

認知日誌も、とくに五列目を追加して日々の利益を追跡し、その日のトレードの質を採点していけば、自分のトレードを見直す優れた手段になる。その五列目を記入することで、モチベーションだけでなく、セルフトークの変化が自分のトレードの進歩とどう関係してくるのかも分かる。リフレーミングの方法はもう一つある。それは音声日誌を作り、記入事項をすべてリアルタイムで声に出して言ってみることである。これによって、休憩時間に自分の思考を組み立て直すことができるだけでなく、引け後に有意義な見直しができ、学んだことを忘れないようにすることもできる。

自分のトレードのセルフコーチとしては、日誌のような手段を、自分のトレードの負担になるものではなく助けになるものとして使いたいと思うだろう。だが、日誌が自分の流れやルーティン（型にはまった行動）にぴたりと合っているかどうかを見極めるには、多少の実験が必要だ。セルフコーチングモードで過ごす時間が否定的な自動思考という苦しみのなかで過ごす時間を上回るまでは大きな進歩を遂げることはない。これは優れた法則だが、日誌はそのコーチングモードで過ごす時間を確実に増やす良い方法である。

コーチングのヒント

もし認知日誌に十分に記入していないなら、心理的な訓練よりも論理的な訓練をしたほうがよい。トレーダーは静かに、また合理的に否定的な思考に立ち向かうが、それだと勢いのある心の動きが伴ってこない。心理学の研究論文によると、われわれは普通の思考よりも感情的な材料をより徹底して処理するようだ。自分を抑える考え方を果敢に拒絶するような心の動きを体験することで否定的思考のパターンに立ち向かってみたいだろう。それは自分のトレードの邪魔をし、自分に代償を払わせ、自分の成功を脅かす思考や行動なのだということを肝に銘じておくのに役に立つ。もしそういう脅威を与える人がいたら、間違いなくその人と立ち向かい、その影響力を排除しているはずだ。自分の自動思考を擬人化すると、自分の認識を改めるのを助けてくれる勢いのある心の動きを生み出すことができる。

レッスン59　認知実験で自分を変える

もし皆さんが自分の観察と体験に基づいて世界の理論を打ち立てる科学者なら、その期待を仮説として扱うことも可能だろう。仮説は裏づけられるか反証されるかのどちらかだ。もし否定的思考のパターンを反証する新たな観察結果や体験を作り出せば、そうしたパターンを徐々に修正し、そのゆがみをなくそうとするはずだ。

ソクラテス式問答法で最近の体験を点検してみると、それだけで否定的な見方に立ち向かい、修正することができる。「トレードでやっていることは全部間違っているのか！」は、トレーダーが資金を失ったときに自然と出てくる一つの否定的な思考かもしれないが、最近の結果を単に見直してみるだけで現実に戻れる場合がある。「待てよ、今週は良いトレードをしていたじゃないか。一歩引いて、何が良かったのかを調べてみよう」

もし皆さんが否定的な思考の真っただ中にいるなら、それは観察者の役を演じるのに役に立つ。観察者ならこう自問するだろう。

「これは現実だろうか？　これは自分と同じ体験をしている人間に言う言葉だろうか？　これは自分に今すぐ言ってもらいたい言葉だろうか？」

こうした否定的な思考に反証することで、それが自然と出てこないようにすることができる――また、自分の意思決定のコントロール権を握られないようにすることもできる。

ただ、ときどき具体的な実験を組み立てて自分の否定的な思考や予測に立ち向かってみると、自分の信念を揺るがして形成し直すという正しい体験ができる。あるトレーダーは、分散など自分には関係ないと言い張っていた。ただ、間違ったトレードはしたくなかった。あるセクターで良いアイデアがあると、それを全部採り入れてトレードに盛り込んだ。当然だが、株価の動きには相関があった。もし彼がセクターＥＴＦ（上場投資信託）を買って手数料を節約していれば十分に儲かっていたに違いない。「素晴らしいアイデアだ。全部いただくよ」という思考パターンは、唯一のアイデアで多額の資本をリスクにさらすようなもので、「銘柄を多数保有しているのだから分散しているじゃないか」というのは独り合点にすぎない。

このトレーダーの場合、「十分」が「十分」ではなかったのだ。ホームランでないかぎり、彼は自分のトレードを成功だとは思えなかったが、どんなホームランを打っても大きく損をし、それで意気消沈し、将来を案じるようになっていた。資金を取り戻すのに「すべて」を動員したいという彼のパターンが、感情的にも金銭的にも大きな負担になっていたわけだ。

わたしは「実験をしてみよう」と提案した。資金を四等分するのがこの実験の趣旨。一つのアイデアに通常のレバレッジで四分の一以上の資金を投入してはならない。したがって、もし金の価格が上昇すると思えば、通常の購買力の最大四分の一を使ってゴールドETFか金鉱山銘柄を買えばよい。もし金鉱山銘柄を五銘柄買うとすると、その購買力の四分の一をさらに五つに分けることになる。残りの四分の三を使うには別のアイデアを用いなければならない。例えば、もしゴールドETFを保有しているなら、悪材料が出てきたときに個別の銘柄かセクターETFを売るということだ。

もし実験をきちんと組み立てて行えば、自分のスキーマを直接反証する十分な力になる。

どういう意味かと言うと、もちろんこのトレーダーは自分の購買力をすべて活用していないということである。なぜなら、必ずしも四つの独立した（相関がない）アイデアを持っているわけではないからだ。彼は資金のかなりの額を分散させ、セットアップとアイデアで均等に――超短期のスキャルピングに一部を、より長期のアイデアに一部を、また買いポジションに一部を、売りポジションに一部を――配分した。このプロセスなら利益が出せるし、負けトレードではなく勝ちトレードができる。分散によって大きな損失をなくすことで、実際にはそれほど大きなリスクをとらなくても済み（日々の利益の変動も少ない）、より多くの利益を得ることができる。

彼は一週間の実験に同意した。

「どの程度の損失になるのだろう？」というのが彼の姿勢だった。ところが、実験をしていくうちに、実際には過去数カ月間のどの週よりも利益が出ていることが分かった。この結果に納得した彼は、さらに実験を続けることにした。

「もう壁に頭をドンドン打ちつける必要もないですね」

数週間がたってから、彼はそう言った。利益もさらに増えていった――しかも、それを喜んでいた。だが、実際に実験をやっていなかったら、（実験を通して）自分の考え方がいかに間違っていたかも分からなかっただろう。否定的思考のパターンのデメリット――そして肯定的思考のパターンのメリット――を指摘するのも一つの方法だが、実際に自分でそれを目の当たりにし、「その違いを体験すること」のほうがはるかに効果的だ。

成功しているセルフコーチは、過去の習慣を妨げる力強く鮮明な体験を作り出すものである。

モチベーションを持続させるには自分に厳しくしろ、というのがトレーダーたちに共通する誤った通念である。これは一週間の実験が役に立つもう一つの事例である。一週間毎日、建設的かつ肯定的でいようと意識的に努力すると、どのような感情を抱くようになり、どのようなトレードをするようになるかを見てみよう。トレーダーが否定的なパターンを捨てたときに実際に集中力が高まり、トレードのプロセスも上達しているのが分かれば、もっと実験を続けようという意欲が高まってくる。

皆さんへの課題は、トレードのセルフコーチとして簡単な実験をしてみることだ。それがたった一日という期間であっても、確認した否定的思考のパターンを自分で断ち切ることができたら、自分の気持ちやトレードがどうなるかを見てみることにしよう。もし実験の結果に納得できなければ、いつでも以前のやり方に戻し、やり直しても構わない。ただ、もしトレードにそれまで以上に集中できたり自分のプランに忠実でいたりするのが分かり、結果的に自分の作業に満足したら、さらに実験を続け、生活のほかの部分にも応用してみるとよい。否定的思考のパターンは学習された結果である。だから当然、自分のトレードや自分自身に対する新たな見方を修得することもできるわけだ。十分に組み立てられた実験は、そうした見方を変える触媒の働きをするのである――しかも、それはわれわれの行動も変えてくれるのである。

コーチングのヒント

あらゆるトレード規則が認知実験になる。規則にしっかりと従っているときに、自分のトレードの結果、気分、意思決定がどう変わっていくかを見てみよう。トレーダーはたいてい、不安を自分の規則に従ったことによる悪い結果だとして心の奥底にしまっておくものだが、規則に関する実験をしてみると、そうした結果は扱いやすく、けっして恐れることはないのだというのが直接分かってくる。

レッスン60　肯定的な思考を身につける

ここまでの認知的コーチングのレッスンでは、否定的な「自動思考」（訳注　ある状況に置かれたときに瞬間的に浮かんでくる考えやイメージ）を確認し、それを変えていく方法に重点を置いてきた。では、いったい肯定的思考のパターンとはどういうものなのだろう。どうしたらそれをもっと計画的に身につけることができるのだろう。幸い、否定的思考のパターンを断ち切る（訳注　「学習解除」。つまり間違った関連づけを断ち、一度学習したことをゼロに戻すこと）ときにも効果がある認知的手法の多くは、自分や周囲の世界に対する肯定的な見方を強化するときにも効果的に利用することができる。

われわれが育もうとしている肯定的な思考は、必ずしも表面的な意味で肯定的だということではない。鏡をのぞいて「自分は最高のトレーダーなんだ。これから大金を稼ぎに行くぞ」と自分に語り掛けるのは肯定的な思考ではない。単なる妄想だ。現実離れした期待を高めてトレーダーを失望させることにもなる。

そうではなく、肯定的な思考というのは、困難な状況に建設的に反応するように導く思考のことである。例えば、あるトレーダーは初心者のようなミスを犯し、そのミスで自責の念に駆られているが、そのミスを生かして実行力を高め、細部にも注意を払えるようになるかもしれない。これが肯定的な思考である。トレーダーもきっとこう言うだろう。

「あまり良いトレードはしていないが、自分ならもっとうまくできるようになる」

これが正確な判断であり、より意欲を高めている証拠である。


肯定的な思考とは、必ずしも楽観的に考えることではなく、「建設的」に考えることである。

自分や自分のトレードにとって最良のスキーマや思考パターンについてはどのように理解しているだろう。幸いにも、われわれはまさにこのために自分に合った認知日誌を作ることができる。ちょっと思い出してみよう。従来の日誌の一列目には問題あるトレードでの具体的な出来事を記入した。二列目にはその出来事についてのセルフトークをまとめ、三列目にはそのセルフトークの結果をまとめた。日誌を利用して肯定的なトレードに関するエピソードを浮き彫りにすれば、肯定的な思考を追跡できるような形になる。一列目には模範的なトレードをしているときの相場はどうだったかを記す。二列目にはその前とトレードをしている最中のセルフトークを記入する。そして三列目には、そのセルフトークが望ましいトレードの仕方にどう役立ったかを記入する。**言い換えると、日誌を利用して、最良のトレードをしていたときに自分は何をしているかを浮き彫りにするのである。**

注意してほしいのは、肯定的な記入事項の多くは儲かるトレードに関するものだが、これは儲かっているトレードだけに集中していればよいということではない。そうではなく、たとえ通常の損失を喫っしていても、トレードがうまくいっているときには「あらゆる」状況に集中していてほしい。例えば、リスク・リワード・レシオが良好なトレードを仕掛けたものの、事前に決めた価格で損切りし、後にそのアイデアで再び仕掛けて利益を確定したという場合、これは極めて肯定的なトレードのエピソードである。日誌の役割は、自分の損失を小さく抑え、トレードに柔軟性を持たせられるような思考プロセスを取り出すことなのである。

認知日誌は、一番良い考え方やトレードの仕方を確認するのに利用することができる。

このようなプラス志向の日誌の一例を挙げてみよう。もう一度、最良のトレードをしているときのさまざまなセルフトークを頭のなかで具体的な形にできるように、日誌に詳しく記入する。最も役に立つ記入事項は、通常のミスを「犯していない」のに、過去の役立たずのパターンを何とか打ち破ろうとしているときのものである。

日誌がきちんとした意思決定につながる具体的な思考を明確にしていることに着目してみよう。この思考を練習することで、それを肯定的な習慣に変えることができる。最良の考え方のなかには、成功しているトレーダーとのやり取りから生まれるものもある。彼らとのやり取りが、困難なトレードの最中に自分にどう語り掛けるかの手本になるのである。例えば、あるトレーダーは、そのトレードのリスク・リワード・レシオが適切になるような価格で注文を出し、「相場が近づいてきたぞ」と言っていた。彼は「チャンスを追い掛けなくちゃ」と自分に語り掛けるのではなく、「相場の動きが自分の条件を満たしたときだけトレードすればいいんだ」と主張していた。これで彼はひどいトレードをしなくて済んだだけでなく、自分のトレードを継続的にコントロールできているのだという感覚を養うこともできた。わたしも最終的に、NYSE（ニューヨーク証券取引所）のTICK指標（**訳注**　値動きが変動する頻度を表す指標）が高い数値を示していたら絶対に買わず、低い数値を示していたら売らないなど、仕掛けるときには最終的にこの考え方を採り入れた。相場を自分に近づければ、トレード熱を冷まして利益を最大限に伸ばせるということが分かったのだ。「相場が近づいてきたぞ」というのが、わたしの一番の認知的な実践となった。

皆さんへの課題は、最良のトレードができ、リスクを最も効果的に管理できるような考え方を確認することである。一度自分が絶好調のときにはどういう考え方をしているかが分かれば、一つのモデルができるので、それを毎日トレードをしている最中に繰り返し、長所を肯定的な習慣に変えることができるようになる。認知日誌からメリットを得ようと、認知のゆがみにはまる必要はない。日誌は自分の最良のやり方を発見する方法として利用すればよい。これは成功している最も経験豊富なトレーダーにとってもやってみる価値のある練習だ。

コーチングのヒント

わたしが一緒に仕事をしていたあるトレーダーは、買われ過ぎや売られ過ぎの相場だと分かると、「金を払ってもらおう」という言い方をしていた――もっと生々しい言い回しをしているトレーダーもいた。手仕舞いしてから逃げだしたトレーダーが大量に売っている証拠を突き止めるまで、彼は撤退するつもりはなかった。「金を払ってもらおう」という発想で彼の競争本能が駆り立てられ、勝ちトレードを続けることができていたのだ。もっと金を払ってもらおうと思い、調整があると増し玉することもある。皆さんも自分が絶

状況	セルフトーク	トレード結果
相場は寄り付き後に窓を空けて大幅上昇し、その後も上昇を続けたが、仕掛けたのはそのあとだった。	「この動きには乗り損なうような気がするが、天井知らずの相場を追い掛けていくとどうなるかは分かっているさ。NYSEのTICK指標が最初の調整局面を迎えてゼロに近づくまで様子見だ。そのあとその水準で持ちこたえていたら次の反転で仕掛けよう。何でも仕掛けるのではなく、良い価格で買うことのほうが大切だ」	相場は予想以上に大きく下げ、弱い戻りを見せた。買いが続かないのは分かっていたので、実際に戻ったところで素早く売った。相場から離れ、トレードをし損なう可能性もあったが、問題なかった。自分の執行規則に従っていたおかげで柔軟性が生まれ、多少の利益を上げることができた。
大きな売り圧力が強まってきたため、仕掛けてからわずか数分後に損切りした。	「どの指標も重要なラインを割り込んだ。有益な情報を買ったばかりなのに。もし売り圧力が続くとすれば、翌日には安値を試そうとしているんだろう」	最初の調整まで様子見し、それから売り注文を出して翌日安値まで下落する流れに乗った。負けトレードを失敗としてではなく有益な相場のデータだと考えたのが、良いトレードにつながった。

好調のときに同じような言い回しを使っているのに気づくだろう。練習ができるように、そういう言い回しを認知パターンにしっかりとつなぎ留めておくことだ。そういう言い回しを使えば、自分の成功事例を基にトレードを続けることができる。

参考

本書の主な補足資料がブログ「ビカム・ユア・オウン・トレーディング・コーチ（Become Your Own Trading Coach）」

である。ブログのホームページには、第6章のテーマであるコーチングのプロセスに関するリンクや追加記事を掲載している（http://becomeyourowntradingcoach.blogspot.com/2008/08/daily-trading-coach-chapter-six-links.html）。

『トレーダーの精神分析――自分を理解し、自分だけのエッジを見つけた者だけが成功できる』の第8章「パフォーマンスを向上させるための認知療法」にも自己改革の認知的アプローチに関する情報を記載した。また、『ジ・アート・アンド・サイエンス・オブ・ブリーフ・サイコセラピーズ（The Art and Science of Brief Psychotherapies）』（アメリカン・サイキアトリック・パブリッシング、二〇〇四年）のジュディス・S・ベックとピーター・J・ビーリング著「コグニティブ・セラピー――イントロダクション・トゥ・セオリー・アンド・プラクティス（Cognitive Therapy: Introduction to Theory and Practice）」の章も参照してほしい。ほかに興味深いのは、わたし個人のホームページ（http://www.brettsteenbarger.com/articles.htm）の記事の項目に掲載されている「リマッピング・ザ・マインド（Remapping the Mind）」だろう。

わたしは成功しているトレーダーやポートフォリオマネジャーにインタビューしている書籍が好きである。そういう本は、マーケットやトレード上の意思決定に対する肯定的思考のモデルを示してくれるからだ。なかでも最もよく知られているのが、ジャック・D・シュワッガー著**『マーケットの魔術師』**シリーズ（パンローリング）、スティーブン・ドロブニー著『市場成功者たちの内幕物語』（晃洋書房）、キャサリン・バートン著『ヘッジ・ハンターズ（Hedge Hunters）』（ブルームバーグ、二〇〇七年）がある。第9章に寄稿してくださったトレーダーたちの文章からも優れたモデルが見つかる（http://becomeyourowntradingcoarch.blogspot.com/2008/08/contributors-to-aily-trading-coach.html）。また、マーケットやトレードについての興味深い考え方を知りたい方は、ホームページ「デイリー・スペキュレーションズ（Daily Speculations）」（http://www.dailyspeculations.com/）も参照してほしい。

第7章 新たな行動パターンを学習する

――セルフコーチングへの行動的アプローチ

自分を知らずに、また自分の機械の働きと機能を理解せずには、人間は自由になることも自分を統御することもできず、常に奴隷あるいは彼に働きかける力の遊び道具にとどまるだろう。

――G・I・グルジェフ著『奇蹟を求めて――グルジェフの神秘宇宙論』（平河出版社）

心理学における行動技法とは、動物の学習に関する初期の研究の副産物であり、行動傾向を断ち切ること（**訳注**　「学習解除」。間違った関連づけを断ち、一度学習したことをゼロに戻すこと）、学習における条件づけと強化の役割を強調したものである。近代の認知行動的なアプローチでは、思考を一種の行動として処理し、このような技法をイメージとして、また状況に対する自分の反応を変えるのだという自己声明として利用する。第6章の認知再構成、つまり認知のゆがみを直す枠組みのように、行動療法でも、自己改革を推し進める際には枠組みを大いに活用する。要は、今すぐ必要なスキルを高めることであり、過去の葛藤や現在のさまざまな関係でそれが繰り返されることについて調べることではない。行動療法がとくに力を発揮するのは、不安の問題だけでなく、怒りや欲求不満といった問題に取り組むときである。本章では、セルフコーチングの一環として習得できる行動療法の技法を探ってみる。トレードの成績に対するプレッシャーや衝動的な振る舞いを処理するときにとくに役に立つ技法だというのが分かるだろう。

行動的なアプローチの本質はスキルを高めることである。行動療法の技法の取り組みを長続きさせるには、こうした技法を何度も練習し、新たな状況に当てはめてみることが極めて重要だ。また、本章でも後述するが、『**トレーダーの精神分析——自分を理解し、自分だけのエッジを見つけた者だけが成功できる**』（パンローリング）に簡単にまとめた「エクスポージャー法（曝露法）」にもとくに注目したい。一般に、コーチングにはこうした技法が最も効果的だ。それでは、こうした技法を皆さんが自分で習得するにはどうしたらよいのかを見ていこう。

レッスン61　自分の関連づけの特徴について理解する

行動心理学の本質は、動物の世界に見られる学習のメカニズムの多くを利用することである。例えば、わが家の飼いネコのジーナとジンジャーは、朝五時に起床したわたしから朝食のミルクをもらえることを学んだ。わたしの足音が聞こえるや目を覚まし、どこからともなく台所に突進してきては、何かをもらえるのではないかと期待してわたしを見上げる。繰り返しによって、二匹ともわたしが朝目を覚ましたあとの足音と餌をもらえることとを関連づけて考えることを学んだのだ。これが「刺激―反応学習」の基本である。動物は反応のパターンを刺激（状況）と関連づけることを学ぶのだ。こうした状況と反応の「随伴件」（訳注　ある刺激［状況］に一定の行動［反応］が伴うこと）が時間をかけて強化され、それが学習されたパターンをさらに強化していくのである。

われわれの行動の大半は、特定の状況に対する単純な反応からなる。

伝統的な行動主義では、このように学習された結びつきを学習者の心の状態と関連させて説明することはない。「朝だ、ご主人様が目を覚ましたから台所へ行かなくちゃ」とネコがはっきりと論理的に考えているわけではない。固形食ではなくミルクを保存してあるところに行こう、と具体的に考えているわけでもない。そうではなく、わたしが目を覚ましたという感覚の刺激がネコの期待を誘発しているのである。ある特定の古い歌を耳にするとその当時の記憶がよみがえってくるのとまったく同じである。コーチングの認知再構成のアプローチは、心の地図を描き直し、トレーダーの明確な思考を変えることを目指したものである。行動モードの目標は、悪い結果をもたらす連想的な関連づけを断ち切り、より適応可能な新たな関連づけを学ぶことである。

行動心理学では、「学習解除」は学習の裏返しである。もし時間をかけて特定の随伴性を強化しなければ、連想的な関連づけも弱まり、最後には反応のパターンも消え去っていく。もし毎晩ベルを鳴らしてネコに餌をやっても朝に餌をやらなければ、最終的にネコは朝に台所には飛んでこなくなる。代わりに、ネコはベルの音が聞こえたら走ってもよいのだということを学ぶ。それを強化しながら行動のパターンを根づかせていくのである。強化をやめると、そのパターンを放棄することになる。

この観点からすると、トレードに多くの否定的行動のパターンが生まれるのは、そのパターンの肯定的な面が強化されているからか（「正の強化」）、あるいは否定的な面が強化されているか（「負の強化」）のどちらかだからである。この違いは重要だが、十分には評価されていない。正の強化はネコに餌をやるのと同じである。つまり、人は都合の良いことを特定の刺激（状況）と関連づけようとするため、例えば、わたしは早朝のトレードの準備を自制と備えという特定の感情の状態と関連づけることがあるが、こうして関連づけることで準備の時間を楽しみにし、そのルーティン（型にはまった行動）を続けていられるのである。備えができていることと良い気分を味わうこと——または備えができていることと良いトレードをすること——との随伴性は、時間をかけて強化され、やがてしっかりと根づいた習慣になるのである。

負の強化はやや微妙である。また、それは損失をもたらすパターンにトレーダーがしがみつく主な理由でもある。負の強化の場合、刺激（状況）と反応との結びつきが強化されるのは、良い結果が出るからではなく、一連の悪い結果が取り除かれるからである。わたしはトレードをしているが、相場は自分の予想に反した方向に動いており、売り注文が浴びせられている最悪のタイミングで撤退したとしよう。一緒になって売るには最悪のタイミングだというのは頭では分かっているが、その時点では惨たんたる状態なので、手仕舞いしてしまえば気が楽になるだろうと感じている。薬物依存症患者は、まずはハイな状態になりたいという気持ち（正の強化）から手を出し、やがては禁断（症状）を回避しようとする気持ち（負の強化）から習慣化してしまうのが普通である。苦痛を回避することは力強い強化であり、しかも学習された行動パターンを、快楽を取り込むときと同じように効果的に形成してしまうのである。

破滅的なトレード行動の多くは「苦痛回避」の結果である。

トレードの場合、学習された行動パターンのうち最も破壊的なのは、スリルや興奮とリスクをとることとを関連づけてしまうことである。トレーダーがポートフォリオのサイズと比較してあまりにも高いリスクをとると、利益も損失も大きく膨れ上がる。スイングトレードが刺激的だと思っているトレーダーもいるが、その時点ではそれが彼らの強化になっている。利益を求めてトレードしているのではなく、スリルを求めてトレードしているのである。そんな彼らには必ず平均化の法則というのが待っている。数日、数週間と負けが続くと、高いレバレッジに足を引っ張られて自滅してしまうのだ。これはスリルを求めるトレーダーがもともと自滅型だからではない。むしろ、繰り返される心の動きによってリスクをとることと興奮とを関連づけることを学んでしまっているからだ。

状況と反応の随伴性に心の動きの勢いが関与してくると、その随伴性がより速く、かつ深く学習されることを示した研究がある。要するに、人はほんの数回薬物を使用しただけで、いかに強い薬物に依存するようになるか、また心的外傷（トラウマ）が残るような出来事をたった一度経験するだけで、いかに心配性になり、身がすくんでしまうかという研究だ。数週間で新しい曲芸を覚えられるような動物は、一度食べて具合が悪くなると、毒入りの餌を避けることも学べるという。**心の動きが行動学習を加速するのである。**これがトレード上の多くの問題の原因になっているわけだが、行動科学を採り入れた強力なコーチングの手法への道を切り開くものでもある。

自分のトレードのセルフコーチとしては、まずは自分の関連づけの特徴、すなわち自分の期待と行動との関連づけを理解することが大切である。自分のトレード上の問題を理不尽だと考えるのではなく、それは何か自分が獲得した報酬（「正の強化子」）、あるいは自分が避けている罰（「負の強化子」）に裏づけられた、学習されたパターンなのだと考えてみることだ。何かが自分の最悪のトレード行動を強化しているのである。一度その随伴性が理解できれば、その強化子を取り除き、望みのトレードのパターンを強化する新たな強因子を導く好スタートを切ることができる。

行動療法を採り入れたコーチングとは、適切な行動を強化し、間違った行動の強化子を取り除くことである。

まず手始めに、ごく最近、自分が本当にひどいトレードをしたときのことを思い出してみよう。わたしが思い出す最近の出来事は、下降相場が好転するものと確信していたときのことである。保有していたポジションも当初の損切り価格よりもはるかに上方で推移していた。では、このときの強化子は何だったのだろう。わたしは連勝街道まっしぐらで、撤退はしたくなかった。つまり、トレードから撤退することとその幸運を断ち切ることとを関連づけていたのだ。トレードを続けているかぎり、幸運はそのまま続くだろうという希望を維持できていたわけだ。

当然、そんな根拠はナンセンスだし、仮に論理的帰結を追求したところで、ひどいポジションを一枚保有しているだけで連勝中に上げた利益などすべて吹き飛んでしまう可能性もある。それにしても、感情的な結びつきというのは強いものである。つまり、わたしは勝ちに固執していたわけだ――だから、単にうまくトレードするよりも勝つことの魅力のほうがはるかに勝っていたわけだ。

では、自分のごく最近のトレードで最悪だったケースを振り返ってみよう。どの利益を最悪のトレードと関連づけていたのだろう。どのような否定的な行動を回避しようとしていたのだろう。どのような随伴性が働いていたのだろう。前のレッスンで強調したとおり、自己改革の第一のプロセスは、自分の内なる観察者になり、自分をコントロールしていたパターンを認識することである。自分の行動は理不尽で破壊的に思えるかもしれないが、理由があってそこで起きているのである。その理由は入念な行動分析によってはっきりする――その行動を変える好スタートを切ることもできる。

コーチングのヒント

自分にとって最も苦しい感情を確認したら、トレードをしている最中にそれを追跡すること。それが損失の苦しみだというトレーダーもいるだろうし、退屈さに、またはどうすることもできない不確実性に否定的な反応を示すトレーダーもいるだろう。多くの場合、自分が最悪の意思決定を下すのは、自分自身をそうした感情から解放した結果である。この負の強化が、今にして思えば何の意味もなさそうな、性急で無計画なトレード行動につながってしまうのだ。もし負の強化が行われていることが分かれば、もっと意識的に、また建設的にそうした苦しい感情を処理することができるだろう。

レッスン62　刺激と反応の微妙な結びつきを確認する

状況と状況の結びつきや、そうした状況に対するわれわれの行動（反応）が極めてはっきりしている場合がある。トレーダーが乱高下する相場で不安を感じ、早々にポジションを手仕舞いした場合、われわれはすぐに、彼らは自分の資金ではなく自分の感情を管理しているのだと考える。リスクやリターンを客観的に考えることよりも、動きの激しい相場から撤退したときの安心感のほうが勝るからだ。

一方、われわれの行動を左右する「随伴性」（訳注　ある刺激［状況］に一定の行動［反応］が伴うこと）がかなり微妙で、見極めるのが難しい場合もある。したがって、そうしたパターンを変えるのも極めて難しい。自分が何に対して反応しているのかが分からなければ、異なる反応のパターンを形成するのは困難だ。

気持ちの微妙な変化は、自覚がないまま意思決定を下すのを左右しかねない刺激（状況）の一例である。例えば、日照量に感情的に反応する人は、日照量が少ない冬の間は気分の落ち込みや季節性の情緒的問題を抱えることがある。このような乱れは、トレーダーのリサーチや準備を妨げ、集中力やモチベーションにも影響する可能性がある。同じように、家族との衝突が気持ちに影響し、それがトレードに影響することもある。わたしが一緒に仕事をしていたあるトレーダーは、自分のアイデアにすぐに不満を募らせ、シグナルが出ないうちに仕掛けたり手仕舞いしたりを繰り返していた。そこでその問題を調べてみたところ、一過性のものであることがはっきりした――毎日起きるものではなかった。家族との間に何か問題が起きると、彼も余計にいら立ってきて、それがトレード中にじれったさとなって表れていたのである。

トレード上の問題のパターンは、気持ちやエネルギーのレベルの微妙な変化に誘発されて起きることが多い。

身体が出すさまざまな合図も、気持ちや認知的機能を左右することがある。疲れ、空腹、筋肉の緊張、適応度などがそうだが、わたしは注意力を持続させているときのほうがマーケットのデータをより効果的かつ効率的に処理することができる。エネルギーのレベルが下がると、大量のマーケット情報を総合的に処理する能力も奪われていく。それは認知的に効率が悪くなるからというだけでなく、注意を怠ることで気持ちにも悪影響が出てきているからでもあるわけだ。疲れていると、精力的にも楽観的にもなれなくなる。創造的なアイデアを見つけようともしないし、損失を出したとなると、いつもより落胆し、リスク回避的になるだろう。体調についてや体調と自分の気持ちとの関係についてよく理解していなければ、このように成績が芳しくない時期を単に偶然だと思ってしまうはずだ。実は、心と体の変化は学習実験中の動物の行動と同じで、「刺激―反応関係」にあるのである。

『精神科医が見た投資心理学』（晃洋書房）で強調したとおり、われわれの学習の大半は心と体の状態をベースにしたものである。つまり、**心と体がある状態にあるときの理解は、別の状態のときに理解するものとはまったく違うということだ。**好きな音楽を聞いているときには心が開放的になり、広範なマーケット間の関係を見たり、一週間のトレードの大きな構想を描いたりすることもできるが、時間がなかったりイライラして注意が散漫になっている状態では、大局観を失い、視野狭窄に悩むことになる。わたしが衝動的なトレードをしてしまう可能性が高いのはそういうときである。大きな相場の力学ではなく、直近の値動きに反応してしまうのだ。そのようなトレードはリスク・リワード・レシオも悪いことが多く、勝つ可能性よりも負ける可能性のほうがはるかに高い。

わたしはこうした微妙な環境の合図を「トリガー（誘因、引き金）」と呼んでいる。この合図が無計画で望ましくない行動を誘発するからだ。例えば、わたしの場合は、欲求不満のときには単に悩みの種を脇へ押しのけることで、そのような感情から自分を解放することを学んだ。この反応は負の強化の典型的な例である。もし何か用事をしているからイライラしているという場合には、ほかのことをしたがっているのであり、その用事をさっと脇へ押しのけ、自分のしたいことに集中する。だが、もちろん用事はまだ済んでいないので、慢性的なイライラはまた表れてくる。わたしの優柔不断のパターンは明らかに負の強化によるものだが、これは良いことではない。ぐずぐずとした否定的な気持ちと未処理の仕事が残ってしまうだけだからだ。さらに悪いことに、引き続き強化されていく否定的な気持ちがトレードでもパターン化してくる場合がある。これは用事の先送りから負けポジションへの対応の先送りに変わっただけで、大した違いはない。

自分の日常生活を妨げる行動のパターンの多くはトレードにも表れてくる。

自分のトレードのセルフコーチになると、何が最も厄介なトレード行動の引き金になっているのかを知りたくない場合もあるだろう。それはどこからともなく表に出てくるようにみえるが、そのときこそトレード日誌を利用して、自分の問題あるトレードと関係していそうなあらゆる要因――身体、状況、感情、さまざまな関係に起因するもの、トレードに起因するものなど――を書き出してみることが最も重要だ。書き出しているときには、できるだけ虚心坦懐で臨むことである。パターンは自分が考えていたものと違ってくる場合が多いからだ。わたしが一緒に仕事をしたあるトレーダーはトレード上の問題を抱えていたが、何が問題なのかはっきりしたことは分からなかった。そこで時間をかけて見直してみたところ、これらの問題は、彼が勤務先の経営陣とうまくいっていないときに起きていることが分かった。その欲求不満から、トレードに満足感を求め、トレードのしすぎへと突き進んでいったのだ。だが、両者を意識的に関連づけてはおらず、単純な刺激－反応式のやり方で感情の状態をコントロールしようとしてトレードしていたのである。

日誌に書き込んでいくと、パターンに気づくまでにかなりの時間を要する場合があるが、自分がどうトレードするかは自分の身体や感情の状態に左右される――自宅や職場では状況要因によって左右される――ことが分かってくる場合もある。あとのレッスンでも見ていくが、こうした随伴性を理解していれば、自分のトレードにファイアウォールを築くこともできるが、もし理解していなければ、ただ無分別に過去を繰り返し、自己決定の基準を失ってしまう可能性がある。そういうときに備えて自分の随伴性について理解しておけば、設定した目標を追求する自由意思や能力を持てるようになる。

コーチングのヒント

身体の健康――機敏な状態、エネルギーのレベル、全体的に健康だという感覚――を追跡し、自分の日々のトレード結果と比較してみよう。多くの場合、集中力が欠けたり過去の役立たずの行動のパターンに逆戻りするのは、疲れ、身体の緊張、不健康が原因である。睡眠不足や運動不足で体がだるいときに精神的な努力を持続させるのは難しい。人間の気持ちは体調に左右されることが多い。何を食べたか、どのぐらい食べたかといった微妙な要因にも左右される。日々トレードの成績を自分の体調と関連づけて記録していくと、両者の関係が分かり、体と心をピークの状態に維持して予防に取り組むこともできる。

レッスン63　社会的学習の力を生かす

トレーダーがセルフコーチングで犯す可能性のある最大のミスの一つが、自分の技術を同僚たちと共有せずに孤立させてしまうことである。トレーダーとして孤立するのは簡単だ。自宅にあるコンピューターとインターネットを使ってマーケットにアクセスするだけという場合にはとくにそうだ。ただ、わたしは投資会社で仕事をしているときにほかのプロたちにどう接近したらよいのかをずっと考えていたが、それが学習プロセスに役立っている。同僚のトレーダーがロールモデルになり、励みになり、しかもアイデアに対する貴重なフィードバックもしてくれる。トレーダーたちのネットワークからも、セルフコーチングに役に立つ強力な行動療法の手法などのメリットが得られる。こうしたネットワークは、ウエブ2・0やオンラインで入手できる多くのリソースのおかげで簡単に出来上がる。単に投資会社のなかで出来上がるだけではない。

カナダの心理学者アルバート・バンデューラは、社会的環境のなかで強化がいかに新たな行動につながる助けになるかを観察した最初の行動主義者のひとりである。**肯定的な行動によって成果を上げている他人を観察していると、その間接体験が自分の学習の一部になってくる。**同様に、他人がミスを犯し、それに高い代償を払っているのを見ると、同じ運命を回避することを学ぶ。このように、自分の学習は他人の手本になり、他人の学習も自分の手本になるわけだ。この体験が何倍にも膨らみ、学習プロセスを加速させていくのである。

社会的学習は体験を何倍にも膨らませ、学習曲線を上昇させる近道になる。

二〇〇四年に投資会社で常勤のコーチとして働き始めて以来、わたしのトレードは劇的に変化した。マーケット間の関係を強化子の一つとして自分のトレードに採り入れることを学んだからだ。また、リスク調整済みリターンとの関連で考え、トレードごとにリスクとリターンの両方を注意深く調整することも学んだ。わたしはポジションサイズがリターンに及ぼす影響に敏感になり、相場の変動に起因していそうな成績の変動期間を特定しようと、トレード結果を入念に追跡している。こうした変化はすべて、プロップファーム（**訳注**　自己売買取引の専門業者）や投資銀行など、さまざまなトレード環境で成功しているプロのトレーダーたちを観察していた結果である。それ以来、わたしの利益は膨らみ、ドローダウン（資金の減少）も少なくなっている。一流のトレーダーたちが資金をどう管理するのかを観察できたのは、自分のトレードにも応用できる素晴らしいレッスンとなった。

ただ、わたしにとって最も効果的だったのは、失敗したトレーダーを観察するという学習だ。誤ったリスクマネジメントの結果、また相場の変動についていけなかったことで、多くのトレーダーが職を失っていった。そうした失敗はトレーダーにはつらい体験だが、そういう彼らと親密な関係を築いているわたしにとっても同じである。彼らの痛みと夢が打ち砕かれるのを見ているのは実に説得力のある学習になった。「自分は絶対にこういうミスはするものか」と誓ったものである。

他人の体験を含め、われわれは心の動きを体験することで実に多くを学んでいる。

セルフコーチングへの取り組みを含め、アイデアをソーシャルネットワークで共有すると、多くの学習体験が得られるだけでなく、それを自分のものにすることもできる。「代理学習」（**訳注**　他人の行動を観察し、その行動の模倣や結果に気づくことで行われる学習）も、それが具体的なトレード技術の学習であれ成績に対するプレッシャーを処理する方法の学習であれ、やはり学習であることに変わりはない。『**マーケットの魔術師**』シリーズ（パンローリング）のように、成功しているトレーダーへのインタビューを集めた書籍の真価は、他人の体験から学べることである。しかし、実際にそうした体験をリアルタイムで観察してみると、「随伴性」（訳注　ある刺激［状況］に一定の行動［反応］が伴うこと）がかなり身近に感じられ、説得力がある。トレーダーは損失からどうやって抜け出すのか、刻々と変化する相場にどう対応していくのか、またはトレードする日にどううまく備えるのかなど、すべてが自分の行動の手本になる。また、彼らの行動からだけでなく、その行動の結果を観察することからも学ぶことができる。

有能でモチベーションも高い同僚たちのネットワークに参加してみると、大勢の称賛や励ましが力強い強化子になる。われわれはプロの仲間たちから一目置かれたいと思っているため、大切な同僚の支えが意味のある報酬になるのである。この強化子は、先生や両親、同級生から、お行儀が良いと褒められたとき、またお行儀が悪いとしかられたときの子供たちにも見られる。やがてこうした「分化強化」（訳注　特定の行動［反応］を強化し、ほかの行動を断ち切ること）が子供たちの間に連想的な結びつきを生み出し、けっしてすぐに褒められなくても、正しい行いをするようになってくる。同じように、成長過程にある若年トレーダーも、メンター（指導者）から褒められるとスポンジのようにそれを吸収し、それに助けられ、正しいトレード行動を望ましい結果と関連づけることができるようになる。自分の成功をプロの仲間たちと共有すると、社会的相互作用（人付き合い）を社会的学習にすることができるのである。

自分がミスをしたときに気兼ねすることなく指摘してくれる経験豊富なトレーダーを見つけよう。彼らのレッスンを受けることがセルフコーチングを学ぶことになる。

ここでは、トレードでの成功や失敗を忌憚なく語り合えるような、トレーダーたちの――または自分のグループの――オンラインネットワークに参加することをお勧めする。オンラインフォーラムでもよい。トレード関連のブログの読者たちともつながりを持つことができる。あるいは、自分でブログを立ち上げて自分のトレード体験を書き込み、同じ志を持った仲間を集めてもよい。同じようなモチベーション、責任、能力を持ったトレーダーたち――また、トレードのスタイルや取引しているマーケットでも相性の良いトレーダーたち――とのネットワークができると、共有したアイデアや体験から学習できるような環境を作ることもできる。第5章でもさまざまな関係がいかに強力なチェンジエージェント（改革の推進役）になるかを見てきたが、行動療法の点からは、きっとほかのトレーダーの学習曲線を上昇させるチェンジエージェントの一部になってみたいとも思うだろう。それは彼らの教訓を吸収できるからだ。まずはそうした相互学習の枠組みを相性の良い別のトレーダーと一緒に作ってみると良いスタートが切れる。相手の感情面での学習体験が自分のものになり、自分の体験も相手のものになるわけだ。相手の勝利が自分の能力を刺激して、自分も正しいことをしようとするし、自分の成果が相手の成功への道しるべになることもある。これは自分の行動学習の速度を上昇させるのに効果を発揮し、セルフコーチングの取り組みにもエネルギーを供給してくれる。

コーチングのヒント

投資会社（とくにプロップファームなど）の数が増えるにつれ、そうした会社のトレーダーやトレード、リソースにオンラインでアクセスできるようになってきた。第9章ではそのような会社をいくつかご紹介するが、ほかのトレーダーとつながりを持ったりその成功事例を手本にしたりするには、そうした会社のブログを読む、あるいは勉強会に参加するとよい。

レッスン64　自分のトレード行動を形成する

二人の子供を別々の家で育ててみる――二人とも算数の試験の成績は上がったが、英語の試験の成績は下がった。一軒目の家では、子供が算数で良い点を取ったことを親が褒め、英語でも同じように良い点を取れるようにと言って励ます。二軒目の家では、子供に英語の点について親が注意し、なぜ同じように良い点が取れないのかと問い詰める。さて、さらに成績を上げられるのはどちらの子供だろう。

行動パターンを変える手段として行動修正を利用する行動心理学者なら、一軒目の家の親を支持するだろう。全体的に、「正の強化（褒めること）」のほうが「負の強化（しかること）」よりもうまくいくものである。もし正しい行動を褒めれば子供は正しい行いをすることを学ぶが、もし間違った行いをしかると、子供はわれわれを恐れることを学んでしまい、必ずしも肯定的な学習をするようにはならない。

罰せられると失敗するのは、それが正しい行動の手本にはならず、強化にもならないからだ。

報酬を与えることよりも罰せられることで意欲を高めようとするトレーダーが多いが、彼らは勝ちトレードよりも負けトレードに焦点を当てていることになる。トレードでの強みを確立し、伸ばすことよりも、弱みの部分に多くの時間を費やしてしまうのだ。このようなトレーダーは、不愉快なことをトレードと関連づけることを学ぶため、批判されたり罰せられたりすることを予想してしまい、心底学習プロセスに従事するのが難しくなる。

多くのトレーダーの日誌を見ると、こうした力学が働いているのが分かる。ページをめくっていくと、トレーダーが犯したミスや改善するために必要なことが事細かに書かれている。自己評価では、どれももっと良い結果を出せたはずなのに、とトレードのまずさを強調している。こうしたトレーダーが日誌をつけ続けるのが難しいのも無理はない。要するに、毎日のように否定されたい、あるいは心理的に罰せられたいと思う人がどこにいるだろうかということだ。

多くのトレーダーがトレードに関する作業を持続できないのは、作業ではほとんど「正の強化」（肯定的な面を伸ばすこと）をしていないからである。

調教師は、動物に褒美を何度も与えながら曲芸を教えるが、犬がいきなりジャンプして輪をくぐり抜けられるようになるとは思っていない。むしろ、最初のうちは犬が輪をくぐり抜けようとして近づくたびに褒美を与え、その後は犬が輪をくぐり抜けるまで待ってから褒美を与えるのだという。その後、輪の位置をほんの五センチほど高くし、犬がジャンプして輪をくぐり抜けたら褒美を与える。それから輪を二つに増やし、三つに増やし……、そして一気に輪の位置を高くし……、その間にも所定の目標に近い新たな行動を要求しながら、最後に褒美を与えるのである。

このプロセスは「シェーピング」（**訳注**　目標とする特定の行動に近づくように行動の要素を選択的に強化し、最終的に求めている行動を形成していく条件づけの技法。「反応形成」ともいう）として知られている。調教師は、最終目標に段階的に近づくと褒美を与えて動物の行動を形成していく。学校では先生が、まずは乱暴に振る舞っている生徒に「五分間おとなしくして話を聞いてくれたらご褒美をあげますよ」と言う。次は「一〇分間おとなしくしていたらご褒美をあげましょう」と言い、最後には「クラスのみんながお行儀よくしていないとご褒美はあげませんよ」と言う。頻繁に航空機を利用する人向けのプログラムもそれと変わらない。最初はただプログラムに入会するだけでマイルがもらえるが、その後は定期的に航空機を利用しないともらえない。もし最大級の特典が欲しいなら、プログラムに合わせて航空機を利用する習慣をつける必要があるわけだ。

シェーピングは正の強化の力を証明するものである。輪をくぐり抜けられなかったと言って、調教師が犬を罰しているのを想像してみよう。犬は調教師を前にしたらただ縮こまってしまう可能性が高い。間違いを罰することから正しい行動が引き出されることがないのは確かである。

トレードのセルフコーチになる皆さんは、調教師であると同時に調教される側でもあるわけだ。優れたトレードという輪をくぐり抜けられるように自分を指導するのだから、正の強化をベースにしたコーチングのアプローチが必要なのだ。自分のコーチングは絶えず肯定的なものでなければならず、目標とするトレード行動を形成しなければならないのだ——間違った行動を罰するのではない。

自分のトレード行動を形成することによって、学習プロセスに対して前向きな姿勢を維持

することができる。まずは小さな褒美から始め、最終目標に向かって徐々に大きくしていけばよい。

シェーピングに取り組むには、まずは日誌をつけることである。実験として、そしてやってみる価値のある練習として、数週間は「肯定的なトレード日誌」をつけるようにしてみよう。そして、次のように自分のトレードをいくつかのカテゴリーに分類してみるとよい。

- ●リサーチと準備
- ●トレードアイデア（説得力のあるアイデア）の質
- ●分散した（相関のない）トレードアイデアの数
- ●仕掛けの質（トレードの好ましいリスク・リワード・レシオ、トレードごとの情熱）
- ●トレードサイズの決定と管理（予定の基準の範囲内・外）
- ●手仕舞いの執行（利益目標・損切りに従う）

続いて、日誌に記入するときには、各カテゴリーで毎週「自分がした正しい行動」を中心に書き込むことである。各カテゴリーで自分の最高の成績について詳述したら、記入事項を見直したうえで前向きな気持ちを維持しようという目標を掲げて翌週のトレードに当たることである。

前のレッスンでも述べたとおり、週ごとのレポートカードを少数の大切な仲間と交換するような社会的枠組みのなかで評価作業を行うときには、この「正の強化」やシェーピングを利用するとより説得力が出てくる。この枠組みを利用すると、他人の進歩を支援することができるだけでなく、自分も他人に褒めてもらえるようになる。

わたしが新米トレーダーだったころのセルフコーチングで良かったのは、自分の取引口座を一定規模まで膨らませるという目標を立てたときだ。普通は損益の目標を強調したりはしないが、このときは安定した利益に目に見える形で集中しようと考えたのだ。一度その目標を達成したら、今度は取引口座から資金を一部引き出し、それを何か家族のために使うことにした。これによって、わたしは長期的に進歩を遂げられただけでなく、家族にも正の強化にかかわってもらえるようになった。本書の執筆が終わったら、減量が個人的な目標になるだろう——トレーダーたちと仕事をしながら飛行機やホテルで長時間過ごしていたため、その代償を払う必要があった。もし目標体重に達したら、シカゴの仕立屋でスーツを新調するぞ、とひそかに誓っていた。毎週のように体重を量り、記録をつけた。スナック菓子などを目にするたびに、スーツを新調することや、もし減量に失敗したらどんな気分だろう、などと考えた。頭のなかでは目標達成に一抹の不安もなかった。

成功したら目に見える褒美を与えることが、正の強化子としては何よりも効果的である。

肯定的な日誌の効用を生かすカギはシェーピングだ。まず正しいことをしたら、どんなにささいなことでもすべて書き留めておくことである。その後はもっと大きな優れたトレード例をメモする程度でよい。**シェーピングのプロセスがきちんとできれば、いつでも良い内容を記入できるようになる――負けトレードの日でも。**このプロセスによって、常に学び、長所を伸ばし、モチベーションを高く維持することができるようになる。セルフコーチングで難しいのは、単に進歩することではなく、その進歩を持続させることである。自分を駄目にするのではなく、自分の能力の向上に集中していれば進歩するのは簡単だ。

コーチングのヒント

セルフコーチングが進歩したときの目に見える褒美としては何がよいだろう。愛する人とのバカンス？　それとも新車？　同僚のトレーダーは、信頼している慈善団体に利益の一部を寄付している。寄付することが彼自身の刺激にもなっているようだ。それはシェーピングによる小さな進歩を強化する支えになるだけでなく、大きな目標、つまり自分にとって意味のある目標を持ってそれを目指すことにもつながってくる。定期的にその目標を思い出してみることである。そして目標達成まであとどのぐらいかをチェックしてみることである。心理学者のアブラハム・マズローもはっきりとこう述べている。

「われわれがベストを尽くせるのは、肯定的な目標に向かって意欲をかき立てられているときであり、欠点や満たされない要求に追い立てられているときではない」

レッスン65　マーケットの条件づけ

資産運用の前に、まずは「ファットテール現象」（訳注　「太ったしっぽ」の意味。正規分布のすその部分の確率が実際のデータのすその部分よりも小さく、すその部分の発生確率が正規分布よりも大きくなる現象）についてしっかりと理解しておくことである。マーケットのリターンは正規分布の形を取らない。つまり、単なるコイン投げ以上に高い確率で両極端な値を示すということだ。これはどの時間枠でも同じである。ファットテールが自分に不利な方向（または有利な方向）で発生する確率はかなり高く、もし長期にわたって頻繁にトレードしていれば、自分の資金力も続かなくなるほど長期にわたって不合理な相場に遭遇するはずだ。

リターンの分布は急尖的でもある。正規分布よりも尖っており、中央値近くでピークを付ける。要するに、相場はわれわれが通常予想するよりもはるかに平均に回帰することが多いということだ。あたかも一方向に動いているかのように——トレンドを形成しているかのように——見えても、コースを逆戻りし、以前とほとんど変わらないレベルで止まるのである。**うまく欲求不満が生まれるように作られた状況を想像するのは難しい**。リターンが正規分布の形を取っているときよりも相場が大きく動けば、トレーダーもそのトレンドに乗って大きな動きを追求する。ところが、リターンは平均に回帰する回数も多く、ダマシをいくつも発生させる。逆張り戦略でトレードしていると、ファットテールに吹き飛ばされるというリスクを負うことになる。もしそのトレンドに飛び乗ろうものなら、ダマシに遭って木っ端みじんにされてしまう。

まさにリターンの構造そのものが、トレーダーの心理に突きつけられた高度な難題である。

平均回帰がよく起きるなかで相場が極端な動きをする傾向は、極めて興味深い心理的難題を生み出し、それがセルフコーチングにも影響を及ぼしている。これを十分に理解するには、「行動の条件づけ」の力学を理解する必要がある。

例えば、わたしはベルを鳴らすたびに皆さんの頭をたたくとしよう。すると、皆さんはベルの音が聞こえたらさっと頭を引っ込めることを学ぶ。これが「条件反応（反射）」である。数日後、皆さんは違う場所にいるかもしれないが、ベルの音が聞こえると、やはり頭を引っ込めてしまう。これは自動反応で、明確な理由に誘導された行動ではない。皆さんはベルと痛みを関連づけたのだ。パブロフの犬がベルの音と肉が出てくるのを関連づけたのと同じである（訳注　パブロフ博士の有名な実験。犬に餌を与えるときに必ずベルを鳴らすようにしたところ、餌がなくてもベルを鳴らすと犬がよだれを垂らしたことから、条件反応の例えとして用いられる）。ベルが鳴ると犬がよだれを垂らすように、ベルが鳴ると皆さんは自己防衛するのである。

では、その実験を少し先へ進めてみよう。わたしは似ているが異なるベルを鳴らし、また皆さんの頭をたたくとしよう。すると間もなく、皆さんはどこでベルの音を聞こうと頭を引っ込めることを学ぶ。これは心理学で「般化」と呼ばれ、最初の刺激と似た刺激を与えられても条件反応（頭を引っ込めること）を起こすようになることをいう。

われわれが外傷性ストレスと呼んでいるものの大半は、こうした条件づけの結果である。『精神科医が見た投資心理学』では、わたしが車の助手席に座っていたときに交通事故に遭い、車から投げ出されたときの話をしたが、まさにそのたった一度の強烈な出来事のおかげで、その後は車の助手席に座っているときには必ず不安という反応を示すようになった――たとえ車が走っていなくても！　助手席に座っていることを極端な危険と連想的に関連づけることを学んだのだ。頭ではナンセンスだと分かっていても、この条件づけは今でも続いている。

相場の動きに極端な反応を示すのは、多くがそれ以前の条件づけの結果である。

肯定的な強い心の動きを引き起こす出来事が同様の条件づけを起こす場合がある。一定の薬物には強烈な幻覚作用があるため、一度使用しただけでも依存のパターンを見せるようになる人もいる。依存の奥に潜んでいるのは、その幻覚状態と薬物使用との学習された関連づけである。これも理性に優先し、行動を変えるものである。

わたしがトレードコーチとして大失敗だったと思うのは、早々と成功した若いトレーダーを指導しているときだった。彼は時間をかけてマーケットを観察し、短期のパターンを学び、自分のトレードを追い求めていた。また、小さなサイズでトレードを始め、絶好のエントリー価格に達するまで待ち、負けトレードは損切りし、勝っているトレードは利益目標に達するまでそのまま保有するという重要な教訓も学んでいた。投資会社でも彼の上達を喜び、大きなサイズでトレードすることを許可。ここでわたしは間違ったのだ。もう一歩踏み込んで、もう少し段階的にリスクをとっていくようにと指導すればよかったのだが、この若きトレーダーは意気揚々とサイズを大きくしては、社内の経験豊富なトレーダーと競ってみたいと思うようになった。そして満玉でトレードを始め、損益の振幅も大きくなってきた。しかし、そうした大きな振幅に感情面で備えができていなかった彼は衝動的になり、ある日とうとう規律をすべて放棄してしまい、たった一度のトレードで吹き飛ばされてしまった。彼はその敗北から立ち直ることなく、結局は他社に移ってゼロからやり直すことになった。

損益の振幅が大きくなっているときには、感情面で安定を維持するのは不可能だ。

資金を減らしてもトレードで生活していきたいというなら、やはり望みのリターンを得るために高いリスクをとらざるを得なくなる。結果はどうなるかというと、ポートフォリオの振幅が大きくなり、利益が大きく膨らむこともあれば、損失が膨らむこともある。このような金銭的な増減によって、感情も肯定的になったり否定的になったりと、大きく振れるようになる。感情の振幅が大きくなればなるほど、その後のトレードの妨げにもなる学習された条件反応が起きる可能性も高くなる。

トレーダーが感情的に痛ましい損失を出すと、そのトレードと関連づけられている状況因子の多くが感情的な痛みと関連づけられるようになる。トレーダーの体調やある種の相場の動きなど、いくつかの状況因子はほとんど変則的である。にもかかわらず、その状況因子が痛みの感情を誘発するのである。わたしが自動車事故に遭って以来、助手席に座っていることが不安を誘発するのとまったく同じである。わたしに相談にやってきたトレーダーも、まさに良いセットアップで引き金を引いてしまうという問題を抱えていた。彼は相場が上昇トレンドで推移しているときに売り建てて、何度か大きく負けてしまった。それからというもの、いくら小さなサイズでトレードしていても、売り建てると必ず怖くなるのである。損失と関連づけられたこの感情が条件反応を起こし、それが彼の売りトレードを妨げていたわけだ。これが外傷性ストレス後に起きるフラッシュバック現象の奥に潜む力学である。つまり、当初の心的外傷と関連づけられた刺激が引き金となり、苦しかった事故の記憶や感情が呼び起こされるのだ。

仮にこのトレーダーが最初のトレードで損をせずに大きな利益を上げていても、問題は深刻だったに違いない。棚ぼた利益という感情面での衝撃が、クラックコカインを使用したときのハイな状態と同じでその条件づけを起こし、その後のトレードでも同じような利益（ハイな状態）を追求するようになる。心理学的に言うと、並外れて大きな利益は並外れて大きな損失とまったく同じで問題なのだ。これはトレーダーにはあまり理解されていないが、リターンのファットテール現象は心理的な反応のファットテール現象の兆しであり、しっかりした認識や意思決定を妨げるものなのだ。

そのため、自分のトレードのセルフコーチになるときには、極端なリターンのパターンを追求したくはないだろう。最終的には同じリターンにつながるかもしれないが、激しく上下に振れるよりも安定的で一貫した利益を上げることのほうが心理的にははるかにましである。別の言い方をすれば、極端なリターンのパターンよりも、きちんとしたリスク調整済みリターンのほうが心理的にははるかに良いということだ。**トレードを続けられるゾーンにとどまれるか、出ていかざるを得なくなるかは、いくら儲けるかではなく、トレードごとにどの程度のリスク**

をとるかで決まるのである。

このレッスンでの皆さんへの課題は、全体的な利益を追跡するのと同様、自分のリターンの振幅を集中的に追跡してみることである。リターンの振幅、つまりポートフォリオ価値の一日または一週間の変動の絶対値によって、自分の口座が一日に平均どの程度変動するかを追跡するということだ。相場が乱高下するように、また自分のトレードに対する確信の程度が変わるように、この振幅の変化についても調べてみることである。こうして追跡していけば、いつリスクが高くなっているか、いつ低くなっているかが分かる。概してトレードが順調で、しっかりしたアイデアをいくつも持っているときには振幅が大きくても善しとするだろうが、相場が悪く、良いアイデアも少ないときには、リスクを低く抑えたい（リターンの振幅を小さくしたい）ものである。

リターンの方向だけでなく、ボラティリティも追跡してみること。勝ち負けと同じように、ボラティリティもあらゆる面でトレード心理を左右する。

リターンの振幅を追跡していると、自分の損益の振れがいつ過去の標準から逸脱して外れ値になるかを調べることもできる。外れ値は優れた警告になる。自分がとっているリスクは望ましくない条件反応を引き起こす大きな感情の振れを十分に生み出せるだけのレベルだからだ。

トレーダーというのは、勝っているときには大きなボラティリティを好むが、負けているときには嫌うものである。心理的に、リターンの振幅を一定の範囲内に抑えておくのは当然である。相場はファットテール現象を生むこともあるが、慎重にポジションサイズを決めていれば、リターンも安定してくるはずだ。けっして自分の学習の条件をマーケットに決めてほしくはないだろう。自分の学習は、自分がコーチになって方向づけたいものである。

コーチングのヒント

心的外傷に関する心理学の研究が示唆しているのは、ストレスの多い出来事を言葉に出して（大声で話したり書いたりして）処理すると、その出来事を理解し、感情面の衝撃に耐えるのに極めて有効だということだ。同じことを何度も繰り返していると、それに慣れてきて、激しく心が動かなくなる。もしポートフォリオが並外れて大きく膨らんだ、あるいは萎んだという状況になったら、トレード日誌の使用や仲間のトレーダーたちとの会話の頻度を倍にして、何が起きたのか、なぜ起きたのかに徹底的に取り組んでみることだ。先述のとおり、大きな損失を追跡するのと同じく大きな利益を追跡するときにも、このプロセスが重要になってくる。感情的な出来事にしっかりと取り組んでいないときが、条件づけの影響を最も受けやすいときである。

レッスン66　拮抗する力

すでに見てきたとおり、われわれが何をどの程度学習するかは心身の状態に依存する（「状態依存」）。われわれは特定の結果を具体的な体調や感情の状態と結びつける。そうした連想的な関連づけが望ましくない行動のパターンを誘発するのは、そうした望ましくない状態に陥るからである。好例は前のレッスンで言及した典型的な条件づけだ。もし自分が大きく負けてどうしようもない不安に襲われているときには、手仕舞いしてしまえば当面は安堵感が得られるかもしれない。ポジションを保有していれば利益が出るというときでも、次に不安に襲われると、その不安が引き金になって同じように手仕舞いしてしまうことがある。つまり、不安と危険に対する認識との結びつきは極めて強く、それまでのプランなどどこかに吹き飛んでしまうのだ。

多くのアグレッシブなトレーダーにとっては、強い不安と同じように退屈が害になる場合がある。それは利益を出し損ねた場合と関連づけられ、もっと幼いころの否定的な気持ち、つまり子供のころの孤独感や放っておかれたことと関連づけられることもある。もしトレード――

とくにリスクの高いトレード——を始めれば、退屈さからはすぐに解放されるだろうが、また新たなトレード上の問題を生み出してしまう。そのような場合、心身の状態に誘発されたトレード行動は、論理的というよりも心理的な部分に端を発したものになる。

トレードが嫌悪している状態と関連づけられている場合には、たとえ損失を被ってでも、その状態を和らげるのに必要なことをしがちである。

こうした条件づけとの結びつきを断ち切る最も簡単な行動療法の技法の一つが、問題のトレードの引き金になるような状態と拮抗した、つまり相反する状態に身を置くことである（**訳注**「系統的脱感作法」「拮抗条件づけ技法」という。拮抗する筋弛緩反応などを段階的に条件づけることによって、不安などを徐々に取り除いていく方法）。例えば、不安が性急でタイミングの悪い手仕舞いの引き金になっていたら、自分を不安とは相反する、穏やかで身体的にもリラックスした状態にする。退屈が悪の根源だというときには、停滞相場のときにも関心を維持できるような活動に従事する。わたしの場合は、疲れているときに運動をすると、注意力が戻ってくるだけでなく、肯定的な行動のパターンも誘発されるため、それまでは圧倒されそうだった作業にも取り組むことができる。**もし正常な意思決定を支えてくれる状態でなければ、セルフコーチングの焦点を相場から自分自身に移し、自分の状態を変えるために何か違うことを**

してみるとよい。

ある状態を誘発するような状態と拮抗した状態を維持するのに、わたしがとくに役に立つと思ったのは、トレード中に呼吸と筋肉の緊張をコントロールすることである。わたしは相場を追っている間は深呼吸をしながら画面に集中し、興奮していても――自信過剰のときにも不安なときも――体ではあまり表現しないように抑え、高い集中を維持しているが、わたしの場合にはそれを良いトレードと関連づけることを学んだのだ。リズミカルに深呼吸をしながら自分を落ち着かせているときには、スピードを上げたり興奮したりするのは難しい。つまり、呼吸が極端な心の動きを抑える働きをし、それが最も自然な状態で自制と規律を強化しているのである。

わたし自身のトレードについて言えば、トレードで問題が発生するのは、体が緊張しているとき、とくに額の筋肉が緊張しているときである。ある状態が心地良いときには、しかめっ面をしたり、額にしわを寄せたりすることはめったにない。逆に、わたしは頭痛持ちなので、額の筋肉の緊張を緊張性頭痛と結びつけるとかなりいら立ってしまうが、ゆっくりと深呼吸をしながら意識的に額をリラックスさせると――目を大きく見開いたり、一時的に疑視したりして――、ピリピリしているときに起きる状態とは拮抗した状態を維持することができる。ただ、緊張したり神経質になったりしてからそういう感情を和らげる運動をするのではなく、トレードで問題が「発生しないうちに」、それと拮抗した状態を積極的に作り出し、維持するようにしている。

心の覚醒レベルをコントロールする手段として効果を発揮するのは、体の覚醒レベルをコントロールすることである。

わたしは座っているときの姿勢で身体の緊張レベルが分かる。落ち着いているとき、自信に満ちているとき、リラックスしているときには、椅子に深く腰掛け、背もたれに背下部をぴったりとくっつけている。しかし、マーケットで起きたことにストレス反応の引き金を引かれると、前のめりになって椅子に浅く腰掛ける。長時間この姿勢でいると、背下部が痛くなる。そういう痛みを感じたときには自分のトレードや相場に納得していないというのが分かっているので、また姿勢を正し、呼吸に集中する。すると違った角度、より良い角度で相場を見るのが楽になる。

拮抗力の原則は思考行動にも当てはまる。認知行動療法の作業では、思考は筋肉の動きのように条件づけられ、修正が効くような別個の行動として処理される。もしトレードをしている最中に否定的な思考に陥るようなら、トレード上の問題が発生する前に、その否定的な思考とは相反する思考モードに入ればよい。わたしはトレード中、すぐ脇にネコを一匹（普段はジーナ）座らせておくことが多いのだが、ネコをなでていると否定的な思考や怒りに駆られることはほとんどない。ジーナはわたしの顔をなめたり、自分の顔をこすりつけたりしながら、終始のどをゴロゴロ鳴らしている。ネコをなでていることで、欲求不満が募るような相場のときに表れる不快感とは拮抗した、慈愛に満ちた気持ちでいられるわけである。

わたしのトレードに最も悪い影響を及ぼす状態は、わたしが「カオス（混沌とした）」状態と呼んでいるものだ。こういう状態のときには相場から少し離れ、現状がまるで理解できていないように感じてしまう。これは一種の混乱状態だが、欲求不満の状態でもあり、状況をコントロールできているとは感じられない。わたしが学んだのは、カオスとは相反する環境に身を置いていれば、もっとバランスの取れた気持ちでいられるということだ。そういう環境は秩序が整っており、きちんと整理されている――ノートや資料もすぐに手の届くところにある。また、肯定的な気持ちが呼び起こされるようにできている。この点で言えば、わたしには音楽がとくに効果的だ。ニューヨークの株式市場が開く前にリサーチをしたり相場を追ったりというルーティン作業をしているときにカオスを感じることはない。事前に自分のアイデアをまとめておけば、頭のなかがより整理され、落ち着いてコントロールしているという感情を抱くことができる。

トレード上のルーティン作業を体系化しておけば、それをストレスや不快ストレスと相反する状態にすることができる。

トレードのセルフコーチになると、大きな自由裁量で自分の環境――内面の環境や外部の環境――を変えることができるため、それがひどいトレードと関連づけられた状態を引き起こすことはない。わたしが一緒に仕事をしていたあるトレーダーは、ほかのトレーダーと一緒の部屋でトレードするのが好きだった――彼はプロップファームに所属していた。社会的環境に身を置いていると、バツが悪くて身勝手な行動を取るのが難しくなるからだ。彼は他人への報告義務がある場合にはリスクをとることにかなり慎重になり、ほとんど感情の起伏を見せないことに気づいていた。**要は、自分の最悪のトレードを引き起こすトリガーとは相反する状態や状況を見つけ、それを通常のルーティンに組み込むことである。**

その方法として、まずは次の○○○○○を埋めて文を完成させてみるとよい。

わたしが最悪のトレードをしてしまうのは、○○○○○ときである。

この文を完成させたら、次の課題はそれと相反する状況を作り出すことである。例えば、わたしなら、「課題をやらない」と書いて文を完成させる。その日にうまくいくかどうかは、その日の準備に懸かっていることは知っている。また、寝過ごしたときや疲れているときには、真面目に課題をやる気がしないというのも知っている。早朝にストレッチや運動をすれば、活力がわいてきて課題をする準備に入ることができる。わたしは元気で生き生きとした状態を、準備が整った状態や準備中の状態と関連づけることを学んだのだ。最良のトレードか最悪のトレードをしているときの状態がいつもと違っていたら、同じような活動をルーティンに組み入れておけば、楽観的なトレードモードを積極的に維持することができるだろう。

コーチングのヒント

「カオス」的な感情がいかに最悪のトレードの引き金になるかはすでに述べた。もし自分にとって納得のいかない相場なら、頭のなかはごちゃごちゃになり、慌ただしいトレードになっているだろう。そのカオスと相反する状態を作り出すには、好感触が戻ってくるまで一時的にトレードのサイズを小さくするとよい。リスクが低ければプレッシャーを感じることなく、積極的にトレードに従事することができる。リスクをコントロールできているときには、相場に対する自分の心の動きもコントロールできているのである。危険に瀕していなければパニックに陥ることもない。リスクや不確実性が引き起こす感情で気が散っていなければ、相場もゆっくり動いているように見え、好感触も戻ってくる。

レッスン67　肯定的な関連づけを足掛かりにする

認知行動的な枠組みでは、望みの反応を呼び起こす刺激としてイメージを活用すれば、自分が学習した肯定的なパターンを引き起こすことができる。このようにイメージを活用すると、連想による「肯定的な」関連づけが生まれ、最良のトレード行動を起こすのに役に立つ。

例えば、リサーチを基に朝早く仕掛けようとしているトレーダーがいるとしよう。彼女はマーケットが開く前に設定した条件やトレードの執行をイメージし、正しい決断を下したことからくる満足感をノートに記す。心のなかでこうした肯定的な気持ちに持っていくのを練習をすることが実際のトレードの準備になるのである。彼女は事前に自ら定めた行動経路を通っているが、わたしはこれを「先行強化」と呼んでいる。つまり、正しい行動によるメリットをイメージすることで、連想による肯定的な関連づけが強化され、リアルタイムでの学習に基づいて行動するのが楽になるというわけだ。

だが、多くのトレーダーの場合には、その強化の順番が逆になっている。悪い結果についてくよくよと考え、シナリオに不安を抱いては、自ら効力感を低下させてしまっている。これは基本的に「先行処罰」であり、トレーダーはやがて機会を見逃し、その機会に基づいて行動しなくなってくる。卓越したトレーダーと凡庸なトレーダーの違いは、大半がどういうアイデアを持っているかではなく、そのアイデアをどう料理するかである。両者のポジションは予想どおりに推移しているが、やがて少し押したとする。一人目のトレーダーは先行処罰型で、せっかくの利益を失うのを恐れ、少額でも早々に利食いする。一方、二人目のトレーダーはリターンを期待し、相場が押したところで押し目買いを入れ、大きな利益を手にする。同じアイデアでも結果はまったく違ってくるが、すべて条件づけられた思考パターンの結果なのである。

自分の考え方には条件づけられた反応が映し出される。それはつまり、自分の心がいかに相場にコントロールされているかを示している。

肯定的なパターンを強化しているときには、単にそれを強化しているだけでなく、否定的なパターンを断ち切るプロセスにも入っていることになる。行動療法では、「刺激―反応関係」が強化されていかなければ、やがてそれは消滅する。曲芸をやるたびに餌を与えられていた動物は、もしすぐに餌が出てこなくなると、いずれは曲芸をしなくなる。**このように、トレードに行動のパターンが活発に表れるようにするには、それを学習するだけでなく、積極的に強化することも必要なのだ。**つまり、否定的行動のパターンを強化することをやめ、もっと効果のある別の褒美を与えるようにすればこのパターンを断ち切る（**訳注**　「学習解除」。つまり間違った関連づけを断ち、一度学習したことをゼロに戻すこと）ことができるということなのだ。

これは説得力のある原則だ。

トレーダーに共通する学習されたパターンの一つが、怒りや欲求不満と攻撃性とが関連づけられたものである。ちゃぶついて方向性に欠ける相場など、相場環境のせいで欲求不満を募らせていると、怒りに駆られて行動し、相場が荒れていても暴言を吐きながら仕掛けてしまう。このパターン――暴言を吐いて怒りを鎮めるというパターン――だと、当面はすっきりするだろうが（負の強化）、やがてはまずい意思決定や負けにつながっていく。

では、このリベンジトレードのパターンを断ち切るには、肯定的な関連づけをどう利用すればよいのだろう。

トレーダーが過去一カ月のちゃぶつき相場のときに自分がどのようなトレードをしていたかを徹底的に調べているとしよう。彼はチャートを調べ、ちゃぶついている時期を特定してから、その時期のトレードをすべて見直したうえで大成功したものだけをピックアップしている。それで分かったのは、ちゃぶついた相場で成功したトレードは厳選したものだった（回数を少なくした）ということ――レンジの端近くで仕掛けている、またはしばらく保有したところでレンジを上抜けた（またはダマシ）、あるいはレンジ相場に戻ったときにうまく利食いしているということ。逆に負けトレードの場合には、レンジの中央値近くで仕掛けており、長期間保有し、はるか先の利益目標に達する前に相場が反転したものである。

このトレーダーは、セルフコーチングの知識を少し身につけていたおかげで、今では不安定な相場も脅威ではなく、一つのチャンスだという見方ができるようになった。今日はレンジ相場でのトレードになると分かれば、イメージを思い浮かべて、レンジの中央値近くに来たときに警戒する練習ができるし、利益目標を控えめに設定することも含め、レンジの端近くで仕掛ける練習もできる。こうしたアイデアを確固たるものにするときには、過去の勝ちトレードと関連づけられた感情で練習をする。時間をかけてその練習を繰り返すことで、彼はレンジ内のちゃぶついた相場との「肯定的な」関連づけを学んだのである。もはや欲求不満やそれを消し去ることで出来上がった過去のパターンが強化されることはない。彼がより建設的な関連づけをパターン化していくにつれ、過去のパターンは徐々に消滅していくのである。

自分にとって困難を極める相場環境を見つけ、そのときにどううまく乗り切ったかを確認すること。このプロセスが脅威をチャンスに変えていく。

わたしは一九七〇年代後半から積極的にトレードを始めたが、出来高や日中の市場センチメントなど、短期相場のパターンで良い感触をつかむことができた。やがて、相場の動きに問題はない、あるいは何かがおかしいなど、直観も働くようになってきた。厳しい体験を通して、もしこうした直観を無視していたらパフォーマンスが台無しになることを学んだのだ。勘が働くのは願望や不安があるからではない。長年にわたって知らず知らずのうちに学習してきた成果なのだ。わたしが心のなかで練習をするときには、自分の判断を無視して厄介な問題を抱えることのないように自制していた最近の具体的なトレードを思い出しながら、相場に好感触を抱いて行動しているシナリオを用いる。この肯定的な関連づけの練習を心のなかで行うことで、一種の本質的部分を強化できるようになった。つまり、そうした本能的な合図が出てくるのを積極的に期待し、実際に出てきたときにそれに従って行動できるように、心の準備ができるようになったのだ。

前述のように、わたしには音楽との肯定的な関連づけがたくさんある。確かに本書を執筆しているときにも、エデンブリッジというオーストリアのシンフォニックメタルバンドの曲を聞いている。意欲や高揚感を高めてくれるような音楽だ。朝六時半に作業を始め、それから二時間がたってもまだ疲れない。音楽と執筆とを関連づけることで、前向きな気持ちでいられるのである。編集作業にうんざりしていても、執筆するのが楽しみにもなる。このように肯定的な関連づけが定期的に行われれば、優柔不断という否定的なパターンが強化されることはなく、次第にその力がなくなっていく。必ずしも優柔不断な傾向と闘うというわけではないが、おそらく物書きが突き当たる壁はこうした内面の葛藤から生まれるのだろう。だが、わたしは回避という負の強化値を上回るような肯定的な意欲の源を生み出しているわけだ。

ちょうど今、本書を執筆中に先行強化の効果を示す好例が表れている。わたしはアジアの投資家たちと仕事をするため、一五時間かけて香港に向かっている。機内は暗く、わたしも疲れている。ただ、この章を書き終えたら待望の休暇を取ろうと自分に約束していた。わたしは目標に近づくにつれ、やる気が出てきているのが分かる――休暇を取るまでにこれを終わらせよう。要するに、自分で決めたとおりに生活し、休暇を取るという正の強化が、疲労のため執筆を避けるという負の強化値に勝っているわけだ。

最も大きな意欲の源は何かを確認し、それを自分の最良の行動と関連づけることである。

このレッスンでの皆さんへの課題は、その日のトレードの仮説のシナリオを描き、各シナリオで行う最良のトレードを心のなかで練習することだ。きめ細かく、鮮明な練習を行い、トレードが順調なときに感じる自尊心や満足感をイメージすることである。最良のトレードを浮き彫りにできるようなはっきりした反応を、仮説の結果ごとに思い描くようにする。そうすれば自分のトレードプランを立てられるだけでなく、学習された肯定的なパターンとの関連づけを強化し、否定的なパターンを消し去ることもできる。自分のトレードのセルフコーチとして、皆さんは指導する側にもされる側にもなれるのである。つまり、自分の行動を決める人間になれるのと同時に、行動を決められる人間にもなれるのだ。もし行動療法のアプローチの中心にある学習理論をきちんと踏まえれば、自分自身のパターンのプログラマーになれるのである。

コーチングのヒント

トレーダーが過去一週間のトレードで突出した出来事を確認するのに役立つのは、とくにうまくできたことは何かを見つけることである。その突出した出来事から、そのトレーダーが本当に得意なこと、つまり何をすれば成功するのか、そのアイデアで枠組みを作ることである。それから「自分の得意なこと」という考えを利用して、翌週の肯定的な目標を枠組みに入れることである。すなわち、今後数日間でその長所をどう生かすのかということだ。そういう目標は、われわれも一緒に追跡するため、先行強化という状況とベストプラクティス（最良慣行）を継続する勢いを生み出すことができる。これは同僚のトレーダーたちと一緒に進められるプロセスだ。つまり、自分が最もうまくできたことや自分の最も優れた才能やスキルをどう実践に生かしたかを共有するわけだ。最良のトレードに焦点を当てれば、最悪のやり方を消滅させるプロセスに入ることができるのだ。

レッスン68　エクスポージャー法――効果的かつ柔軟な行動療法

トレーダーにとって最も効果的な行動療法をひとつ挙げるとしたら、わたしは「エクスポージャー法（曝露法）」を挙げるだろう。『**トレーダーの精神分析——自分を理解し、自分だけのエッジを見つけた者だけが成功できる**』の行動療法の章でも述べたが、エクスポージャー法とは、間違ったトレードを誘発する「刺激―反応関係」のプログラムを書き換える技法である。

エクスポージャー法の根底にある考え方は、不安などの否定的な体験を回避すること自体が「負の強化子」になり、学習した不安を克服するのを妨げてしまっているというものである。例えば、わたしは売りポジションで大きな含み損を抱えており、今は指数が数ティック上昇するたびにビクビクしているとする。このポジションを手仕舞いすれば不安は回避できる。確かにそうすれば安心だが、それでは自分の行動を駆り立てるような、一度学習した肯定的な関連づけに働き掛けることにはならない。不安に基づいて行動したのでは、確かに不安をさらにかき立てるだけである。不安のままでは不安を克服することはできないのである。

不安を克服するには、その不安とうまく向き合うことである。

エクスポージャー法は、自分の心のトリガー（引き金、誘因）となる状況にわざと自分自身をさらすという技法である。一般にこのプロセスは、「想像曝露」（現実的なイメージで状況と向き合うこと）から始め、「現実曝露」（リアルタイムで状況と向き合うこと）へと進めていく。

このエクスポージャー法は、トリガーとなる状況と、ひどいトレードと相反する状態を呼び起こす学習されたスキルとを一対のペアにして行う。先の例では、相場が自分に不利な方向に大きく動いているのを鮮明に想像しつつ、静かで集中した心の状態を練習することになる。

これでどのような結果が得られるのかを考えてみよう。一方では自分にとって脅威になっているものについて考え、それをイメージすることに没頭する。自分にとって最大の不安を無理やり感じるようにするわけだ。しかし、同時に自分を落ち着かせ、自制した状態を維持できるように特別な努力を払い、静かに自分自身に語り掛け、ゆっくりと深呼吸をし、体をリラックスさせる。これを何度も何度も行い、完全に落ち着いて最後まで集中できるようになるまでイメージしたシナリオを繰り返すのだ。そうすれば、その状況と不安との学習された関連づけを消し去ることができるというわけだ。

エクスポージャー法とは、状況に対する反応（心の動き）のプログラムを書き換える技法である。

エクスポージャー法を効果的に行うには、次の二つのステップが重要だ。

一．自分を自分の心のトリガーとなる状況のイメージにさらす前に、ペアの一方として利用するコーピング（対処）スキルを徹底的に学習しておくこと。例えば、深呼吸の練習をしたいときには、必要に応じて集中し、リラックスできるようになるまでは最低一週間、筋肉をほぐすというルーティンを毎日繰り返すことである。最初のうちは十分にほぐれるまでに二〇分ほどかかるかもしれないが、徐々に一五分で、やがて一〇分でできるようになる。最終的に十分に練習したら、ほんの数回深呼吸をするだけでうまくリラックスし、集中できるようになる。だが、イメージする作業に取り掛かる「前に」その域に達したいと思うかもしれない。そのイメージと脅威となる状況とのペアを作る前にコーピングのスキルを内在化しておくことが重要だ。

二．効果的なエクスポージャー法のカギになるのが繰り返しである。トレーダーはストレスの多い状況をイメージすることなく、落ち着きを保つこともなく、一日をスタートさせてしまう。そうではなく、状況を事細かに、さまざまなバリエーションでイメージすることだ。自分が想像したストレスの少ないシナリオで徹底的にリラックスできるまでは、ストレスの多い状況を想像しなくてもよい。それでも不安が誘発されなくなるまでに一つのシナリオを五回繰り返しているなら、それでよい。目標はその状況と望ましくない反応との関連づけを断ち切り、新たな関連づけ、すなわちトリガーとなる状況とゾーンにいることとを関連づけられるように訓練することである。

まずは練習の手始めに、自分が変えたいと思っているトレードのパターンに適用できるごく基本的なエクスポージャー法の決まったやり方があるので、それを試してみるとよい。相場に対する不安、欲求不満や怒りの反応のプログラムを書き換えるにはこの作業がとても効果的だ。ある状況に過剰な心の動きや行動で反応するようなら、いつでもエクスポージャー法を利用すれば自分の反応を変えることができる。

ステップ一　椅子に楽に腰掛け、リラックスできるような音楽をヘッドフォンで聞く。聞いている間は目を閉じて、ゆっくりと深呼吸する。体はじっとそのまま動かさず、気持ちを音楽に集中させる。

ステップ二　体の下部のほうから徐々に筋肉を緊張させていき、その後リラックスさせる。それをそれぞれの筋肉群で何度も繰り返しながら、体の上部まで進む。今度はつま先を何度か緊張させてからリラックスさせる。その後足の上のほうから下に向かってほぐしていく。緊張とリラックスを繰り返している間は、ゆっくりと深呼吸をしながら音楽に集中していること。

ステップ三　体の最上部まで行ったら、今度は顔の筋肉を緊張させ、続いてリラックスさせる。次に数回深呼吸をし、体がリラックスしていることを確認する。

ステップ四　そのまま音楽を聞きながら、予想できるトレードの状態を詳細にイメージする。自分が保有しているポジションと相場の動きをイメージする。普通なら不安や欲求不満などを誘発するような動きをしている相場をイメージする。その間は音楽をＢＧＭとして聞きながらゆっくりと深呼吸をし、筋肉をリラックスさせていること。

ステップ五　まだ緊張している、または不安や欲求不満を感じているなら、イメージする作業を中断し（枠組みを固定し）、再びゆっくりと深呼吸をして音楽を聞く。再びリラックスできたら、シナリオを中断していたところから再開する。トリガーとなる反応（状況）がイメージする作業を左右し始めたら、そこで中断し、体を落ち着かせ、集中していることを確認する。

ステップ六　体を落ち着かせるためにイメージする作業を中断する必要があったら、中断する必要がなくなるまで、ひたすらまったく同じシナリオを同じように繰り返す。中断する必要がなくなった時点で、その状況に対する反応が消え去っているはずだ。

ステップ七　一つのシナリオをマスターしたら、そのシナリオからバリエーションを作る。できれば、それぞれのシナリオを少しストレスの多いものにする。もう一度言うが、最初のシナリオの練習をしている間に十分にリラックスし、集中を保てるようになるまでは、次のシナリオに移らないこと。適度なストレスをイメージしている間に落ち着き、集中することができたら、ややストレスの多い次のシナリオをイメージする作業に進む。自分の最悪の不安に立ち向かえるようになるまでは、エクスポージャー法を中断しないこと。

こうした基本的な練習をすることで、資金を失いそうな状況に対する心の動きや行動の反応を消し去ることができる。ストレスの多い状況で落ち着きを保ち、集中する練習をすれば、学習された関連づけを新たに生み出し、行動反応のプログラムを書き換えることができるのだ。自分が極端な損失を体験しているような状況では、このプロセスが効果的だ。また、トレードのしすぎというパターンのプログラムを書き換えるときにも極めて有益だ。自分のトレードのセルフコーチになって最悪の不安と向き合い、それを克服するように努めると自信がつき、レジリエンス（**訳注**　困難な状況にもうまく適応できる能力、弾力性、立ち直る力）や効力感が養われ、自分が無力だと感じるような状況に直面しても自信を持てるようになる。

コーチングのヒント

新たな反応をプログラムするときにはイメージを用いるのが効果的だが、実際のトレードにもエクスポージャー法を活用することを検討してみよう。まずは小さなトレードサイズから始め、徐々に大きくしていき、最後は満玉でトレードして成功するように持っていくが、気持ちが圧倒され、自信喪失するような大きな損失など、トレードでの心的外傷体験のプログラムを書き換える技法としては、このような現実曝露が最も効果的だ。その心的外傷の原因になっている相場環境をもう一度イメージし――そしてシミュレーションや実際のトレードでそうした条件と向き合い――、その間にセルフコントロールのスキルを心のなかで練習すると、達成感を取り戻すことができる。外傷性ストレスを取り除くためにエクスポージャー法を活用している間は、安全を繰り返し体験する必要がある。最終的に、不安と向き合っても恐ろしい事態にはならないのだという心の学習が新たな自信につながっていくのである。

レッスン69　スキルアップにもエクスポージャー法を活用する

前のレッスンでは、否定的行動のパターンのプログラムを書き換えるのに「エクスポージャー法」をどう活用するかについて述べたが、きちんとしたトレード行動を心のなかで練習し、それを強化して前向きな学習をするには、この技法を少々調整する必要がある。

トレードの根本的な難しさは、トレード熱が冷めているときにどうすればよいのかが分かるということだ――トレンドの調整局面で仕掛ければよい、ポジションを適切なサイズにすればよいなど。ただし、ストレスを感じているとき、または異例の機会に遭遇しているときには、ほかの行動パターンが引き金になり、正しい行動を取るのが難しくなる。わたしは大勢の経験豊富なポートフォリオマネジャーやプロップファームのトレーダーと仕事をしているが、彼らは初歩的なミスを犯したときでも状況の影響に惑わされている。正しい行動を強化する技法は、熟練のプロだけでなく初心者にとっても有益だ。

わたしが一緒に仕事をしていたあるトレーダーには後悔という問題がつきまとっていた。長期でポジションを保有していたが、相場が予想どおりに動いている間はよかった。ところが、せっかくの含み益が目減りしてしまうと、もっと有利な価格で仕掛けていれば楽に構えていられたのに、と後悔し始めたのだ。この後悔は彼に目に見える心理的影響を及ぼした。自分の行動が間違っていたのだと確信すると、後悔が明らかな罪悪感になることもあった。

その結果どうしたかというと、彼は一度利食いに失敗した価格近くで手仕舞いできるように、相場が再び順行するのを待ってから利食うことで、必然的にこの罪悪感を和らげたのだ。ただ、問題は、これで彼の当初のアイデアが途中でボツになったということだ。彼は最初の逆行から順行に戻ったときに利食ってしまい、あとはポジションが当初設定していた目標に向かって推移していくのを眺めているだけということが多く、その後ひどい後悔と罪悪感に駆られるのである。それで彼はさらにホームランを狙うようになったが――新たな罪悪感を和らげるため――、やはり同じミスを繰り返してしまう。わたしが初めて面接したときの彼は、もし自分のプランどおりにトレードしていたらどれほど儲かっていたかという話ばかりしていた。

多くのトレーダーは、最大の利益を出すことではなく損をしないことを目標にしているた

め、良いトレードをしていても振り落とされてしまうのだ。

このトレーダーには間違いなくエクスポージャー法が合っていた。前のレッスンでも説明したとおり、われわれは、最初にリラックスし、集中した状態を保つスキルを習得する作業に取り掛かった。わたしはこの作業にＨＲＶ（心拍変動）を計測するバイオフィードバック装置（http://www.heartmath.com/）を用いた。彼はＨＲＶ数を高く保ちながら集中し、ゆっくりと深呼吸をするわけだが、練習のため、この装置を自宅に持ち帰り、五分以上連続して最大値を維持することでスキルアップを目指すことになった。すると彼は、注意を集中させ（頭のなかで数を数え）、体を落ち着かせてリラックスし、横隔膜からゆっくりと、徐々に呼吸をすることでこの数値を高く維持できることが分かってきた。

こうしてＨＲＶの「ゾーン」状態を維持するスキルをマスターした彼は、利益目標や損切り価格を含め、トレードのセットアップ中でもずっとイメージを思い浮かべる方法を用いるようになった。相場が自分に有利な方向に動いているのを鮮明にイメージしても、この結果（普段のトレードでも起きていたこと）に喜んでいる自分を思い浮かべるのではなく、心のなかで当初のトレードプランを見直して、「何ひとつ変わったことはないのだから、このプランを変更する必要はない。予想どおりの動きじゃないか」と自分に語り掛けた。わたしは、当初の利益に興奮して――また、含み益に対する心の会計で――反応しなくなるまで、イメージのこの部分を何度も何度も繰り返すようにと助言したが、彼は自分のトレードプランを再確認して落ち着きを保っている部分をイメージした。

トレードで利益を出して興奮するのは、その利益が危険にさらされたときにパニックに陥る第一歩である。

このトレーダーがトレードをしている最中のこうした状況をイメージできるようになったところで、われわれは先へ進み、相場が少し逆行して彼の利益の一部を奪っているところをイメージするプロセスに入った。彼はバイオフィードバック指標を表示したコンピューター画面に集中しつつ、ゆっくりと深呼吸をしながら、もうこの調整局面をイメージしても不安や懸念を感じなくなるまで、何度も何度もこの調整をイメージした。そして調整局面に入ったときの練習を繰り返し心のなかでしているうちに、落ち着いて集中できるようになっただけでなく、心のなかでトレードアイデアや手仕舞いの見直しを行うこともできるようになった。すると今度は自発的に、もし自分が当初のアイデアに固執してずっと追跡していたらどれほど自尊心を感じているだろう、と集中して考えられるようになった。彼がずっと抱いていた罪悪感の対極にあるのがこの自尊心だった。この自尊心を呼び起こした彼は、以前の行動を消し去っただけでなく、積極的に自分の規律も強化していった。

この作業を行うときに重要なのは、心のなかで正しいトレード行動を練習するのと同時に、普通なら間違ったトレード行動を誘発するような状態に身を置くことである。自分のトレードのセルフコーチになるときの課題は、単に何が正しい行動なのかを見極めることではない。むしろ、普段ならあらゆる間違ったトレード行動を誘発するような状況でも正しいやり方で行動できるようにすることである。現実の状況に身を置かずに良いトレードの練習をする場合には、学習された関連づけが表れたときにそれを克服するのが最も有効だ。

もちろん、イメージから実際のトレードに移行すればエクスポージャー法の威力をさらに発揮することができる。わたしはたいてい、トレーダーにはまず小さなサイズからトレードを始めてもらい、その間に深呼吸をして集中しながらトレードプランを実行してもらっている。トレーダーはバイオフィードバック指標を最適な範囲に保ちながら、そのプランを心のなかで練習する。厄介な調整局面に入ったときには、単にイメージする作業で練習していたことを繰り返す。つまり、トレードプランに集中し、規則正しく深呼吸をしながら体を落ち着かせるのである。一度小さなサイズでこのプロセスがうまくできるようになったら、徐々にサイズを大きくして通常のリスクのレベルにし、この新たなサイズの各々のトレードでバイオフィードバック法を実践すればよい。

トレードをしている最中にバイオフィードバック法を実践すると、トレードを続けられる

ゾーンからの逸脱に意識的に気づく前に、それを見抜けることが多い。

もし困難な相場に遭遇したとき、それに打ち勝つ一番の方法は、その相場と直接向き合いつつ、しっかりと自分の最も良いトレードの仕方を貫くことである。イメージを活用すれば、取引時間外でも、またリスクをとらなくても、こうした条件づけの作業をやり遂げることができる。繰り返しによって、心のなかで練習したパターンが徐々に自然に感じられるようになり、学習された過去の関連づけがはがれ落ちていく。エクスポージャー法は、必ずしも気分の良いものではないが――やればやるほど気分が悪くなることもあるが――、それに直接立ち向かおうとしなければ、また立ち向かうことができなければ、不快症状を利用したセルフコーチングなどできない。自分が最も成功している状況に身を置きながら、自分の最も良いトレードの仕方を練習すること。それが最も効果的なトレーニングである。

コーチングのヒント

自分の最も良いトレードの仕方を具体的な規則にしておくとよい。エクスポージャー法を実践しているときにもその規則を綿密に練習することができるからだ。エクスポージャー法に最も役に立ちそうな規則をいくつか挙げてみる。

●セクターや資産クラスを超えたテーマを特定してトレードアイデアを生み出す。
●相場が調整局面に入るのを待ってから仕掛ける。
●トレードを始める前に利益目標を設定する。そうすれば、自分が許容できる損失を上回る利益が出そうなトレードを仕掛けることができる。
●トレードのサイズを決め、自分のアイデアに対してポートフォリオの一定の割合でリスクをとるようにする。
●調整局面が訪れてそれまでの含み益は奪われたが、まだプラスを維持していたら長期のポジションを追加する。
●予定どおりの損切り価格で、またはあらかじめ決めておいた利益目標に達したら手仕舞う。

トレード規則は、トレーダーによって、またトレードするマーケットやスタイルによって異なるが、重要なのは、自分が絶好調のときに何をしているかを把握していることである。その肯定的なパターンを明確なものにしておけば、困難な場面に遭遇しても対処することができる。

レッスン70　心配事に対処するための行動療法の枠組み

不安や強欲については耳にタコができるほど聞いているし、だれもが自信過剰や欲求不満を経験している。しかし、トレーダーにとっては、日常の心配事ほど厄介な問題はない。

心配事が生まれるのは、自分が悪い結果とその先を予想しているときである。機会を見逃したりはしないか、トレードをしている最中にミスを犯したりはしないかと心配する。今後もトレーダーとしてやっていけるのか、あるいはトレード以外の私生活での不安が意思決定に影響を及ぼすのではないかと心配することもある。例えば、若いトレーダーは結婚後や子供が生まれたあと、マイホーム購入後に強いストレスを感じることが多いが、経済的な責任が重くなると心配事が生まれるのである。

心配事がトレーダーにとって問題になる理由がいくつかある。

●自信を失う　進歩に対する楽観的な気持ちや集中を維持するのが難しくなる一方、悪い結果を予想してしまう。

●集中が妨げられる　心配事に向けられた思考や感情がマーケットのパターンを追跡する力を奪っていく。

●**衝動的な意思決定につながる**　ほとんどの人は心配事を不快に思っているため、懸念を取り除くための対策を練るが、こうした対策が必ずしも口座にとって得策になるとは限らない。

●**非生産的である**　心配事が具体的かつ建設的な問題解決につながることはめったにない。悪い結果を心配しても、普通は良い結果を出す助けにはならない。

行動療法の観点から心配事を理解するのは難しい。心配事を楽しんでいる人などいないので、なぜその行動が続くのかがはっきりしないのだ。心配症の人にとって、これはとくに不可解だ。嫌なことばかりを考えて楽しんでいるわけでもないが、一般には幸せな状態ではない。では、なぜそういう人々には心配事が絶えないのだろう。

最悪のケースのシナリオとそれをどう処理するかをイメージするのが建設的なやり方である。そのようなシナリオに直面すると、心配事が絶望感や無力感を助長する。

心配事を理解するには、悪い出来事について考えることと、実際にその出来事を体験していることの違いについてもう一度考えてみることだ。わたしはトレードで資金を失うことについて考えるが、いくら考えても特定の不安や懸念が生まれてくることはない。しかし、もし自分がプランを立てている特定のトレードを鮮明にイメージし、大きなポジションで損切りしている自分をイメージしてみると、緊張感というはっきりした感覚が生まれてくる。抽象的な思考が強い心の動きを生むことはめったにない。一方、イメージは現実の代用になる。性衝動について考えても何も起こらないが、官能的な場面をイメージすると体が反応する。

行動療法の観点から見ると、心配事は思考の一つの形であり、「負の強化子」として機能するものである。例えば、わたしが会社のリスクマネジャーとのストレスの多い会議を予想しているとしよう。心の底では、わたしが自信をなくしていることをマネジャーにはっきりと指摘され、資金を減らされるのではないかと不安を感じているが、そういう会議の苦痛や憤慨ではなく、時間どおりにその会議に出席すること、会議で何と発言しようか、会議中にトレードでどのようなミスを犯すのかを心配している。だが、いくらそんなことを心配しても、強い心の動きを引き起こす原動力にはならない。そうではなく、心配事というのは、実際に会議の結果をイメージしていたら感じていそうな厄介な感情から気持ちをそらすものである。心配事が負の強化子になるのは、そうした厄介な感情を体験するのを避けているときである。妙に思われるかもしれないが、代理感情が恐ろしい結果に直面しているときの心配事にはそれほど害はない。

心配事にはほかの意味でも強化値がある。もしわたしがトレードをしている最中に自制心を失っていると感じたら、その感情についてあれこれ考えるのは嫌だし、もし自宅にいるときに仕事のことが心配になったら、何かもっと自制が利くようなことに集中するだろう。悪い結果について心配しているのかと思われるかもしれないが――この場合はそうだが――、わたしが心配しているときには、心理的には大きな心配事を小さな心配事に置き換えているというのが現実だ。**われわれの心配事は、普通はわれわれが最も恐れていることではない。**最も恐ろしいシナリオから注意をそらしているのだから当然だ――そこにその強化値が潜んでいるのである。

ささいな心配事の裏に大きな懸念が隠れていることが多い。

「エクスポージャー法（暴露法）」は心配事を取り除く有効な方法である。自分の最大の懸念――自分の最悪のケースのシナリオ――に自分自身をさらすと、心のなかでその可能性に備えたプランを立て、肯定的なコーピング（対処）の練習をすることができる。例えば、わたしが勤務先のリスクマネジャーとの会議に脅威を感じているとすれば、最悪の結果――自分の資金が大幅に減らされること――を予想し、大成功するトレードに焦点を合わせて以前のポートフォリオのサイズに戻れるようなプランを見つけているはずだ。一度最悪のシナリオを想定し、それをどう処理するかを決めてしまえば、大惨事は免れる。心配事によって注意散漫になる必要もなくなる。考えられる結果に建設的に向き合おうという代理感情よりも心配事のほうが有害なら、その心配事が負の強化子になる可能性はない。

ほかにもセルフコーチングには心配事を取り除く素晴らしい方法がある。それは、心配になったらすぐにメモを取り、「『本当は』何を恐れているのか？」「ここでは何が問題なのか？」と自問してみることだ。そうすると未解決の状況が漠然と見えてくる。その状況に正面から向き合うまでは、その状況が作業に立ち入ってきて、自分の気持ちを左右する。特定のトレードがうまくいくかどうかを心配していると仮定してみよう。立ち止まって振り返ってみると、そんな心配をしなくても済むような形でトレードのサイズを決め、損切り価格を設定していることに気づく。では、本当は何を心配しているのだろう。自分は今後もトレーダーとしてやっていけるのかが心配なのかもしれない。あるいは家族との不和なのかもしれない。本当の問題が何であっても、その状況を鮮明にイメージしたうえで、自分の最も建設的な反応を最後までワークスルー（**訳注**　「徹底操作」と訳されることもある。心理療法を通して自分の問題を繰り返し振り返り、徹底的に自分のものにしていくプロセス）してみるとよい。それからその状況と解決法を繰り返しイメージしてみることだ。繰り返すことで、最悪のシナリオがルーティンになってくる。そうすれば、もうそれが強い心の動きを引き起こすことはなく、心配する理由など何もなくなってくる。

コーチングのヒント

心配事は、自分が基本的なトレードアイデアについて大きな懸念を抱いていることを示す素晴らしいシグナルになる。画面にくぎづけになって、長期のトレード最中に相場がじりじりと動いているのを追っていると、何かが間違っていることに気づく。しかし、そのときどきの相場の動きに対する心配事の裏には、もっと大きな懸念が隠れている――きっと基本的なアイデアがすべて間違っているのかもしれない……。これは便利なシグナルだ。つまり、トレードに気楽に臨んでいられるときには、相場が少し動いた程度では心配する必要などないからだ。だが、その動きが心配だと、それが自分のトレードに納得していないという良いしるしになるのである――建設的な再評価やプランの立て直しにつながる場合もある。

参考

本書の主な補足資料がブログ「ビカム・ユア・オウン・トレーディング・コーチ（Become Your Own Trading Coach）」である。ブログのホームページには、第7章のテーマであるコーチングのプロセスに関するリンクや追加記事を掲載している（http://becomeyourowntradingcoach.blogspot.com/2008/08/daily-trading-coach-chapter-seven-links.html）。

『**トレーダーの精神分析――自分を理解し、自分だけのエッジを見つけた者だけが成功できる**』の第9章「パフォーマンスを向上させるための行動療法」でも、エクスポージャー法を基にした技法の段階を追った説明を含め、トレード上の意思決定を妨げる行動を変えるための方法をいくつか詳述した。また、認知療法や認知行動療法については、同著の第8章「パフォーマンスを向上させるための認知療法」も参照してほしい。

デュワン、スティーンバーガー、グリーンバーグ編『ジ・アート・アンド・サイエンス・オブ・ブリーフ・サイコセラピーズ（The Art and Science of Brief Psychotherapies）』（アメリカン・サイキアトリック・パブリッシング、二〇〇四年）のヘンブリー、ロス、バックス、フォア著「ブリーフ・ビヘイビアー・セラピー（Brief Behavior Therapy）」の章には、自己改革に向けた行動療法のアプローチの詳細が記されている。

トレードを行動療法の観点から考察した記事は、「ビヘービオラル・パターンズ・ザット・サボテージ・トレーダーズ（Behavioral Patterns That Sabotage Traders）」や「テクニックス・フォー・オーバーカミング・パフォーマンス・アンザイエティ・イン・トレーディング（Tehniques for Overcoming Performance Anxiety in Trading）」に関する記事を含め、わたしの記事のコレクションに収めてある（http://www.brettsteenberger.com/articles.htm）。

ＥＱ（心の知能指数）として知られる感情知性、ゾーンにとどまること、そしてトレードと私生活とのバランスに関する記事は、ローラ・シザー編『サイコロジー・オブ・トレーディング（Psychology of Trading）』（W&Aパブリッシング、二〇〇七年）に収められている。

第8章 ビジネスとしてのトレードのコーチング

偉大なる善人でない者を偉人とは言えない。

——ウィリアム・シェークスピア

　ここまでは自分の心の専門家になって自分を指導する方法について述べてきたが、本章ではそうしたセルフコーチングの別の側面、すなわちビジネスとしてのトレードを指導することにスポットを当ててみる。トレーダーである皆さんは、一般消費者に製品やサービスを販売する企業と同じ企業家である。諸経費もあれば、事業を継続するのに必要な利益もある。企業の経営者と同じく、時間や努力、資金をリスクにさらしつつ、ほかの活動よりも多くの利益を得ようとする。ただ、その努力に見合った見返りを得られているだろうか。タイミングよく最適なリスクをとっているだろうか。自分の努力を最大の見返りを与えてくれるような活動に注いでいるだろうか。トレードビジネスのセルフコーチになるなら、ただ正しく行動するだけでなく、正しい行動の仕方にも注意を払う必要がある。自分の心の専門家としてできることは山ほどある。それでは、どうしたら自分の経営コンサルタントとして成功できるのかを見ていこう。

レッスン71　当初資金の重要性

トレードで一貫して損益分岐点辺りを行き来していたら、いずれは全資金を失うことになるだろう。手数料やデータサービス料、ソフトウエア購入代金、システムサポート料など、トレードには経費がかかるからだ。ほかのビジネスでも事情はまったく同じである。ビジネスを回転させていくには、少なくとも諸経費を賄える程度は稼ぎたい。

多くのビジネスが頓挫するのは、当初資金が足りず、諸経費を厳しく管理することができないからである。忠実な顧客層を幅広く獲得できるまでにどのぐらいかかるのかも分からない。その結果、収支がトントンになる前に現金が焦げ付いてしまうのだ。それから資金を維持しようと、マーケティング費や宣伝広告費といった肝心な部分を削減する。それによって、顧客の減少、減収、さらなる緊縮経営という死のスパイラルに陥ってしまうのである。

十分な当初資金があれば、企業家は倒産する前に初歩的なミスを犯せるし、事業計画の不備にも取り組むことができる。事業計画とは戦争での戦術のようなもので、不可欠だが頻繁に変更されるものでもある。十分な資源がなければ、事業はそうした変更にも耐えられない。

新米トレーダーが体験するストレスのほとんどは資金不足によるもの。少なすぎる資金で欲張りすぎるのである。

一般のトレーダーも同じである。少ない資金でビジネスを始めると、相場が変動したり避けられないスランプに陥ったりすると、学習曲線を上昇させることができなくなる。そうなると、倒産企業のように、あとになってから必要なデータや冗長なシステムといった基本的な諸経費を削減し始めることになる。だれもが見ている同じチャートでそれ以上トレードができなくなると、資金不足のトレーダーは経費削減モードに入り、事実上際立ったエッジ（優位性）を維持することもできなくなる。

では、トレーダーの当初資金はどのぐらいあれば十分なのだろう。もし皆さんがトレードの勉強を始めたばかりなら、わずかな資金があれば学習曲線を上昇させることができる。わたしは一九七七年にトレードを始めたが、そのときはカンザスシティの地方証券会社の株式投資用口座に二五〇〇ドルを入金した。それで一〇〇株単位の個別銘柄をいくつも買えたし、過度のリスクにさらすことなく自分のアイデアを試すこともできた。『**トレーダーの精神分析――自分を理解し、自分だけのエッジを見つけた者だけが成功できる**』（パンローリング）でも述べたが、今ではシミュレーション機能も利用できるため、現実に即した戦略を試し、実際の資金を使わずに相場の感覚をつかむこともできる。

実際には資金を失うことに対するプレッシャー（また、勝つことによる自信過剰）がないとして、生データを使ったつもり売買やシミュレーションを軽視する評論家もいるが、未熟なトレーダーにとってシミュレーションが良い方法だという理由はまさにそこにあるわけだ。シミュレーションによって、初心者は当初資金を失う心配なく、ひたすらトレードの仕組みやパターン認識に集中できるのだ。結局はシミュレーションでうまくいかなければ、それにさらに心理的圧力が加わってゴチャゴチャしてきたら成功などするわけがない！

したがって、適度なリスクをとって一〇〇株（先物なら一枚）を買う前に、練習で一貫して利益を出すことが必要になってくる。つまり、大きなトレードをする前に小さなサイズで成功を積み重ねる必要があるということだ。企業がチェーン店を展開する前に一店舗で成功を持続させる必要があるのと同じで、トレーダーも小さなサイズのトレードから利益を出していく必要があるわけだ。もし新米トレーダーがセルフコーチングの規則に忠実でいれば、多くが熟練トレーダーになれるほど長くゲームを続けていられるはずだ。

重要なビジネスルール　一貫して小さいサイズとリスクでうまくトレードし、サイズとリスクを大きくしたときにきちんと利益を出せるようにすること。

トレードの目的が生計を立てることなら、より多額の当初資金が必要だ。例えば、わたしが現在仕事をしている資産運用会社のポートフォリオマネジャーが過度のリスクをとらずに毎年のように年三〇％のリターンを出せれば、これはもう大スターである。そのポートフォリオマネジャーはいや応なく巨額の資産運用を任され、もしその後も成功が続けば、自分のファンドを立ち上げて独立することも可能である。実際、適度なリスクをとって一貫して年一五％のリターンを出せれば、どこの会社でも引っ張りだこだろう。現実には、どんなトレーダーでも高いリスクをとればある年に特大リターンを達成することは可能だが、問題は、それを長く持続させるには平均してどの程度のリターンを出せばよいかということだ。

熟練したポートフォリオマネジャーに毎年勝ちたいと思っている若いトレーダーの事業計画は空想にすぎない。それにしても、生計を維持していくために――同時に口座を膨らませていくために――、経費を差し引いて一貫して三〇％のリターンを出すにはどのぐらいの資金が必要になるのだろう。トレードで十分な暮らしをしたいという場合、最小限の当初資金が六桁というのは珍しくない。

しかし、経験が浅くてそのような現金を用意できるトレーダーなど、そう多くはない。だから、少ない資金しかないのに、生計を立てられるほど大きなリターンを狙ってアグレッシブにトレードしてしまうのだ。当面はそれでも何とかなるだろうが、最終的にはもう立ち直れないほどの耐え難い損失を出し続けてしまう。結局、資金の五〇％を失うと、当初の水準に戻すには残りの資金をちょうど倍にしなければならなくなる。資金が少ないトレーダーは、資本不足の企業と同じで、さまざまな予想外の出来事を乗り越えることができなくなる――大きなリスクを頻繁にとっている場合にはとくにそうである。

まずは自分の力量に合ったトレードをすべきである。つまり、経費を差し引いて収支がトントンになればよい。トレードで生計を立てようなどと考えるのははるかに先の話である。

トレードのセルフコーチになるということは、自分のトレードビジネスの経営者、つまり企業家になることでもある。要するに、成功を目指して実行可能な計画で起業しなければならないということだ。とくにその計画で取り組む必要があるのは次の二点である。

一．マーケットについてどのように学び、どのようにトレード力を身につけるのか。
二．現実的で安定したリスク調整済みリターンで十分に生活していけるようになるには、どのように自分のビジネスを展開していけばよいのか。

現実問題として、仮に生活していくのに必要な資金を調達できないなら、次の課題は、十分なトレード資金を用意してくれる投資会社に自分を売り込むことである。そういう会社にとって魅力ある人間になるのに必要な段取りを踏み、自分の事業計画の一部を実現させるのだ。これが次のレッスンの基礎になる。差し当たっての皆さんへの課題は、多額の資金をリスクにさらし、さまざまなマーケットやサイクルで成功する前に、まずはマーケットについて学び、日々の仕事で音を上げる前に、きちんと資金を活用できるようにしておくことである。トレードビジネスの当初計画のストレステストをしてみるのもよい。つまり、当初一年間のリターンがささやかなものだとしたら、それをどう乗り越えたらよいかを計算してみることだ。そしてトレードで生活している熟練トレーダーのそばで自分の計画を実行し、弱点を見つけ、それに取り組むことである。古い格言にもあるとおり、「計画を怠ると、失敗を招く」（**訳注**　アメリカの教育者エフィー・ジョーンズの言葉）ということだ。

コーチングのヒント

わたしが下した最も賢明な意思決定のひとつは、もし資金をすべて失っても家族の生活に響かない程度の額でトレードを始めるということだ。まだトレードを始めたばかりのころは、トレードで生活しようなどとは夢にも思っておらず、単に上達することを目標にしていたが、そんな成長過程で画期的な出来事があった。勝っているトレーダーよりも負けトレードを一貫して小さく抑えることができたのだ。このころは全体的な成績を下げるような大きな負けはわずかしかなかった。もし生活費を使ってトレードしていたら、初歩的なミスを犯すことに対するストレスは相当なものだっただろう。マージーはわたしのトレード資金をおもちゃのお金だと言い、家計をやりくりするときにも、そんなお金やトレードによる利益などまったく当てにしていなかった。このころから利益に対するプレッシャーもなかったので、いくつもミスを犯し、そこから学ぶことができたのだ。自分のスキルを磨く前に資金をリスクにさらしてしまうと、間違いなくストレスが極限に達し、成功する確率も低くなる。

レッスン72　トレードビジネスの計画を立てる

自分のトレードのセルフコーチになるということは、自分のトレードビジネスの経営者になるということだ。では、成功するための事業計画はどのように立てればよいのだろう。トレーダーとしての目標をどう達成しようと思っているのだろう。

きちんとした計画を立てるに当たっての最初のステップは、自分が「なぜ」トレードをしているのかに答えられるようにしておくことだ。

「バカバカしい。だれだって金儲けのためにやっているに決まっているだろう」

確かにそうだが、必ずしもそうとは言い切れない。トレーダーが漠然とした目標しか持っていないことに、わたしはいつも驚かされている。もし皆さんが初心者なら、トレードの要領を習得し、相場のパターンを内在化し、適切なトレードの執行やリスクマネジメントのスキルを磨く練習をすることを目標にすればよい。もしそうなら、前のレッスンでも強調したとおり、そうした目標は、少額の資金をリスクにさらすだけで、あるいはまったくリスクにさらすことなく達成することができる。必要なのは、学習計画と、相場を観察し、シミュレーションモードでトレードできる環境だけである（学習計画の基礎については『トレーダーの精神分析――**自分を理解し、自分だけのエッジを見つけた者だけが成功できる**』を参照してほしい。本章の後半のレッスンでも述べる）。

ただ、もし皆さんがわたしと同じで、生計を立てる専業トレーダーでないならば、目標はまた違ってくる。経費を差し引いたうえで無リスク資産収益率（すなわち、貯蓄債券か銀行の譲渡性預金証書への投資で得られる額）以上を稼ぐことが目標になる。その場合には、自分の貯蓄の一部を取引口座に入れ、それを使ってほかの投資や貯蓄商品の収益率を上げていけばよい。こうすると、自分の貯蓄を過度のリスクにさらしたくないため、リスク調整済みリターンにはとくに敏感になるだろう。このようなトレードは自己資金を分散することになり、さらに広い意味では自分のファイナンシャルプランの一部にもなる。

もし本業ではなく趣味でトレードをしているなら、事業計画も違ったものになる。

もしトレードで生計を立てているなら、自分のトレードをビジネスの形でやっているはずだ。小売業なら、どうしたら儲かるかを知っておく必要がある――つまり、どのような製品を販売するのか、どのように販売するのか、原価はいくらか、そして投資に見合ったリターンを得るにはいくらで販売すればよいのかなど。一方、トレードビジネスでは次のようなことが問題になる。

●何をトレードするのか、そしてそれをどのようにトレードするのか？　どのような刺激的かつ生きたトレード体験をすれば成功すると思っているのか？

●諸経費はどのぐらいかかるのか？　これにはソフトウエアやハードウエアの購入代金、手数料、その他データ関連費やインターネット回線接続料、教育用資料など、専業トレードに関連する経費が含まれる。

●トレードごと、一カ月ごと、一年ごとにどの程度の利益を見込んでいるのか？　どの程度自分の所得が変動する可能性があるか、またそれはコントロールが可能なレベルか？

これらの問題に答えを出すには、単なる推測や願望ではなく、経験に基づく確かなデータが必要だ。

トレードで生計を立てようとする前に、まずは次の問いに答えられるように、十分に経験を積んでおくことだ。

- 勝ちトレードの平均利益は？
- 勝ちトレードの平均と負けトレードの平均の比は？
- 勝ちトレードと負けトレードの割合は？
- 一日、一週間、一カ月のリターンのばらつき（ボラティリティ）は？

これらの答えは、自分のリターン、つまりトレードビジネスによる所得で決まってくる。また、これらの問いからは新たに次のような疑問もわいてくる。

- 自分はどのようなタイプのトレーダーか――間違った行動よりも正しい行動で儲ける傾向があるのか、負けトレードの平均損失よりも勝ちトレードの平均損失のほうが大きいのか、あるいはこの二つが組み合わさったものか？
- 勝率や勝ちトレードの平均利益と負けトレードの平均損失の比の変動はどの程度か、またそれは自分にとって普通か？

●自分のトレードではそこそこのリターンをどの程度生む必要が出てくるのか、また急激な変動の影響を受けずにそのトレードを維持するにはどの程度の資金が必要か？

ところが、どうやって利益を出すのかを理解するのに、自分のトレードの内容を見ているトレーダーがほとんどいないのには驚いている——愕然としてしまう。どうしたら平均的な成績を達成できるのか、平均からの乖離がどの程度予想できるのかを把握していないために、問題のあるスランプと通常のドローダウン（資金の減少）とを区別する力もないし、わずかなポジションしか保有していないので、相場の変動のせいでリターンのパターンが変わったことを見極められないトレーダーもいる。

もしトレードでさまざまな相場のサイクルや状況を体験していないなら、トレードビジネスは、ボラティリティやトレンドの変化を乗り切る準備が不足していると言わざるを得ない。

このレッスンでの皆さんへの課題は、ヘンリー・カーステンズ氏のホームページ「バーティカル・ソリューションズ（Vertical Solutions）」（http://www.verticalsolutions.com/tools.html）を訪れ、自分のトレードのデータを入力して同氏の二つの予測ツールを使ってみることだ。一つ目のツールは、自分のリターンの表れ方がボラティリティの変化との関係で変化していくことを示している。このボラティリティは、相場の変動によって、あるいは自分が高いリスクをとってトレードすることで変化してくることもある。ドローダウンがどの程度所定のボラティリティのレベルと連動しているかもよく分かるだろう。これは自分の許容度を測るのに役に立つ。

二つ目の予測ツールを使うときには、自分の勝ちトレードの平均利益、勝ちトレードと負けトレードの割合（勝率）、勝ちトレードの平均利益と負けトレードの平均損失の比を入力する。自分のデータを使って予測ツールを何度も実行し、妥当なリターンのさまざまな取り合わせを調べてみる。そうすれば、自分のトレードで予想できる動き（上昇局面でも下降局面でも）だけでなく、一〇〇回の連続トレードで予想できるリターンの感覚も十分に養うことができる。

最後に、勝ちトレードの平均利益が減少している（おそらく相場が停滞気味のため）、または勝ちトレードの平均利益と負けトレードの平均損失の比が縮小している（おそらく相場の読み違いのため）という場合には、二つ目の予測ツールのパラメーターを調整し、考えられるリターンの表れ方のシミュレーションをしてみることである。勝ちトレードと負けトレードの平均サイズ比を調整してみると、もし規律が乱れた場合には負けポジションを長く保有する、またはは損切りするなどして、トレードごとのリスク・リワード・レシオを崩したときに自分のリターンがどうなるかを調べてみる。

こうした仮説のシナリオは、すべて自分のトレードから何が予想できるかという感覚を養うのに役に立つ。こうして事前に備えておけば、ビジネスで逆境に立たされても容易に対応することができるわけだ。自分のトレードのセルフコーチになっても、自分のビジネスのことが分かっていれば、それだけビジネスをうまく拡大することができるようになる。

コーチングのヒント

トレーダーとしてのキャリアを確立するうえで重要なのは、大きなドローダウンを招く前に、成績が市場平均を下回っているのをいかに素早く見極められるかである。自分のトレードのことが分かってくればくるほど――平均の損益やドローダウン期間の平均、その平均のばらつき――、それだけその基準からの逸脱を確認するのにうまく備えられるようになってくる。自分のトレードに関する統計値を記録しておけば、順調な期間を浮き彫りにすることもできるし、そうしたエピソードから学ぶこともできる。成績を上げるのに最も重要な点を一つ挙げるとしたら、それは自分のトレードの綿密な測定を続けることだろう。これが自分の正しい行動や間違った行動を浮き彫りにし、セルフコーチングの取り組みにも役立つ情報になるのである。

レッスン73　トレードビジネスを拡大する

自分はコーヒーが大好きで、事業としてコーヒーショップの経営に乗り出したとしよう。まずは高品質のコーヒー豆を供給してくれる信頼できる仕入れ先を探し、焙煎機を購入し、交通の便の良い場所に店舗を借りる。次に、内装をおしゃれなカフェ風にし、必要なカップやソーサー、調理用具や器具を買い込む。新規事業には合計一〇万ドルを投入するが、それは自宅を抵当に入れて銀行から借り入れる。一杯のコーヒーを出すのにかかる原価は、材料と人件費だけを基に計算すると、平均で五〇セント。一杯一・五〇ドルにすれば、一杯当たり一ドルの儲けになる。一日に三〇〇人の客が入れば、一日当たり三〇〇ドル、一年で九万ドル程度の儲けになる。だが、諸経費を払ってしまえば、給与として受け取れるほどは残らない。

このシナリオだと、カフェに来てくれる客の数を増やすか、客当たりの平均単価を上げるか、あるいはその両方で事業を成功させるしかない。そこで、例えばメニューに何かを追加して客当たりの平均単価を上げてみる。今ではコーヒーだけでなく、紅茶も出すことにする。

残念ながら、これは事業にとってそれほど有益ではない。紅茶を飲む客は多少増えても、コーヒーと紅茶を両方注文する客はいないからだ。その結果、紅茶関連の器具や必需品などにかかる店の諸経費は増大するが、純利益はあまり増大しない。コーヒーと紅茶が重複していたのでは、メニューを充実させたことにはならない。

一方、メニューにペストリーを追加し、それを地元のパン屋から調達するとしよう。するとコーヒー好きの多くの客がペストリーも気に入り、コーヒーと一緒にテイクアウトしてくれるようになる。これで客単価が上がり、一つではなく二つの商品、つまりパンとドリンクから利益を出すことができるわけだ。今ではちょっと一休みしたいという客や、コンサートや芝居のあとで軽く食事がしたいという客も来てくれる。来客数も純利益に貢献している。

そこで今度はどうするかというと、事業をさらに多角化するわけである。収益の柱も一つではなく複数にする。もし夜間のメニューやサンドイッチ、朝食セットを出せば、もっと多角化できるかもしれない。一日三〇〇人の客に一ドルずつを消費してもらうのではなく、一日八〇〇人の客に二・五〇ドルずつを消費してもらえるかもしれないのだ。人件費と材料費を差し引いたあとの事業所得が一日当たり二〇〇〇ドルなら、繁盛する商売の基盤ができたことになる。さらに、二軒目のカフェを近所にオープンすれば、そのユニークなメニューで商売を続けていくことができるだろう。

多角化は才能をさらに伸ばすことになる。

カフェの成功を左右する事業の原則が、トレードにも同じように当てはまる。異なるマーケット、時間枠、パターンでトレードすれば、潜在的な収益の柱がいくつも生まれ、相場が動いても、あるいはひとつのアイデアかパターンが停滞モードに入っても事業は守られるのだ。これは生産性をテコ入れすることにもなり、そうすれば収益の柱が増えることになる。

トレードビジネスを多角化するにはさまざまな方法がある。デイトレーダーの場合には、異なる銘柄やセクターでポジションを保有してもよい。また、ポジションを翌日まで持ち越して、時間枠である程度分散することもできる。長期の時間枠でトレードする場合には、異なるマーケットや戦略を用い、それぞれの保有期間を変えてもよい。

カフェにとってもトレーダーにとっても重要なのは、多角化がまさに多角化の呼び水になるということだ。コーヒーに紅茶を加えても、カフェにとっては十分な多角化にはならない。同様に、S&P五〇〇株価指数にダウ平均を加えても独特の価値が加わるわけではない。多角化するには完全に独立した、信頼できる収益の柱を加えなければならないのだ。例えば、コーヒー事業が低迷していても、客は軽食を摂りにカフェに来てくれるかもしれない。これでその日は客足が途絶えることはない。同様に、トレード戦略の一つが不振でも、それと相関のないほかの戦略が収益を維持してくれるかもしれない。

もちろん、多角化するときには、自分の得意分野の範囲内でやることである。新たな前菜をメニューに加えても、調理の腕前が大したことのないカフェのオーナーにとっては意味がない。同様に、成功するという確信が持てない戦略を加えても、あまりトレーダーの利益にはならない。実証済みのものに独特の価値が加わったときに初めて多角化が意味を持ってくるのである。トレード初心者の多くは、いずれ儲かる方法が見つかるだろうと考え、ビジネスでもその調子でトレードする。そんなに面倒見の良いマーケットなどそうあるものではない。もしカフェに大勢の客が大挙して押し寄せてきたら、競合店がすぐに進出してくるだろうし、あるトレード戦略が成功したら、高い関心を集めるはずだ。成功するビジネスというのは、常に新しいものを取り入れ、先頭を走り続けなければならないのだ。長く生き残るためには、新たな収益源を加えて相場の変化に備えることが肝心だ。

この点はいくらか力説しても足りない。なぜなら、「マーケットは変化する」からだ。エッジ（優位性）もなくなり、トレンドも変わる。参加者も変わってくる。マーケットの変化を推進するのはテーマである。ボラティリティやリスクのレベルも変化する。トレード手法の提唱者が、「どんなマーケットでも成功する」と吹聴しているのを聞いたことがあるが、それで成功したことを示す文書にはまだお目に掛かったことがない。わたしはトレーダーとしてのキャリアが長い人間を知っているが、だれもが常に進化している。成功した企業が顧客の嗜好や経済情勢の変化に備えて進化しているのと同じである。たった一つの手法で成功したトレーダーも何人か知っているが、戦略がもはや現状に合わなくなったり――一九九〇年代後半のハイテク銘柄へのモメンタム投資――、トレーダーが大勢参入してきて過密状態になり、エッジが効かなくなったりすると――板情報を利用したS&P五〇〇のスキャルピング――、彼らでさえ成功を持続させるのに苦労している。トレード手法を学ぶのは難しいものである――過去の手法を捨て去り、新たな手法を確立するのはもっと難しい。

一流のハイテク企業、製薬企業、消費財などのメーカーは、市場をリードするために研究開発に莫大な資源を投じるが、トレードビジネスを成功させる場合にもそれは同じである。

自分のトレードのセルフコーチになったら、マーケットについて学ぶだけでは不十分だ。皆さんは企業家なのだ。常に新たな戦略を開発し、自分の強みを生かした新たな手法を開発しなければならない。流通ルートにはどの製品を乗せればよいだろう。どのマーケット、戦略、または時間枠を拡大したいと思っているのだろう。現在の自分の手法を新たなマーケットに適用しても構わないし、なじみのマーケットに向けて新たな戦略を開発しても構わない。**課題は、常に新たな手法を導入し、常に自分の強みを生かした新たな収益源を模索するための生産ラインを開拓することである。**

マーケットが開く直前にトレードステーションの前にドカンと腰を下ろし、一日中トレードをしたら帰宅するという日課を毎日繰り返しているトレーダーが多い。それはカフェに出勤して何時間も過ごしたら帰宅し、また翌日出勤する、というスケジュールに似ている。もし自分が企業のオーナーではなく雇われているのなら、それでもよいだろう。セルフコーチとしての課題は、自分のビジネスなのだから積極的に管理することだ。ただ画面の前に座って何時間も過ごしているだけではいけない。トレードで成功するにはエッジが必要だが、トレードビジネスを持続させるためには新たなエッジを開発する必要もある。

コーチングのヒント

自分の時間枠とは異なる時間枠でトレードの技術を学ぶことが大切だ。短期で取引するデイトレーダーは、マーケット間の関係や株式セクター間の相関など、日々相場を動かす大きなテーマについて考察してみるのがよいだろう。そうしたテーマや関係が確認できれば、トレンドが確認できたときにそれに乗ることができる。逆に、長期のトレーダーやポートフォリオマネジャー、投資家たちは、短期トレーダーのマーケットタイミングという考え方を学ぶのが有益だろう。これは実行力を磨くのに役に立ち、適正価格で仕掛けたり増し玉したりすることができるようになる。異なる時間枠から見てみると、新たなエッジの選択肢も増えてくる。大局観を持ったマクロ投資家とレーザーを照射するように狙ってくるマーケットメーカーの考え方を併せ持つと相乗効果が出てくるのである。

レッスン74　自分のトレード結果を追跡する

成績をつけていなければ、自分のトレードを成功させるためのコーチングはできない。成績をつけるのは、単にその日、その週、あるいはその年の損益を追跡するためだけでなく、自分の成績の善し悪しや普段の成績との比較方法を知るためでもある。

成績をつけることが意味を持つのは、自分のトレードをビジネスとして再考してみるときである。おしゃれな衣料品を提供するアパレルメーカーでは、毎週しっかりと売上高をチェックする。小売店では総売上高だけでなく製品別の売上高も調べている。きっと景気が悪くなれば廉価な婦人用アクセサリーは売れても、高額な衣料品は売れないだろう……。こうしたトレンドを定期的に追跡していれば、その品ぞろえを変え、利益を最大限に伸ばすにはどうすればよいかが分かる。同様に、立地が良いにもかかわらず、ある店舗が同業他店舗の売上高を大幅に下回っていれば、マネジャーはその情報を基に、その店では何が間違っているのかを調べたうえで手直しすることができる。

産業界では事細かに成績をつけている。世界有数の成功企業のなかでも、われわれはとくに情報システムへの投資を追跡しているが、それにはそれ相応の理由がある。企業は一時間刻みで売上高を追跡し、開店や閉店の時期を判断するのに役立てている。広告のコピーや販促キャンペーンでも、性別や年齢を基にした購買パターンが考慮されている。企業は成績をつけることで商売の知識を得られるのだ。産業界では正しく利用した知識が力になるのである。

何が正しくて何が間違っているのかが理解できなければ、自分のビジネスをきちんと管理することはできない。

品質管理ほど、成績をつけることの力が著しく影響する分野はない。トヨタなどの企業は製造工程で膨大なデータを収集し、わずかな品質の劣化を見極めるときだけでなく、製造工程における継続的な「カイゼン」にも役立てている。データを収集していなければ、進捗状況を追跡するベンチマークを確立することもできない。**これは単に順調であることを確認するだけのものではない――一流企業はさらに上を目指さなければならない。**

自分のトレードビジネスで成績をつける場合に不可欠なメトリクス（数的指標）をいくつか挙げてみる。

- 長期的なポートフォリオの変動を追跡した損益曲線
- 勝ちトレードと負けトレードの数
- 勝ちトレードの平均利益と負けトレードの平均損失

- トレードごとの平均損益
- 一日のリターンのばらつき

では、それぞれのメトリクスについて少し詳しく見ていこう。

損益曲線

ここでは損益曲線の傾斜や傾斜の変化に関心を持とう。ヘンリー・カーステンズ氏の予測ツールで見てきたとおり、ポートフォリオの方向性が大きく変化するとチャンスになる。だから損益曲線がちょっと動いただけでいちいち過剰反応し、苦労して手にした勝利をあきらめたくはないだろう。しかし、約束された聖杯から別の聖杯へと目移りしては、ドローダウン（資金の減少）のたびに動き回るトレーダーが多すぎる。**セルフコーチとしては、自分の過去のトレードの特色をよく示している損益曲線の変化について知ることだ。そうすれば現在の自分と自分の指標とを比較することができる。**トレードについてきちんと学んでいれば、ビジネスに乗り出す前にシミュレーションしたときの損益曲線や小さなサイズでトレードしたときの損益曲線があるはずだ。現在の損益曲線が過去の成績と大きく違っていたら、調整する必要があるかもしれないし、その変化がプラスの方向に動いていれば、その優位性をフルに活用するためにうまく機能していた戦略だけを利用したいだろう。また、もしその変化によって並外れた損失が生まれていたら、リスクを減らし（ポジションサイズを縮小し）、問題を診断する必要がある。

通常のリターンを大幅に下回っている期間を特定するときには、通常の成績について知っておくことが不可欠だ。

勝ちトレードと負けトレード

これは自分がマーケットをいかにうまく読めているかを測る基本的なメトリクスである。やはり、特定の数値を当てることではなく、現在の成績を過去の指標と比較することに重点を置いたもの。例えば、皆さんはトレンドフォローのトレーダーだとしよう。トレードでは四〇％しか勝てないが、負けトレードよりも大きな利益を手にしているのでトレードを続けることができている。ところが、その勝率がいきなり二五％に落ち込んだので、考えられる問題を診断したいと思っている。相場が不安定で方向感に乏しいからか、それとも仕掛ける方法やそれを管理する方法を変えたからか……。過去に二五％に落ち込んだことなどほとんどないというなら、さらに詳しく診断してみたいと思うだろう。しかし、もし過去の二五％という勝率の時期が方向感の乏しい停滞相場の時期であれば、大きなチャンスを秘めた相場や時期に焦点を合わせ、自分のトレードを大きく変えずに乗り切ろうとするかもしれない。

勝ちトレードの平均利益と負けトレードの平均損失

自分の負けトレードの平均損失が勝ちトレードの平均利益の倍であれば、勝ちトレードが六〇％でも何の意味もない。勝ちトレードの平均利益と負けトレードの平均損失の成績をつけてみると、自分のアイデアの実行についてよく理解することができる――好ましいリターンが得られる価格で仕掛けているか、データは自分がリスクマネジメントの規則、とくに損切り規則にどの程度従っているかについて教えてくれる。もし勝ちトレードの平均利益と負けトレードの平均損失が「共に」同時に大きくなっている、または小さくなっているなら、ボラティリティの変化に対応するだけでよい――またはポジションサイズを小さくするか大きくするだけでよい。これは勝ちトレードと負けトレードの平均損益が相対的に変化していることであり、ビジネスマネジメントにとっては最も重要な要素である。もし勝ちトレードの平均利益が増大し、負けトレードの平均損失が減少していれば、間違いなくトレードはうまくいく。自分の正しい行動を見極めることが重要だ。そうすれば一貫してそれに従ってトレードを続けることができる。逆に、負けトレードの平均損失が増大しているのに勝ちトレードの平均利益が減少していれば、マーケットの読みが間違っているのか、実行力がないのか、マネジメントが下手なのか、それとも全部がまずいのかと、どこに問題が潜んでいるのかを突き止めたい。

トレードごとの平均損益

皆さんは一月に一定額の利益を上げ、二月にも同額の利益を上げたとしよう。当然、この二カ月とも同じようにトレードがうまくいったものと結論づけたいと思うだろう。しかし、それは間違いだ。もし一月に五〇回、二月に一〇〇回のトレードをしていれば、回数は増やしていても利益は増えていないことになる。実際、トレードごとの平均利益は減少している。これは少なくともトレードの一部が高いリターンを上げておらず、リサーチが必要なことを示している。一年のうちに新たに五店舗をオープンしても、毎年同じ売上高しか報告していない企業の場合と状況は似ている。実際には店舗ごとの平均売上高は減少しており、全体的な活動の活発化で重要な要因が覆い隠されてしまっているわけだ。トレードごとの平均損益は、ポジションサイズの決め方や全体的なボラティリティに伴って変わってくる。ボラティリティが高くなっているのにトレードごとの勝ちの平均が下がっているという場合には警戒が必要だ。つまり、相場環境が変わるとトレードもうまくいかない可能性があるわけだ。多くの場合、トレーダーが最良のアイデアに集中し、トレードの回数を減らしていれば、それだけ利益も増えてくる。この選択性はトレードごとの利益の平均が上がってくるにつれてはっきりしてくる。これがトレードの効率性を測る優れた基準なのである。

頻繁にトレードしているときには、トレードの回数が増えるのに伴って利益も増えているかどうかを確認すること。

一日のリターンのばらつき

一日の勝ちトレードと負けトレードを絶対価値に置き換えてみると、リターンの分布が分かる。損益曲線が一日に平均どのぐらい動いているのかも分かるし、この平均付近のばらつき、つまり自分のトレードの特徴を示す一日の振幅も見て取れる。この一日のリターンのばらつきが、結局は自分のポートフォリオのドローダウンの大きさを決めることになるわけだ。もしトレードを始めてから負けトレードの日ばかりを体験しているとすると、損切り幅をポートフォリオの〇・五％にしているときよりも二％にしているときのほうがドローダウンは大きくなる。**確かに、過去のトレードの特徴を示すような負けトレードの期間を調べてみると、それを利用して自分が許容できる一日のばらつきを測定することができる。**リスクマネジメントではこれが重要なのだ。例えば、ポートフォリオのドローダウンを一〇％未満に抑えたければ、一日に平均二％の幅を超えるリスクをとることはできない。もちろんドローダウンを一〇％未満に抑えたければ、年間五〇%以上のリターンを見込むこともできない。リスクとリターンは比例するからだ。一日のポートフォリオの振幅の平均を測定することで、全体的なリスクとリターンの両方の目標を設定することができるのだ。もし日々のポートフォリオのサイズのばらつきが比較的小さいのにトレードが順調にいっているなら——すなわち、リターンが極めて高いなら——、おそらく少しずつリスクを高めていく——トレードサイズを大きくし、さらに大きなリターンを狙う——余裕があるはずだ。逆にトレードがうまくいかず、損失も自分の基準を下回っているなら、一日のばらつきを小さくし、リスクを低くしたほうがよいかもしれない。

要するに、トレードのセルフコーチになるのは自分の成績の記録係りにもなるということなのだ。先のメトリクスは真面目なトレーダーの日誌には欠かせない指標になっているはずだ。自分の状態について知れば知るほど、自分の強みを踏まえた準備ができ、弱みに取り組むことができるのだ。

コーチングのヒント

トレーダーのメトリクスに関するほかの考え方については、第9章のデビッド・アドラー氏のレッスンを参照してほしい。仕掛けたあとでポジションがどうなるか、また手仕舞いしたあとではどうなるかを調べてみると、とくに役に立つ。勝っているトレードに乗じた平均の回数を知ると、自分の実行力を知るのに役に立つ。また、手仕舞いしたあとで相場が自分に有利な方向に動いた平均の回数が分かると、自分の手仕舞いの基準値を追跡することもできる。最も重要なデータが損益表に表れるとは限らない。つまり、適正価格になるまで待たずに仕掛けたり、動きが激しくなったら手仕舞いしたりしていたら損益はどうなっているかということである。

レッスン75　高度なやり方でトレードビジネスに成績をつける

前のレッスンを読んだ皆さんは、自分のトレードビジネスを追跡し、十分に理解するために記録しておくデータの量に圧倒されてしまうかもしれない。皆さんには申し訳ないが、損益曲線、勝率や勝ちトレードの平均利益や負けトレードの平均損失などは、本格的な成績の記録作業のほんの入り口にすぎない。たいてい、プロのトレーダーは自分の成績についての情報よりもはるかに多くの情報を持っている。専用のリスクマネジメント資料を利用できることも、こうした投資会社で仕事をする大きなメリットだ。専門のリスクマネジャーの活動をまねるのは無理かもしれないが、自分のトレードをさらに掘り下げ、セルフコーチングの助けになるようなパターンを浮き彫りにすることはできる。

このレッスンでは、成績を上げるための取り組みを大きく改善できるようなメトリクス（数的指標）の高度な利用法について具体的に見ていこう。それは自分がトレードするマーケットやトレードのタイプ全体の結果を追跡することである。これによって自分の行動が正しいのか間違っているのかが分かるし、どのトレードが結果に最も寄与しているのか、また妨げているのかも分かってくる。

さまざまなタイプのトレードのうち、どれが自分の利益に最も寄与しているだろう。それがトレードビジネスを成功に導く原動力になる。

トレードを分散することがいかに大切かはすでに見てきたが、ごく普通の分散の形としては次のようなものがある。

- ●個別の株式銘柄と指数連動型ＥＴＦ（上場投資信託）など、異なる金融商品のトレード
- ●原油先物と株式指数など、異なるマーケットのトレード
- ●イベントトレードとブレイクアウトトレードなど、異なるセットアップでのトレード
- ●異なる日や異なる時間帯でのトレード

自分のトレードビジネスを本当に理解するためには、それぞれのトレードをタイプ別にとらえてみるとよい。そこで先のメトリクスに基づいてトレードを分類してみよう。例えば、翌日に持ち越すトレードは全部一つのカテゴリーに入れ、デイトレードは全部別のカテゴリーに入れる。株式指数のトレードは全部一つのカテゴリーに入れ、債券は全部別のカテゴリーに入れる。デイトレーダーの場合には、時間帯ごと、セクターごと、または銘柄ごとに分類してもよい。

このカテゴリーの各々が企業の「製品」に相当する。各カテゴリーが潜在的な収益の柱になる。自分のビジネスを多角化事業だと考えると、各製品がどの程度純利益に貢献しているのかを知りたいだろう。だが、純利益だけを見ていては、トレード間の結果の大きな違いは分からない。

実は、これは前に論じたメトリクス――すなわち損益曲線、勝率、勝ちトレードの平均利益と負けトレードの平均損失、トレードごとの勝ち負け、リターンのばらつき――を、**トレードビジネスの部門ごとに用いるべきだという意味である**。例えば、わたし自身のトレードは三種類――保有期間が一時間以内のもの、一時間以上のもの、そして翌日に持ち越すもの――である。一時間以内の短期のデイトレードは、価格、出来高、センチメントの短期パターンを基にしたもので、一時間以上のトレードはトレンドフォローと、前日のピボットポイントから導いた価格レベルを排除する確率を調べるためにヒストリカルデータを基にしている。オーバーナイトトレードもやはりトレンドフォローで、方向性エッジを示す長期のヒストリカルデータを基にしている。さまざまなトレードを組み合わせているのは、それぞれ根拠が異なり、マーケットでの位置づけも異なるからだ。短期のデイトレードでは買い建てるが、同じ日のオーバーナイトトレードでは売り建てるといった具合だ。

何をトレードするか、それをどうトレードするかを基準にトレードを分類してみると、自分のトレードビジネスの棚卸し資産を確認することができる。

皆さんは、資産クラス（債券、為替、株式）、トレード戦略やセットアップ（材料、寄り付きギャップ、セクターのレラティブストレングスに基づいたトレード）ごとにトレードビジネスを分類してもよい。わたしがトレードを始めたころには一日の時間帯で分類していたが、午前、正午前後、午後のトレードではメトリクスがまったく異なることが分かり、それが午前のトレードに集中するのに役立った。言い換えると、トレードの分類は予想されるリターンのばらつきを反映するはずだということだ。もし戦略やアプローチに基づいたトレードのリターンが互いに無関係なら、メトリクスで分析した値もそれぞれ違ってくるはずだ。

自分のトレードで最も有益だと思ったのは、仕掛けたときの市況に基づいて分類するという方法だ。そのためにはトレードごとに、仕掛けたのは上昇トレンドのときか、下降トレンドのときか、それともトレンドがないときかを記録する必要がある。市況の見極め方は一貫していなければならないと思うだろうが、わたしの分類は――短期でトレードしているため――、単に前の取引時間と比べて現在の取引時間のほうが出来高が多いか少ないかを基にした。トレーダーの成績は市況によって異なるのが普通である。例えば、別の分類によると、わたしは仕掛けるときにＶＩＸ指数（ボラティリティ指数）を記録していたため、ボラティリティが普通のときにトレードすると利益が最大になることが分かった。比較的ボラティリティが小さいときや大きいときには、リターンが大幅に落ち込んでいた。これはいつ、どこでリスクをとるべきかを知るのに役立った。

トレードビジネスが成功する可能性が最も高くなるのは、自分の長所を生かすようなトレードをし、短所に取り組んでいるときである。

こうして自分のトレードを分類して分かってくるのは、成績が相対的に良い部分と悪い部分である。トレードビジネスの部門ごとに普段のトレードのヒストリカルデータがあれば、現在のトレードをその基準と比較してみるとよく分かるだろう。例えば、全体的にはプラスだが、イベントトレード――ニュースや経済レポートの発表直後に仕掛けたもの――はトレンドフォローのトレードよりもはるかに成績が良いとしよう。これは参加しているマーケットやトレードの仕方についての何らかのメッセージかもしれない。また、全体的に勝率は高いのに、特定のマーケットでは低くなっていたら、そのマーケットでのトレードを微調整すればよいことが分かる。

成績をつける目的は、自分のパターンを特定し、そのパターンを利用して優位に立つことだ。**自分のトレードのセルフコーチになったら、自分をさまざまなトレードシステムの集合体だと考えてみるとよい。**各システム――トレードしている各マーケットや戦略――は自分のポートフォリオ全体の成績に貢献してくれる。皆さんの仕事は、各システムの結果を追跡し、それぞれの成績が良いのはいつかを調べ、それぞれの成績が平均を下回っているのはいつかを見極めることである。そのような情報を持っていれば、資金を最も効果的に、何よりも機能しているシステムに配分することができる。自分の成績に対する見方や取り組み方を踏まえて分散しないと、分散はうまくいかない。アメリカンフットボールのコーチがチームの成績をランニング、キッキング、ディフェンス、スローイングごとに分類したうえでそれぞれに対処するように、皆さんも自分の戦略チームを分析し、改善したいだろう。自分のトレードビジネスの各部門について熟知していれば、多くのドローダウンは避けられる。

コーチングのヒント

ポジションを追加する、または拡大縮小すると、自分のトレードマネジメントはどの程度の価値をもたらすだろう。増し玉した分の成績はどの程度だろう。ポジションからその分を取り除いたらいくら残るだろう。ポジションをヘッジしたら、その戦略でどの程度の利益が得られるだろう。自分は買いと売りとではどちらが良いと思うか。一日のうち一定の時間帯に仕掛けた場合、または特定の時間枠で保有した場合とではとちらの成績が良いだろう……。メトリクスを使って掘り下げてみると、いつ自分の成績のさまざまな側面に取り組めばよいかがはっきりしてくる。

レッスン76　自分のリターンの相関関係を追跡する

多角化事業の好例が百貨店である。多種多様な商品を扱っているため、幅広い客が訪れる。もし客が季節商品を買わなくても、衣料品や家庭用品の売り場を訪れるかもしれない。子供向け、若者向け、男性向け、女性向けの商品を扱う百貨店の場合には、そうした客層のいずれかの来店パターンのばらつきをなくしてうまく組み合わせることもできる。

トレードビジネスでも、多角化、つまり分散することで複数の収益の柱が生まれる。例えば、株式指数のデイトレードや債券の長期投資から利益を得ることもできる。自分の資金をさまざまなアイデアや戦略で分散すると、いくつもの百貨店があれば人の流れが維持できるのと同じで、損益曲線の凹凸をなくすことができる。一つか二つの戦略で高いリターンを出せなくても、ほかの戦略が利益に貢献してくれるのだ。

いずれかの戦略が機能しなくなっても、または陳腐化しても、戦略を分散していればトレードを続けることができる。

しかし、自分のトレードビジネスが本当に多角化されているかどうかを知るにはどうすればよいのだろう。**ただ異なるセットアップやマーケットでトレードしているだけでは、必ずしも分散したポートフォリオを保有していることにはならない。**本当の意味での分散を確かなものにするには、複数の戦略によるリターンの相関関係を追跡することである。

自分はデイトレーダーで、二つの基本的なパターン――すなわち、決算発表で相場が動いたときとレンジ相場を抜けたとき――でトレードしているとしよう。複数銘柄を買い（アーニングサプライズやレンジの上へのブレイクアウトで）、複数銘柄を売っているため（アーニングサプライズやレンジの下へのブレイクアウトで）、リターンは分散されるという考え方だ。また、マーケットのセクターや保有する時間枠でも分散する。前のレッスンの論理に従えば、アーニングサプライズを基に仕掛けたトレードとレンジのブレイクアウトで仕掛けたトレードの成績のメトリクスを追跡することもできるし、買いと売りのポジション全体の成績を追跡することもできる。

リターンの相関関係を追跡すれば、分析をさらに次のステップに進めることもできる。一定期間、各々の戦略で一日の損益を計算してみよう。そうしたら二つの数字の相関関係を調べる。もしそれぞれの戦略が本当に無関係なら、二つの数字に高い相関はないはずだ。例えば、停滞相場のときにはレンジのブレイクアウトで仕掛けてもほとんど利益は出ないが、アーニングサプライズで厳選した銘柄をトレードすれば利益が出る。同じように、決算発表があってもほとんど相場は動かないが、経済レポートが出るといくつもの銘柄がレンジをブレイクアウトする場合がある。

多くのトレーダーは、自分は分散していると思っているが、実際には複数の関連商品を同じ戦略や同じアイデアでトレードしているにすぎず、これではトレーダーが考えているよりもはるかにリスクは高くなる。

わたしが以前に仕事をしたことのある株式トレーダーは、驚異的な実績を誇っていたが、その後いきなり利益を出せなくなった。表面的には十分に分散し、多くの債券をトレードし、オプションを効果的に利用してヘッジトレードやディレクショナル（方向性）トレードをしていたが、二人で彼の戦略を細かくチェックしてみたところ、すべてがある程度の強気相場に頼ったものだったというのがはっきりした。だから、最初のレンジ相場からダラダラと続く弱気相場に突入すると、もう利益を出せなくなるわけだ。彼のトレードは多岐にわたっており、トレードビジネスはまるでトラックやバン、ＳＵＶを販売する自動車ディーラーのようだった。一度大型車が廃れてしまうと（おそらく燃料価格の高騰が原因だが）、事業は不安定になる。見た目よりは分散されていなかったわけである。

仮に自分の成績の履歴を追跡してみると、戦略が〇・二〇で相関しているとしよう。戦略間の結果の分散は相関係数の二乗――〇・〇四、すなわち四％――になる。これはつまり、ある戦略を用いた結果はほかの戦略の結果とは四％しか差がないということだ――高い数値ではない。ただし、先月は相関係数が〇・七〇まで上昇しているとしよう。今度は戦略間の重複が五〇％近くになっている。こうなると、もう互いに無関係だとは言えない。

では、なぜ相関がこれほど高くなるのだろう。強いトレンド相場で、ほぼ一方向――アーニングサプライズと同じ方向――だけにブレイクしているのかもしれない。あるいは自分が全体的な相場観にとらわれ、それに合わせてトレードを選別しているのかもしれない。いずれにせよ、自分の多角化ビジネスはそれほど多角化されているとは言えないのだ。自動車ディーラーと同じである。

自分の戦略間の関係やトレード間の相関関係は、相場がどう動くかによって、また自分でも気づかないバイアスによって、時間と共に変わってくる。

この不十分な多角化、つまり分散という問題は、資金を数少ないアイデアに集中させていることが原因だ。リスクが高くなるのは、資金を二つか三つの独立した戦略に分散せずに、事実上たった一つの戦略に集中させているからだ。より相関が高い複数のマーケットや資産クラスでトレードすると同じ問題が起きてくる。おそらく投資家たちがパニックに陥るからだろう。こうしたリスク回避的な期間中はトレーダーが株式を避け、債券や金といった安全なものを求める傾向があるため、この三つの資産クラス（株式、債券、金）の相関が高くなるのである。つまり、資金はこの三つで分散しているのではなく、事実上一つに集中させていることになるわけだ。

トレード結果の相関が高くなってくると、それが自分のトレードの選択にバイアスが掛かっているせいなのか、それともマーケットが変化しているせいなのかを自問するよう、セルフコーチに迫られるだろう。前者の場合には相関のないアイデアの追求にいっそう努力すればよいし、後者の場合には、リスクを集中させないように各トレードのサイズを小さくしたいと思うかもしれない。ぜひとも避けたいのは、トレードや投資の卵をすべて一つのバスケットに入れてしまうことである。当面は高いリターンが得られるかもしれないが、いざ市況が変化するとトレードビジネスは不安定になる。

トレーダーたちを指導したわたしの経験から言えるのは、次に挙げるいくつかの方法を用いれば、最もしっかりした分散が可能だということだ。

●デイトレードとスイングトレードを取り混ぜる、または長期のトレード（投資）と短期のスイングトレードを取り混ぜる。

●ディレクショナルトレード（特定の金融商品を買う、または売る）とマーケットトレード（一つの金融商品を買い、相関している別の金融商品を売る）とを取り混ぜる。

●一つの戦略（決算発表やイベントでのトレード）ともう一つの戦略（オープンレンジ・ブレイクアウトトレード）とを取り混ぜる。

●一つのマーケットか資産クラス（通貨ペアなど）のトレードと別のマーケットか資産クラス（米国小型株など）のトレードとを取り混ぜる。

例えば、一つ目のアイデアとして高利回りの株式を買うとする。二つ目のアイデアは、FRB（米連邦準備制度理事会）の金融引き締めを前に利回り曲線のフラットニング（平坦になること）を期待して、利回り曲線のフロントエンドで売り、ロングエンドで買うというもの。三つ目のアイデアは、割安株と成長株の過去の成績には大きな開きがあるが、これが平均に回帰するだろうと期待して、割安株を売り、成長株を買うというもの。四つ目のアイデアは、小型株を短期で買うというもの。サヤ取りやペアトレード（二つ目と三つ目のアイデア）のメリットは、基調となるマーケットの方向性に関係なく機能し、分散の手段を提供してくれるところである。相場が上昇するのか下落するのかが読めないとトレード期間は長くなるが、**ほかの銘柄と比べて**どの銘柄が上昇するか下落するかを考えてみることだ。

頻繁にトレードするデイトレーダーは、別の方法で分散したり相関を低くしたりする傾向がある。常に買いと売りとを取り混ぜてトレードするだけでなく、ポジションを異なる時間枠で管理したり、異なる株式やセクターでトレードしたりする場合もある。そんなデイトレーダーのリスクは、マーケットに対する固定観念にとらわれて、一方向でトレードを見てしまうことである。デイトレーダーが分散する場合、異なるセットアップによるリターンの相関とトレード同士（そして一日の時間帯によるリターン同士）のリターンの系列相関は常に低めのはずだ。ある意味で、デイトレーダーのそれぞれのトレード、またはトレードのそれぞれのタイプは、事業ミックスでは別個の製品になるはずだ。

いろいろなマーケットでトレードして分散する必要はない。時間枠（長期、短期）、方向性（買

い、売り）、セットアップのパターン（順張り、逆張り）で分散すればよい。

自分のトレードビジネスは適切に多角化されているだろうか。その多角化は拡大しているだろうか、それとも縮小しているだろうか。凡庸なトレーダーには答えは分からないだろう。しかし、データはすぐ手の届くところにある。自分のトレードを戦略ごとに分けて各戦略の結果を毎日追跡し、その情報をエクセルに入力してみるとよい。そこから異なる時間枠間の相関を割り出すのは簡単だ。では、毎日トレードしているわけではないし、ほとんどのポジションを数日間保有している、という場合はどうすればよいのだろう。問題ない。トレードした日の終値ですべてのポジションを手仕舞いしたものとして、単に各戦略のリターンを計算すればよい。そうすれば、自分のトレードが全部一致した動きをしているのか、独自の動きをしているのかが分かる。また、自分のビジネスを支えてくれる収益の柱がたくさんあるのか、ごくわずかしかないのかも「これで」分かるだろう。

コーチングのヒント

ディレクショナルトレードの優れたアイデアを優れたペアトレードに変えるのはそう難

しいことではない。指数、セクター株、商品、または株式の相場が上昇するか下落するかが判断できたら、どの相関が最も有利かを考えてみることだ。そうしたら、今度は最も有利だと思われるものを買い、それと相関があり、かつ最も不利だと思われるものを売る。例えば、S&P五〇〇株価指数が一番上昇するだろうと考えているとする。だが、ダウ平均のTICK指標（$TICKI）。値動きが変動する頻度を表す指標）と相関のあるNYSE（ニューヨーク証券取引所）のTICK指標（$TICK）が強いことが分かったので、ラッセル二〇〇〇株価指数採用の小型株を買い、それと同額でダウ平均採用銘柄を売る。これでS&P五〇〇のディレクショナルトレードという当初のアイデアが駄目でも、利益につながるアイデアを生かせるわけだ。相対的には大型株ばかりを買うよりももっと広範なマーケットで買いを増やしたほうが利益を出すことができる。相関という観点からトレードすることを学べば、アイデアを充実させることができるのだ。

レッスン77　自分のリスクとリターンを測定する

先日、ヘンリー・カーステンズ氏の損益予測ツール（http://www.verticalsolutions.com/tools.html）を使って、二人の個人トレーダーのシナリオで考えられる損益曲線のシミュレーションを行ってみた。

一．トレーダーAの成績はややマイナスに傾いている――勝率は四八％で、勝ちトレードの平均利益と負けトレードの平均損失の比は〇・九〇である。

二．トレーダーBの成績はややプラスに傾いている――勝率は五二％で、勝ちトレードの平均利益と負けトレードの平均損失の比は一・一〇である。

わたしはリターンを一〇〇日間にわたって追跡してから、このシミュレーションを見直してみた。両シナリオとも、勝った日のトレードの平均サイズは一〇〇ドル。つまり、仮に二人のトレーダーが二万ドルのポートフォリオでトレードを始めたとすると、そのリターンの一日のばらつきは五〇ベーシスポイント（〇・五％、つまり一〇〇ドル÷二万ドル）程度になるということだ。もし二人のトレードの回数が一日に平均一回だとすると、EミニS＆P五〇〇株価指数先物を一回トレードし、二ポイント程度のリスクをとり、その一回のトレードで同程度の利益を出していると考えられる。

これらのシナリオを一〇回ずつ実行し、次のように二人のリターンを並べてみた。

ここから分かるのは、小差は回数を重ねるにつれて収束してくるということだ。マイナスに傾いているトレーダーAの場合は、一〇〇日間のポートフォリオの損失率は平均で約三％だが、プラスに傾いているトレーダーBの利益率も一〇〇日の平均で約三％である。

わずかなプラスをわずかなマイナスにするのは比較的簡単だというのはすぐに分かる。つまり、勝ちトレードの五二％と四八％の差と、平均の負けトレードよりも一〇％小さい、一〇％大きい、というのは大差ではないということだ。相場に比較的小さな変動があるのと同じで、われわれの実行力や集中度によって、またアイデアに忠実かどうかで、わずかな勝ちは一貫した負けになり得るのである。

トレードビジネスを成功させるために大きなエッジ（優位性）を持つ必要はないが、一貫したエッジを持つ必要はある。

結果を毎日追跡していると、トレーダーAは勝つ日が少なく、トレーダーBは負ける日が少なくなると思われるかもしれないが、一〇〇日間追跡してみるとはっきりしてくる。トレーダーAが儲かるというシナリオも、トレーダーBが損をするというシナリオも見えてこない。カジノで賭けをするたびに確かな利益がカジノ側に入っていくのと同じように、トレードごとのエッジが長期間持続すると確かな収益が生まれてくるのである。一度そのエッジが分かれば、毎日、トレードごとに、そのエッジを効かせるために一貫性を持つことが、トレードのセルフコーチとしての最大の課題になる。

予測番号	トレーダーA	トレーダーB
1	－904.2ドル	769.9ドル
2	－727.4ドル	667.5ドル
3	－718.5ドル	614.7ドル
4	－763.5ドル	783.8ドル
5	－786.1ドル	528.7ドル
6	－551.0ドル	830.4ドル
7	－518.9ドル	933.0ドル
8	－610.5ドル	500.7ドル
9	－760.5ドル	791.5ドル
10	－812.6ドル	884.2ドル

だが、ここで分析をもう一歩先へ進め、リスクとリターンについて詳しく調べてみよう。トレーダーAもトレーダーBもそれほど高いリスクをとっていない――口座にある二万ドルで先物ESを一枚トレードしているだけである。一日のリターンの平均ボラティリティは約五〇ベーシスポイントだったわけだが、これは資産運用の世界ではごく普通である。しかし、トレーダーBが一〇〇日間で三％のリターンを上げるとすると、年間（二五〇日間）で約七・五％になる。これも驚くほどのリターンではないが、手数料やその他の経費を差し引く前の数字である。一貫して小さなエッジがあっても、小さなリスクしかとっていなければ大きなリターンは得られない。

では、トレーダーBはどうすればリターンをさらに伸ばすことができるのだろう。簡単な方法としては、先物を一枚ではなく三枚トレードすることだ。これでトレーダーBのトレードの仕方が変わらなければ、一日のリターンの平均のばらつきは一・五％、勝ちトレードの平均利益は三〇〇ドルになる。年間二〇％以上のリターンというのは途方もないものにみえる。一貫したエッジがあるときにさらに高いリスクをとっているならうなずける。カジノで勝つ見込みがあるときに賭け金を増やすのと同じである。エッジがあっても予想される一連の損を乗り切るにはそれに足るだけの資金を持っていなければならないのだ。トレーダーBのシナリオを実行してみたところ、山から谷までのドローダウン（資金の減少）が七〇〇～八〇〇ドルになることが分かった。それに三という因子を掛けると、トレーダーBのドローダウンは一二％になる。

しかし、トレーダーBが小さなエッジしかないのに一〇枚を猛スピードでトレードしたらどうなるだろう。年間で七五％というリターンは幻想にみえ、ドローダウンの可能性が四〇％以上になると重荷になってくる。このように小さいが一貫したエッジは、極端に高いリスクをとるといきなり大きな損失につながるのである。

自分のリターンのばらつきは、自分の感情のむらと相関関係にある。

この攻めのシナリオで、トレーダーBは一日のリターンのばらつきを五％に上げてみる。この平均して大きな振幅がトレーダー、とくにスランプに陥っているトレーダーの心理に影響するのは必至である。一度平静さを失うと、この小さなプラスの傾きが小さなマイナスに傾いてくる。それはレバレッジでさらに大きくなり、トレーダーは簡単に吹き飛ばされ、すべてを失ってしまうのだ――その間のトレード手法は常にしっかりしているのだが。

エッジの大きさと一日のリターンのばらつき（ポジションサイズの関数）で自分の損益曲線の傾きが決まってくるため、その傾きを管理することが感情の自己管理にとって極めて重要になってくる。皆さんへの課題は、前述のようなやり方でカーステンズ氏の損益予測ツールと、自分のエッジと勝ちトレードでの平均利益に関するヒストリカルデータを使って、自分のリターンとして考えられる傾きを描いてみることだ。そうしたら勝ちトレードでの平均利益を使って、当面はポートフォリオに経済的価値をもたらすが、変動してもそれで圧倒されないようなリスク、リターン、そしてドローダウンのレベルを調べてみることだ。

エッジの程度から自分のトレードサイズがどのような意味を持つのかを本当に理解しているトレーダーはほとんどいない。自分のトレードビジネスでは何をすれば利益になるのか、何をすれば損失になるのかを知っていれば、不景気のときにも十分に対応することができ、順調なときにも自信過剰になることはない。成功への大きな一歩は、ポートフォリオのリスクのレベルを自分のリスク許容度に合わせることである。

コーチングのヒント

ポジションサイズを倍にするのと、マーケットのボラティリティが倍のときに一定のトレードサイズを維持するのとは、リターンへの影響という点では同じである。これはポジションを何日も何週間も保有するトレーダーにとってはジレンマだが、一日のさまざまな時間帯でさまざまなボラティリティのパターンを体験しているデイトレーダーにとっては挑戦でもある。トレーダーがボラティリティをチャンスととらえ、ボラティリティが高くなるとトレードのサイズやリスクを高めるというのはよくあることだが、これが口座の振幅を著しく大きくし、トレーダーの感情にも大混乱を引き起こすのだ。自分のトレードサイズをコントロールするには、マーケットのボラティリティに合わせてリスクを調整するのが良い方法だ。そうすれば何日も何週間もポジションを保有した結果得られた利益がほんのわずかな期間の損失に吹き飛ばされることもない。

レッスン78　実行力の重要性

実業界ではいくら素晴らしいアイデアを思いついても、それをきちんと実行に移さなければ大きな価値は生まれない。いくら優れた製品でも、マーケティングがしっかりしていなければ売れないし、バスケットボールでも、パスが下手な選手や、バスケットの下にうまくポジションを取れずにリバウンドが奪えない選手ばかりでは、いくら一流のコーチが優れた戦術を唱えてもコートでは機能しない。

トレードでもそれは同じである。成功するためには、実行力、つまりどのように実行に移すかが、トレーダーが考えている以上に重要になってくる。凡庸なトレーダーは、マーケットに参入することばかりに気を取られてしまうが、運命を決めるのはそのアイデアをどう管理するかである。トレードビジネスの経営者なら、自分で店を経営するように、日々どのように実行に移すかに集中しなければならない。

トレードアイデアの出どころは、指数、商品、または株式の価格が再評価されるかもしれないという認識だ。例えば、株式指数は一つの価値で取引されていると思いがちだが、違う価格でも取引されている可能性がある。そう信じる根拠はファンダメンタルズかもしれない――収益の伸びや金利に関するわれわれの予測では、指数はYではなくXという価格で取引されるはずだ。あるいは、その根拠は純粋に統計に基づいたものかもしれない――指数オプションの三限月と一限月のスプレッドは歴史的に見ても大きいため、並みのリターンが期待できる。あるいは、テクニカル指標を使って推論するかもしれない――相場は長期のレンジ相場の上にブレイクするはずはなく、レンジの下方で推移するだろう……。いずれの場合にも、トレードアイデアとは、「みんなはここで、この価格で取引しているけど、あの価格で取引されていたらどうなるだろう」と考えてみることである。

これが何を意味するかというと、十分な形になったアイデアには、単に仕掛けるためのセットアップだけでなく、利益目標まで盛り込まれているということだ。そうした目標は漠然としている場合が多いが、やはりアイデアの核心であることに変わりはない。トレードが意味を持ってくるのは、価格が予想どおりに推移し、自分がとっているリスクに見合ったレベルに到達するだろうと予想している場合に限られるのである。

企業がその投資収益率の目標を設定するように、トレーダーもそのトレードアイデアに対するリターンの目標を設定することである。

この流れで言うと、どのトレードも仮説だということになる。要するに、適切な値付けを信じることが仮説で、トレードはその仮説の検証だと考えられるわけだ。相場は動きながら、その仮説を裏づける証拠を示してくれるか反証するか、つまりトレードをしている最中に自分の仮説に自信を持てるか、それとも自信をなくすかということなのだ。

優れた科学者は、仮説の裏づけがいつ取れるかだけでなく、裏づけがいつ取れないかについても知っている。仮説が意味を持ってくるのは、それが客観的に検証されたり、反証されたりする場合だけなのだ。トレード戦略上の仮説を反証するのは損切りである。これは利益目標と対をなすものである。つまり、利益目標を自分に有利な方向に動く可能性だと定義すれば、損切りすることは、自分の仮説が間違っていたことを認め、進んで逆の動きを受け入れることである。

利益目標と損切り価格をきちんと設定していないトレーダーは、きちんと仮説を立てていない科学者のようなものである。トレードすれば結果が分かるし、科学者は研究所であれこれと試すことができるが、科学もトレードも、長い目で見ると実利が出ることを証明することはできない。しっかりした仮説と、その仮説を裏づける、または間違っていると反証するための客観的な判断基準が知識を向上させるのだ。同様に、明確なトレードアイデアとそのアイデアを検証する、または間違っていると反証するための明確な判断基準がわれわれの相場に関する理解を深めるのである。よくあることだが、一見良さそうに見えるアイデアでも、検討し直してみると、相場に関する自分の考え方を変えることができる。結局のところ、科学者は裏づけが取れている仮説だけでなく、裏づけが取れていない仮説からも学んでいるのである。

利益目標と損切り価格をしっかりと念頭に置いておけば、自分のアイデアを実行に移すための土台ができる。優れた実行力とは、もし自分の考え方が間違っていたら（損切りしたら）失うかもしれない金額が、もし自分の考え方が正しければ（利益目標に達したら）得られるかもしれない金額よりも少なくなるような価格にして仕掛けることである。トレーダーが言う良い価格とは、比較的リスクが低いアイデアで仕掛け、考えられるリターンが大きくなりそうな場合である。これについて考えるには、トレードをポーカーのハンド（手段）に例えてみるとよい――損切り価格をどこに設定するかで、特定のアイデアでいくら賭けようとしているのかが分かる。

多くのトレーダーは、一定の金額を失ったら損切りするというミスを犯しているが、むしろ損切り価格は、自分のアイデアが間違っていたことを如実に示してくれるレベルに設定したい。

例えば、リサーチによって一株五一ドルという前日の高値を抜ければ大きな利益が出ることが分かるとしよう。午前の一時的なまとまった売りで四八ドルまで下げたあと、今は四九ドル弱で取引されている。四八ドルというのは前日の安値四七・五〇ドルを上回っている。このセクターに有利な材料が出てきたので、わたしはすぐにその銘柄を四九ドルで買い、五一ドルを当面の目標に設定した。つまり、午前の売り攻勢にもかかわらず前日の安値を割り込まなければ、この材料は株価を押し上げる触媒になるという仮説である。このトレードで二ポイントを稼ぐには（五一ドルが目標）、一ポイントを失っても仕方がないということだ（四八ドルで損切り）。

一方、材料が出てきたときに、この銘柄が四九ドルではなく五〇ドルで取引されていたとしよう。すると、わたしのリスクとリターンは逆転する。もし自分が間違っていたと分かる前に四八ドルまでの下げを受け入れていたら、目標の一ポイントを稼ぐのに二ポイントを失うことになる。アイデアは同じでも、実行に移すことはまた別の話である。一ドルを稼ぐのに一貫して二ドルをリスクにさらしているようでは、長期的に利益を出していくのは難しい。ただ、二ドル以上を稼ぐのに一ドルをリスクにさらしているなら、時間も半分以下で済み、最終的にはプラスの結果で終われるだろう。

優れた実行力とは、リスクを予測リターンとの関係で調整することである。

実行力があれば積極的なリスクマネジメントができる。仕掛ける価格を踏まえていくら勝てるか、いくら負けるかをコントロールできれば、既知のリスクを潜在的なリターンよりも低く抑えることができるわけだ。自分の平均的なトレード熱を算出すれば、実行力にむらがないかどうかを追跡することができる。わずかな利益を得るのに熱を入れすぎると、自ら災害を招くことになるのは明らかだ。優れた実行力があれば、自分の利益の大きさと比較してあまり熱くなるべきではない。このレッスンでの皆さんへの課題は、最近の自分のトレード熱を測り、それをしばらく追跡することだ。これによって自分のアイデアをいかにうまく実行に移しているかが分かり、トレードのリスク・リワード・レシオを変える良い基準を設定することもできる。

優れた実行力とは、精神的にはとにかく辛抱することである。良い価格で執行するには、最終的に利益が出るようなアイデアをいくつか捨てる必要がある。ポーカーのように明らかに勝てそうなときに賭けたいのはやまやまだが、それはいくつものハンドを捨てることである。同じように、企業も万人向けのよろず屋になろうとはしない。企業の経営者は、一定の販売機会を見送って、これだと思う製品に集中する。自分のトレードビジネスが順調なときには、儲かりそうな機会にあえて乗じようとはしないだろう。「自分が」儲けられる確率が最も高くなるのを待つはずだ。リスクとリターンについての考えを明確にすれば、それだけ良い期待リターンが出るトレードを貫くのが楽になるのである。

コーチングのヒント

わたしの実行力を大いに高めてくれた単純なルールは、もし売り建てるなら買い方が買うまで待ち、もし買い建てるなら売り方が売るまで待つというものだ。つまり、NYSE（ニューヨーク証券取引所）のTICK指標が下げているときには、最新の価格Xが下がったところで買えばいいし、NYSEのTICK指標が上げているときには、最新の価格Xが上がったところで売ればいいのである。踏み上げやダマシのあとで仕掛ければ熱を冷ますことができるのだ。相手方が動くまで辛抱強く待っているとミスをすることもあるかもしれないが、一ティックだけ余計に待てば、その分を上回る利益を出せるようになるだろう。

レッスン79 テーマで考える――良いアイデアを生み出す

成功企業というのは、必ず顧客のニーズや需要の変化に合った製品やサービスを新たに考案するものである。実業界では、旧態依然としたままだと簡単に置いていかれてしまう。今の製品が売れていれば、競合他社や模倣者が追随してくるのは間違いない。かつては売れていた製品――ガソリンが安かったころの大型車、ＣＤプレーヤーなど――は、経済情勢の変化や技術の進歩で、あっという間に廃れてしまう。

トレードの世界も同じである。一時期はハイテク株を買うのが成功への確かな道だった。多くの人がデイトレーダーに転職しては大儲けをもくろんだものだが、二〇〇〇年のＩＴバブルの崩壊に伴ってデイトレードも廃れていった。今ではえり抜きのハイテク企業が元気なだけで、あとは鳴かず飛ばずの状態だ。消費者の嗜好と同じように、マーケットも常に変化しているのである。

多角化に関するレッスンでも述べたが、もし自分のトレードビジネスがひとつのトレードのタイプ――限られたアイデアやパターン――に依存しているなら、不安定になりやすい。オープンレンジをブレイクアウトすれば利益が出ることを思い出してみよう――最近ではそれがブレイクアウトしない傾向にある。トレンドは友だちだという言い方をよく耳にするが、ここ数年は下げた日、週、月のあとに買うと、売りの場合よりも利益が出ている場合が多い。ベテラントレーダーのビクター・ニーダーホッファー氏も強調するとおり、マーケットのパターンは刻々と変化している。つまり、成功するトレーダーも成功企業と同じく、常に新たな機会を探し求めていなければならないのだ。

優れたシステム開発企業はたった一つのシステムを開発して販売しているわけではなく、多角化事業の一環として、常に新たなシステムをテストし、販売しているのである。

マーケット、資産クラス、時間枠のデータを総合してトレードのテーマを生み出すのも、優れたトレーダーのひとつのスキルである。テーマというのは、マーケットがどう推移するのかを理解するために組み立てる物語であり、金融マーケットに関するトレーダーの「持論」である。彼らはトレードで自分の持論を検証しているわけだ。成功するトレーダーとは、優れた持論を展開し、それに基づいて行動するトレーダーなのである。

テーマで考えるのはポートフォリオ運用の世界ではごく普通のことだが、成功している短期トレーダーもそのような考え方をする。持論の領域（そしてそれを展開するのに用いるデータ）は異なるが、プロセスは驚くほど似ている。ポートフォリオマネジャーなら、もしガソリン価格が高騰し、住宅価格が下落していたら、消費者の可処分所得が減少するわけだから一般消費財企業が打撃を受けると考え、一般消費財銘柄を売り、不況に強い必需品銘柄を買うだろう。

短期のトレーダーは、前週のマーケットプロファイルを見て広いレンジ幅に注意しているかもしれない。出来高の大半がそのレンジの中央値付近で約定している。相場はそのレンジの上限まで動くが、多くのセクターが上にブレイクアウトするのはまだ先だろう。しかも、その間はマーケット全体の出来高も薄く、ほとんどが売り気配値と同じ買い気配値で約定している……。このようなことから、短期トレーダーは、相場を押し上げるには需要薄だという理論を立てたうえで、相場はレンジの中央値に戻るだろうと予想して売り建てるわけだ。

テーマで考えると、相場のデータが仮説になる。

テーマで考えるときに重要なのは、幅のあるデータを一貫した全体像にまとめることである。多くのトレーダー、とくに初心者は、時間枠でしか相場を見ていない。これでは近視眼的だ。チャートの形状を見ているにすぎず、実際に資金の増減の触媒になる要因――ニュース、経済情勢、価格帯の検証、日中や長期のセンチメント――は目に入っていない。相場のテーマを読む力がないと、どのような市況であっても同じやり方でトレードすることになる。トレンド相場でも停滞相場でも、ちゃぶついていても、ブレイクアウトするとすぐに飛びついてしまうのだ。為替や金利が相場の再評価をしようがしまいが関係なく、ギャップを埋めていく。だから、いきなり青信号から赤信号に変わったときに彼らが狼狽しても不思議ではないのである。相場がなぜそういう動きをするのかを理解していないからだ。

シンプルなトレード論理については言いたいことが山ほどある。データを一貫したテーマにまとめるのは、膨大な情報から必要なものを取り出して行動可能なパターンに変える優れたやり方だ。しかし、シンプルなものというと、トレーダーは単純化しすぎるきらいがある。セットアップ――価格やオシレーターの設定――がアイデアの実行を助けてくれるかもしれないが、それは相場が予想どおりの動きをすると考えた理由の「説明」にはならない。自分の論理が明確になれば、いつ相場が有利な方向に振れるか、いつ不利な方向に振れるかについてもはっきりと分かってくる。

テーマを展開するときには、とくにマーケット間の関係が格好の材料を提供してくれる。わたしはほかの銘柄と比較したセクター株の売買動向について定期的に調べ、ブログ「トレーダーフィード（TraderFeed）」を更新しているが、これは経済成長や経済の弱さというテーマだけでなく、マーケットの先導株・出遅れ株の関係についても注意を喚起してくれるものである。

このセクター株というテーマは周期的に変化するが——市場を牽引していた財政問題が最近は大きく後退している——、中期にわたって続いており、アグレッシブなトレーダーに価値あるアイデアを提供してくれることもある。

ほかにも資産クラスの相対的な変動に関するテーマがある。景気が落ち込み、ＦＲＢ（米連邦準備制度理事会）が利下げに踏み切った場合には、債券相場だけでなく米ドル相場にも影響が出てくるが、他国の消費者にとっては輸入品が安くなるとして、利下げとドル安は海外進出している企業の業績見通しを下支えすることにもなる。こうした状況が株式相場で勝てそうなアイデアを提供してくれることもあるわけだ。

セクター間やマーケット間の相関関係を追跡していると、浮上してくるテーマや変わりつつあるテーマをうまく見極めることができる。

短期トレーダーは、アメリカのマーケットが開く前に欧州やアジアの動きからテーマを見つけることがある。金利は上がっているのか下がっているのか？　商品市況はどうだろう？　米ドルは？　オーバーナイトトレーダーはリスク回避的になっているのか、それともリスクの高い資産を買って安全な資産を売っているのか？　欧州やアジアのマーケットは、経済ニュースや中央銀行の決定を受けて前日の高値を更新しているだろうか？　こうした夜間の出来事がアメリカの午前の相場に影響し、前日と比べて当日の高値のほうが上回る、あるいは下回る可能性がある、などのアイデアを提示してくれることもある。

また短期トレーダーは、相場を牽引している、または出遅れているセクターの動向やニュース速報からテーマを見つけることもある。新高値や新安値を更新する銘柄やセクターを追跡していると、動きが活発なテーマ株が際立ってくる。石油価格が高騰しているときには、代替エネルギー関連株が新高値を更新しているかもしれない。これは素晴らしいテーマである。同様に、信用危機をきっかけに銀行株が新安値を更新しているかもしれない。**こうしたテーマを素早く見つけることが、まさにトレンドに乗る基本である。結局は、マーケット全体がレンジ内の動きに終始していてもテーマは変わらないのである。**

自分のトレードのセルフコーチとして、またトレードビジネスの経営者として、皆さんはマーケットに遅れずについていく必要がある。これはつまり、トレードをしている最中はかなりの時間を、画面の前で相場を読んだり観察したりすることに充てるということだ。わたしのブログでも、とくにマーケット関連の情報源を強調し、ツイッターで「つぶやき」ながら毎日更新しているが（http://www.twitter.com/steenbab）、最終的には皆さん自身が自分にとって最も意味のあるテーマや、そのテーマを生み出したり追跡したりするための情報源を見つけることである。マーケットについて詳しくなればなるほど、「その」マーケットで何が起きているのかをより深く理解できるようになる。アメリカンフットボールのクオーターバックと同じで、経営者はフィールド全体を見渡して正しい指示を出さなければならないのである。

コーチングのヒント

とくに期待できるのは、特定のニュースを機にテーマを見つけることである。例えば、経済レポートが予想以上に強気なら買いが続くとみて、早くからその動きをリードしているセクターや銘柄を追跡し、トレンドに乗ってそれをトレードすべきだと考えるだろう――とくにそうしたセクターや銘柄が相場の調整後も十分に持ちこたえている場合。このようなテーマは数日間持続して、大きなスイング相場を作ってくれることもある。

レッスン80　トレードマネジメント

企業の成功というのは、単に消費者に提供する製品やサービスだけの話ではない。成功の要因をたどっていくと、大半が経営にたどり着く。適任者の雇用、きちんとした監督、棚卸し資産の管理、予算の順守がなければ、いくら最高の製品やサービスがあっても収益を生むことはできない。

トレードビジネスでも同じである。わたしが知っている優れたトレーダーは、「トレードマネジメント」が実にうまい。トレードマネジメントをすることで、ただアイデアを生み出し、それを実行に移すのとは違ってくる。つまり、わたしが言いたいのは、仕掛けた「あと」、手仕舞いする「前」にポジションをどう管理するかということだ。

皆さんの最初の反応はこうだ。

「何もする必要ないでしょう！　仕掛けたら、あとは利益目標か損切り価格に達するまで座って待っていればいいんですよ」

これでは何にもならない。店舗によっては売れ行きの良い製品もあれば悪い製品もあるのに、どの店舗でも同じ製品を売っているようなものである。

なぜそうなのかを理解するには、自分が仕掛けたときのことを考えてみよう。その時点ではアイデアに関する情報をごくわずかしか持っていない。仕掛けると相場が動くので、アイデアに関する新たなデータも増えてくる――この行為は、自分がマーケットに参戦した理由を裏づけられるか否かのどちらかだ。例えば、もし利下げがあり、債券がレンジ相場をブレイクアウトするというアイデアなら、自分のトレードを裏づけるもの。株価が上にブレイクアウトすると予想し、出来高も増え、ＮＹＳＥ（ニューヨーク証券取引所）のＴＩＣＫ指標も当日の高値を更新しているのが分かれば、これも同じように自分のトレードを裏づけるものである。トレードを仕掛けてから相場の動きやテーマを追跡していれば、順調なトレードの確率をさらに上げることができる。

トレードマネジメントとは、トレードをしている最中に集まってくる新たな情報を基に下す一連の意思決定である。

トレードのサイズを測る方法として、こうした情報を利用するのも一考である。当初のポジションサイズが比較的小さくても、新たな情報によってアイデアが正しいと分かった時点で増し玉すればよい。わたしはアイデアごとに資金を六等分し、たいていそのうちの一つか二つで仕掛けるようにしているが、アイデアが正しいと分かったときだけは、三つ目か四つ目の資金も投入する。もしアイデアが間違っていると、たいていは早い段階でトレードもおかしくなる。最小限のサイズで仕掛けていれば、もし間違っていても小さなドローダウン（資金の減少）で済む。正しいことが分かってから増し玉すれば、最良のトレードから最大限の利益を得ることができるわけだ。**こうしたトレードマネジメントは、多くのトレーダーの成績にとって重要なだけでなく、当初のアイデアの質という点からも重要である。**確かに、トレーダーは数々のアイデアを投げ出し、長く持続しているものにだけ資金を追加する。つまり、トレードマネジメントによってリターンに雲泥の差が出てくるということなのだ。

トレードマネジメントとは、トレードを仕掛けたあとでただポジションの推移を見守っているのではなく、積極的に情報処理に関与しなければならないということでもある。優れたトレードマネジメントとは、偶然にも自分に有利な方向に動く相場を追っているのとはまったく違う。通常の相場の調整まで待って、望ましいレベルになったら増し玉するという、また別の実行プロセスなのだ。例えば、相場が上向いているときに買い建てているとする。引き続きさらに上昇したところで一時的に下げるはずだから、そこで押し目買いを入れれば、相場が以前のピークまで上昇しても利益を得られる可能性がある。ただ、追加したポジションについてもリスク・リワード・レシオをきちんと調整しておく必要がある。

増し玉するに当たっては、それぞれ個別にリスク・リワード・レシオを評価してから実行に移すこと。

わたしは短期のトレードをしながら、買い方と売り方のどちらが優勢かといった手掛かりを探そうと、日中の市場センチメントをじっと観察している。追跡するのはNYSEのTICK指標（現値よりも上で約定する株式数から現値よりも下で約定する株式数を引いた数）や「マーケット・デルタ（Market Delta）」（http://www.marketdelta.com/）（買い気配値で取引される先物ESの出来高から売り気配値で取引される先物ESの出来高を引いた数）だが、こうして追跡することで、市場センチメントのバランスが自分に有利かどうかが分かる。もし市場センチメントが自分に不利であれば、損切り価格に達する前に任意の位置でポジションを手仕舞おうとするだろう。これもトレードマネジメントの一環である。確かに、相場が自分に不利な方向に動くと衝動的になって早々と損切りしてしまうのは危険である。ただ、もし先物ESを買い持ちしているときにラッセル二〇〇〇（ER2）先物がレンジを下にブレイクした、あるいは二～三の主要セクターが新安値に向かっているのが分かれば、上昇トレンドに入る確率は低いと思うだろう。積極的にポジションを手仕舞うことで、わたしは損失を抑え、次のトレードに備えることができるのだ。

どういうことかというと、トレードでは正しい考え方をすることが重要だが、もっと重要なのは、**いつ自分が正しい考え方をしているかを知ることである**。大成功しているトレーダーは、自分が正しいと分かっているときに自分の強みを強く押し出している。つまり、彼らは相場をリアルタイムで鋭く観察しており、自分のアイデア（仮説）がうまく機能しているか否かを判断することができるわけだ。彼らが優れたトレーダーたるゆえんは、自分のトレードをうまく管理できているからなのである。

このレッスンでの皆さんへの課題は、別個の収益源として自分のトレードマネジメントを評価してみることである。自分のトレードのアイデアを評価しているだろうか。自分が正しいときに最良のアイデアに基づいて積極的に行動しているだろうか。もし自分が多くのトレーダーと同じだというなら、トレードビジネスでも鍛えられていない部分がこれである。シミュレーションモードにして小さなポジションを追加して練習すれば、トレードマネジメントのスキルを養うこともできるが、これはトレードをしている最中に時間を使って特定のアイデアの管理に最も関係のある情報は何なのかを見極めることであり、自分が相場をしっかりととらえているのが「分かっている」ときに備えた積極的な心構えを養うことでもある。

自分のトレードのセルフコーチとしては、自分の資金を最大限に活用したいだろう。資金を失ってビジネスから撤退するトレーダーを見つけるのは簡単だ。勝ちにつながるアイデアを最大限に活用していないために潜在能力を一度も発揮できていないというトレーダーも同じぐらいいるが、それを見極めるのは難しい。実際のお金で仕掛けたあとで、せめて一度は紙上ですべてのポジションを大きくしてみると良い練習になる。それから増し玉した分の実行力や利益などを追跡するのである。要するに、トレードマネジメントとは、自分の学習曲線を見ながら、また練習やフィードバックを必要とするような、まったく異なるマーケットでトレードするときのやり方だと考えてみるとよい。常に正しい考え方をしている必要はない。大切なのは、いつ正しい考え方をしているかを知ったうえで、その機会を最大限に活用することである。

コーチングのヒント

損切り価格に達する前に手仕舞いしてしまったトレードを見てみよう。そうした裁量によるトレードのマネジメントで損失を防ぐことができていただろうか、それとも最終的には利益になっていたものが損失になっていただろうか。自分のマネジメントの善し悪しやそれがビジネスに付加価値をもたらしているかどうかを理解することが重要だ。

参考

本書の主な補足資料がブログ「ビカム・ユア・オウン・トレーディング・コーチ（Become Your Own Trading Coach）」である。ブログのホームページには、第8章のテーマであるコーチングのプロセスに関するリンクや追加記事を掲載している（http://becomeyourowntradingcoach.blogspot.com/2008/08/daily-trading-coach-chapter-eight-links.html）。

トレードの概念の骨子を組み立てる際には、ジェームズ・ドルトン氏の書籍が優れた資料になる。まずは『マインド・オーバー・マーケッツ（Mind Over Markets）』を、続いて『マーケッツ・イン・プロファイル（Markets in Profile）』を読んでみることをお勧めする。両方とも同氏のホームページ（http://www.marketsinprofile.com/）で入手することができる。成長過程にあるトレーダーは、ここでドルトン氏とテリー・リバーマン氏による指導が受けられる。リスクやリスクマネジメントについては、ケネス・L・グラント著『**投資家のためのリスクマネジメント――収益率を上げるリスクトレーディングの真髄**』（パンローリング）が良いだろう。

ＥＴＦ（上場投資信託）は優れた分散手段である。ＥＴＦの入門書としては、デビッド・H・フライ著『クリエイト・ユア・オウン・ＥＴＦ・ヘッジ・ファンド（Create Your Own ETF Hedge Fund）』（ワイリー、二〇〇八年）とリチャード・A・フェリ著『ジ・ＥＴＦ・ブック（The ETF Book）』（ワイリー、二〇〇八年）の二点がある。

セミナーや講座、その他トレード教育の一般的な説明書として手に入る資料についての質問をたくさんいただいているが、わたしとブログの読者のフィードバックによる印象では、そうした資料は個々のトレーダーの特定の強みや関心事を中心にまとめたもので、かなり高額である。また、プロップファーム（**訳注**　自己売買取引の専門業者）に関する問い合わせも多い。トレーダーはこうした会社の株を買って利益を得ることもできる。なかにはかなり専門的で倫理規定も厳しい業者もあれば、そうでもない業者もある。わたしはデューディリジェンス（**訳注**　投資家が投資対象の適格性を把握するために行う調査活動全般を指す）を強くお勧めする。投資講座を受けた人やこれらの業者の株を取引したことのある人から話を聞くことだ。そのよ

うな人から直接のフィードバックがなければ――数人のさくらではなく――、行動に移しても
よいだろう。何が得られるのかが「正確に」分からないかぎり、数千ドルもの大金を払わない
ことである。

第9章

プロのトレーダーから学ぶ
――セルフコーチングに関する見解と参考資料

未来のために闘う者は今日を生きている。

――アイン・ランド

本章ではホームページでさまざまな見解を述べている経験豊富なトレーダーたちの視点を探ってみる。彼らには単純な質問をぶつけてみた。

「トレーダーとしてセルフコーチングをするうえで最も役立つことを三つ挙げるとしたら何か?」

彼らの相場見通しには一理あると思われるだろうが、それを有効利用するには、彼らが紹介してくれる資料をチェックしてみることである。セルフコーチになるには、分かり切っていることをやり直す必要はない。ここでご紹介するトレーダーたちの助言は掛け替えのないものになるだろう。本章を最高の形でセルフコーチングを実践するためのレッスンだと思ってほしい。彼らが強調しているテーマを追求していけば、最も効果的なやり方が見つかるはずだ。

レッスン81　コアコンピタンスを強化して創造力を養う

われわれが損益をトレードのメトリクス（数的指標）の関係で見ていたときに出会ったのが、ヘンリー・カーステンズ氏である。同氏のホームページ「バーティカル・ソリューションズ（Vertical Solutions）」（http://www.verticalsolutions.com/）には裁量トレーダーにとっての貴重な情報が満載されているが、何と言っても、その特徴はトレードシステムの設計だ。同氏は自分で開発したシステムでトレードしているだけでなく、そのシステムで顧客の資金を管理し、ほかのトレーダーや投資会社のためにシステム開発も行っている。わたしが先の質問をぶつけてみると、同氏はすぐに次のような回答を寄せてくれた。

一．コアコンピタンス（中核となる能力）と関心事を強化する
二．学習することについて学ぶ
三．連携と労働倫理

それでは、この三つを一つずつ見ていこう。

カーステンズ氏は、幼いころから祖父のフロイド・グラハム氏に機械の組み立て方や使い方を教わってきた。

「以前からそうですが、わたしは今でも重機のオペレーターなんです」とカーステンズ氏は振り返る。周囲の動くものや機械に魅了されていた同氏は、違うものを組み立ててみようと考え、**トレードができるマシンを組み立てた**。そんなマシンをいくつか作っているうちに、相場の変化率を数値化する方法を思いついた。その後は一つを除き、ほかのマシンを全部投げ捨てて、まったく違うマシンの開発に取り掛かった。だからこそ彼のマシンはさびつかず、廃れることもないのだろう。彼のコアコンピタンスと関心事は、組み立てることである――まさに今、彼が動かしているのがマーケットだ。カーステンズ氏は自分が知っていること、好きなことを強化して、成功と充足感を見いだしているのである。

成功を勝ち取るには、際立った関心事、才能、スキルを強化すること、つまり「好きこそものの上手なれ」である。

しかし、組み立ての反対は解体である。新しいビルを建設するには占いビルを取り壊すことも必要だし、何か新しい基礎を築くときには土砂の山をどけることも必要だ。カーステンズ氏にエッジ（優位性）を与えたのは、古いマシンを脇へどけ、新しいマシンを開発しようという意欲だったのだ。完璧なシステムを構築し、ＡＴＭのようにそこから現金を引き出せるようにしようということではない。アイデアがもはや通用しないことを認める素直さ、そして最高の重機オペレーターになりたいという欲求を持つことなのだ。

学習することを学ぶということについてだが、カーステンズ氏は、パターンやその微妙な違いに敏感になったとして、チェスのグランドマスター（名人）、ナイジェル・デイビーズ氏によるチェスのレッスンを高く評価している。

「チェスのレッスンを受けて学んだのは、ちょっとした微妙なことです。つまり、経験によってもたらされる洞察力と、一つの目標を継続的に追求するということですね」

カーステンズ氏はチェス盤を精査して読み取るようにマーケットを読むことを学んだのだ。

「今でもさらに高い洞察力を探し求めていますが、ちょっとしたことというのは、ほんの少し長生きするためのちょっとしたエッジという意味なんですよ」

成功している多くのトレーダーには、このように分野を超えた知識の統合が見られる。数学の素養のあるトレーダーは数値の定量化やその数値との乖離を学び、スポーツをしているトレーダーはその経験を生かしてトレーニングの指針として競争力をつけるという具合だ。わたしも心理学の仕事のおかげで、人間の行動がどのようにパターン化していくかに敏感になった。この仕事は相場にも同様のパターンがあるのを認識するのにとても大きな力になっている。セルフコーチングとは、まず自分について、とくに自分の際立った強みについて、つまり自分は情報をどううまく処理できるのか、どう考えるのか、何が好きなのかを知ることから始まる。自分がトレードでそのコアコンピタンスや価値観をうまく引き出せないようでは、成功している自分の姿を想像するのは難しい。

最後にカーステンズ氏は、自己の能力開発のカギとして、連携と強い労働倫理を挙げてくれた。「トレードに幅広い関心を持っている人や自分と同じような関心を持っている人の多様性のあるネットワークがわたしの背中を押してくれますし、支えてくれるんです。祖父から教えられた強い労働倫理のおかげで、常にもう少し頑張ってみようという気になるんですよ」

ここで重要なのは、ネットワークには多様性があり――さまざまな方面からの情報で創造力が養われる――、挑戦的であり、支えてくれるものでもあるということだ。わたしはよく、なぜブログの購読を有料にしないのかと聞かれるが、「読者のコミュニティーを形成しながら、カーステンズ氏の言う多様性のあるネットワークを築きたいからだ」と答えている。読者のおかげで、わたしは相場についてより深く考え、さらにその先を学ぶことができるのだが、その反面、全員が安全地帯のなかでしか活動しなくなるというわなにはまる危険性はある。だれかが気遣ってくれ、こうして自ら作った境界線を超えられるように背中を押してくれるとよいのだが。

多くのクリエーターと同じように、カーステンズ氏も、わたしが「オープンソース」アプローチと呼ぶネットワーク作りの模範を示してくれている。彼はアイデアやリサーチを提供してくれた人に無償で自分の仕事の成果を提供している。こうしたやり方は、プロのポートフォリオマネジャー、とくに成功しているマネジャーたちの間ではごく普通に行われているが、驚くほど多くのトレーダーが、自分の仕事については守秘義務があると確信している。結果はというと、彼らが孤立し、不振に陥るだけなのだ。

「仲間が何かを送ってくれると、それがベースになって新たに面白い方向に向かっていくわけですが、そういうときには必ず、お礼の意味で関連する仕事や研究の成果を交換するようにしています。オープンにすることで、それは何倍にもなって、クリエーターの生命線とも言える強力な関係やアイデアという形で返ってくるんですよ」とカーステンズ氏は言う。

もしトレードビジネスが不振に陥らないようにしたいなら、トレーダーはクリエーターであるべきだ。

後者については、ここで十分に強調することはできない。トレーダーとして、よどみないアイデアの流れのように力強いのは自分だけだからだ。アイデアは自分の生命線だ。新たな変化によって自分も進化し、刻々と変わる市況に適応する。トレードでの成功は一種の進化である。創造力がなく、アイデアの流れが滞ってしまうようでは、消滅というのが現実の脅威になる

――市場の変化についていけない企業と同じである。

このレッスンでの皆さんへの課題は、マーケットに取り組むときにもう少し創造力を発揮できるような目標とプランを立てることである。学習することを学び、際立った強みをさらに強化し、仲間たちのネットワークのなかで創造力を豊かにするために、何もシステムを開発する必要はない。課題をこなすには、現在持っている自分のアイデアに新たなアイデアの出どころを一つ加えるだけでよい。出どころはホームページでもよいし、ニューズレター、同僚のトレーダーでもよいが、トレードアイデアの決まった出どころとして参照できるものでなければならない。トレードアイデアを試す仕組みを含め、カーステンズ氏は自分の体験をホームページで惜しみなく披露している。そんな彼の成果を利用するのも、セルフコーチングにとっては計り知れないほど有益なはずだ。

コーチングのヒント

順調なときの成果はありのままの自分を表している。カーステンズ氏は、自分は企業家であり、クリエーターであることを強調する。自分のトレードは、自分の最も優れた才能や関心事をどう表現しているだろう。最近のトレードで自分が一番幸福感や充足感を抱いていたのはいつだったかを確認すること。それはなぜ特別な時間だったのだろう。その特別な要因をもっと定期的に自分のトレードに持ち込むにはどうしたらよいのだろう……。

レッスン82　責任を取るのは自分だけ

ブログ「グローブトレーダー（Globetrader）」（http://www.globetrader.blogspot.com/）を執筆しているクリス・ツィルニク氏は、わたしが本章のために協力をお願いしようと考えていたトレーダーのひとりである。相場関連のライターのなかでも、唯一トレード心理に強く反応してくれたのがツィルニク氏だ。同氏のブログは、一貫してマーケットと心理学に関する知識がミックスしている――有益な情報源だ。

わたしはツィルニク氏に、トレーダーとしてセルフコーチングに何が最も役に立っているかを聞いてみようと、三つの質問を投げ掛けた。するとツィルニク氏、せきを切ったように三つどころか一〇ものアイデアを出してくれた。考え抜かれた回答だったので、その一〇の識見とそれがセルフコーチングにどうかかわってくるのかを簡単にまとめてみる。

一．自分の観察者であれ

二．規律を守る
三．エッジ（優位性）を持て
四．責任を取るのは自分だけ
五．聖杯などどこにもない
六．自分自身を信じろ
七．七転び八起き
八．幸運に恵まれることもある
九．トレード日誌とブログの執筆
一〇．パニックを起こすな

客観的に自分を見る目を養う

「客観的に自分を見るという考え方は、あなたが最初に出版された本を読んだときに浮かんできたんですよ。これでトレードしている自分を見たり、メンター（指導者）の立場から自分の位置を観察して相互にかかわったりすることができるようになりましたね。自分のトレードについて論じたり、プラス面やマイナス面を観察したり、もしかしたら見落としていた値動きにも気がついたりね。トレードにとってはとても貴重な資料ですよ。刻々と動く相場でも情に流されないようになりますし、自分を導いてくれますしね。どうすればいいのか迷ったときには、いつもこれに頼っています。もしかしたら乗り越えられるかもしれないけど、大荒れの相場は、どこに安全な逃げ道があるかをはっきりと教えてくれますからね」とツィルニク氏は言う。

規律を守る

「規律といってもとらえどころがなく、守るのも難しいものですが、規律がないと成功はおぼつかないというものでもあります。自分は規律のあるトレーダーかというと、そんなことはないんです。残念ながら違いますが、結局はここ数年で、何らかのルールには従う必要がある、さもなければ口座が大きなダメージを受けるということを学びました。どのトレード指南書に書かれている考え方も間違っていますし、そんなのに従っていたら大変なことになりますよね。ポジションを失うだけでは済みません。実は、いい加減にしてくれよ、と思うこともあるんです。あなたは自分が正しくて、マーケットが間違っているのだという確信をお持ちでしたからね。わたしの最大の損失はナンピンしたものなんです。相場はまだレンジをブレイクしていませんでしたし、トレードを続けるにはナンピンするしかなかったんです。そうでないと、損切りに引っかかって相場に留まれなくて……。ですから、ナンピンしてしまったんです。でも、今では二度と同じ過ちを繰り返さない、自分がルールではないんだという規律ができました。つまり、ナンピンしてもうまくいかないならナンピンしないということです。もちろん、自分が過ちを犯したりトレードが不利な方向に行ったりすることもありますが、自分に不利なシグナルが立て続けに二つ出ていたら、これはもう一歩引いて、なぜうまくいかないのかを調べてみる必要があるということですね」とツィルニク氏は説明してくれた。

規律を後押しするのは規則である。

エッジ（優位性）を持て

「エッジがなければ万事休すです」とツィルニク氏は主張する。

「簡単なことですよ。もちろん、コイン投げの確率は五分五分ですが、その五分五分のシステムでもうまくトレードしようとして、必要な資産運用のルールに従うという規律があるのはプロだけですよね。エッジを持つというのは、自分のトレードシステムが機能していることを統計的に証明できるということなんです。ビジネスを展開する際の手数料や経費を賄ってくれますし、長期的には利益も出してくれるということなんです。機械的にトレードする人、ファンダメンタルズでトレードする人、値動きや不可解な指標でトレードする人、全部を組み合わせてトレードする人、いろいろいますが、結局はそのすべてが一つのエッジに行き着くわけです。要するに、証明できなければならないんです。自分のトレードシステムが機能して、長期的に利益をもたらしてくれるんだということをね。もしそれを証明できなければ、自分のシステムを信用するわけにはいきませんし、それでトレードなんてできないでしょう。最良のトレードシステムというのは、そのシステムが機能することを信じないトレーダーに損失をもたらす、そんなシステムのことなんですよ」

責任を取るのは自分だけ

「わたしがトレードを始めたのは、本当にお金に困っていたからなんです。取引先が倒産して支払いが滞ってからですね。トレードならそれを解決してくれるんじゃないかと思ったわけです。すぐにお金になるし、ちゃんとやっていればお金が入ってくるという期待が持てたのがトレードだけだったんです。でも、その期待には責任が伴うんだというのは十分に理解していませんでした。要するに、自分の行動に責任を取るのは自分だけなんだということです。今日、今週、今月と赤字になっても、だれも責めるわけにいきません。どこで間違えたのか、どういうトレードをすべきだったのか、どこで生還するチャンスを見逃したのかは分かりますが、その責任はすべて自分にあるわけです。ですから、どうしたらいいのか教えを請うようなグルはいらないんですよ。自分のシステムでトレードしているんですから。自分が何をしているのかは教えてあげられますが、その知識を使ってできるかどうかは、皆さん次第です」とツィルニク氏は言う。

メンター（指導者）が必要なのはセルフコーチングができていない証拠である。

聖杯などどこにもない

「優れたトレーダーは、価格だけのチャートを使うか、チャートなど一切使わずに、FXトレーダーのようにトレードしているかのどちらかです。手品師なんかではありませんが、自分がトレードする対象の価格をかなり長期にわたって追っていますから、もう指標とかチャートなど必要ないんですね。でも、彼らに聞いてみると、価格にはダイバージェンスがあるし、底か天井に近づいたら、買いでも売りでもそこが大きなチャンスになるんだと言います。みんなチャートを見ているんですよ。指標とかオシレーターとか出来高分析とか、ごく一般的なものやそうでないものも使っているんです。でも、チャートから離れていても、そのうちにまた初心に戻ってチャートを見るんです。そのときにはもう、こうした指標を見ても聖杯などどこにもないんだと分かっていますけどね。一〇〇％勝つトレードなどどこを探してもないわけですから、それを探し求めても無駄だということです。いつか成功することを目指して自分の努力に集中することですね」とツィルニク氏は言う。

自分自身を信じろ

「わたしは裁量でトレードしています。どういうことかと言いますと、一定のトレード規則があって、それはトレードのセットアップをしてくれますが、わたしは……、例えば『勘』とでも言いましょうか、その勘に基づいてトレードするかしないかを決めているんです。過去に何度か成功するような機械的なトレードシステムを構築しようとしたことがあるんですが、自分のトレード規則からは十分に信頼できるシステムを作ることができませんでした。一方で、自分の潜在意識をコンピューターだと考えてみると、機械いじりのスキルよりもそちらのほうがましだと思ったんです。もしニューラルネットワークにでも手を出していたら、きちんと機能する機械的なトレードシステムができていたかもしれませんが、当時はその規則についてよく理解できていませんでしたからね。つまり、トレードするには信頼性に欠けると思ったわけです。潜在意識は明確な指示を出してくれません。感情を通して訴えてくるんです。もしそのパワーを活用したいなら、感情に耳を傾けることを学ぶ必要があります。そうすれば、無視できない資料が無限に出てきますよ。自分の潜在意識に仕事をさせるようにプログラムを組むには、画面に向かう時間がかなり必要です。自分自身を信じるには……、つまり、自分は常に正しいことをするんだという確信を高めるには、潜在意識をできるだけたくさんの状況にさらさないと駄目だということです」とツィルニク氏は言う。

自分自身、または自分のやり方を信じていなければ、負けている期間を乗り越える心のゆとりは得られない。

七転び八起き

「破産か。まったく最悪の一日だ……。当然ですが、あり得ることですよね」とツィルニク氏は話す。

「自分のお金でトレードしている多くのトレーダーは、うまく資金を増やせるようになる前に、一度ならず何度もこういうスランプを経験しているはずです。わたしもトレードを始めたころに大金を失いました。ファンドマネジャーは良い仕事をしてくれるはずだと信じていたんですけどね。ところが、ひどかったんですよ、そのファンドマネジャーが。それで自分でやったほうがましだと心に決めたわけです！　そう簡単ではありませんでしたけどね。どこかで読んだことがあるんですが、先物一枚のトレードがまともにできなければ、一〇枚のトレードがうまくいくはずはないと。そのとおりです。実際、今でもその言葉を肝に銘じています。そこで三〇〇〇ドルで口座を開いて、先物のトレードを始めたんですが、デモモードでトレードしているときには一度も問題にはぶつからなかったので、ほとんどの時間をトレードに充てていました。でも、五回は破産しましたね。実際には維持すべき二〇〇〇ドルという損失の限度を割り込んでしまい、トレードを続けられなくなったんです。この七年間に二万ドル程度を口座に入金しましたが、何とか全額回収できたのはここ三カ月です。やっと決着がついたわけですよ。今でも困難を脱したわけではありませんが、口座から生活費は引き出せるようになりました。貴重な時間を無駄にしてしまいましたが、まだまだ勉強が足りませんね。自分のプランに、自分に、マーケットへのアプローチに、疑問を持たないといけません。でも、今になって分かったのは、自分にはトレードができるんだ、エッジがあるんだということです。わたしは自分を信じていますから、ボロボロになっていても必要なことはやりますよ。七転び八起きすればいいんだというのが分かってきましたからね」

大きな困難に打ち勝つことが大きな自信につながるのである。

幸運に恵まれることもある

「トレードに幸運が入る余地はないのか？　今はそんなことを信じていたら駄目ですよ。どのぐらいトレードをしたかと振り返ってみますと、収支トントンの状態から抜け出せたり、大きな棚ぼた利益にあずかったりしたのは、本当にラッキーだったんだというのが分かります。いつも考えるんですが、月に二～三回はラッキーなトレードがあっても構いませんよね。でも、そんな幸運とは距離を置かなければなりません。自分のやることなすことすべてがルール違反でも、ひどい仕掛けをしても、そのときのトレンドに逆らって突出した値動きに助けられたりすることはあるんですけど、そんなラッキーなトレードで喜んでいるようでは駄目ですね」とツィルニク氏は言う。

トレード日誌とブログの執筆

「自分には絶対に正直であるべきです。台無しになってもうまく隠してくれるものなんてありませんからね。それは自分の口座に表れてきますから、それを文書にしておくわけです。そうでもしないと、また同じミスを繰り返してしまいます。分かりますか、同じミスを何度も何度も繰り返すんです。日誌をつけていてもね。今になってようやくそれが分かってきました。トレード日誌をつけていると、自信を深めていくのに必要な統計値が分かります。自分にエッジがあるかどうかも分かります。マーケットに対してはどのアプローチが機能して、どのアプローチが大失敗だったかも分かります。今日つけている日誌はもう四年以上も前からつけているんですが、その間に五五〇〇回ほどトレードしています。これは自分が一定の相場にどう対処したかに関する貴重な情報源です。もしトレードでつらい時期に差し掛かっても、過去に同じような体験をしたかどうかを振り返ることができるんですから。そのときにどう対処したのか、自分の解決法でうまくいったのか、今日はもっと違ったアプローチをしたほうがいいだろうとかね。普通は大きなチャンスを無駄にする前に、小さな利益が出る日が何日かあります。振り返ってみると、相場に臆病になっていたのが分かるんですよ。相場は変化しているのに、自分は変化していなかったんだと。そこで何とかしようと踏ん張るわけですが、何かがポキッと音を立てて、突如として完全に間違っていたんだと分かるわけです。でも、次の二〜三日で、二度目の大損を体験しないうちにどうにか立ち直れることが多いですね。そのあとは普通、少ない利益が続きますけどね。次のトレンドの動きをとらえる前に、口座はしっかりしてきますよ。

「グローブトレーダー」というブログを今日まで書き続けているんですが、それで説明責任が出てきましてね。わたしがブログを書き始めたのは、自分の相場への取り組みを公開すれば、年配の賢明なトレーダーの方たちがそれを読んで質問してきたり、コメントをくれたりして、違った角度から指摘してもらえるかもしれないと思ったからです。ありがたいことに、いくつかのコメントはわたしにとって大変貴重なものでしたし、今ではトレードシステムに不可欠なものになっています。ブログを公開しなくても、自分のトレードに関する考え方、自分がマーケットをどう見ているのか、どのようなセットアップでアプローチしているのかを書けばいいんです。まだトレーダーとしては成長過程にありますから、ここで以前に書いた直感を分析してみようと思っているんです。そうすれば、どうして自分の潜在意識が『さあ、このトレードをするんだ』という明確な合図を出したのかがはっきり分かるようになりますからね。もしかしたら良さそうに見えていたシグナルにも疑問が出てきて、あとになってから正しいと分かるかもしれないでしょう。こうしたセットアップについて書くことで、チャンスがあったんだという感じをリアルタイムで追体験できるんですよ。でも、結局はそのセットアップが実際にはチャンスにならなかったというのも分かりますしね。それに、ブログはトレード中に直面する恐れとか障害のすべてに取り組む場でもあるんです。問題について書くのは、それを解決するための第一歩です。ですから、メカニカルな自動トレードシステムがない以上、自分は人間なんだ、ミスを犯すんだ、という事実を受け入れないといけません。それに取り組み、それを回避したり取り込んだりする方法を見つけなければならないわけです。そうしないとトレードで成功するのは無理ですね。その第一歩が、もう絶対に隠せないようにオープンにすることなんです」

ブログを執筆するのは、自分のアイデアを文章にし、そのアイデアについて他人とやり取りする優れた方法である。

パニックを起こすな

「これはダグラス・アダムズ著『銀河ヒッチハイク・ガイド』（河出書房新社）の表紙に書いてある有名な言葉なんですが、トレードでもまったく同じです。パニックを起こすと直感が働きますね。そうすると、その直感が自分の取引口座に大きな損害をもたらすんですよ。もし自分が買い持ちしているときに相場がいきなり大きく下げても、固まってしまったら駄目ですよ。自分の目と行動を信じるんです。つまり、危機管理計画を実行しないようにすることです。あらゆる状況に備えたプランは必要ですが、相場の授業には必ず授業料を払うのが普通です。授業料をいくら払うかは、とにかく本人次第ですけど……。ですから、もしわたしのポジションが突然まずい状態になったら、まずはチャートを見て、そのポジションに納得しているかどうかを考えてみることです。もし納得していないなら手仕舞いします。簡単でしょう。そうでなければトレードを続けます。でも、とにかく絶対にパニックを起こさないことですね」

ツィルニク氏のレッスンは、苦労して得た経験則である。トレードのあらゆる面に全責任を負うという彼の姿勢こそ、まさにセルフコーチングの神髄だ。トレードキャリアの物語は自分で書いていくものなのだ。筋書きや結末を決めるのも自分である。わたしがツィルニク氏のレッスンで一番好きなのは、七転び八起きという考え方だ。彼の成功はレジリエンス（訳注　困難な状況にもうまく適応できる能力、弾力性、立ち直る力）の結果の表れである――何度も少額の損失を出してから大きなトレードを始めたところ、利益も出始めた。このレッスンでの皆さんへの課題は、トレードでの大惨事に備えたプランを立て、不調なときにポジションサイズやリスクをいつ、どのように小さくするのか、またどのようにそれに耐え、優れたアイデアでドローダウン（資金の減少）から立ち直るのかを説明できるようにすることだ。優れたトレーダーは、調子が悪くなるとすぐにトレードを手控えるが、なかなかあきらめない。もし大惨事に備えたプランに従っていれば、自分のトレードに責任を持ち、マーケットへの参加を自分でコントロールできるようになる。ツィルニク氏も述べているとおり、不確実性をなくすことは不可能だとしても、パニックや準備不足からくるお粗末な意思決定を回避することはできる。

コーチングのヒント

自分のトレード日誌には、数カ月後、数年後に見直しをするときの建設的なツールになるように、学習した重要なレッスンがはっきりと目立つように記されているかどうかを確認すること。日誌というのは、それを書くことではなく、それを見直すときに価値が出てくるものである。もし日誌に記入したことが将来のためになるなら、今日の学習も明日を充実させられること間違いなしである。

レッスン83　自己認識を深める

トレバー・ハーネット氏は、トレードの世界を興味深い視点から見ている。ハーネット氏はベテラントレーダーであるばかりか、トレーダー向けのツールを開発するソフトウエア企業の経営者でもある。だから自分の学習曲線だけでなく、「マーケット・デルタ（Merket Delta®）」（http://www.marketdelta.com/）というソフトウエアを使っているトレーダーの学習曲線も注視している。マーケットデルタは数々のチャート作成機能を備えているが、何と言ってもこのプログラムのかなめは、買い気配値で取引された出来高と売り気配値で取引された出来高とを別々に表示できる機能である。こうして分離することで、短期のセンチメントを瞬時に読み取ることができるのだ。これはデイトレーダーにとってはとても貴重なソフトウエアだが、長期トレーダーにとっても有益なツールである。

マイケル・セニーザ氏は専業トレーダーで、ブログ「トレーダー・マイク（Trader Mike）」（http://www.tradermike.net/）の執筆者だが、このブログは、わたしが定期的に読むようになった初のブログの一つである。同氏は、マーケットを動かす材料など、短期のトレードについての理解も深く、ブログには彼がその日に追っている銘柄だけでなく、相場やニュースについても書かれている。彼は自分自身に正直で――ごまかしや自分を宣伝するようなサイトではない――、それが人気の秘密になっている。わたしはハーネット氏とセニーザ氏のレッスンを同じグループに分類した。二人ともセルフコーチングの重要な側面、つまり自己を認識し、自分の心の専門家として行動することに言及しているからだ。

トレバー氏にセルフコーチングに最も役に立った三つの要素について尋ねてみたところ、次のような答えが返ってきた。

「トレードに最も影響を及ぼした三つの要素ということですが、自分のキャリアを振り返ってみますと、まず一つ目は、自分が身を置いている環境、二つ目は、トレーダーとして生活のなかで実践している規律、そして三つ目が、自分のパーソナリティー（訳注　人の性格や個性）を認識し、マーケットをどう見るかということです」

では、この三つを詳しく見ていこう。

環境

トレバー氏は、トレードを始めるときに、動きやすさを考えてシカゴ・マーカンタイル取引所のビルのなかに事務所を構えた。

「やる気満々だったのですが、知識もほとんどないし、友人も指導してくれる人もいなかったんです。ですから、わたしにとっては熟練トレーダーがたくさんいるような環境に身を置くことが重要だったんですよ」とトレバー氏は言う。

彼はこうした熟練トレーダーのミスから最も多くを学んだ。

「ほかのトレーダーのそばにいて学んだことのほとんどは、『やってはいけないこと』でした。ほかのトレーダーからも貴重な教訓を学ばせてもらいましたが、何年もトレードを続けてこれたのは、ほかのトレーダーからやってはいけないことを学んだからです。わたしの場合は、自分の体験以上のものが得られる環境に身を置くことで、学習のスピードが大幅にアップしましたね。ほかのトレーダーと成功や失敗を分かち合い、正しい行動や間違った行動から学ぶことができたからです。ここで耐えるんだ、という体験も、自分では絶対に理解できなかったと思いますから、わたしにとっては掛け替えのないものでしたね。その後どうなるのかが分かりますし、そうした状況から学べるわけですからね」

成功したプロのトレーダーについてはこうした話が何度も聞かれる。要するに、彼らが成功したのは、ほとんどが適切な環境に身を置くことで学習曲線の上昇を加速させたからである。トレバー氏の体験から分かるのは、そのような環境を確保するためにわざわざ投資会社に勤める必要はないということだ。経験豊富なトレーダーのそばにいるだけで学習曲線の上昇を加速させることができるのだ。

成功を体験したければ、成功した人間との交流ができるような環境や状況に身を置くことである。

自己認識

トレバー氏はトレーダーとしての自分を知ることが大切だと強調する。

「一九九八年に大学を卒業してからトレードを始めたんですが、ピットトレード（立会場取引）にしなくちゃ駄目だぞ、とみんなに言われました。以前から内気な性格で……。でも、コンピューターの知識には自信がありましたから」

トレバー氏はすぐにピットトレードは自分に合わないと分かり、新たに登場した二四時間電子取引のほうに切り替えた。また、自分のスタイルは当然リスク回避型で、快適なゾーンにとどまっていることにも気がついた。

「頻繁にトレードしていましたが、損失はコントロールできていました。損失が続く日はめったにありませんでしたから、このやり方は自分にすごく合っていたんですね」とトレバー氏は振り返る。

最良のトレードの仕方や適切なやり方についての一般論はよく耳にするが、**トレバー氏の見解は、自分に合ったトレードをするということだった。**同氏の勝因は、その基本的な強みと関心事にこだわったことである。

規律

「トレードで儲かるか損をするかは、自分次第です」とトレバー氏は言う。

「自己資金でトレードをしている人で、口うるさいリスクマネジャーもいないなら、規律を守るべきですね。規律を守らなければ、蹴散らされて二度と相場に戻ってこられなくなるのは時間の問題ですよ」

確かに、学習曲線は規律によって描かれていくものである。

「わたしはせっかちだったので、すぐにトレードを始めてしまうことがありましたが、幸い、自分なりのやり方で損切りして、また挑戦するという規律を守っていました」とトレバー氏は説明してくれた。

ここが重要なポイントだ。つまり、**規律とはミスを犯さないことではなく、正しいやり方でミスを犯すということだ。**とくに自分の能力や自信を高めるときには、「トレードからどうやって抜け出すか」を学ぶことが重要だ。肯定的な体験をすることで楽観的な気持ちになるが、どんなマーケットでも扱えるのだという自信をつけることは、厳しい状況から抜け出す力にもなる。

優れたトレーダーとは、何よりもまず優れたリスクマネジャーである。

一方、セニーザ氏のほうは、セルフコーチングに最も役立っていることを三つ挙げてくれた。つまり、①トレード日誌を詳細につけること、②自分のトレード心理の専門家になること、③アファメーションに耳を傾けることである（訳注　「アファメーション」とは、肯定的な言葉を繰り返し自分自身の潜在意識に語り掛けることで、否定的な考えや固定観念に支配されている自分の気持ちを否定的なものから肯定的なものに変えていく心理学的手法）。成功している多くの熟練トレーダーはこの三つを実践している。常に自分のトレードに、常に自分自身に働き掛けているのである。

トレード日誌をつける

「わたしの成長を最も支えてくれたのは、詳細なトレード日誌をきちんとつけることでした。以前から自分の記憶だけに頼って学ぶ能力には自信がありましたが、書くという作業は欠かせませんね……。数年前に状況が厳しくなったときに、すべてを変えてくれたんです。物事を見直してみようと思ったのです。そこで基本に立ち返り、以前から読んでいた本を全部読みあさって、そこに書かれているとおりに行動したんです。主に事細かに事業計画を立てたり日誌をつけたり、ということですが、細かい日誌をつけ始めてからわずか数週間で、自己破壊的な行動がいくつか目に飛び込んできましてね、それまでにそんな行動をした覚えはまったくなかったので、びっくりしましたよ。例えば、最初に出していた損切り注文をすぐに変更してしまうという悪い癖があることが分かったんです。その結果、せっかく勝っていたのに収支トントンのところで手仕舞いして、せっかく大きくなっているはずの利益を抑えてしまっていたわけです」

わたしにも同じ経験がある。トレードの記録をつけていると、自分の成績からそれまでは絶対に気づかなかったことが分かる。収支トントンで終わるか利益を出せるかは、自分の行動をほんの少し微調整するかしないかの違いだという場合が多い。

トレード指南書に繰り返し書かれている助言が最高の助言であるのは、それが積年の体験の結果だからである。

自分のトレード心理の専門家になること

「いつもトレード心理についてはあれこれと調べていましたが、トレード心理に関する専門書を読むまでは、具体的には分かりませんでした。そのときに読んだのがマーク・ダグラス著

『ゾーン――相場心理学入門』（パンローリング）でした。その本には、わたしがあれこれと調べていたことがすべて具体的に書かれていましたし、自分の信念や行動についても調べようという気にさせてくれました。読むたびに何か違うことを教えてくれた本でもあるんです。この本を読むまでは、頭ではトレードなんて確率のゲームでしかないと思っていたんです。予測値についてはよく分かっていましたから、勝ちよりも負けのほうが多いときでも利益は出ていました。でも、実際にトレードしてみると、自分の知識と行動が結びついていなかったんです。この本がはっきりと教えてくれました。自分が知りたくないことも、知る必要のないことも受け入れなければならないんだとね。このトレードはどうなるんだと。それで気がついたんです。自分の事業計画やトレードプランに忠実であるかぎり、しっかりした準備をしているかぎり、常に利益は出せるんだと」

自分の心理の専門家になると、自分の知識と感じていることとのギャップを埋めることができる。

アファメーションに耳を傾けること

「二一～三年前にデイトレード講座のホームページ（http://www.DayTradingCourse.com/

cd/）で『トレーダー・アファメーション（Trader Affirmation）』というタイトルのCDを買ったんです。三〇分程度のCDで、ナレーターがトレーダーの心理状態を支えてくれるようなアファメーションのリストを読み上げているんですが、わたしは週に二回はこのアファメーションを聞くようにしました。普段は朝シャワーを浴びているときに聞いていましたが、前に挙げたトレード心理の本で読んだことを全部思い出しましたよ。アファメーションを聞くのは、頭をすっきりさせておくのにすごく役立ちましたね」

正直なところ、わたしは肯定的思考とかアファメーションという考え方に大賛成だというわけではない――セニーザ氏が聞いているCDについても聞いたことがない――が、セニーザ氏の話には大いにうなずける。トレード心理の本を読んで、レッスンを整理するだけでは不十分だ。むしろ、十分に理解するにはそうしたレッスンを繰り返し読む必要がある。それがセニーザ氏の毎週のルーティンの一部になり、自分の心の専門家になろうという取り組みを確固たるものにしたのである。

このレッスンでの皆さんへの課題は、しっかりしたトレードの習慣を内在化するのに役立つよう、一週間のルーティンを一つ決め、それを始めることである。ルーティンはCD（自分で録音したメッセージでもよい）を聞くことでも、同僚と一緒に自分のトレード日誌を系統立てて読み直してみることでもよい。自分の理想を演じられるようになるために、正しい考え方や行動を自分の日常の体験にしていくという発想だ。

コーチングのヒント

セニーザ氏の見解をブログ「トレーダー・マイク」のトレード日誌（http://tradermike.net/2005/08/on_trading_journals/ とhttp://tradermike.net/2005/08/thoughts_on_day_trading/#moving_stops）でチェックしてみること。また、本章でご紹介するチャールズ・カーク氏の見解についても調べてみること。

レッスン84　成功を目指して自分のメンターになる

ブライアン・シャノン氏はトレーダー兼トレーダーの教育専門家である。ブログ「アルファトレンズ（AlphaTrends）」（http://www.alphatrends.blogspot.com/）では、ビデオを使って日々のトレードパターンを分かりやすく説明しており、成長過程にあるトレーダーのユニークな参考資料になっている。シャノン氏はこのビデオを『テクニカル・アナリシス・ユージング・マルティプル・タイムフレームズ（Technical Analysis Using Multiple Timeframes）』という著書にまとめている。ここには、わたしが文脈的思考と呼んでいるものが具体的に説明されている。文脈的思考とは、観察しているパターンをもっと大きな文脈に当てはめて、その意味合いや重要性を評価するという考え方だ。多くの短期トレーダーが問題を抱えるのは、過去のほんの数分間のパターンに集中しすぎてしまい、相場が一時間ごとに、一日ごとにどう動くのかという全体像が見えなくなってしまうからだ。より大きな文脈のなかでパターンを評価することで、より長期的なトレンドに合わせることができるわけだ。

コーリー・ローゼンブルーム氏は専業トレーダーで、自分のトレード結果をブログ「アフレイド・トゥ・トレード（Afraid to Trade）」（http://www.afraidtotrade.com/）に時系列で記録している。わたしが一番気に入っているのは、彼がトレード心理に対する認識と相場の心理に関する理解とを織り交ぜている点である。同氏はホームページでトレードに関する見解を数多く述べているが、トレーダーの心理も鋭く見抜いている。わたしがシャノン氏とローゼンブルーム氏の二人を同じグループに分類したのは、成功に向けたセルフコーチングの一環として自分のメンター（指導者）になる――自分の学習プロセスを導く――やり方を説明しているからだ。

わたしの質問に対するシャノン氏の三つの答えは、彼のトレードだけでなく指導にも表れている。それでは、その三つを見てみよう。

他人の意見を無視する

他人の話を完全に無視するということではないが、長年にわたる学習から見えてきたことを重視することを学んだのだ、とシャノン氏は強調する。

「トレードでのエッジ（優位性）はそれほどないし、とらえどころがないことも多いので、マーケットの力学や構造、そして自分個人のエッジがどこにあるのかを理解することが肝心です」とシャノン氏は言う。

これは極めて重要なポイントだ。同氏はビデオでも説明しているとおり、マーケットが提供してくれる情報には素直に耳を傾けるが、他人の意見は雑音として無視している。つまり、マーケットでエッジを維持するには自分の判断力や体験を信じることだというのを学んだのである。自信をつけ、それを維持するには、自分を信じることが最も大切だ。基本的に自分の情報処理や意思決定の仕方を信じられなければ、ドローダウン（資金の減少）を乗り切るレジリエンス（**訳注**　困難な状況にもうまく適応できる能力、弾力性、立ち直る力）を維持できるとは思えない。他人の話に乗って運良く勝つよりも、自分の判断でミスをし、そこから学んだほうがましだということだ。

見直しをする

毎日マーケットを見続けていると、マーケット間の関係やトレードのパターンに慣れてくる。こうして完全に自分のなかに取り込んで、それに合った行動が取れるようになることを、トレーダーは「相場観が養われた」と言うが、これはけっして謎めいた霊感のようなものではなく、きちんと学習したうえで繰り返し情報に接した結果である。シャノン氏はこう説明する。

「いくつもの時間枠で何百という銘柄を見直して、自分が仕掛けるときと手仕舞いするときのパラメーターに従って、最もリスクが低く、かつ最も潜在力がありそうなものを見つけるんです」

シャノン氏の場合には、これで良いアイデアが浮かんでくるだけでなく、学習曲線も加速している。さまざまな時間枠を何度も見直すことで、優良銘柄がどのように見えてくるかが分かってくる。こうして専門的な知識を完全に身につけたことで、最も効果的に資金を分散することができるようになったのだ。

自分のパターン――そしてマーケットのパターン――を徹底的に見直して学ぶこと。徹底して見直すことで、そうしたパターンが自分のなかに取り込まれ、そのパターンの表れに敏感に反応できるようになる。

心のチェックリスト

今度はシャノン氏に自分自身のことを語ってもらった。

「これは珍しいケースでして、今年の初めごろ、何度かちょっと油断していて起きたことなんですが、結局はいつもよりも大きな損失になってしまいました。わたしは毎日、寄り付き前に心のチェックリストをざっと見直すんです。今はどんな感じか――疲れている、不安だ、興奮しているなど――をチェックして、トレードする前に自分の弱みを確認してから、相場が正常なときや異常なときにどう反応するかを心のなかでイメージしてみるんです。心の準備には以前よりも時間をかけていますが、自分にはそれが合っているような気がしますね」

時間をかけて何度も見直しをする。これが勝者の行動だ。彼らは自分の損失から学び、状況に合わせていくのである。トレードには積極的な思考態度が求められる――これは敵の縄張りをパトロールしているようなもので、常に予期せぬ出来事に備えて警戒していなければならないわけだ。もし備えができていなければ、またその備えのリハーサルをしていなければ、予期せぬ出来事が起きても素早く行動することはできない。シャノン氏は油断していたから慌ててしまったのだ。そこで心のチェックリストを作り、間違いが起きることを想定したうえで仮説のシナリオをイメージし、集中力を高めることで結果を改善していったのである。

ローゼンブルーム氏の答えは、①トレードのパートナーかグループを見つける、②概念として考える、③理想的なトレードノートをつける――というものだった。三つともローゼンブルーム氏のトレーダーとしての習熟度を反映している。

トレードのパートナーかグループを見つける

「専業でトレードを始めたときに最初に学んだのは、かなり孤独になる、孤立を体験することになるだろう、ということでした。自分がしていることをだれも分かってくれなければ、自分がトレードで何をしているのか、友人も家族も理解してくれなければ、モチベーションを持続させるのは難しいですよね。トレードはとても難しいものでしょう。自分の長所や短所を分かってくれている親友か同僚がせめて二～三人いると、互いに支え合いながら、互いに利益を得ることができますから、すごく助かりますね。一つしかないよりもたくさんあったほうがいいですからね。最初は同じような体験をしている人に思いを伝える方法としてブログを書き始めたんですが……、それが、最終的には自分のトレードを変えてくれたんです。ほかのトレーダーとやり取りをし、アイデアを共有することができたからです。それがわたしの認識の幅を広げてくれたんですよ……。地元にも経験豊富なトレーダーがひとりいますが、彼とは毎晩のように会って、その日の出来事について話したり、アイデアを共有したり、マーケットについて勉強したりしているんです。やり取りは結構大変ですが、互いのスキルを組み合わせたりすることができますから、知識の面でも（一緒にリサーチをする）、気持ちの面でも（モチベーションを高める）、収益の面でも（トレード戦術を改善する）メリットがありますね」とローゼンブルーム氏は振り返る。

チームを作ると個人的にも利益を出せるトレードができ、継続中の学習の刺激にもなる。

概念として考える

「わたしの成績が劇的に変わったのは、相場や値動きを、指標や材料で動くものとしてではなく、概念として考えるようになってからですね。これには時間もかかりましたし、困難なプロセスでした。それまではいくつもの指標を見て、これぞ成功の極意だと信じていたんですが、矛盾する情報のあまりの多さに腹が立ってきましてね。しかも、採算も取れなくなってきたんです。それからはあまり指標を見ないようにしたんですが、やはり採算が取れるまでには至らなくて。行き当たりばったりで仕掛けるものですから、いつまでたっても結果がついてこないんです。変わったのは、相場や値動きを概念として考えられるようになってからですね……。急に変わったわけではありませんが、一つはマーケットプロファイルの勉強をしたからでしょう。トレンドデイ、レンジ相場、場況、時間枠を考慮したトレードなどです。ほかにもモメンタム（勢い）、値幅、大きなトレンド構造、値動きの力学、価格パターンとその背後にある理由などがありますが、つまりアキュミュレーション（買い集め）かディストリビューション（売り抜け）か、リバーサル（反転）かコンティニュエーション（継続）かということですけど、全部テクニカル分析を考案した人たちの教えに基づいた概念です。基本的に、相場というのは、値動きとあらゆる投資家の行動とが一致した方向に動いていくものなんですよ……。この概念化をさらに進めるために、わたしはマーケット間の分析という広い概念についても調べ始めました。マーケット間、セクター間と、順番に比較していって、株式セクターのパフォーマンスと期待値とを細かく分析してみたんですが……、そうしたらマーケットが大きなチェス盤に見えてきたんです。それで新たな考え方への道が開けてきたわけです。マーケットは孤立した状態で動いているわけではないんですよ」

概念として考えると、マーケットがどう動くのかを理解することができ、有望なトレードアイデアを形成するのに役に立つ。

理想的なトレードノートをつける

ローゼンブルーム氏はこう説明している。

「成績を追った単純なスプレッドシート――自分がミスをし、それを訂正したのはいつかを知るのに欠かせない――のほかにも違った形のトレード日誌を使っているんですが、わたしはこれを理想的なトレードノートと呼んでいます。このノートに、自分がその日にトレードしている銘柄かインデックスの日中の動きを追ったチャートを貼り付けるんです（よく使うのは五分足チャート）。それと、もし面白そうなチャートがあれば、値動きやチャンスについての理解を基に、理想的だ（最高だ）と思ったトレードを手書きで注釈として記入します。そして一日が終わり、リアルタイムでトレードするプレッシャーから解放されたときにそのチャートを見ると、見落としていた新たなパターンが見えてくるんですよ……。そこでまた書き足して、目標にどのぐらい近づいたかを見るわけです。これには二つの目的があります。自分の成績を心のなかでつぶさにイメージすることが一つ。それと、こちらのほうが重要なんですが、自分が仕掛けるとき、トレードマネジメントをするとき、そして手仕舞いするときの際立ったパターンとセットアップを明確にすることです」

理想的なトレードを追い求めていけば、一番良いやり方を自分のなかに取り込むことがで

きる。

このレッスンでの皆さんへの課題は、シャノン氏とローゼンブルーム氏に倣い、自分の見直しのプロセスを組み立てることだ。これには自分のトレードを実際の相場の動きと比較し、自分と自分がトレードしたいパターンの両方について学べるように、トレードした日の見直しも盛り込むこと。セルフコーチングは負けている期間中だけ行う不定期の作業ではない。優れたトレーダーたちにとっては、トレードする日に必ず行う規則的な作業である。実際の行動と取るべきだった行動とを比較してみるのが、自分の進歩の度合いを追跡し、理想に近づける優れた方法なのである。

コーチングのヒント

パートナーと一緒に学習するときには、自分がトレードしているマーケットに備えた最良のセットアップのアイデアを比較してみること。他人の目を通してマーケットを見てみると、自分のパターン認識を改善することができる。

レッスン85　詳細な記録をつける

今回ご協力をお願いしたトレーダーのうち、わたしがこれまで数年にわたって作業の成果を追跡してきたトレーダーの二人が、偶然にも同じような回答を寄せてくれた。それは二人のトレードが似ているからではない。そうではなく、二人が長年にわたって相場と格闘し、腕に磨きを掛けつつ蓄積してきた英知が表れたものだからである。

チャールズ・カーク氏はトレーダー兼ポートフォリオマネジャーで、ブログ「ザ・カーク・レポート（The Kirk Report）」（http://www.thekirkreport.com/）の執筆者でもある。また、会員制のホームページも運営している。会員になると、カーク氏の銘柄選択ツールや厳選した銘柄の恩恵にあずかることができる。ウエブ上にあふれているのはトレードのタイミングに関するもので、マーケットや経済といった主要テーマに関する記事と総合的にリンクしている数少ないホームページの一つである――カーク氏が得意とするのは「銘柄」選択。マーケットの全体像を把握していたいトレーダーにとってはとくに貴重な資料である。もし機関投資家が相場をどう動かすのかを知りたければ、機関投資家の資産運用担当者が追跡しているテーマを重点的に追っていくのがよい。カーク氏にはそうしたテーマを見極める才能がありそうだ。

ジェイソン・ゲプファート氏は「センチメントトレーダー（Sentimentrader）」（http://www.

sentimentrader.com/）というホームページの編集者。このホームページでは、その名のとおり、市場センチメントの測定を中心に自分の相場観を惜しみなく披露しているだけでなく、過去のマーケットのパターンを検証した結果も公表している。また、相場に関する膨大なデータを収集してはそれを独特のやり方で一つにまとめ、考えられるエッジ（優位性）も明らかにしている。こうしたデータからは、トレーダーの思考を導く情報に加え、特定のトレードアイデアに必要な糧も得られる。カーク氏の作業でとくに興味深いのは、オプションの市場センチメントを読む独自の方法を含め、スマートマネー（機関投資家の投資）とダムマネー（個人投資家の投資）を追跡していることである。

セルフコーチングに最も役立ったものは何かというわたしの問いに、カーク氏は詳細な回答を一つだけ寄せてくれた。ＢＯＯブックである。ＢＯＯブックとは「観察簿」のことで、カーク氏のトレード体験集とも言えるものである。

「ＢＯＯブックには自分のトレードの詳細な記録をつけますが、マーケットのことや、他人から学んだこと、自分の成功や失敗から学んだことについての見解も記します。わたしが用いるあらゆる戦略やスクリーニングに関する具体的で詳細な情報、それから異なる時間枠での成績に関する詳細な情報も記入しています。基本的に、これまでに自分が学んだことが全部詰まっているのがＢＯＯブックなんですよ」とカーク氏は説明してくれた。

重要なのは、このＢＯＯブックの内容が「ドゥ・オーガナイザー（do-Organizer）」（http://

www.gemx.com/）というデータベースに統合されていることである。ここにアクセスすると自分で書きつづったアイデアにすぐにアクセスすることができる。

トレード日誌をデータベース化すると使いやすいリサーチツールになる。

カーク氏によると、科学者が室内実験のデータや観察事項を体系的に記録するように、データベースは自分の考えを体系的にまとめてくれるのだという。

「マーケットや戦略を科学的根拠に基づいたアプローチで処理すると、集中していられますし、規律正しく、正しい軌道を走り続けるのに役立つんです。それに、新しい戦略を試すこともできますし、一定の戦略が特定の市況で機能しなくなったらすぐに気づくようになりますから、必要に応じて自分のトレードを調整し、変えていくこともできるんです」

カーク氏は新たな戦略に関するアイデアを追跡するときにもBOOブックを使っている。

「わたしは自分のことをずっとマーケットについて学ぶ学生だと思っているんです。そういう意味では、BOOブックをつけていることがとても役に立っていますね」

確かにそうだろう。

「振り返ってみると、わたしがトレーダーになってからの最大のミスはBOOブックをすぐに作らなかったことですかね。整理してノートに書きながら、科学的根拠に基づいたアプローチで自分のスキルや戦略を試し、向上させることがいかに重要かを理解したのは、何年かたってからなんですよ」

ＢＯＯブックを使うのは、成功しているトレーダーが自分の強みを見つけ、磨きを掛けていくのに用いる創造的な戦略の優れた例である。最大限に役立つように、自分のアイデアをノートに整理してまとめておくというのがカーク氏の重要な見解だ。データベースの形で日誌をつけておけば、幅広く長い期間から関係のある体験を簡単に検索することができる。日誌というのは、時間がたつと手に負えなくなり、過去の記入事項から材料を探し出すのが難しくなるものだが、自分の体験に何度もアクセスすることで現在と関係のある過去を学習の起点にしておくことができるわけだ。

次にゲプファート氏にもセルフコーチングの三大要素を尋ねたところ、まずはカーク氏と同じようなアイデアから話してくれた。

あらゆるアイデアを書き留める

ゲプファート氏はこう説明してくれた。

「この六年の間に五〇〇〇近くのコメントをブログに書き込んでいます。どう感じているか、事例証拠とかニュースサイトの見出しの切り抜きとか、もっとソフトなテーマを追った個人的な日誌もつけていますが、それを全部定期的に見直してみると、いろいろな面でこういう日誌が素晴らしいツールになるんだというのが分かりますね。見直していると自分に素直になれますし、トレードが順調なときに先走りしすぎることもありませんし、不調なときに落ち込むこともありません。トレードに不安を感じているときにはチェック機能も果たしてくれますからね。過去の勝ちトレードの直前にはどんな気持ちだったんだろうと思って日誌を見てみると、やっぱり不安を感じていたんです。ですから、今感じていることは、必ずしも『今はやめておけ』と第六感が無意識のうちに示唆しているわけではないんだということですね」

経験豊富な熟練トレーダーと話をする

ゲプファート氏は、自分のホームページを通して成功している何人ものトレーダーと出会っている。

「ほとんどの人がわたしたちと同じ苦労を味わっているんですね。それにはいつも心を打たれています。たまには感情的になることもあるようですが、それをリスクマネジメントの規律には絶対に持ち込まないんです。その規律も絶対に変わらないんですよ。厳しい原則からそれることもまずありませんから、どんなトレードをしていても、自分もトレーダーとしてのキャリアも傷つくことはありません。ここにはそう書いたんですが、リスクマネジメントが最重要課題ですね。毎日、マントラのように唱えていますよ」

感情的になっても構わないが、その感情で自分のリスクマネジメントが変わってしまうようではいけない。

常に新しいことを学ぶ

「月並みなことですが、学べば学ぶほど、自分がいかに物事を知らないかを痛感しますね。これはこの問題に取り組む新しい方法を見つけるのに役立ったように、トレードにも大いに役立ちます。相場の力学は常に変化していますから、条件が変わればそれに合わせる新たな方法を見つけなければならないんです。新しい戦略とか古い戦略を検証する新しい方法を学ぶのは、とても有意義なことです。もちろん大変ですが、猛勉強することにビクビクしているようでは、トレードなどやってはいけません。単にトレードに限った問題ではありません。わたしは無理やり自分を厄介な状況に追いやっているんですよ。見知らぬ場所に行ったり、会ったこともない人に会ったりしてね。自分の視野を広げるのに良いからです。そうすれば、かたくなになって新しいアプローチを拒むようなこともなくなりますからね」とゲプファート氏は言う。

ゲプファート氏の話で最も印象深かったのは、**考えを書き留めることが自己発見につながる**ということだ。同氏がトレードや感情を追跡していると、勝ちトレードの前に神経質になっていることに気がついた。こうして追跡することで、トレードをする前の不安に強くなったのだ。同氏はトレードをやりがいがあって面白いものだと思っているが、それは常に新しいこと（自分やマーケット）について学びたいという欲求があるからだ。また、こうして追跡することで、市況の変化にも順応できるようになる。ゲプファート氏もカーク氏も、猛勉強することにビクビクするどころか、自分の戦略の開発、見直し、検証にかなりの時間を費やしている。二人のマーケットへの取り組みには「一攫千金の儲け話」のようなところは一切ない。記録をつけることが、彼らなりの学習曲線を持続させる方法なのだ。

このレッスンでの皆さんへの課題は、自分の行動やうまくできた行動と関連するテーマを追跡できるように、自分のトレード日誌に索引を付けることだ。追跡するというのは、戦略やセットアップ、マーケット、結果、特定の相場や個人的な見解ごとに自分のトレードを分類することである。自分のアイデアに索引を付けるには、「ストックティッカー（StockTickr）」（http://www.stocktickr.com/）などのホームページを利用して日誌をつけるのも良い方法だ。また、自分の日誌をブログにし、トピックごとにタグを付けるのも一考である。さらには、カーク氏のように、日誌をきちんとしたデータベースにしておくのもよいだろう。**記録は生きたものでなければならない。自分の認識や考え方を頻繁に見直すことができるように、呼吸をし**

ていなければならないのだ。自分のトレードが相場や市況、セットアップ、時間帯、サイズごとに整理されているのを想像してみよう。一定の相場でのトレード結果をいつでも検索できるのだ。こうして整理しておけば、カーク氏やゲプファート氏にとってもそうだったように、自分の体験が素晴らしいトレードコーチになるのである。

コーチングのヒント

自分の日誌の一部が新しいトレードアイデアを生み出し、リサーチ専門のページになっているとしよう。カーク氏もゲプファート氏も、市況が変わるたびに新たなアイデアを探し求め、リサーチしていた。今の環境では何がうまくいくだろう、どの銘柄が動いているだろう、どのようなパターンが目立っているだろう……。マーケットだけでなく自分のトレードについても記しておけば、日誌がチャンスの訪れを知らせてくれる。

レッスン86　ミスは免れないということを学ぶ

デイブ・メイブ氏はトレーダーであり、システム開発者であり、さらには「ストックティッカー（StockTickr）」（http://www.stocktickr.com/）のサービスとホームページを立ち上げた人物でもある。「ストックティッカー」は、トレーダーがオンラインで自分のアイデアや成績を追跡し、それをえり抜きのトレーダーたちと共有できるという点でユニークなサービスである。ウエブ2・0の技術やサービスを利用してアイデアを生み出したり、進捗状況を追跡したりして、同じような志を持った仲間たちと一緒にコミュニティーを形成することができる。このホームページには、自分のリサーチやトレードの結果をオンラインで公開しているトレーダーとのインタビューを掲載したブログもある。わたしがとくに気に入っているのは、「ストックティッカー」を使って正真正銘のオンラインのトレード日誌を作り、日誌をつけることを社会活動にしているところである。これによって、トレーダーは自分が何を他人と共有するか、だれと共有するかを管理できるわけである。確かに、単純に考えても、トレードコーチと日誌をリアルタイムで共有できるというアイデアには大きな可能性がある。

クリス・ペルーナ氏は専業トレーダーで、自分の名を冠したホームページ「クリス・ペルーナ・ドットコム（chrisperruna.com）」（http://www.chrisperruna.com/）でブログも執筆している。同氏のホームページは「教育を通して投資を成功させる」というテーマが中心だが、ファンダメンタルズによる株式のスクリーニングやポジションサイジング、チャート作成についてのトピックも掲載している。また、具体的なトレードアイデアだけでなく、銘柄のスクリーニングも読者に公開している。わたしがこのホームページを気に入っているのは、トレーダーが彼の銘柄の絞り込みを手本にして学べる点である。

それでは、この二人のプロがわたしの質問にどう答えてくれたかを見てみよう。まずはメイブ氏の回答だ。

トレード日誌

「トレード日誌はどんな指標やプラットフォームよりもはるかに効果的です。トレーダーであるわたしの行動すべての土台になっています。自分の心にもてあそばれることもあるでしょう。でも、自分のデータはうそをつきません。自分のトレード結果に表れていることを見ると、結果を一歩引いて全体として考えられますし、目標まであとどのぐらいかも分かるんです」

成功している多くのトレーダーも同じである。つまり、日誌をつけると説明責任が生じ、見落としていた着眼点も見えてくるのだという。メイブ氏も、日誌をつけることで柔軟に目標を立てることの大切さを強調している。

「目標を一つだけ設定するのではなく――ある期間に対して一定の金額で目標を立てるなど――、保守的な目標から積極的なものまで、幅を持たせて目標を設定したほうがはるかに良いですよね。多くのトレーダーは高い目標を立てますが、もし達成できなかったら、それはもう悲惨ですから」

われわれは自分が知りたいことに集中する傾向があるが、トレードパターンに関する統計値はうそをつかない。統計値は知っておく必要のあることに目を向けさせてくれる。

間違っているということを学ぶ

「新米トレーダーのほとんどは、きちんとやらなくてはいけない、という思いに異常なほど駆られています。自分は間違っているかもしれない、というのをなかなか認めたがらないんです。すぐに分かったのは、正しいことをすること――すなわち、高い勝率を上げること――とお金を儲けることとはあまり相関がないということです。勝率は過大評価されますからね。実際、わたしの場合で言いますと、最も儲かる戦略でも勝率は三〇％に満たないんです」とメイブ氏は言う。

メイブ氏の言うことは正しい。つまり、わたしが一緒に仕事をしている大半のトレーダーも、勝率は五〇％そこそこである。彼らが成功しているのは、自分はきちんとやっている、つまり優位性をフルに活用しているし、自分がいつ間違えるかも知っており、損失を最小限に抑えているからである。正しいことをしたいという欲求を克服することが成功への近道だが、もし克服できないままでいると、早々と利食ってしまい、いつまでたっても負け組から脱出できないということになりかねない。

自動化する

メイブ氏はこう振り返る。

「トレーダーになってからは、トレードからできるだけ裁量を排除しようと努めています。裁量トレードの大部分は自動化できますからね。より一貫したトレードができる、単調な作業に費やす時間が短縮できる、ミスが減るなど、自動化するメリットはたくさんあります。裁量トレードで自動化する部分を増やせば、結果も良くなることが分かったんです。要するに、自分のトレード手法を一〇〇％、完全に自動化することですよ」

メイブ氏の話はもっともである。裁量とはいっても取引執行の部分だけを自動化すればよく、意思決定はそれまで同様にしっかりと規則に従って下せばいいわけだ。成り行きではなく指値でトレードするというシンプルな手法なら、成績に大差がつくこともあるため、相場を追い掛けながら最悪のタイミングで出入りするのではなく、もっと有利な価格で仕掛けたり手仕舞いしたりすることができるのだ。

クリス・ペルーナ氏の回答は、勾配が緩やかな初期の学習曲線を行ったり来たりしているトレーダーにとっては説得力がある。同氏は成功しているトレードに共通する特性に着目している。

自分を理解する

「わたしが人生で、またこの特定の事例、つまりマーケットで見つけた最強のツールは、自分の人間としての能力です。自分のＤＮＡに深く染み込んだ個人の性格だけが、特定の状況でうまくトレードするのを許してくれるんだというのがようやく理解できたんです。例えば、わたしはデイトレード――どちらかと言うと買い方――をするよりも、中長期のトレンド戦略でトレードしたほうがはるかに一貫性を保つことができるし、しかも儲かるとしましょう。最大の成功をもたらしてくれる領域に集中していれば、常にあらゆる事柄について考えている必要はないですよね。『自分』を理解するということは、いかに一貫性を持って採算が取れる形でトレードするかを理解するための至高の目標なんです」とメイブ氏は説明してくれた。

メイブ氏の見解は極めて重要だ。要するに、**自分がマーケットやトレードのスタイルに合わ**

せるのではなく、自分に一番合ったマーケットやスタイルを見つければよいということである。成功しているトレーダーは心のなかでトレードし、自分の一番の得意分野にこだわり、ほかのことはすべて無視している。

自分の一番の得意分野を見つけたら、それを中心にトレード戦略を構築すること。

損切りを学ぶ

「もう分かり切っていることですが、生活のさまざまな場面で多くの人が意外とできていないのが損切りですね。わたしは自分のトレードで、仕事で、趣味のポーカーで、そして規則がある生活のあらゆる場面で損切りすることを学びました。この規則がなければ、第三の規則もできていませんよ」とメイブ氏は指摘する。

同氏は重要な点を指摘してくれた。つまり、**きちんとした生活ができなければ、トレードなどできないということだ。**トレードでは申し分ないほど規律正しいが、生活のほかの場面ではだらしないというのは考えにくい。きちんとしたトレード習慣は人生哲学そのものなのだ。チャンスを追い求め、リスクを管理し、損失を制限し、ポジションを分散するのも同じである。メイブ氏のトレードは彼の生き方そのものなのである。

研究し、猛勉強する

成功しているトレーダーで、研究や勉強を行動の中心に据えていない人を見つけるのは難しい。

「成功するためには、相場について、常にファンダメンタルズやテクニカルの面から研究し、自分の成功や失敗から学ぶことがとても大切です。過去の経験から得た知識を応用すると、その後同じような状況に直面しても正しく分析できますから、成功する確率も高くなるわけです。一生勉強だぞ、とわたしは常に言い続けていますが、年齢を重ねるにつれ、まさにそのとおりだなと思いますね」とメイブ氏は言う。

メイブ氏もペルーナ氏も、**自分がいつ間違えているのかを知ること**が重要だと強調していることに着目しよう。これが新米トレーダーと経験豊富なトレーダーとの大きな違いである。ペルーナ氏も指摘しているとおり、新米トレーダーは正しい考え方をすることばかりに集中する。間違いを犯さないようにしようとするわけだ。一方、経験豊富なトレーダーはトレードで間違いを犯すことを知っており、それをしっかりと受け入れているのである。**そんな彼らのセルフコーチングは、損失を避けるのではなく、損失を予測し、管理するのを手伝ってくれるようなもの。**彼らは損失に対処できるようなトレードプランを、しかもドローダウン（資金の減少）期に対処できるような全体的なプランを立てている。このレッスンでの皆さんへの課題は、トレード日誌を使って自分が間違えやすいことにしるしをつけ、前年で最悪の負けを喫した五日間を選び出し、その五日間でどのような間違いを犯していたか、ほかにどのような方法があったか、あるいはその負けトレードの二日以上で発生していた問題はどのようなものかを確認してみることである。自分は間違いを犯しやすいのだということを学習の原動力にすることで、それを受け入れるという考え方である。最悪のトレードをした五日間から間違いがはっきりと見つかれば、今後はそうした間違いを回避するための周到な準備ができる。自分の最悪のトレードは、自己認識の最良のツールに、またセルフコーチングの最良の手引きにもなり得るのである。

コーチングのヒント

自分のトレードを見直すときには、どのように手仕舞いしているかをとくに研究してみること。早々に手仕舞いしすぎて、もったいないという思いをしていないだろうか。売り時を逃してしまい、せっかくの含み益が目減りしていないだろうか。さらに、なぜ長々と保有していようと思ったのか、あるいは早々に手仕舞いしてしまおうと思ったのか。どうしたらマーケットのボラティリティに合わせてうまく手仕舞いできるのだろう……。手仕舞いの仕方を微調整すれば、自分のトレードを分類し、観察結果を改善目標にすることができる。

レッスン87　リサーチの力

ロブ・ハンナ氏はトレーダーで、ブログ「クアンティフィアブル・エッジズ（Quantifiable Edges）」（http://www.quantifiableedges.blogspot.com/）の執筆者である。これは株式マーケットの過去のパターンを追跡したユニークなホームページだ。同氏はニューズレターを毎日発行し、自分のリサーチを基にしたトレードについても詳述している。トレーダーにとっては、このブログとニューズレターがエッジ（優位性）を強化する比類なきツールになっている。第10章で見ていくが、過去のパターンは裁量トレードと関係がある。過去の成績についてしっかりと理解すれば、格好の位置から通常のパターンどおりに動いているマーケットとそうでないマーケットを見極め、この二つのシナリオから優れたトレードアイデアを生み出すことができる。

ジェフ・ミラー氏はイリノイ州ネーパービルでマネーマネジャーをしており、やはりブログ

「ア・ダッシュ・オブ・インサイト（A Dash of Insight）」（http://oldprof.typepad.com/）を通してマーケットやトレードに関するアイデアを公開している。広く受け入れられている相場の知恵に異論を唱え、マーケットに関する見解も発表しているが、それは同氏のしっかりした経済分析や理解を反映したものになっている。また、トレードシステムについてリサーチし、そのシステムを自分のポートフォリオ運用にも利用している。ハンナ氏と同じく、ミラー氏のエッジも、実際にトレードする前にアイデアを試しているため、自信を持ってトレードに臨めることである。

わたしの質問に対するミラー氏の回答は、とにかくシンプルだ。

「一にリサーチ、二にリサーチ、三にリサーチです」とミラー氏。

「一つの答えを三回繰り返しているように聞こえるかもしれませんが、そうではありません。一位が三つ並んでいるんです……。仕事でもさまざまな局面を乗り越えてきましたし、トレードでもいろいろな手法を用いいましたが、わたしが自分のトレード手法と一緒に一貫して行っているのは、取引時間外にも膨大なリサーチをして、それをうまくトレードに生かすことです」

ロブ・ハンナ氏はデイトレーダーとしてスタートし、ジェフ・クーパー著『**ヒットエンドラン株式売買法――超入門！　初心者にもわかるネット・トレーディングの投資技術**』（パンローリング）のような短期のセットアップを重視している。ハンナ氏が最も役に立つと考えているのは、セットアップのパターンではなく、値動きがありトレンドに乗った銘柄をスクリーニングし、戦略に取り込むことである。さらに、同氏は自分のトレードパターンに合わせて独自に精査し、リスク・リワード・レシオが最も高いトレードに集中している。

「行けそうなトレードは全部ノートに書き留めていました。翌日のトリガー価格と一緒にね。手仕舞いしたら、会計ソフトを使ってその結果を記録するんですが、会計データベースに『理由』という欄を作って、そこにトレードを始めるときに用いたセットアップの名称を入力するわけです」

これは成功しているトレーダーが必ず言及するテーマである。つまり、自分の結果をつぶさに追跡して学習曲線を上昇させているのである。

トレードの記録をつけると、その作業によって成功のパターンが心に刻まれる。

ロブ・ハンナ氏は、自分のトレードをデータベース化しておくことで二つの目標を達成したと話している。つまり、あらゆるトレードに理由づけをする必要が出てきたことと、自分のトレード結果を実際のセットアップとの関係から追跡できるようになったことだそうだ。

「どのセットアップが一番で、どれが苦戦しているかを判断するのがすごく楽になりましたね。そうすることで、どのセットアップを今後も集中して続けるべきか、どれを捨てるべきかが分かったんです」

トレードする確固たる理由がなかったころのハンナ氏は、ただ「勘」という言葉を理由の欄に入力していたようだ。

「勘に頼ったトレードがいかに高くつくか、それに気づくまでにそう時間はかかりませんでした」とハンナ氏は振り返る。同氏は間もなく勘だけに頼ったトレードをやめた。

またハンナ氏は、ウィリアム・オニールのキャンスリム（CAN－SLIM）法にヒントを得たパターンを用いた長期トレードに乗り換えたが、そのときリサーチに第二の局面が訪れた。ハンナ氏はワーデン・ブラザーズ社のTC2000というソフトウエアでテクニカル分析を開始した。スクリーニング機能を駆使し、最後にはファンダメンタルズの条件でふるいに掛けて銘柄を絞り込むという方法だ。

「TC2000だと、チャート上に簡単にメモを書き込むことができるんです。ものすごく便利ですよ。もし面白いパターンの銘柄がポップアップで出てきたら、何週間か前にもうリサーチ済みだということなんです。メモ機能があるので、ファンダメンタルズをチェックしたかどうかを調べたり、何らかの理由で却下したりすることもできるんです。同じ銘柄を何度も調べて時間を無駄にすることもなくなりました」

デイトレードのパターンについては、セットアップそのものよりも、セットアップに組み入れる作業のほうが重要だったようだ。

「やはりそれもリサーチでしたね。利益をもたらしてくれるのはトレードじゃなくて、リサーチだというのが分かりましたからね」

リサーチの第三の局面では、エクセルとトレードステーション（TradeStation）をメーンツールとして使い、自分のトレードアイデアのバックテストをきちんと行った。このバックテストのおかげで、ハンナ氏は実用的なアイデアを生み出せるようになった。

「こういうトレードが好きなのは、自分の勝率と利益への期待がぴたりと一致するという良いアイデアがあるからなんです。さまざまな価格、値幅、出来高、センチメント、その他の指標データを見直すことで、相場観が養われただけでなく、昔から知られている相場の知恵についても、何が真実で、何が教訓になるかもはっきりしてきました。何が大事で、どんな情報がただのインチキなのかを見破るのは難しいものです……。アイデアを試し、どの指標やセットアップを利用すれば実際に定量化できるエッジを生かせるのか、どれが駄目なのかを理解することが非常に大切ですね」とハンナ氏は述べている。


昔から知られている相場の知恵の多くは、客観的な分析結果を精査したものではない。


ハンナ氏にとっては、リサーチがエッジの源になっている。

「デイトレードが中心だろうが、中期のモメンタムトレードだろうが、定量分析を使ったスイングトレードだろうが、何よりもトレーダーとしてのわたしの成長を促してくれたのは、毎晩やっているリサーチなんです……。アイデアは全部夜の間に組み立てます。取引時間中はそのアイデアを実行に移すのに使うだけです。トレーダーのわたしがセルフコーチングに最も役立つと思っている三つは、一にリサーチ（株式のスクリーニングやチャート分析）、二にリサーチ（定量分析）、三にリサーチ（結果分析）です」

わたしがハンナ氏の考え方で一番好きなのは、システムトレーダーだけでなく、あらゆるタイプのトレーダーにとってもリサーチが重要だというのを強調している点である。また、ハンナ氏はトレードのセットアップとトレードを試しているだけでなく、**自分自身と自分のトレードも研究対象として扱っている。**最もうまくいったアイデアがどれかを見極められれば、チャンスを最大限に生かし、勘や相場の知恵といった高くつくものを排除できるわけである。

ジェフ・ミラー氏の場合、相場への取り組みはハンナ氏と異なっているものの、セルフモニタリング（自己監視）に対する考え方は驚くほど似ている。

「わたしのトレードで間違いなく最も大切なのは、システムと手法を持つことですね。もし自信が持てるシステムがなければ、マーケットをさまよっているようなものですよ。いつも後悔ばかりしているでしょうね。そうなると、勝っているのに早々に仕切ってしまったり、負けポジションを延々と保有していたり、ということになりますよね。ほかにもいろんなミスがありますが、きちんと機能する基本的な手法は何なのかを知っておく必要があります。それを本当に理解し、信じていれば、正しい意思決定を下すことに集中できるじゃないですか。必ずしも勝ちにつながる意思決定ではないかもしれませんけどね」

ミラー氏のキーワードは「知る」である。多くのトレーダーは自分のエッジを知らない。さまざまな市況で自分の手法をどう機能させればよいのかを知らないのだ。信じてはいるが、どうやって意思決定を下せばよいのかが分からず、深い確信を抱くことができないのだ。その結果、規律が乱れてしまうのである。それはトレーダーが規則を守れないからではなく、その規則に対して深い確信を抱いていないからである。

多くの場合、規律が乱れるのは深い確信を抱いていないからである。もし自分のエッジを知らなければ、それを信じようもない。

ミラー氏によると、セルフコーチングにとって次に重要なのは分析と見直しである。

「システムを持つというのは、それをきちんと試すということです。短期用にシステムを刷新することではありません。ある時期に使う手法を開発したり、異なるマーケットの未知のデータを全部検証することでもありません。そこで初めて自信が持てるわけです。この手法を使っていても、定期的に成績を見直して、何か変わったことはないかどうかを確認しなくてはいけないんです。予想どおりの停滞期なのか、それともまったく異なる状況なのかを判断するのは大変です」

言い換えると、トレードは不確実性をはらんでいるということだ。いくら良いアイデアにも賞味期限がある。**分析と見直しの目的はエッジを見いだすことだが、時間と共にそのエッジが変化していくのを監視することでもある。**あらゆる時間枠とあらゆる相場で常に利益を出せるシステムを考案するのと同じで、これはそう簡単なことではない。

ミラー氏によると、セルフコーチングにとって三番目に重要なのは、例外を認めるのを学ぶことである。

「自分のトレード手法を理解するというのは、例外的なことがいつ起きるのかを知ることです。『今度こそ違う』と口で言うのは危険です。これはだれでも知っていますが、これを念頭に置きつつも、長期のトレーダーの場合には、例外的なトレードの機会が一日、または一週間と続くこともあるということなんですよ」

こうした考え方は、ヘンリー・カーステンズ氏が挙げてくれた要点を思い出させてくれる。つまり、「トレードから手を引くタイミング」を知っておくことである。もし相場が歴史的に見て異常な動きをしていれば、通常の手法では通常の結果が出せない場合がある。例外的な相場は例外的なリターンも生み出してくれるが、同時に例外的なリスクもはらんでいるものである。

ハンナ氏とミラー氏の話から分かるのは自己認識の重要さである。**自分のトレード手法について知っていれば知っているほど、自分の強みを生かし、弱みを回避できるようになる。**それにしても、自分のエッジを生かし、その変化についてもきちんと熟知できるようになるまでに、二人とも取引時間外にどれほどの時間と労力を費やしたことだろう。トレードが成功するかどうかを予測する主な判断材料は、実際にトレードをしている時間以外にどれほどの時間をマーケットのために費やしたかである。わたしは以前からそう思っている。トレード手法を決め、改善するのに費やす時間がこの大半を占めるが、トレードのセルフコーチになるのは、バスケットボールやアメリカンフットボールのコーチになるのとまったく同じである。成功のほとんどは、才能あふれる新人選手のスカウト、練習、プランニングに費やした時間で決まるのだ。

このレッスンでの皆さんへの課題は、さまざまなマーケットや市況で、一にリサーチ、二にリサーチ、三にリサーチができるように、自分をトレードシステムとして使ってみることだ。その場合には、多額の利益をもたらしてくれるトレードにとくに注意を払うこと。利益が出るのは特定の時間帯でトレードした場合だろうか、それとも特定の銘柄でトレードした場合だろうか。主に短期のトレードか、長期のトレードか。主に逆張りのトレードか、トレンドフォローのトレードか。自分の目標はトレーダーとしての生計を立てる手段を明確にすることか……。もしそうなら、リスクの大半を自分の得意分野に配分し、それ以外のトレードに伴うリスクを減らせばよい。とにかく、自分の行動——とくに自分が最も得意とすること——を理解することである。なぜなら、それがトレードで自信を深め、それを維持する最も効果的な手段だからである。トレードの種類ごとに自分のトレードを週に一度、あるいは月に一度見直してみると好スタートを切ることができる。

コーチングのヒント

収支トントンのトレード、利益が出たトレード、少額だが損失が出たトレードの数を追ってみよう。損切りするときには、これが規律に従っているかどうかの目安になることが多い――ただ、これで勝ちトレードに問題があることも早々に明らかになる。いつミスを犯したのかにいかに早く気づくかが、負けトレードの平均損失を勝ちトレードの平均利益以下に抑えるのに役に立つだけでなく、トレードを成功に導くには絶対に不可欠である。

レッスン88　姿勢と目標が成功のカギ

レイ・バロス氏は、マネーマネジャー、トレーダー、ブログの執筆者、書籍の著者、そしてトレードコーチと、いくつもの肩書きを持っているが、わたしが知るかぎり、心理学に対する強い認識とマーケットについての深い理解とを兼ね備えた数少ないコーチのひとりである。同氏のブログ「ブログ・フォー・トレーディング・サクセス（Blog for Trading Success）」（http://www.tradingsuccess.com/blog）は、トレードと心理学に対する鋭い洞察で有名だ。また、著書『ザ・ネイチャー・オブ・トレンズ（The Nature of Trends）』ではマーケットの分析法、リスクマネジメントや資金管理に関する自らの考え方を説明しており、トレード心理に関するツールを提供するなど、優れた教材にもなっている。

ジョン・フォアマン氏もさまざまな役割を担っている。スポーツコーチでもある同氏は、トレーダーの指導者でもあり、その識見をブログ「ジ・エッセンシャルズ・オブ・トレーディング（The Essentials of Trading）」（http://www.theessentialsoftrading.com/Blog）でも述べている。ブログと同じ題名の著書も、マーケットの分析、執行方法、トレードシステムの開発に関する貴重な見解が満載で、素晴らしい手引きになっている。トレーダーが成長するには能力開発や心理学が重要になってくる。同氏はそういう認識を強く抱いている。

セルフコーチングに最も役立っていることを三つ挙げてほしいと頼むと、パロス氏は、第一にトレードに向き合う姿勢だと答えてくれた。なかでもトレードの成功に欠かせないと考えているのは、次の三つである。

正直であること

バロス氏はこれを次のように定義した。

「けっして故意に現実をでっち上げないという考え方です。わたしやわたしの教え子たちの成功に決定打があるとすれば、これでしょうね。成功している教え子たちは、とにかく自分に正直ですよ。成功していない子たちには、言い訳をしたり、自分の失敗を正当化したりする傾向がありますね」

責任

「自分の成功と失敗に全責任を持つことを学びました。成功すれば、どうしたら成功を重ねていくことができるのかという問題意識を持ちますし、失敗すれば、この失敗から何が学べるのかと考えます」とバロス氏は説明する。

頑張り

「目標達成のためなら何でもやります。まずは資料を読んで、それを自分のニーズに合わせていくんです。そうやって常に学ぶということですね。うまくいっていない教え子たちは、心地良さを与えてくれない資料に出合うと、必ず抵抗するんですよ」とバロス氏は強調する。

学習するには、心地良い状態からあえて飛び出し、新たな方法で物事を考え、やってみようとする意欲が求められる。

規律

「自分のトレード規則を書き出して、その規則を一貫して実行に移す訓練はできています。自分のトレードから学べるように、心の日誌や株式の日誌もきちんとつけているんですよ。成功したらそれを喜び、しばらくマーケットから離れて充電するようにしています」

バロス氏は、長年にわたってオンラインのトレードルーム、セミナー、書籍を通して多くのトレーダーの指導に当たってきたリンダ・ブラッドフォード・ラシュキ氏を引き合いに出しながら、コーチングとはトレーダーが三つのR、すなわちルーティン（routine）、リサーチ（research）、レビュー（review）に関する見解を実行に移して初めて価値が出てくるものなのだと強調する。

バロス氏がトレーダーの生活に不可欠だと考えているルーティンを挙げてみる。

●データと日誌を更新する
●トレードを見直す
●「トレードを仕掛け、手仕舞いするのを心のなかでイメージすることを含め」、翌日に備える
●トレード体制とほかの義務や責任とのバランスを取る
●個人の懐具合とビジネスの財務状態を常に把握しておく
●文章に残しておく、会合に備えるなどの責任を果たす

バロス氏によると、彼のセルフコーチングは見直しとリサーチとを組み合わせたものらしい。「日誌に書いてあれば、注意を要するパターンに気づくでしょう。平均以上の損失が出たら不愉快ですし、利益が出ればうれしいですが、損失が出たときには、損失に至った経緯をリサーチする必要がありますし、自分のプランが現在の市況に合っていないのか、それとも自分が規律に違反しているのかを見極める必要もあります。いずれにしても、どうするかを決めなければなりません。もし自分のプランが現在の市況に合っていないのなら、サイズを縮小するか、少し休むか、ということですね。もし規律に違反しているのなら、どこで違反したのか、その

経緯を確認して改善策を取ります。それからその改善策を見直して、望んでいる結果が得られるかどうかを検討するわけです。もし駄目なら、新たな改善策を考えればいいんですよ」

　また、バロス氏は成績がいつになくプラスで推移している期間についても入念に見直し、リサーチしている。

「もし普段よりも利益が出ていたら、自分のプランがたまたま現在の市況に合っているのか、それとも大きな利益につながるような抜本的な変化があったのかを判断します。前者の場合にはトレードのサイズを大きくして、最後まで規律に従ってトレードできるようにします。わたしの場合には、ドローダウン（資金の減少）期よりも大きく勝っているときのほうが慎重になる必要がある、ということを学びましたね。もし抜本的な変化があったら、その変化を誘発しているのがどういう行動なのかを見極めて、意識的に別の行動を取ろうとするでしょうね」

利益が出ているときこそ、自信過剰にならず、規律を守るのが効果的である。

「新しいアイデアのリサーチも常にやっていますよ」とバロス氏は言う。彼は熱心な読書家で、自分の生活やトレードに良い影響を及ぼすような知見を求めている。新しいアイデアを見つけると、テストを外部に委託して本当にエッジがあるかどうかを判断する。

「見直しをすることで、自分の活動のしっかりした基盤ができるんです。目標を設定し、行動を起こし、そしてその行動が求めている結果につながるのかどうかを調べるんです」とバロス氏は説明してくれた。

バロス氏の最も素晴らしい習慣の一つは、毎日つけるトレード日誌をトレードとプライベートな部分とに分けていることである。トレード日誌では仕掛けと手仕舞いの規律を採点している。もしプランどおりに仕掛け、手仕舞いしたら三点、仕掛けか手仕舞いのどちらかが規律に違反していたら一点、両方の規律に違反していたら〇点とする。

「九〇％のラインを維持しようと思っています。総合点で九〇％はクリアしないとね。もし九〇％未満、八五％以上なら、原因を探って改善策を取ります。もし八五％を割ったら、トレードを少し休みますね」

また、バロス氏は各トレードがどのように変化しているのかもトレード日誌に記録している。

「考えられる変動幅の六五％程度はとらえようと思っています。もし一貫して六五％を大きく割っていたら、まずい状態のときに仕掛けているという警告だと受け止めるんです」

成功している製造会社と同じように、トレーダーも工程の評価や欠陥の修正によって常に品質改善に取り組むこと。

トレード日誌のプライベートな部分には、それぞれのトレードの最中に起きた出来事や感じたこと、どう行動したかを記している。

「詳しく書いておけば、抜本的な変化や規律の欠如、気持ちの浮き沈みの状態を示すパターンが分かりますからね」

言い換えると、バロス氏は相場を追いながら成績を見直し、トレンドが確認できるサインを探しているわけである。好調なときにはもっとアグレッシブにトレードしようと考え、不調なときにはリスクを減らそうと考える。そのため、勝ちトレードの平均利益と負けトレードの平均損失、勝率、損益の標準偏差、連勝と連敗、勝ちポジションと負けポジションの平均保有期間、期待値、ドローダウン、ドローダウンからの回復期間などのメトリクス（数的指標）も使っている。バロス氏のセルフコーチングのカギは、相場を研究するときには集中してやるということだ。

ジョン・フォアマン氏もバロス氏の考え方と同じで、トレードを自分の私生活に合わせるようにしている。

「トレーダーにとってまず必要なのは、一歩引いて全体の動きを見ることですね。新米トレーダーにとっては、トレードが自分の生活に合っているかどうかを知ることがとくに大切です。たまにトレードをする人でも、ときどき全体を見たほうがいいですね。トレードは生活の一部なんですから。別々に考えたら駄目ですよ。どの部分になるかでアプローチも変わってきますからね。ときどき大画面で見てみると、バランスの取れた見方を維持することができますね」

とフォアマン氏は強調する。

わたしもフォアマン氏の考えには心から賛同する。成功しているプロのトレーダーでさえ、仕事の責任から負担を背負いすぎ、相場やテーマを一日単位で追い掛けている。トレーダーがトレードで消耗してしまっては、集中力をなくし、効率も悪くなるだけである——やがて成績にもしわ寄せが行く。**トレードで成功するには、いつトレードを休むべきか、いつ充電すべきかを知ることである。**最良のトレードをするには、リスクをまったくとらずに休む、という決定を下すことである。これによって相場や成績についての正しい考え方が促され、トレードを再開したときの助けになる。

「二番目に必要なのは、成績を上げることに努めることです。当たり前だろうと思われるかもしれませんが、あっさりと脇へそれてしまうこともあるんです。一定の成功を手に入れてしまうととくにそうですが、自分のトレードに甘んじてしまうんです。でも、セルフコーチングに何らかの価値をもたらすには、現実が成績向上のカギになるんですよ。上達したいという欲求が常に一番でなければなりません」とフォアマン氏は自分のセルフコーチングについて話してくれた。

わたしは会社で仕事中にこのことに気づいたが、優れたトレーダーやマネーマネジャーは損失が出ているときだけでなく、順調なときにもコーチングを求めてくる。常に自己改善に向けて努力しているわけだ。単に欠点を直したいという一時的欲求ではないのである。

トレーダーの評価基準は、勝っているときにいかにトレードの勉強をするかどうかである。

「最後になりますが、望ましい目標を立てて、その目標に向かってどの程度進歩しているかを評価することが非常に大切です。スポーツコーチもこういうことを外部の観察者としてやっていますよね。このメリットは、そういう評価は個人の心理とは直接関係がないということです。それで自己評価が複雑になっているんですけどね。この自己評価で最も難しいのは、自分の自信に悪影響を及ぼさないようにすることです。つまり、自己評価のプロセスをできるだけ客観的なものにする必要があるということ、そしてトレーダーもそのプロセスからエゴを排除する必要があるということです」とフォアマン氏は結んだ。

フォアマン氏はここで素晴らしい点を指摘してくれた。**目標設定と見直しは、自信や意欲を失わないような方法で行わなければならない**ということだ。あいまいな目標や現実離れした目標を立てると、フィードバックも学習も中途半端なものになる――達成するのが難しい目標を立てると欲求不満に陥るだけである。否定的な考え方で――欠点ばかりを強調して――目標を追い求めると、セルフコーチングは罰を与える行動になる。優れたセルフコーチとは、優れたスポーツコーチのように、容易に学習ができ、自信がつくような目標を立てるものである。自分のことを不愉快に思っていたら、このプロセスを持続させることはできない。

このレッスンでの皆さんへの課題は、大画面で自己評価をしてみることだ。自分のトレードを追跡することについては述べたが、**今度は自分のセルフコーチングを追跡することが目標になる。**トレードを自分の生活に合わせているのか、それとも生活をマーケットに合わせているのか。ほとんどの時間をトレードに費やしているか、それとも最低でも同じ時間を成績を上げること、すなわちマーケットやトレードの見直しとリサーチに費やしているか。また、ルーティンは新しいアイデアの発掘やスキルの向上に役立っているか。自分の努力をどの程度目標に集中させているか、どの程度流されているか。自分の成績を評価し、気持ちの浮き沈みを追跡するというきつい仕事に本腰を入れているか、またこうした情報を利用してリスクをとっているか……。要するに、もし優れたセルフコーチになろうとするなら、自分のトレード結果と同じようにコーチングの結果にも意識を向けることである。こうしたメタコーチング――自分自身の優れた指導者になるための自己鍛錬――の価値こそが、バロス氏とフォアマン氏の話から得られる重要な教訓である。

コーチングのヒント

レポートカードを作って自分のトレードの進歩を追跡するのと同じように、セルフコーチングモードでどの程度の時間を過ごしているか、つまり自分でいかに明確な目標を設定

し、その目標に向けた取り組みをどの程度持続できているかを追跡することで、セルフコーチングの取り組みを評価することもできる。トレードではスキルを磨かなければトレーダーとしての成長はないが、同様に、コーチングでもスキルを磨かなければセルフコーチとしての成長はない。

レッスン89　投資会社の視点

マイク・ベラフィオーレ氏はニューヨーク市にあるＳＭＢキャピタル（http://www.smbtraining.com/）のパートナー。ＳＭＢは個別株式の短期トレードに特化したプロップファーム（**訳注**　自己売買取引の専門業者）である。ベラフィオーレ氏はトレーダーとして成功し、社内ではトレーダーのメンター（指導者）としても活躍している。最近ＳＭＢでは、ブログを通して一般トレーダーの指導を始め、正式なトレード講座も開設した。わたしは喜んでＳＭＢを訪問したが、ベラフィオーレ氏やスティーブ・スペンサー氏をはじめとするトレーダーたちには感銘を受けた。全員がアイデアを交換したり、さまざまな出来事を話し合ったりと、トレーディングルームが一日中活気にあふれていたからだ。

ラリー・フィッシャー氏は、個別銘柄やそのオプションを専門にトレードするシカゴのプロップファーム、トレーディングＲＭ（http://tradingrm.com/）の共同オーナー。パートナーのライド・バルファー氏と共に、トレーダーを指導し、教える環境を提供したいという思いから起業した。同社のユニークな特徴は、この二人がすべてのトレードを取り上げて、二人が終日どういう行動を取っているかをトレーダーたちに解説している点である。つまり、指導が日常のトレードに組み込まれているわけである。トレーディングＲＭを訪問したわたしは、その学習環境に驚かされた。二人が立ち上げたホームページとブログ（http://blog.tradingrm.com/）で、一般のトレーダーと考え方を共有することもできるのだ。

セルフコーチングに最も役立つ三要素は何かというわたしの問いに対し、いかにもベラフィオーレ氏らしいが、一四ページにも及ぶ文書をメールで送ってくれた。同氏は自分のトレードをしているときにも指導のプロセスと実践に波長を合わせている。真っ先に書かれていたのは、トレードのデータを集めることだった。

「わたしのトレードにはデータがとても大切なんだ。どのようなトレードの仕方が自分に一番合っているのか、どの銘柄が利益を出しているのか、勝率とか流動性などの数字は知っていないとね」とベラフィオーレ氏は説明してくれた。

ＳＭＢのヘッドトレーダーのギルバート・メンデス氏は、「ＳＭＢ・チョップ・トラッカー（SMB Chop Tracker）」というデスクトップツールを開発。これはトレーダー別に日々のトレードのデータをまとめるツールで、各トレーダーの成績やどの銘柄が損益を出しているのかが分かるようになっている。

「ぼくはあまり良い銘柄をトレードしていないから、いつも苦労しているんだよ」とベラフィオーレ氏。そしてエムビア（ティッカーはＭＢＩ）という銘柄をどのようにトレードしたかを話してくれた。大きく下落し、その後は一貫して損失を計上していたらしい。

「だれかが自分に成り代わっているような感じだったよ。だからデータを見てみたんだ。そうしたらみんなが大騒ぎしていてね。『おい、マイク、別の銘柄のほうがいいんじゃないか？』って。だからできるだけ調整してみたんだけど、結局はほかにもっと良い銘柄があるはずだっていうことになってね、乗り換えることにしたんだ。また一からやり直しさ」とベラフィオーレ氏は冗談を飛ばした。

トレードに関するデータは、問題点も解決法も含め、隠れているパターンを教えてくれる。

また、ベラフィオーレ氏はサンディスク（ティッカーはＳＮＤＫ）をトレードして完敗したときの話もしてくれた。

「二〇〇五年一一月二一日のことは一生忘れないだろうね。まったく、とんでもない事件だったよ。それから何週間もの間、ＳＮＤＫを心のなかでのろいながら、二度とあんな銘柄はトレードしないぞと誓ったんだ。でも、ある日データをチェックしていて驚いたんだけど、実際にはＳＮＤＫのトレードがうまくいっていることが分かったんだよ。あの日以外はね。ぼくはあの大惨事をかなり大げさに考えていたんだろうね。トレードしている間は、いかに順調かという認識が高まるけど、きっとそれは間違いなんだよね。データを調べていれば大儲けできそうな銘柄が見つかるかもしれないけど、実際には儲からないし、大惨事になりそうな銘柄を見つけても実際にはそうはならないしね」

ベラフィオーレ氏が次に挙げたのは、だれもがやっているが、その意識がないこと、つまり呼吸である。

「トレードしている最中は、相場のデータを正確に処理できるように、心を落ち着かせることが重要だよ。しっかりと集中して、無用な刺激はシャットアウトしなくちゃいけないと思っているトレーダーもいるけど、そういうトレーダーは意思の力で十分に集中できると思っている。でも、心を落ち着かせるには、培ってきた技術が必要なんだ。ニューヨーク・ヤンキースの守護神マリアーノ・リベラだって、いくらチェンジアップを投げたくても、最初は投げられなかっただろう。グリップ、モーション、コントロールの向上に取り組むのに何十時間、何百時間と費やしているんだ。このスキルを身につけて、維持できるようになるには、一日に一五〜三〇分ぐらい深呼吸をするんだけど、正しい呼吸法はＳＭＢのパートナーで共同創設者でもあるスティーブ・スペンサーから教わったんだ。スティーブは新入りのトレーダーにもこの呼吸法を教えているんだよ。それまでは、ぼくも相場のデータを正確に処理していると思っていたんだけど、正しい呼吸法を教わってからは、実は間違っていたんだというのが分かってね……。相場のデータを正確に処理し、結果的に自分のトレードの潜在能力を高めるには、心を落ち着かせる方法を身につけなくちゃいけないということだよ」

ベラフィオーレ氏は隣の席に座っている若いトレーダーの話もしてくれた。彼は株価が予想どおりの方向に動くたびに歓声を上げているらしい。ベテラントレーダーは含み笑いをするだけだったが、この若きトレーダーはいともあっさり自滅してしまった。

「ぼくたちみたいに保守的なトレーダーは、日中に歓声を上げるようなことはないね。そういうやつらはトレードしている銘柄を応援しているだけで、相場が提供してくれるデータをきちんと読み取っていないんだ」とベラフィオーレ氏は言う。

呼吸をコントロールすることで、彼は相場のデータがすぐに思い出せるようになり、意思決定の力を向上させていったのだ。

トレード中に歓声を上げたり嘆いたりするのは、相場そのものに集中していないことである。

ベラフィオーレ氏が三つ目に挙げたのは、自分のトレードの映像を見ることだ。

「どんな自己改善の方法よりも、自分のトレードの映像を見るほうがトレードの腕を上げるのに役に立っているよ。ニューヨーク・ヤンキースのアレックス・ロドリゲスのような偉大な選手は、みんな成績を上げるために映像を使っている。ぼくも自分のトレードを全部録画して、重要なところを再生して見直しているんだ。とくに二つの大きな欠点、つまり利が乗っているポジションを早々に手仕舞いしてしまうとか、サイズを大きくしてしまうという欠点を克服するときに役に立ったね」

自分のトレードの映像を見たベラフィオーレ氏は、いつ仕掛けるべきか、いつ手仕舞うべきか、一度手仕舞いしたポジションにいつ戻るべきかを認識する規則を作り、その規則をリストにまとめたが、それが今のシステムになっていた。

「これで自信がついたんだ。リストを見れば大きなリスクやリターンのチャンスがいつ訪れるかが分かるから、サイズを大きくすることもできるしね。ぼくは映像を見て学んだんだよ。素晴らしいリスク・リワードでのチャンスが訪れたときにサイズを大きくするとかね。おそらくサイズを大きくしないトレードがあっても、無責任でも何でもない。だから、『サイズを大きくするタイミング』リストからトレードを選んだら、あとはそれを執行するだけさ」

セルフコーチングとは、詰まるところ、方向性を定めた猛勉強でもある。

「会社では、週末とか、自分のトレードの映像を必死で見たあとに時間があっても、もしオフィスに来たくなければトレーダーとして競争に参加していないことになる。トレードはスポーツなんだ。競争なんだよ。自分のトレード結果は、マーケットが開く前にどれだけ努力したかで決まってくることが多いんだ」

わたしの問いに対するラリー・フィッシャー氏の回答も会社での実際の指導を反映したもので、長年の彼のトレード体験を物語っていた。フィッシャー氏は次のような話もしてくれた。

トレード日誌をつける

「自分が自分の感情に共感していることを確認する方法として、何年も前から日誌を使っているんだ。日誌をつけるというルーティンはとても大切だね。トレードが順調なときもそうでないときも、日誌をつけていると大きなメリットが得られるんだよ。日誌をつけることで、スランプ期を短縮したり、好調なときにはその期間を伸ばすことができたりして、地に足が着くようになったね」

フィッシャー氏が順調なときもそうでないときも日誌を効果的に利用していることに着目してみよう。これによって、同氏は自分の感情に波長を合わせることができ――好調だと考えているときには自信を持ってトレードすることができ――、トレードしている銘柄と波長が合わないときには素早く修正することができた。したがって、成功しているトレーダーとそうでないトレーダーの違いは、正しい判断と間違った判断をいかにうまく処理するかということになるだろう。日誌にきちんと書き留めておくと、それがこうした判断を調整するツールになり、好調なときには高いリスクをとり、そうでないときには様子見することもできるのだ。

トレード日誌は自己観察を持続させるツールである。

同僚とのコミュニケーション

「ぼくには友人や同僚とのネットワークがあって、彼らとは定期的にコミュニケーションを取ろうと努めているよ。そうすればリアルタイムで相場を体験しながら、ほかの人から学べるだろう。彼らと話していると、プロのトレーダーに付き物の浮き沈みに対処するのが楽になるんだ」

優れたトレーダーはこのテーマを繰り返し挙げる。つまり、彼らは個人的にも仕事の面でも支えてくれる仲間たちのしっかりしたネットワークを持っているのである。フィッシャー氏もバロス氏と同じ見解であった。つまり、トレードには常に浮き沈みがあり、儲かる時期もあればそうでない時期もあるということだ。そのようなサイクルを体験し、どう乗り越えればよいかを知っている人との付き合いは、とてつもなく大きな支えになるわけだ。われわれは認知の手段としての人付き合いの力を軽視しがちである。**独り言を言っているほうが効果的だと思っている人もいる。**自分のアイデアに同調してくれる人がいると相場観が養われ、しっかりした意思決定を下すときの助けになるのである。

良い環境でトレードをする

「セルフコーチングができるようになるには、成功を導いてくれる環境でトレードする必要があるね。ぼくたちはそれを念頭に置いて起業したんだ。会社でのトレードはすべて同じ考えでやっているよ。チームの一員になろうという意欲と学びたいという欲求の両方を兼ね備えているのが、うちのトレーダーたちの特徴だよ」とフィッシャー氏は説明してくれた。

わたしも多くの会社を訪問しているが、どの会社でもトレーダーはほとんど孤立した状態で仕事をしている。ひとりの学習体験、つまり学習機会はその個人のものにしかならないが、**チームという考え方の下に設立された会社では、ひとりひとりの学習がチーム全体の学習になるわけだ。**これがフィッシャー氏の重要な見解であり、同氏の会社の最大の強みになっている。同僚の成功からだけでなくミスからも学ぶことができるし、彼らのアイデアに自分が刺激され、自分が注目しているニュースや材料に全員が助けられるのだ。どのトレーダーもセルフコーチになれるような環境だと、トレーダー全員が必然的に互いのコーチングに影響を及ぼすようになる。

説明責任のない学習はあり得ない。

これは実際にトレードで生計を立て、成功している投資会社を経営する実際のトレーダーが口にする言葉である。たとえSMBキャピタルやトレーディングRMにいなくても、彼らの成功事例を自分のものにすることはできるのだ。では、自分のトレードをこうした投資会社の人間とどうやって比較すればよいのだろう。自分のトレード環境とはどうやって比較すればよいのだろう。セルフコーチングをしているときには、自分で（ある意味で）自分の投資会社を設立していることになる。自分でリスクマネジャー、リサーチャー、トレーダーの三役をこなしているのである。こうした役割をいかにうまくこなすかは、それぞれにどれだけ時間と労力を費やしたかに懸かってくる。国際的レベルのバスケットボールの選手はオフェンスもディフェンスもこなす。パスもドリブルもシュートもするし、リバウンドも取る。さらに体力トレーニングもする。一つのゲームにはさまざまな要素が含まれているが――スポーツもトレードも同じだが――、成功する会社はそのすべてに注意を払っているのである。

ベラフィオーレ氏とパートナーのスペンサー氏は、確かにトレーダーの研修でも呼吸を重視している。呼吸の練習は、皆さんへの課題としてもふさわしい。**心の動きや認知を呼び起こすための第一歩は、身体内部でそれをどの程度呼び起こすかをコントロールすることである。**ストレスや心配事で頭がいっぱいだと、それをトレードに持ち込んでしまう。穏やかな心を持続させていると、相場を自分に近づけ、心を空っぽにして自分が認識しているパターンに反応することができる。日誌をつけ、同僚とコミュニケーションを取り、自分のトレードに関するデータに当たってみるとよい。こうしたことがすべて自分の相場体験の意味を理解する方法なのだ。そうすれば自信を持ってじっと画面の前で構えていることができる。穏やかな心を持続させるには毎日ひたむきに打ち込む時間が必要だが、それを実感するのは比較的簡単だ。注意をそらすものが何もない（騒音も聞こえない）部屋があれば、そこでじっと動かずに部屋にある何かに注意を集中させる。壁に掛かったオブジェを見詰めてもいいし、ヘッドフォンで音楽を聞いてもよい。そうしたら、できるだけ注意を集中させたままゆっくりと深呼吸をする。そして高い集中力を維持しつつ、当たり障りのない淡々としたものに注意を集中させていると、恐れや強欲、不安や自信過剰など気にならなくなってくるのが分かるだろう。これをうまく活用できなければ、いくら優れたトレードの手腕があっても、いくら素晴らしい環境が整っていても、自分の利益にはならないのである。まさに呼吸を整えるだけでセルフコーチングになるというわけだ。

コーチングのヒント

わたしの場合には、運動をしてバイオフィードバック法を実践してから一日をスタートさせると、穏やかな集中を持続させることができる。これが自分のエネルギーと集中力を最大限に高める効果的な戦略である。元気がない、集中力がないという状態で一日をスタートさせると、余計に疲れ、気が散った状態が一日中続く場合がある。相場を研究することも準備の一つだが、成績を最大限に伸ばせるように身体や認知の状態を保っておくことも準備の一つである。

レッスン90　データを利用して成績を上げる

レインスフォード・〝レニー〟・ヤング氏は「マーケット・テルズ（Market Tells）」（http://www.markettells.com/）というホームページを運営しているほか、ニューズレターの執筆者でもあり、過去の株式相場の動きを分析してトレードアイデアを生み出している。ヤング氏のサービスはトレードでのエッジ（優位性）を見つけるのにとても役に立つ。日中にトレンドをとらえたら知らせてくれる機能はとくに素晴らしい。アイデアを無条件に使ってトレードしてもよいし、自分の裁量で決定する際の情報として利用してもよい。自分で過去のデータをリサーチする時間がない、スキルもない、その気もないというトレーダーにとっては（第10章を参照）、こうしたサービスは極めて重要だ。

デビッド・アドラー氏はトレーダーDNA（http://www.traderdna.com/）の取締役。同社ではトレードの成績追跡プログラムを販売しており、このソフトウエアは先物トレードに関する情報を取り込んだうえで、メトリクス（数的指標）を示してくれるので、トレードでの強みと弱みが浮き彫りになる。この情報は、頻繁にトレードし、手作業でデータを入力して分析するのは不可能だという人にとくにお勧めだ。結果はチャートの形で表示される。理解しやすいレポートとして要約したものを印刷することもできる。

セルフコーチングに最も役に立っているものは何かと尋ねたところ、ヤング氏は、過去のデータのリサーチで得られたパターンをできるだけ多くの人と共有することだと答えてくれた。回答には日次データや週次データの分析だけでなく、時間帯データの分析も添付してくれたので、ここで大々的に引用してみよう。

日次データと週次データの分析

「NYSE（ニューヨーク証券取引所）ではここ数日、三対一の割合で値上がり銘柄数が値下がり銘柄数を上回っていますが、今後数日間は上昇基調が続くでしょう。今日はスプレッドシートのサンプルを持ってきたんですよ。検証やリサーチは全部これを使ってやっています。すぐに検証できるように、ここには主要な株価指標やマーケットの内部材料（変動幅、出来高、新高値、新安値）など、あらゆるデータについて、今からさかのぼること一九八〇年までの日足データと一九五〇年までの週次データが記してあります。この場合ですと、例えば三対一で値上がり銘柄数が値下がり銘柄数を上回ってから三日間、S&P五〇〇株価指数が上昇している時期を探して、その後二週間の成績を調べるんです。このように動きが一方向に傾いているときには『バイイングクライマックス』に達する可能性がありますね。ここで買いの過熱度が頂点に達して上げ止まり、その後は下げに転じるということです。でも、このように相場が一方向に動いたあとでもしっかりしていれば、向こう二週間のS&P五〇〇はさらに上昇を続けるだろうとみるわけです」とヤング氏は詳しく話してくれた。

また、ヤング氏はどのようにこの分析を行ったかを説明してくれた。

「シンプルにすることですよ。S&P五〇〇とNYSEの毎日の騰落レシオを記したスプレッドシートがあるとしましょう。A列には日付、B列にはS&P五〇〇の毎日の終値、C列にはNYSEの騰落レシオをそれぞれ記入します。D列の五行目からは次の数式を入力します。

= if(and(c2>3,b5>b2),(b15-b5)/b5,"")

これはこういう意味なんです。**三日前からの騰落レシオが三・〇を上回っており、S&P五〇〇が三日前の終値よりも高く引けていれば、向こう一〇日間はS&P五〇〇が上昇する確率が高いということです。**この列をずっと、データがなくなるところまでさかのぼって埋めておけば、すぐに結果を精査できるでしょう。仮説が正しいのかどうか、すぐに見られるわけです。過去三〇例を見てみますと、S&P五〇〇はそのうちの二五例、つまり八三％の確率で一〇日後には上昇しています」

エッジがあるかどうかを感じ取るには、過去X日間のパターンをX日間のマーケット全体の傾向と比べてみることが大切だ。

「強気のエッジに見えますが、まずはS&P五〇〇が一〇日後に上昇して引ける確率を調べる必要がありますね。ここに簡単なやり方があります。先のスプレッドシートのD列の五行目に戻って、数式を「＝if(b15>b5,1,"")」に変えるんです」

どういうことかというと、**二週間後のS&P五〇〇が今日のS&P五〇〇の終値を上回って引ければ、それを表示し、そうでなければ何も表示しないということだ。**それからこの列をずっと、データがなくなるところまでさかのぼって埋めていく。エクセルのようなスプレッドシートでは、右下の隅に選択したセルの合計が出せるようになっている。その結果を日数で割ると、任意の期間での確率、つまり五七％が割り出される。言い換えると、ある任意の日のS＆P五〇〇が二週間後に値上がりする確率は五七％だったということだ。S＆P五〇〇の騰落レシオが三対一になってから三日後にS＆P五〇〇が上昇する確率は八三％だが、それよりはかなり低い。これで中期的には上昇相場になる確率が平均以上、つまり明らかに強気のエッジがあるという当初の仮説が正しいことが確認できるわけだ。

「伝統的な指標に頼るのではなく、代表的な指数の裏にあるマーケットの内部材料、つまり振幅や出来高の増減、新高値や新安値、ＮＹＳＥのＴＩＣＫ指標（**訳注**　値動きが変動する頻度を表す指標）の動きなどを見るんです。過去のデータの検証に耐えられるセットアップの大半がこの領域にあったわけです。五二週安値更新は中期の底値の先触れになるのか、出来高が九〇％増えたら強気と言えるのか、短期の時間枠で見て出来高が一気に八〇％増えた場合はどうなのかとね。想像できる概念については、きちんと準備していればすぐにリサーチし、検証することができます。自分用に改良したマスタースプレッドシートを利用し、自分でリサーチや検証を続けることで、いつ強気のエッジや弱気のエッジが使えるのかが分かってくるんです。こうしたエッジを常に開発していけば、競争に一歩先んじることができますよね」

エッジのあるパターンが見つかれば力強いが、もっと力強いのはそのようなパターンを数多く見つけてトレードする力が自分のエッジになった場合である。

日中の時間帯の分析

「ＮＹＳＥのＴＩＣＫ指標は、おそらく時間帯ごとの指標としては唯一最も役に立つものでしょうね。現在値よりも上か下で取引されたのはいったい何銘柄あるのかが一目で分かりますから。例えば、指数が＋五〇〇だったら、その瞬間に五〇〇以上の銘柄が現在値よりも上で取引されたということです。初めてＮＹＳＥのＴＩＣＫ指標のチャートを見ると、いろんな使い方があって、ごちゃごちゃした感じがしますが……、見方を変えると、まったく違った絵が見えてくるんです……。ＴＩＣＫ指標そのものを隠すこともできますし、二〇日間移動平均線を描いて、需要・供給の方程式に関する素晴らしい洞察力を得ることもできるんです。移動平均線がゼロよりも上にあれば、一般には買いの勢いが強いとか、移動平均線がゼロよりも下にあれば売り圧力が強いとか、デイトレーダーなら知っていなくちゃいけないことですよね」とヤング氏は力説してくれた。

「時間帯ごとのＴＩＣＫ指標を使うやり方がもう一つあります。ｅＳｉｇｎａｌ（http://esignal.ovalnext.co.jp/）などのベンダーから多くのデータを取り込んで、スプレッドシートにリアルタイムでエクスポートするんです。ＤＤＥ（動的データ交換）という技術を使うのが、ＮＹＳＥのＴＩＣＫ指標のデータをスプレッドシートで常に更新する比較的簡単なやり方です。それができれば、自分だけの累積ＴＩＣＫ指標が簡単に作れます。どうやるかというと、まずスプレッドシートを準備して、A列、B列、C列に日付、時間、TICK指標の終値を記入します（eSignalでは$TICK）。二行目から始めますが、ここには一日分に相当する三九〇の分足データを記入します。D列の一行目にゼロを入力し、E列の一行目にスペースを入力したら、今日の日付を入れます（スペースを入力するのは、eSignalに飾り文字があるため）。次にD列の二行目に飛んで、次の数式を入力します。

= if(a2 = E1,c2 + d1,d1)

この数式を三九〇行すべてに入れていくのです。つまり、**日付が今日と一致していたら、直近のTICK指標の終値の分足データを見つけて、シートにデータを追加していく**ということです。データが出てくると、自動的にD行の累積TICK指標のリアルタイムの時間足チャートになるんです。それでチャートを作成すれば、累積TICK指標も出てきますから、ゼロのところに線を引いて累積TICK指標を観察していると、その背後にある買いや売りの圧力が見えてくるわけです。TICK指標のノイズにかき消されていますけどね」

累積TICK指標を見ると、日々のセンチメントの動向が分かる。

デビッド・アドラー氏はセルフコーチングに違った形でデータを利用しようと考えており、トレードの成績そのものの評価に重点を置いている。

「トレーダーDNAの哲学は、わたしは確信しているんですが、自分がトレードしている日、週、月などの出来事について――自分の成績について――認識しているという発想なんです。ですから、先へ進めばマイナス要素を最小限に抑え、プラス要素を最大限に増やすことができるんです。もしトレーダーが自分のトレードのある一定期間を振り返って、全体的な結果についての理解が深められれば、事前に……、その後同じミスを繰り返すのを防ぐことができますよね。同じように、過去のトレード結果をベースにすれば、強みを見つりて、利益につながるような状況に集中することができるわけです。それが根本的な発想です」

「わが社のユーザーはフロントエンドソフトから注文データを抽出して、それをトレーダーDNAにインポートしています。そうすれば、自分の長所と短所について、とくに成績の変化、損失の原因はどこにあるのか、トレードの特徴、勝ちトレードと負けトレードの違いなどの理解を深めるために、自分のデータを徹底的に分析することができますからね」とアドラー氏は言う。

ここでソフトウエアの分析機能をアドラー氏のコメントと共にご紹介しよう。

一・日中の時間帯の分析

「相場は終日動いていますから、多くのユーザーはトレードする時間ごとに成績（損益、リスク、利益獲得機会、勝ちトレードと負けトレードの数、勝ちトレードの平均利益と負けトレードの平均損失）を測定しています。これは過去の成績を利用して、所定の銘柄をトレードするときの理想的な時間帯を判断するのに役立ちます」

二、勝ちトレードと負けトレード

「勝ちトレードと負けトレードの違いを考えながら、それらを全部ひとまとめにしてから、各グループにメトリクス（数的指標）を当てはめてみるといいですね――また、必要なことでもあります。そうする意味は、それらの違いを見つける機会が得られることです」とアドラー氏は言う。

勝ちトレードと負けトレードの両方に当てはめるメトリクスとしては、勝ちトレードと負けトレードの回数、勝ちトレードの平均利益と負けトレードの平均損失、勝ちポジションと負けポジションに増し玉した回数、利益または損失を確定する前のトレードへの熱の入れ具合、熱の入れ具合が最高潮に達するまでの平均時間――などがある。勝ちトレードと負けトレードを比較することで、ポジションを保有する適切な時間に関する規則作りに役に立つという点で、この最後のメトリクスは興味深い。

勝ちトレードと負けトレードへの熱の入れ具合、それが最高潮に達するまでの時間を知っていれば、いつ、どこで、慎重に負けトレードを損切りするかの指針を作っておくことができる。

三、トレードしたマーケットと金融商品の結果を比較する

「複数のマーケットや金融商品でトレードする人にとっては、自分の成績をそれぞれのマーケットでどう比較すればいいのかが分かりにくいんです。一つのマーケットでトレードしていれば大きく儲けるチャンスは多いのに、ほかのマーケットでは一貫して儲けが少ないか、負けになることもあります。複数のマーケットでトレードする場合には、分析や成績をトレードするマーケットごとに分けることが大切です」

アドラー氏が異なるマーケットに当てはめたメトリクスは、マーケットごとの損益の総額、各マーケットでの勝ちトレードと負けトレードの平均、各マーケットでの連勝と連敗の数、各マーケットのトレードでとったリスクの平均、各マーケットの逸失利益の平均、各マーケットで勝ちポジションと負けポジションに増し玉した回数、各マーケットで負けトレードに費やした平均時間、各マーケットでの最大の勝ちトレードと最大の負けトレード、各マーケットでの時間帯ごとの結果である。わたしがメトリクスを使った経験から言うと、こうしたマーケットごとの結果は長い間に変化する。一定のマーケットでチャンスが生まれても、ほかのマーケットではさっぱりだったりするからだ。**長期にわたって結果を追跡することは、いつ、どのようにマーケットが変化しているかをリアルタイムで見ていく優れた手段になる。**

「こうした技を一つ以上当てはめて損失を最小限に抑え、勝ちトレードの回数やサイズを増やしていくことで利益を増大させているトレーダーを数多く見てきましたが、見ていて分かったのは、自分のトレードの分析や見直しを少なくとも週に一度やること、理想的には二週間に一度とか月に一度やるのが最も効果的だということです」とアドラー氏は言う。

直観――長期間マーケットのパターンを観察したあとの潜在学習の結果――は、トレーダーの仕掛けや手仕舞いに重要な役割を果たす可能性がある。ただ、いくら直観や裁量に頼ったトレードでも、分析機能を利用するメリットはある。つまり、どのマーケットや時間帯にチャンスがあるのかが分かるし、そのチャンスをいかにうまく生かしているかを測ることができるからだ。**結局は自分が自分自身のトレードシステムなのである。**自分のトレードのセルフコーチとしての仕事は、自分のシステムがどう動作するのかを知り、その欠陥を回避したうえで、強みを最大限に発揮させることである。ヤング氏とアドラー氏が示してくれた見解やツールは、自分のトレードビジネスの運営をより科学的なものにするための素晴らしい指針になる。

コーチングのヒント

本章に回答を寄せてくれたトレーダーたちは、皆さんのトレードを向上させる原則や実践についての見解の数々を、自らの直接の体験を踏まえて語ってくれた。そうしたアイデアを一つずつ見直して、重複している内容、すなわち複数のトレーダーが強調しているポイントを探してみると良い練習になる。この重複している内容こそが、皆さんの取り組みを後押ししてくれる重要かつ最善のやり方だろう。

参考

本書の主な補足資料がブログ「ビカム・ユア・オウン・トレーディング・コーチ（Become Your Own Trading Coach）」である。ブログのホームページには、第９章のテーマであるコーチングのプロセスに関するリンクや追加記事を掲載している（http://becomeyourowntradingcoach.blogspot.com/2008/08/daily-trading-coach-chapter-nine-links.html）。

本章に寄稿してくれたトレーダーたちは、全員が自分でホームページを運営しており、トレーダー育成のために多様なリソースを提供している。彼らのリンクとホームページを参照してほしい（http://becomeyourowntradingcoach.blogspot.com/2008/08/contributors-to-daily-trading-coach.html）。

テクニカル分析の背景については、ブライアン・シャノン氏の書籍がコーチングの資料として役立つだろう（http://www.technicalanalysisbook.com/）。

レイ・バロス著『ザ・ネイチャー・オブ・トレンズ（The Nature of Trends）』には、バロス氏のトレードやトレード心理へのアプローチについて詳述されている。また、こうしたテーマに関する同氏のセミナーにも参加してみたい（http://www.tradingsuccess.com/）。

ジョン・フォアマン著『ジ・エッセンシャルズ・オブ・トレーディング（The Essentials of Trading）』は、トレードの実践やビジネスの入門書として優れている（http://www.theessentialsoftrading.com/Blog/index.php/the-essentials-of-trading/）。

人気のあるトレード関連のブログだけでなく、ニュースも読んでみたいというなら、ホームページ「ニュースフラッシャー（NewsFlashr）」（http://www.newsflashr.com/feeds/business_blogs.html）がよいだろう。

第10章 エッジを探して——マーケットで過去のパターンを見つける

科学は熱狂や迷信という毒によく効く解毒剤である。

——アダム・スミス

トレーダーはよく、マーケットに「エッジ（優位性）」があるという言い方をする。つまり、トレーダーは自分のトレードから得られるリターンに確かな期待を抱いているということだ。ポーカーではカードカウンティングでエッジをプレーヤー側に引き寄せることができるが、トレードの場合には、相場というカードをどうカウントし、どう確率を自分のほうに引き寄せればよいのだろう。その方法の一つが過去のデータを調べることである。相場の場合には過去がそのまま繰り返されることはないが、過去の方向性エッジと関係のあるパターンを特定し、それが近い将来にも同じようなパターンを見せるだろうという仮説を立てることはできる。相場の過去を知ったうえで、トレードアイデアを導いてくれるパターンを特定するわけである。

では、相場の過去を調べ、そのようなパターンをはっきりと特定するにはどうしたらよいのだろう。これはブログ「トレーダーフィード（TraderFeed）」の読者が繰り返し取り上げているトピックだ。トレーダーとして自分のメンター（指導者）になると、自分の取り組みがトレードするパターンの検証能力にずいぶんと助けられることがある。要するに、自分がトレードするマーケットや金融商品と関係のあるエッジを知っていれば、トレードをしている最中に自信を持続させられる可能性が高いということだ。

アイデアの検証について細かく紹介していると、それだけで本が一冊できそうだが、本章では手始めにそれをやってみることにする。ヒストリカルデータとエクセルがあれば、トレードを導いてくれる価値ある仮説を立てる能力を大幅に向上させることができる。それでは早速やってみよう。

レッスン91　過去のパターンを使ってトレードする

「S&P五〇〇株価指数が二〇〇日移動平均線を割り込んだから弱気になっている」とトレードのグルは言うが、これは自分のトレード戦略を決めるうえで妥当な理由になるだろうか。移動平均線を割り込んだら本当に売りにエッジ（優位性）が出てくるのだろうか。

その答えを出すには調べるしかない。さもないと思い込みや俗説でトレードするのと変わらなくなる。相場が過去に特定の形で動いていたからといって、今でもそれと同じ形で動くとは限らないが、やはり過去は現在の一番優れた指針になる。人間と同じように、相場も完全に予測可能なものではないが、さまざまな条件で人間を観察していると、一般論を導けるような傾向がいくつか見えてくる。同様に、過去のさまざまな条件で相場を詳細に調べていくと、うまく活用できる規則性を突き止めることができる。

結局のところ、移動平均線を使ったやり方は――人気のあるトレード誌などでは称賛されているが――、さほど堅牢なものではない。一九八〇年から本章の執筆時までを見てみると、S&P五〇〇株価指数が二〇〇日移動平均線の上方で推移していたときにトレードした場合、そのリターンは八・六八%、二〇〇日移動平均線の下方で推移していたときにトレードした場合、そのリターンは七・三二%。それほどの大差はなく、移動平均線を割り込んでも弱気になる理由はあまりない。デビッド・アロンソンがその優れた著書『**テクニカル分析の迷信――行動ファイナンスと統計学を活用した科学的アプローチ**』（パンローリング）で六〇〇〇を超えるテクニカル指標を検証しているが、やはりこのやり方が堅牢なものではないことが分かった。たった一つの指標が将来のリターンを予測する重要な指標になることはないのである。

よく調べてからトレードすること。だれもが知っている相場の俗説が間違っていることもある。

事実と俗説とを見分けることができるという点でも、セルフコーチングには過去のパターンが必要だ。「トレンドは友だちだ」とよく言われるが、わたしがブログに掲載したリサーチでは、負けた日や週や月のあとよりも、勝った日や週や月のあとのほうがリターンが低いことを一貫して示している。相場の俗説を額面どおりに受け取ることはできない――買い注文を出す前にトレードする銘柄をリサーチするように、トレード戦略の信頼性や妥当性をリサーチするのは当然だ。

正反対のミスを犯し、過去のマーケットのパターンを利用して機械的にトレードするトレーダーもいる。わたしはこうしたトレーダーが異常なほど多く自滅していくのを目の当たりにしてきた。相場のパターンはわれわれが研究している過去のパターンと相対的である。もし過去数年間の強気相場でのリターンを調べてみると、重要なパターンが弱気相場ではまったく姿を消していることが分かるだろう。数々の強気相場と弱気相場を自分のデータベースに加えておけば、だれが、また何が相場を動かしているのかについて、過去にさかのぼり、今の期間とはまったく違う期間に当たってみることができる。アルゴリズムに基づいた自動戦略のおかげで、パターンはすっかり様変わりしている――短期の場合にはとくにそうである。コンピューターが登場する前の相場を調べてみると、コンピューターの影響がどこにも見当たらないのが分かるだろう。ヒストリカル分析のために抽出する過去の期間というのは、さまざまな相場を含むが、適当ではないデータは含まない程度の期間という意味である。これは科学とまったく同じやり方だ。

わたしは過去のマーケットのパターンを定性的研究のデータとして扱っている。簡単に言えば、定性的研究とは、仮説を検証するリサーチではなく「仮説を生み出すリサーチ」である。わたしはマーケットのパターンを、不変の結論ではなく仮説の基本になるものだと考えている。過去基本的な仮説は、次のトレード期間は直近の過去の期間とそう大差はないというものだ。過去のX期に一つのパターンが存在すれば、それは次の期間にも続くだろうという仮説を立てられるわけだ。どの仮説とも同じで、これも検証可能な命題だ。単なる思い込みや俗説ではなく、裏づけのあるアイデアだ——無分別にトレードするような不変の真実として受け入れられるものではない。

過去のデータを検証することで仮説を生み出すことはできるが、結論を導けるわけではない。

したがって、過去のパターンを調べるのに推測統計学の利用をお勧めするわけにはいかない。わたしが求めているのは定性的差異だが、これは心理療法士がクライアントのさまざまな行動パターンを探るのと同じである。要するに、わたしは仮説を立てたいのであり、それを検証したいわけではないのである。トレードの場合、検証はトレード結果に表れる。つまり、偶然にもリターンが予想を大幅に上回れば、それは無分別なトレードをしているのではなく、知識に基づいてトレードしているのだという結論を導くことができるわけだ。

定性的な見方をすると、期間も厄介な問題ではなくなってくる。ヒストリカルデータの研究結果を単なる仮説にすぎないと考えれば、過去数週間、数カ月、あるいは数十年のトレードからアイデアを導くことができる。基本的な仮説は同じである――次の期間も直近の期間とさほど変わらないだろう。それを念頭に置いておけば、さまざまな時間枠のさまざまなパターンから複数の仮説を導き、組み立てることができる。例えば、ある仮説で前日のピボットR1（抵抗線1）のレベルを抜けるだろうと予想した場合には、前日の引け時に強い動きがあれば買いだと断定できるかもしれない。二つ目の仮説でも、前週の弱気相場のパターンを踏まえた場合には買いが入ると予測することができる。複数の独立したパターンが同じ方向を向いているときには、まだ一定の結論は出せないが、しっかりした仮説を立てることはできる。

独立したパターンが同じ方向性エッジを示していれば、とくに有望な仮説を立てることができる。

当然のことだが、十分な仮説を立てていれば、なかには単に確率の問題として有望な仮説も含まれているものである。もしダウ採用銘柄の組み合わせを毎日すべて調べることができれば、

ＩＢＭ株は夏季の第一水曜日に値上がりする傾向があるなど（一つの可能性への投資）、何らかの銘柄の魅力的なパターンが発見できる確率が高くなる。優れた仮説は筋が通ったものでなければならない――つまり、「なぜ」それが妥当なのかに答えられなければならない。例えば、空売りの買い戻しで資金ができたし、副業による収入もあるので、下落相場が終わったら株を買おうというなら分かるが、Ｍで始まる月（三月、五月）の第一水曜日以外の水曜日に買おうというのは理解できない――過去のデータがどのようなものであっても。

まずはしっかりした仮説を立てることを学んだら、次にやるのはその仮説をシンプルなものにし、最も期待できるパターンの感触をつかむことである。チャートを調べれば、最初の候補がたくさん見えてくる。大商いを伴って上昇した銘柄は売ったほうがよい、あるいは下落相場の日の翌日に下げて寄り付いたあとは反発する傾向がある、などというのが分かるだろう。こうしたアイデアは過去にさかのぼってチェックしてみるとよい。トレードの最中や観察しているときにはどのようなパターンに気づいているだろう。そうして気づいたパターンを紙に書き出し、シンプルなものにしておけば、そのパターンから始めることができる。

コーチングのヒント

ニューズレターのなかには、過去のパターンを検証し、皆さんがアイデアを生み出す際にインスピレーションを与えてくれるものもある。第9章のジェイソン・ゲプファート氏、ロブ・ハンナ氏、レニー・ヤング氏の回答と各々のホームページをチェックしてみよう。三人ともマーケットのパターンを調べている経験豊富なトレーダーだ。

レッスン92　正しいデータを使って優れた仮説を組み立てる

前のレッスンでは仮説をシンプルなものにするようにと念を押したが、それは単に学習が目的だからではない。思いつきで仮説を立てたり、アイデアにあれこれと条件を加えたりしなければ、おおむねしっかりした仮説を立てることができる。「金が上昇し、債券が下落した三月には大幅に下落したが、その翌週はどうなるだろう?」と自問するよりも、「大きく下げた週の翌週はどうなるだろう?」といったシンプルで単刀直入な疑問を投げ掛けてみるとよい。最初の問い掛けだと、条件が一致したごく小さなサンプルしか抽出できないため――長期間のうち三月だけ――、そこから一般論を導くのは難しい。現在の相場が過去にどうだったかを判断する方法として、わたしは小さなサンプル「N」でパターンを見ることがある。小さなサンプルといっても、それは最大限の注意を払うある期間中に少なくとも二〇回は発生しているパターンのこと。検索条件を絞り込めば、それだけサンプルは小さくなり、一般論を導くのも難しくなるものだ。

シンプルなパターンほどしっかりしたものになる。

もちろん、ある期間中にパターンが発生する回数は、調べるデータによっても違ってくる。株式指数先物の場合、一日に四一五分あれば、二〇日間で一分間のパターンを八三〇〇回観察することになるが、もし日次データを調べるなら、同じ八三〇〇回を観察するのに三三〇年以上かかる。高頻度データでデータベースを作ると、大きすぎてすぐには扱えず、専用のデータベースアプリケーションが必要になる。わたしのヒストリカルデータの研究はシンプルで、フラットなエクセルのデータベース機能を使っている。管理できる時間枠で限られた数の変数を調べるのが自分のニーズには合っているようだ。多くの時間枠で数々の変数を検証しようとするシステム開発者には、間違いなくリレーショナルデータベースやトレードステーション（TradeStation）など、専用のシステムテスト用プラットフォームが必要になる。マーケットのパターンを選択する際にもう少し系統立てて厳選したいという裁量トレーダー（正式なシステム開発者ではない）には、本章で取り上げる仮説の立て方が最もふさわしいだろう。

ヒストリカルデータを調べるに値する仮説を立てる前に、まずは自分のデータセットを作っておく必要がある。このデータセットには決められた期間中のさまざまな変数を組み入れる。選択した変数には、裁量で意思決定を下すときに主に調べるマーケットや指標を反映させる。例えば、もし株式マーケットのセクター間の先導株・出遅れ株でトレードするなら、データベースにはセクター指数やＥＴＦ（上場投資信託）を組み入れる必要がある。個別銘柄の価格差のパターンでトレードするなら、少なくともトレードする各銘柄の毎日の始値、高値、安値、終値が必要になる。わたしが自分のトレードで追跡しているパターンには、新高値か新安値を付ける銘柄の数が含まれている――これはわたしのデータベースに組み込んであり、銘柄専用のシートに個別の欄を作ってある。

何となくお分かりだと思うが、データベースは簡単に大きくすることができる。スプレッドシートにそれぞれ日付、始値、高値、安値、終値、出来高、変化率、自分が追跡しているいくつかの指標の欄を作れば、トレードしている株式や先物の大きなシートができる――とくに日中のデータをアーカイブしている場合。**このようなヒストリカルデータを調べるのにまだ慣れていないという人には、とにかく手始めにやってみることを強くお勧めする。**これでデータセットを扱いやすいものにすることができ、日中の観察や判断を補強してくれる長期の時間枠で仮説を立てるのに役に立つ。日次データがあれば望ましいスイングパターンが数多く見つかり、手ごろなデータもすぐに利用することができる。

最も期待できる過去のパターンは数日間から数週間にわたって表れる。

自分のヒストリカルデータベースを仕入れるデータベンダーがいくつかある。多くのリアルタイムプラットフォームはサーバー上に膨大なヒストリカルデータをアーカイブしているため、eSignal や Real Tick など（二つともわたしが個人的に使用しているベンダー）からそうしたデータをダウンロードし、毎日引け後に手動で更新すればよい。そうすればヒストリカルデータの購入費用を節約することができ、望みのデータを好きな方法で保存しておくこともできる。わたしは、株式先物指数の日中のデータやNYSE（ニューヨーク証券取引所）のTICK指標（**訳注**　値動きが変動する頻度を表す指標）などの変数のほとんどはこうして収集している。スプレッドシートも、直感的に見てすぐに分かるように欄を作ってある。埋め込みチャートを含め、シートの更新に要する時間はせいぜい数分間だ。

もう一つの方法は、わたしも利用しているが、ベンダーからヒストリカルデータを購入することである。わたしは日次データをピナクル・データ（http://www.pinnacledata.com/）から購入しているが、この会社にはだれでも簡単に使える更新用のオンラインプログラムも用意されている。データはかなり前の時期までさかのぼっており、多くが自分では簡単に保存できなかったいような銘柄や指数も取り込んでいる。データは自動的に、しかも個別データごとにエクセルの別々のシートに保存される。これを自分でやるとなると、別々のシートに入力し、特定の仮説や時間枠に関係のあるすべてのデータを抽出しなければならない。各データは自分がヒストリカルデータを研究するのに使用する一つのワークシートにコピーすることができる――これについては後述する。ピナクル・データから入手したデータのなかでも役に立つのは、上昇や下降の情報、新高値と新安値、出来高（出来高の増減を含む）、金利、商品相場と為替レート、そして週次データである。これらはマーケット全体のデータであり、個別銘柄に関するものではない。個別銘柄のデータを収集するときには、普通はリアルタイムの相場表示プラットフォームからヒストリカルデータを探すが、わたしの場合はこれが一番良い。

日中のクリーンデータ（**訳注**　信頼性のある正確なデータ）の収集という点では、ティック・データ（http://www.tickdata.com/）がとくに重要なベンダーだろう。ヒストリカルデータが同梱されたデータ管理ソフトウエアを使うと、どの時間枠にもデータを当てはめ、エクセルにファイルとして保存することができる。これは株式や先物の価格データや膨大な量の指標データなど、日中の情報のヒストリカルデータベースを素早く構築する素晴らしい手段である。

ベンダーからデータを購入すれば、大量のデータを調べることができるし、更新するのも簡単だ。チャート作成プラットフォームでデータを手動で更新するのは少々面倒だし時間もかかるが、すでにデータサービスに登録しているなら、間違いなく購入したほうが安上がりだろう。

重要なのは、信頼できる筋から、自分にとって分かりやすい方法で、自分が一番欲しいデータを入手することである。プロセスが煩雑になりすぎると、すぐに投げ出してしまうことになる。

自分のトレードのセルフコーチとしては、学習プロセスを刺激的で楽しいものにしたいだろう。要は、自分がいかに前向きな気持ちを持続できるかである。自分がすでに調べているものに集中し、当初収集したデータをそれに限定するとよい。自分が主に調べている銘柄やセクター、指数、先物取引の価格や出来高など、基本的なデータはすぐに集めることができる。データを追加するのはとくに問題ではない。自分が欲しいときに欲しいデータを簡単に抽出できるような形で情報を整理しておくことが大切だ。過去のパターンの観察に慣れてくれば、そのパターンが発生したときにリアルタイムで認識できるようになる。そうすれば、「まさにこのプロセスのおかげだ」とうれしい驚きがあるはずだ。

コーチングのヒント

一日から数週間のパターンを調べるには、日次データと週次データで別々のアーカイブを構築することを検討してみよう。始値、高値、安値、終値だけのシンプルなデータからいかに多くの仮説を立てられるかが分かれば、きっと驚くだろう。高く引けた日の翌日と安く引けた日の翌日でリターンはどう違うだろう。その日のレンジが直近二〇日間で最も高かったが安く引けたという場合、その翌日はどうなるだろう。三日続伸または続落のあとはどうなるだろう。下落相場の週に安く引けた日の翌日と上昇相場の週に安く引けた日の翌日ではリターンはどう違うだろう。価格データを検証すれば簡単に分かる。

レッスン93　エクセルの基本（エクセル2003を使用）

このレッスンでは、わたしがマーケットのヒストリカルデータを調べるのに使っているエクセルの基本について少し復習してみよう。スプレッドシートの基本（セルの指定方法、情報をコピーしてセルに貼り付ける方法、あるセルから別のセルにデータをコピーする方法、データを使ってチャートを作る方法、単純な数式をセルに書き込む方法など）をまだ理解していない人は、エクセルの入門書を読む必要がある。ここで取り上げるのはすべて基本中の基本である。複数のシートとリンクするワークブックは使わず、複雑なマクロも記述しない。マーケットのデータを使った分かりやすい仮説を立てるには、こうした基礎知識があれば十分だ。

それでは早速始めよう。まずマーケットのパターンとテーマを検索する最初のステップは、自分のヒストリカルデータをエクセルにダウンロードすることだ。データベンダーにはデータをダウンロードするためのマニュアルが用意されている。普通はチャート作成アプリケーションを使うか、あるいはベンダーのサーバー上にあるデータをコピーし、それをエクセルに貼り付ければよい。例えば、もしリアルタイムのデータ取得やチャート作成アプリケーションとしてeSignal（http://www.esignal.com/）を使っているなら、関心のあるデータのチャートをクリックして起動する。メニューバーから「ツール」を選択し、「データのエクスポート」を選択してクリックすると、チャートのデータを含むスプレッドシートのような画面が表示されるので、上から自分がスプレッドシートに記入しておきたいデータを確認し、データ要素のボックスにチェックを入れる。もしパターンの検索に不要なデータが含まれていたら、単にそのボックスのチェックを外せばよい。

eSignalでは、そのスプレッドシートの「クリップボードにコピー」ボタンをクリックすれば、選択したデータをすべてウィンドウズのクリップボードにコピーすることができ、個別のデータがアルファベット順に保存される。そうしたらエクセルの新しいシートを開き、メニューバーから「編集」を選択し、「貼り付け」をクリックする。それで選択したデータをエクセルのスプレッドシートに貼り付ける。

eSignalのスプレッドシートのような画面に表示されるデータよりも多くのヒストリカルデータが欲しい場合には、自分のチャートをクリックし、マウスを右側にドラッグしてデータの範囲を過去まで移動する。必要に応じて前に戻り、「ツール」メニューを選択して「データのエクスポート」をクリックする。eSignal（または現在のデータやチャート作成アプリケーションのベンダー）以上のヒストリカルデータが欲しい場合には、ピナクル・データ（http://www.pinnacledata.com/）などのベンダーに登録する必要がある。

複数の指数や金融商品のデータを何年も前までさかのぼって調べたい場合には、データの完全性や精度をチェックしているヒストリカルデータベンダーからダウンロードするとよい。

ピナクル・データを使っている場合には、Gowebというアプリケーションを使うと、データベース全体を毎日、自動的に更新することができる。このアプリケーションを使うと、データはすべてエクセルのシートに更新され、Cドライブの「Data」フォルダーに保存される。「Data」フォルダーのなかの「IDXDATA」というフォルダーには、各金融商品かデータ（S&P五〇〇株価指数の始値、高値、安値、終値、五二週高値を付けたNYSE［ニューヨーク証券取引所］構成銘柄の数）をそれぞれのスプレッドシートに記入したブックが保存される。これらのシートを開いて自分が調べたい過去の期間を強調表示させ、エクセルのメニューバーから「編集」を選択し、「コピー」をクリックする。続いて新しいシートを開き、メニューバーから「編集」を選択し、「貼り付け」をクリックする。ピナクル・データのシートからコピーして自分のワークシートに貼り付ければ、分析用にデータを扱うときでも自分のヒストリカルデータのファイルを修正しなくて済む。

個人的には、分析用のスプレッドシートに簡単にダウンロードできないデータ取得やチャート作成のサービスには登録しないつもりである。 サーバー上で時間帯ごとのデータや日次データを大量に処理しているデータサービスに登録しておくのもよいだろう。そうすれば、一カ所のデータソースからあらゆるデータを簡単に読み出すことができる。わたしはｅＳｉｇｎａｌとピナクル・データがほぼ信頼できるクリーンなデータソースだと思っているが、ほかにもあるので探してみるとよい。

データをダウンロードして分析するときには、自分のシートをフォルダーに保存しておくと、結果を整理し、シートにラベルを付けるのが楽になり、やがて大量の分析ができるようになる。作業を保存して整理しておけば、後に無駄な労力を費やさずに済む。

いったんスプレッドシートにデータをダウンロードしたら、エクセルの数式を使ってデータを取得し、関心のあるパターンを調べるのに必要な形にする必要がある。エクセルの数式は記号「=」で始まる。例えば、価格データの最初の一〇期間の平均値を算出したければ（最初のデータが二行目で、その後のデータが下に続いている場合）、セルＤ11に「=average(C2:C11)」

と入力する（カギカッコは不要。以下同様）。これでセルC1～C10に単純な価格データの平均（中央値）が入る。もし移動平均線を描きたければ、単にセルD10をクリックし、プルダウンメニューから「コピー」を選択し、マウスを左クリックしながらセルD11から下に向かってドラッグして放せばよい。そうするとC列の新たなセル各々の平均値がD列で更新され、一〇期間移動平均線ができる。

一般に、エクセルの各列（文字で表示されている）は関心のある変数にする。普段のわたしのA列は日付、B列は時間帯（日中のデータを調べている場合）、C列は始値、D列は高値、E列は安値、F列は終値になっている。G列はこの期間の各々の出来高データになっている場合がある（自分の研究対象の一部である場合）、H列から先は、別の指数や株式、またはその期間中の指標のデータ系列など、関心のあるほかの変数にする。**データの各行は、日付などの時間帯である。**一般にわたしのデータは、最初のデータが二行目に来て、その後のデータが下に続くようになっている。それぞれの列がはっきりと分類できるように、一行目はデータのラベルを付けるために取っておく――「日付」「始値」「高値」「安値」「終値」など。なぜラベルを付けるのがそれほど役立つのかは、データを並べ替えるときになれば分かるだろう。

わたしがよくデータを定性的に調べるのに使っているシンプルな統計関数をいくつかご紹介しよう。それぞれの例では、C列のデータをセル1～10まで調べているものと仮定する。

● =median(C2:C11)――データの中央値
● =max(C2:C11)――データの最大値
● =min(C2:C11)――データの最小値
● =stdev(C2:C11)――データの標準偏差
● =correl(C2:C11,D2:D11)――C列とD列のデータ（セル1～10）間の相関

われわれの分析では未加工データを使うことは少ないが、期間によって異なるデータを使っている。数式「=(C3-C2)」では、セルC2からC3までの差異を出す。この差異をパーセンテージで表す場合（ある期間から期間までの価格変動率を分析するため）、数式は「((C3-C2)/C2)*100」となる。セルC3からC2までの差異を初期値（C2）の割合とし、それに100を乗じればパーセンテージが割り出される。

その後の割合の差異情報を記入したセルを更新するときにも、数式を書き換える必要はない。代わりに、先述のように数式が入力されたセルをクリックし、上部のメニューバーから「編集」を選択し、続いて「コピー」をクリックしたら、セルを左クリックしながら下方にドラッグし、欲しいデータの数式が記入されたセルまで進む。するとスプレッドシートが、自分でドラッグして選択した期間ごとの価格変動を計算してくれる。これはつまり、数式をワークシートに保存しておけば、データを更新するのは新たなデータをベンダーからダウンロードし、適切なセ

ルに貼り付け、数式からデータをコピーして新たなデータ期間を表すのと同じぐらい簡単だということだ。一度このように自分のシートを整理しておけば、一日にほんの数分で完全に更新することができる。

適切な数式を入力したスプレッドシートを作っておけば、あとは分析結果を更新する際にもほとんどコピー&貼り付けだけで済む。その結果、数々の分析結果をほんの数分で更新することができる。

繰り返すが、基本的な数式、行と列との組み合わせ、そしてデータのコピーは、実際に分析を行う前の良い練習になる。データベンダーかアプリケーションからデータをダウンロードしたら、コピーする、貼り付ける、数式を書くなど、エクセルでデータを処理することに習熟してから先へ進むことを強くお勧めする。一度こうしたスキルを身につけてしまえば、一生使えるものになり、トレードでも有望な仮説を立てる能力をぐっと高めてくれるはずだ。

コーチングのヒント

トレードのプラットフォームは、スプレッドシートにデータをリアルタイムで投入できるように、DDE（動的データ交換）によってスプレッドシートがプラットフォームのデータサーバーとリンクするようになっている。これはトレードをしている最中に各種指標を追跡するのに役に立ち、関心のあるデータを保存する方法としても時間効率が良い。DDEの使い方については、第9章のレニー・ヤング氏の説明を参照してほしい。

レッスン94　自分のデータをチャートにする

データを研究して可能性のある関係を探る最良の方法は、実際に自分でデータを見てみることである。エクセルを使って簡単なチャートを作れば、二つの変数が長期にわたって相関しているのが分かり、スプレッドシートの行と列を見ていたのでは気づかなかったかもしれないパターンを確認することもできる。例えば、市場平均の下方で推移している指標をチャートにしてみると、相場の方向性の変化に先行するダイバージェンス（乖離）のパターンに気づくかもしれない。こうしたパターンが頻繁に発生していることに気づくようになれば、それがヒストリカルデータの重要な研究の基本になる場合がある。

また、エクセルの入門書には、棒グラフや折れ線グラフ、円グラフなど、さまざまなチャートを作る際の詳しい説明も記載されている。チャートの色や形を変えたり、線や軸にラベルを付けたりして微妙な違いを出す方法も学ぶことができる。では、皆さんがデータを使った研究を始められるように、これから基本的なことをいくつかお話しする。

多くの場合、データ要素同士の関係を「目で見る」ことによって、トレードで期待できる仮説を確認することができる。

まずは簡単なチャートから始めよう。A列を日付に、B列を価格データに、C列を二つ目の価格データにする（**表10.1**を参照）。このチャートは、一つのトレード対象のマーケットか金融商品の価格変動が別のマーケットか金融商品の価格変動とどう相関しているかを視覚表示したいときに役に立つ。基本的な練習として、ここではいくつかの仮説データをエクセルに入力してみよう。一行目にはデータのタイトルを入力する。A列には日付を、B列には市場平均の指数の終値を、C列には鉱業株の終値を入力する。

チャートを作るには、データのタイトルを含め、マウスでデータを強調表示させる。メニューバーから「挿入」を選択して、続いて「グラフ」をクリックすると、グラフウィザードにさ

表10.1　マーケットのサンプルデータ

日付	指数	鉱業株
2008/12/1	1200.25	9.46
2008/12/1	1221.06	9.32
2008/12/3	1228.01	9.33
2008/12/4	1230.75	9.30
2008/12/5	1255.37	9.18
2008/12/8	1234.44	9.24
2008/12/9	1230.24	9.22
2008/12/10	1228.68	9.27
2008/12/11	1235.56	9.20
2008/12/12	1240.20	9.22
2008/12/15	1251.98	9.12
2008/12/16	1255.50	9.15
2008/12/17	1239.88	9.29

まざまなグラフが表示されるので、「グラフの種類」から「折れ線」を選択し、右側の「形式」から好きなグラフの形式を選択する。まずはシンプルな折れ線グラフを選択してみよう。続いて「次へ」をクリックすると、小さなグラフ、データ範囲、系列で行か列かを選択するようになっている。ここでは列を選択する。これは自分が変数をどのように分類しているかを見るためだ。再び「次へ」をクリックするとグラフウィザード3／4の画面が表示されるので、グラフのタイトルを入力し、X軸とY軸にラベルを付ける。先へ進み、タイトルとして「市場平均の指数」「鉱業株」と入力し、カテゴリー（X）軸のラベルに「日付」、価値（Y）軸のラベルに「価格」と入力する。そして「次へ」をクリックする。

グラフウィザード4／4（グラフの作成場所）

を開くと、グラフをスプレッドシートのオブジェクトにしたいのか、新しいシートにしたいのかを聞いてくるので、ここでは「新しいシート」を選択して、「完了」をクリックする。

するとウィザードがA列から日付の情報を認識し、それをX軸に置き換えたのが分かるだろう。また、X軸にデータの高安の範囲に応じて目盛りを付けてくれる。だが、残念ながら、これでは鉱業株のデータがどの程度上下しているのかが分からない。指数の価格よりも鉱業株の価格のほうがはるかに低いからだ。

この問題を正すには、指数の折れ線グラフの上にカーソルを合わせて右クリックする。するとダイアログボックスが出てくるので、「データ系列の書式設定」を選択する。続いて軸のタブをクリックしたら、「第二軸に系列をプロットする」ボタンをクリックする。そうするとボタンの下部のチャートが変化し、Y軸が二つできる――一つは指数の価格データ、もう一つは鉱業株の価格データ。こうすれば、両方の価格の相対的な変動がはっきりと分かるようになる。そして「OK」をクリックすれば、新しいチャートの完成だ。もしY軸に新しいタイトルを付けたければ、カーソルをチャートの中央（データの折れ線グラフから離れたところ）に置いて右クリックするとダイアログボックスが出てくるので、「グラフオプション」を選択する。画面が表示されたら、左側の値（Y）軸と右側の第二の値（Y）軸に新しいタイトルを入力する。

この二つの折れ線グラフのうちいずれかを右クリックすると、ダイアログボックスが出てくるので、「データ系列の書式設定」を選択する。するとパターンを選択するタブが見える。「指定」から「太さ」の矢印をクリックして太線を選び、折れ線グラフを太くする。「指定」から色の矢印をクリックすれば、線の色を変えることができる。

X軸またはY軸を右クリックするとダイアログボックスが出てくるので、「軸の書式設定」を選択する。「フォント」タブを選択したら、軸のタイトルの好きな書体、スタイル、サイズを選ぶ。「目盛り」タブを選択すると、グラフの数値軸の目盛りを変更することができる。少し練習すれば、チャートを自分の好みに合わせた外観にすることもできる。

では、このチャートからは何が分かるだろう。鉱業株が指数と一致した動きをしていないのが分かる。指数が大幅に上昇したり下落したりすると、鉱業株はそれとは逆の動きを示す。このような短期間では、それだけを見ても何ひとつ分からないが、次のような興味深い疑問がわいてくる。

●なぜ鉱業株は指数と逆の動きをしているのか？　あるいは、なぜ鉱業株は金相場と一致した動きをしているのか？

●もし鉱業株が金相場と一致した動きをしているなら、金相場も指数と逆の動きをしているのか？　もしそうなら、なぜそうなのか？　ドル高など、何か両者に共通した力が働いているのか？

●この関係は日中の時間帯でも見られるのか？　マーケット全体で売りか買いのシグナルが見

えたら、鉱業株でも売りか買いのシグナルが特定できるのだろうか?

自分で作ったチャートを見直してみると、マーケット間の関係、マーケット内部の関係を見るのに役に立つ。

多くの場合、チャートを使って関係を調べていくと貴重な問題提起につながり、それが今度は興味深く実り多いトレードアイデアへとつながっていく可能性がある。カギになるのは、「なぜそうなるのだろう?」という疑問を持つことだ。自分が観察している関係に関与しているのは何なのだろう。ちょっと思い出してみよう。トレードのセルフコーチングでは仮説を立てたいのではなかったか。だが、従来型の単純なブレインストーミングよりも優れた方法はない。データが相互にどう関係しているのかがグラフ上で実際に分かるようなときには、そのようなブレインストーミングをするのは簡単だ。揺るぎない結論に至ることはないだろうが、期待できるトレードアイデアを生み出せるような方向に進んでいくはずだ。

コーチングのヒント

主導セクターと遅行セクター、相場の高値と安値のダイバージェンスを観察する優れた方法として、S&P五〇〇株価指数に連動する主要なセクターETF（上場投資信託）と比較対照するSPY（S&P五〇〇株価指数）のチャートを作ってみよう。わたしが入念に追跡しているセクターは、XLB（素材セクター指数連動ETF）、XLI（製造業セクター指数連動ETF）、XLY（景気敏感・サービスセクター指数連動ETF）、XLP（生活必需品セクター指数連動ETF）、XLE（エネルギーセクター指数連動ETF）、XLF（金融セクター指数連動ETF）、XLV（ヘルスケアセクター指数連動ETF）、XLK（テクノロジーセクター指数連動ETF）である。このようなチャート作成を無視して先へ進みたい人には、ホームページ「デシジョン・ポイント（Decision Point）」（http://www.decisionpoint.com/）がお勧めだ。優れたセクター関連の指標やチャートが掲載されている。さらに、株式やセクター関連のチャートを掲載している優れたホームページとして、「バーチャート（Barchart）」（http://www.barchart.com/）を挙げておく。

レッスン95　自分の独立変数と従属変数を作る

スプレッドシートを整理する場合、わたしなら普通は未加工データを一番左側に置く（A列、B列、C列など）。そしてその未加工データを独立変数に変えたものを中央に置き、従属変数を一番右側に置く。では、これがどういう意味なのかを見ていこう。

独立変数とは、われわれが「予測変数の候補」と呼んでいるものである。われわれがトレードしているマーケットに影響を及ぼすのが変数だ。例えば、前日の価格変動（独立変数）が翌日のS&P五〇〇株価指数のリターン（従属変数）に及ぼす影響を研究しているとしよう。未加工データは、選択した過去の期間のS&P五〇〇指数の価格データで構成されている。独立変数は前日のリターンの可動予測値になり、従属変数は翌日のリターンの予測値になる。独立変数はトレードにエッジ（優位性）を与えてくれるもの、従属変数はそのエッジを生かしてトレードできるものになると考えられる。

未加工データをスプレッドシートの左側に置き、その未加工データを独立変数に変えたものを中央、続いて従属変数を右側という順番に並べておけば、スプレッドシート間の分析結果を明確にすることができる。

これを練習としてやってみよう。過去一〇〇〇日間のS&P五〇〇株価指数のデータ（現物取引の終値）をダウンロードする。これでほぼ四年分の日次データが取得できる。ピナクル・データ（http://pinnacledata.com/）から入手した場合にはエクセルの新しいシートを開き、メニューバーから「ファイル」を、続いて「開く」をクリックしたら、Cドライブの「Data」フォルダーのなかの「IDXDATA」フォルダーをダブルクリックし、ファイルの種類として「All Files」を選択し、S&P五〇〇指数のファイルをダブルクリックする。過去一〇〇〇日分のセルを強調表示させ、メニューバーから「編集」を、続いて「コピー」をクリックする。新しいスプレッドシートを開いたら、再びメニューバーから「編集」をクリックする。カーソルでセルA2を強調表示させたら「貼り付け」をクリックする。するとピナクル・データから入手したデータが自分のワークシートに表示されるので、1行目にタイトルを入力する（日付、始値、高値、安値、終値）。

別のベンダーからデータを入手した場合には、データにアクセスするためのメニューは異なるが、結果は同じになる――入手したデータをコピーし、新しいスプレッドシートのセルA2に貼り付けてから、データのタイトルを入力する。すると取り込んだ未加工データがA～E列に表示される（A列は日付、B列は始値、C列は高値、D列は安値、E列は終値）。今度はF列（セルF1）にタイトルを入力するため、「SP(1)」と入力する。これが自分の独立変数になり、その日の指数の変動率になる。最初はセルF3に「=((E3-E2)/E2)*100)」と入力する。これがセルA2の終値からA3の終値までの指数の変動率になる。

今度はセルG7に従属変数を作ってみよう。G1に「SP＋1」と入力し、G列にタイトルを入力する。セルG3の数式は「=((E4-E3)/E3)*100)」となる。これが翌日の指数のリターン（％）を表す。

シートを完成するには、セルF3とG3をクリックして強調表示させたら、メニューバーから「編集」を選択して「コピー」をクリックする。セルF3とG3がとくに強調表示されているのが分かったら、今度はカーソルでセルF4とG4を強調表示させながら、マウスをデータセットの一番下までドラッグして放し、すべてのセルを強調表示させる。再びメニューバーから「編集」を選択して「貼り付け」をクリックする。するとスプレッドシートがセルの各々の数式を計算してくれる。これでスプレッドシートのデータ部分が完成だ。未加工データがA～E列に表示される。独立変数（予測変数の候補）はF列に、トレードで関心のある自分の変数（従属変数）はG列に並ぶ。後のレッスンで使用するので、このスプレッドシートをエクセルのフォルダーに「練習用シート」として保存しておこう。

注意してほしいのは、ダウンロードしたのは一〇〇〇日分のデータだが、われわれのサンプルの実際のデータポイントは九九八だということだ。前日の終値のデータを取り込んでいないため、最初のデータポイントから「SP(1)」を計算することはできない。したがって、三行目のデータの数式から始めることになるからだ。また、翌日の終値も分からないため、最後のデータポイントから「SP＋1」を計算することもできない。したがって、われわれの分析では、ダウンロードした一〇〇〇のデータポイントのうち九九八しか利用することができないということだ。一〇〇〇のデータポイントを利用したければ、一〇〇二日分の過去のデータをダウンロードする必要がある。

少し練習すれば、これらはすべて習性になっていく。ほんの一～二分でデータファイルを開き、未加工データをコピーして貼り付け、数式を書いてセルをコピーすればシートが完成する。この例は、前日のリターンが翌日のリターンとどう相関しているかを調べるもの。スプレッドシートを開いて、次のような問い掛けをしてみよう。

「上昇して引けた日の翌日に買い、下落して引けた日の翌日に売るのが良いのか、上昇して引けた日の翌日に売り、下落して引けた日の翌日に買うのが良いのか、それとも、はっきりした違いはないのか？」

わたしは独立変数を「予測変数の候補」と呼んでいる。それは、独立変数が関心のある変数と相関があるのかどうかが分からないからだ。それがやはり候補にすぎないのは、それが有意な兆しであることをより納得のいく形で教えてくれる統計的有意性テストをしていないからである。むしろ、われわれは、仮説を生み出す方法として、前のレッスンでチャート作成に用いたのと同じ分析法を用いている。

ちょっと思い出してみよう。この例では、マーケットのパターンを説明するのに、統計的に分析するのではなく、過去の関係を用いている。検証をせずに仮説を生み出しているわけだ。

前週の価格変動と翌週のリターンとの関係を調べることに関心があるなら、未加工データが指数の日次データではなく週次データで構成されていること以外、スプレッドシートは極めて類似してくるはずだ。**一般に、前の期間のデータが次の期間のデータに及ぼす影響を調べているなら、分析は最もさっぱりしたものになる。**これによってどの観察結果も独立したものになり、重複したデータはなくなるはずだ。

わたしの説明が何を意味するかを理解するには、マーケットの日次データを使って前週五日間の価格変動と翌週五日間の価格変動との関係を調べてみることを検討しよう。ここではF列の独立変数が「=((E7-E2)/E2*100)」になる――過去五日間の価格変動。G列の従属変数は「=((E12-E7)/E7)*100)」になる――翌五日間の価格変動。**ただし、この手順でこれらのセルをスプレッドシートの下方にコピーする場合には、セルF8、F9、F10……とセルG8、G9、G10……の各観察結果が完全に独立したものではないことに注意しよう。**過去五日間のリターンはセルF8、F9、F10の値と重複し、予想される五日間のリターンはセルG8、G9、G10と重複する。未加工データが自分の独立変数と従属変数を調べている期間よりも短い期間の場合には必ずそうなるはずだ。

推測統計学テストは独立しているデータの観察結果によって異なるため、統計的有意性を計算するときに重複しているデータを含めるのは適切ではない。仮説を生み出すためには、わたしならある程度の重複は容認するため、二〇〇日間までの関係を調べるのに日次データを用いることにする――とくにデータ全体のサイズに対して重複している量が少ない。一〇〇〇日のサンプルでは、日次データを用いて次の二〇〇日のリターンを調べることはない。例えば、過去四年間という期間で前の五日間の価格変動が次の五日間のリターンに及ぼす影響を調べるときに日次データを用いてもとくに問題はないだろう。

自分の調査結果が最もしっかりしてくるのは、過去の期間（自分がデータを抽出している期間）に多様性のある市況、すなわち上昇、下落、レンジ相場、高いボラティリティ、低いボラティリティなどが含まれている場合だろう。

一般に、わたしは従属変数を予想される価格変動にしている。なぜなら、トレーダーとして価格変動に関心があるからだ。独立変数は、有意に予想される価格変動と相関している可能性があることを教えてくれる自分の観察結果にする。普通、わたしは翌日のリターン（デイトレードのアイデアに役立てるため）、そして翌週のリターン（スイングトレードの仮説を立てるときに役立てるため）の従属変数を見る。もし考えられるマーケット全体の動きを知りたければ、向こう二〇日間のリターンを調べるだろう。さまざまな時間帯で仕掛けるトレーダーは、日中の時間帯など、調べるときにさまざまな期間を用いる場合がある。全体的に、わたしの研究では一～二〇日間を用いるのが最も効果的であることが分かった。

やはり「習うより慣れろ」である。実際にヒストリカルデータを調べる前に、データをダウンロードし、スプレッドシートに変数をまとめるのがうまくなるとよい。結局のところ、自分の結果は、自分が入力したデータとそのデータで作ったチャート以上に確かなものにはならないのである。

コーチングのヒント

前の例のような「練習用シート」を使うと、翌日の寄り付きギャップ後の平均リターンがいかに簡単に調べられるかに着目しよう。独立変数を寄り付きギャップにすると、数式は「=((b3-e2)/e2)*100」（当日の始値と前日の終値との差異をパーセンテージで表したもの）になる。その日の価格変動率は、「=((e3-b3)/b3)*100」（当日の終値と当日の始値との差異をパーセンテージで表したもの）になる。寄り付きの値を正確に反映させるには、株式指数先物かＥＴＦ（上場投資信託）のデータを使う必要があるだろう――取引時間開始から最初の一分間ですべての株価が寄り付くわけではないため、現物取引の指数は寄り付きの正確な値を反映していない。

レッスン96　自分のヒストリカルデータを研究する

自分のデータをダウンロードし、独立変数と従属変数を割り出して、この二つの変数間の関係を調べる準備を整えよう。前のレッスンでは、S&P五〇〇株価指数のデータを使い、前日の価格変動をF列に、翌日の価格変動をG列にしたスプレッドシートを保存した。ここではそのシートを開いて研究を始めよう。

最初のステップは、そのワークシートのデータを新しいシートにコピーすることだ。まずはデータをウィンドウズのクリップボードにコピーし、新しいシートに貼り付ける。これでシートからすべての数式が消える。クリップボードには英数字のテキストデータしか保存されないからだ。われわれの研究で求められるデータ操作にはこのプロセスが必要になる。

次に、最終行（最新日のデータ）を除き、シートのすべてのセルを強調表示させる。われわれの分析では、翌日のリターンのデータがないため、最終行は使わない。すべてのセルを強調表示させたら、エクセルのメニューバーから「編集」を選択して「コピー」をクリックする。

続いてスプレッドシートを終了し、データをクリップボードにコピーする。新しいシートを開き、セルA1をクリックする。メニューバーから「編集」を選択して「貼り付け」をクリックする。すると数式以外のデータが新しいシートに転記される。

これが終わったら、データのタイトルのすぐ下の先頭行を削除する。前日からの変動のデータがないからだ。その行を削除するときには、行全体を強調表示させ、「編集」を選択して「削除」をクリックする。すると下の行が上方へ移動し、データのタイトルとデータ行の間の空白行が削除される。

今度は（先頭のデータのタイトル行を含めて）すべてのデータを強調表示させ、メニューバーから「データ」を選択し、「並べ替え条件」のプルダウンメニューから「SP(1)」を選択する。続いてプルダウンメニューの「降順」ボタンをクリックすると、S&P五〇〇株価指数で一日の上昇幅が最も大きかった日が先頭行に、一日の上昇幅が二番目に大きかった日が二行目に来る。最終行のデータはS&P五〇〇株価指数で一日の下落幅が最も大きかった日になる。

「並べ替え」機能を使って独立変数を高い値と低い値に分類すると、従属変数がどのように影響を受けるを調べることができる。

これでデータを研究する準備が整った。簡単に説明するために、データのタイトルを一行目にし、九九九行のデータがあると仮定してみよう（S&P五〇〇株価指数のデータが九九八日分とタイトルの一行）。G列の最終行の下（つまり、セルG1002）に「=average(g2:g500)」と入力して「Enter」キーを押す。その下のセル（G1003）には「=average(g501:g999)」と入力して「Enter」キーを押す。すると、サンプルで最も上昇幅が大きかった半日と最も上昇幅が小さかった半日の翌日のリターンが高かったのか低かったのかの大まかな感覚がつかめる。また、単に「=average(g2:g250)」「=average(g251:g500)」「=average(g501:g750)」「=average(g751:g999)」と入力すれば、四分位数ごとに翌日のリターンを簡単に分析することができることにも着目しよう。

このデータから分かるのは、S&P五〇〇指数が弱かった日の翌日のリターンが最も高くなり、指数が強かった日の翌日のリターンが最も低くなる傾向があるということだ。この差異は自分のトレードにどのような影響を及ぼすだろう。本章でもすでに強調したとおり、わたしは統計的に有意なトレードシステムを構築するのにこの情報を利用しているわけではない。むしろ、とくに印象的な差異を定性的に探している。これがトレードの仮説を生み出す際に最も期待できる関係なのだ。指数が高く引けた日と安く引けた日の翌日のリターンの平均差異が＋〇・〇一％と＋〇・〇三％だとしたら、それほどワクワクしない。指数が高く引けた日の翌日の平均リターンがマイナスで、指数が安く引けた日の翌日の平均リターンがプラスのときのほうが興味深い。

いろいろと並べ替えをしてみると、価値ある仮説を立てるときの基礎になるような差異が十分に分かってくる。

では、わたしならその情報をどのように利用するかということだが、その四分位数をもっと深く掘り下げて調べてみると、指数が大幅に上昇した日の翌日のリターンがとくに低くなることが分かるとする。もしそうなれば、S＆P五〇〇株価指数が大幅に上昇した日の翌朝はレンジ相場でのトレードになる。もしS＆P五〇〇指数がとくに軟調な日の翌日には高く引けるだろうと思えば、大幅に下落した日の翌日には反転すると考える。**データがわたしに注意を促してくれるのだ。つまり仮説を立てられるのである――確たる結論ではない。**

また、データが自分のトレードの習慣を強化するのを助けてくれることもある。もし中期のスイングポジションを保有していれば、指数が堅調に推移した日よりも下落した日の翌日には長期の買い増しをしたくなるだろうし、指数が高く引けた日よりも安く引けた日の翌日には売りポジションの一部を利食いたくなるだろう。

では、はっきりした差異が見られないと仮定してみよう。これもまた研究の成果である。これを見れば、この時間帯、この期間にはトレンドの証拠も反トレンドの証拠もないことが分かる。これは指数が上昇した日や下落した日の翌日にわれわれの期待を調節するのに役に立つ。これでは「トレンドは友だちだ」などと考えることはできない。どこかで潜在的なエッジ（優位性）を見つけなければならないことも分かる。

自分で調べて発見した関係の記録をつけておくこと。そうすると今後の研究にもつながり、後に同じ取り組みを繰り返さなくても済む。

仮に分析をしてもデータに期待できる関係が見つからないという場合には、自分の限られた創造力を発揮して別の仮説を立てるしかない。例えば、日次データではなく週次データか月次データで前のリターンが次のリターンにどう影響するかを調べたり、異なる金融商品かマーケットの翌日のリターンを調べたりしてもよい。また、S&P五〇〇指数よりも商品先物か小型株にトレンドを示す良い兆しが見つかるかもしれない。

自分の創造力が本当に発揮できるのは、自分で独立変数を選択したときである。前に説明したのと同じ基本的なスプレッドシートのフォーマットを使えば、当日のプット・コール・レシオと翌日のS&P五〇〇指数のリターンとの関係、当日の出来高と翌日のリターンとの関係、当日の金融セクターのパフォーマンスと翌日のS&P五〇〇指数のリターンとの関係、当日の債券利回りのパフォーマンスと翌日のリターンとの関係を調べることができる。一度スプレッドシートの分析プロセスを習得してしまえば、あとは単にある変数のセットを別の変数のセットに変えるだけでよい。このように、比較的短時間でたくさんの候補の仮説を調べることができるのだ。

　この作業でポイントになるのがエクセルの「並べ替え」である。このコマンドを使えば、独立変数を昇順や降順で並べ替えることができ、その結果として従属変数がどうなっているのかが分かる。データを目に見えるようにチャートにすることに加え、並べ替えも、マーケットのテーマを浮き彫りにしつつ、変数同士がどのように相関しているのかの感触をつかむ優れた方法だ。ただし、最初に数式を入力して作ったスプレッドシートを保存しておくことである――前のレッスンで「練習用シート」という名前をつけたもの。まだまだエクセルの説明を終えるわけにはいかない！

コーチングのヒント

　ここでためになる一連の研究方法をご紹介しよう。翌日のリターンを安く引けた日と高く引けた日の関係で考えることだ。日々の騰落レシオか出来高増減比のような指標を使うと、指数の上昇と下落を浮き彫りにすることができる。並べ替えをサンプルが高く引けた日に限定し、それを相場の強弱を基に並べ替える。複数のマーケットを見て分かるのは、極めて堅調な相場は近い将来もその堅調さを維持する傾向があり、軟調な相場は逆方向に動く可能性が高いということだ。今度は並べ替えをサンプルが安く引けた日に限定し、それを極めて軟調な相場とそうでない相場ごとに並べ替えてみる。多くの場合、高く引けた日に見られるパターンは安く引けた日のパターンとは異なっている。

レッスン97　データにコードを付ける

自分が関心を持つ独立変数が、一連の連続値ではなくカテゴリー変数になる場合がある。もしわたしがある人の体重（独立変数）とその人の肺活量（従属変数）との関係を調べたいと思えば、データをすべて連続値にするが、もし性別（男性・女性）と肺活量との関係を調べたいと思えば、今度は連続値と関連づけながらカテゴリー変数を調べるだろう。逆に、単にある人の肺活量が正常か正常以下かを確認したければ、結局は自分の従属変数でカテゴリー分析をすることになるだろう。

データを連続値ではなくカテゴリーごとに調べたいときには、マーケット分析をする場合もある。わたし自身の研究では、いつもカテゴリー変数の見方と連続値の見方とを組み合わせている。その理由を説明しよう。

前に作った「練習用シート」というスプレッドシートを再び開いてみよう。それはS＆P五〇〇株価指数の当日のリターンを前日のパフォーマンスとの関係で調べたものだが、そのスプレッドシートを開くと、日付のデータがA列に、始値、高値、安値、終値のデータがB～E列に、当日の価格変動がF列に、また翌日の価格変動がG列に記されているのが分かる。前のレッスンで行った分析では、当日の価格変動率を基にデータを並べ替えてから、翌日の価格変動の平均を、指数が高く引けた日と安く引けた日の関係で調べた。従属尺度、つまり翌日の価格変動が連続値だったため、平均値同士を比較して独立変数と従属変数の関係を把握した。

ただ、平均値は誤解を招く恐れがある――わずかな極値が結果をゆがめてしまうことがある。こうした外れ値が、二つの平均値セット間の差異を実際の差異よりも大きく見せてしまう可能性があるからだ。しかし、従属変数を変えれば、このバイアスの発生源と考えられるものをなくすことができる。翌日の価格変動率はG列に記されたままだが、今度はダミーコードを付けた変数をH列に追加する。このコードを見れば、G列の価格変動が上向きなのか下向きなのかがすぐに分かる。そこで、セルH2に「=if(G2>0,1,0)」と入力して「Enter」キーを押す。これはセルH2に対し、もしセルG2の価格変動が上向きなら「1」になるように――ゼロかマイナスのリターンなら「0」になるように――と指示を出すコマンドである。それからセルH2をクリックし、メニューバーから「編集」を選択して「コピー」をクリックしたら、セルH3をクリックしてデータの下方までドラッグし、「Enter」キーを押す。するとダミーコード「0」「1」がH列の各セルに埋まっていく。

われわれが知りたいのは、独立変数が高く引けた日や安く引けた日の回数の多さと関係があるのか、またその期間中の変動の大きさと関係があるのかである。

今度は前のレッスンで説明したのと同じ並べ替えの手順を繰り返す。ワークシートのすべてのセルを強調表示させ――新しく作ったG列を含め――、「編集」を選択して「コピー」をクリックする。ここでスプレッドシートを終了し、エクセルに変更と強調表示させたデータとを保存する。新しいシートを開き、「編集」を選択してから「貼り付け」をクリックすると、スプレッドシートのすべてのデータ――ここでも数式がなくなる――がこのシートに転記される。

前のレッスンで説明したとおり、再びF列（当日の価格変動率）のデータを降順で並べ替える。また、データを半分に分けたら、G列の最後のデータの下に「=average(g2:g500)」と入力し、その下に「=average(g501:g999)」と入力する。

前のレッスンでも述べたとおり、これを見れば、当日の相場が比較的高く引けた場合（価格変動の分布の上半分）と比較的安く引けた場合（価格変動の分布の下半分）の翌日のリターンの平均差異の大きさが分かる。

G列の二つの平均値の隣のH列に「=sum(H2:H500)」という数式を、その下に「=sum(H501:H999)」という数式を入力する。**これで相場が比較的高く引けた日の翌日に上昇する日の数、また比較的安く引けた日の翌日に上昇する日の数が分かる。**データを半分に分けているため、当日のパフォーマンスが翌日の価格変動とそれほど強い相関がなければ、二つの合計値では高く引けた日数がほぼ同じぐらいになるはずだ。一方、安く引けた日よりも高く引けた日のあとには上昇する日が少ないだろうと考えれば、仮説を受け入れたことになる。

G列の翌日の価格変動の平均はかなり矛盾しているように見えるが、G列の二つの条件での勝ちの日数が同じだとすると、勝ちの日の確率は前日のリターンにそれほど影響を受けない可能性があるが、その日の「サイズ」は影響を受ける可能性がある。一般に、わたしは二つの基準で明確な差異が出たほうがよいと思っている。したがって、高く引けた日よりも安く引けた日の翌日のリターンの平均利益が多く、「かつ」上昇する確率も高ければ、その観察結果を用いて考えられる相場の仮説の枠組み作りをする。

独立変数にもダミーコードを付けられることに注意しよう。例えば、もし高く引けた日か安く引けた日（独立変数）が高く引けた日か安く引けた日（従属変数）のあとに続く傾向があるかどうかを知りたければ、F列（当日の価格変動）に先のH列のようなコードを付け、G列（翌日の価格変動）にもI列と同じコードを付ければよい。続いてスプレッドシートを新しいシートにコピーし、H列を基にデータを並べ替える。そうすれば「1」と「0」とを分けることができる。それから「1」のセルH列の合計をI列に求めたものと、「0」のセルHの合計をI列に求めたものとを比較する。

イベントが期待リターンに及ぼす影響を調べたいときには、ダミーコードを付けてみるとよい。例えば、すべての月曜日に「1」というコードを、火曜日に「2」というコードを付けてから、そのコードを基に翌日のリターンを調べてみると、その週の特定の曜日の翌日の相場が上昇するのか下落するのかが分かる。また、二つ以上の独立変数に複雑な条件を設定し、その将来のリターンとの関係を調べたいときにもコードを付けてみるとよい。このようなコード付けはやや難しいが、次のレッスンの基本になるものである。

コーチングのヒント

スプレッドシートに出来高のデータを追加したいときには、出来高が多い日に「1」、出来高が少ない日に「0」というコードを付ける。こうすると、当日の相場の上昇または下落を出来高が多い日または少ない日の関数として、翌日のリターンと比較することができる。ここでは、まず当日の価格変動を基にデータを並べ替え、次に出来高が多い日と少ない日との関係で相場の上昇と下落を別々に並べ替えるだけでよい。

レッスン98　文脈を調べる

アメリカの哲学者スティーブン・ペッパーは、真実は文脈のなかにあり、そこに知識が埋め込まれているという世界観を説明するため、「コンテクスト理論」という用語を編み出した。はっきりとした強気相場では、短期の価格パターンがある程度の期待を持たせる場合があるが、弱気相場ではまったく違ってくる。また、取引開始時間から最初の一時間で短期的に反転するのと、正午前後に反転するのとでは意味が違う。『精神科医が見た投資心理学』（晃洋書房）の事例を活用するには、「右方向へ進め！」を理解することだ。つまり、高速道路とアラスカの荒野とでは、走り方がまったく違うということである。

相場のデータに文脈としてコードを付ければ、その文脈に特有のパターンを調べることができる。われわれがそこで問い掛けるのは、「現在の一連の条件下では、何が将来の期待値の分散なのか？」である。これが普遍的な期待値だと言うつもりはない。そうではなく、文脈のなかでの期待値――現在の状況に当てはまるもの――なのである。

最も実益があるトレードでの仮説の多くは一定のマーケットに関連したものである――すべてのマーケットに関連したものではない。

それでは、前のレッスンで使用した「練習用シート」でS&P五〇〇株価指数の過去の日次データを読み出してみよう。まずはメモリーを更新する――スプレッドシートのA列は日付、B～E列は始値、高値、安値、終値のデータである。F列は当日の価格変動（独立変数）である。これをセルF22に入力すると、数式は「=((F22-F21)/F21)*100」となる。G列は文脈変数になる。G22には次の数式を入力する。

=if(E22>average(E3:E21),1,0)

当日の価格がS&P五〇〇指数の前日の単純な二〇日移動平均線よりも上方で推移していれば、これはセルG23、つまり「1」になり、移動平均線よりも下方で推移していれば「0」になる。セルG1のデータのタイトルは「MA」でもよい。従属尺度は翌日の価格変動になる。セルH22には「=((E23-E22)/E22)*100」と入力し、H1には「SP+1」というタイトルを付ける。

シートを終了するには、セルG22とH22を強調表示させ、エクセルのメニューバーから「編集」を選択して「コピー」をクリックしたら、G23の下方のデータセット全体のセルを強調表示させて「Enter」キーを押す。同じようにシートのすべてのデータを強調表示させてコピーしたら、そのシートを「練習用シート2」として保存する。そうしたらデータをクリップボードに保存して別のシートに転記する。新しいスプレッドシートを開き、セルA1をクリックし、メニューバーから「編集」を選択して「貼り付け」をクリックする。するとシートにテキストデータが転記される。注意してほしいのは、この場合には二～二一行までを削除しなければならないことである。二〇日移動平均線の値が入力されていないからだ。また、翌日のデータも入力されていないため、データの最終行も削除する。行を削除するには、単に左側の列の文字を強調表示させ、メニューバーから「編集」を選択して「削除」をクリックすればよい。するとその行が削除され、その下に残っていたデータが上方に移動する。

自分が関心を持つ変数として移動平均線を使うと、自分のデータセットのサイズが小さくなることに注意しよう。最初の値には計算された移動平均線が含まれていないからだ。望みのサンプルサイズを決めるときには、このことを考慮しておく必要がある。

今度は二重に並べ替えをして文脈に沿った研究をしてみよう。例えば、二〇日移動平均線の上方で推移している相場と下方で推移している相場が上昇した日の翌日の期待値に関心があるとしよう。前のレッスンでやったように、F列の「SP(1)」を基にデータを並べ替えるが、上げ幅が最も大きい値がシートの最上部に来るように降順で並べ替える。今度はプラスの価格変動を示しているセルのデータだけを選択し、それらを別のシートにコピーする。次の並べ替えはG列（MA）を基に行い、もう一度降順で並べ替える。これで二〇日移動平均線の下方で推移している相場が上昇した日（「1」というコードが付いたもの）とそうでない日とを分けることができる。前にやったように、G列に「1」というコードが付いたH列のセルの平均を計算し、それをG列に「0」というコードが付いたH列の平均と比較することで、翌日のリターンの平均を調べてみよう。

例えば、相場が高く引けた日のセルが五三八あるとしよう。そのうち三八三については、G列にコード「1」を付け、一五五にはコード「0」を付ける。そして「=average(H2:H384)」と「=average(H385:H539)」とを比較する。また、H列のセルにもそれが上昇したか下落したか（「=if(H2>0,1,0)」）を基にI列にコード「1」か「0」を付けたら、「=sum(I2:I384)」と「=sum(I385:I539)」とを比較して、移動平均線の上方で推移している相場と下方で推移している相場が高く引けた日の翌日に高く引けた日数に顕著な差異があるかどうかを調べることができる。

単に興味本位でS&P五〇〇指数の現物取引データを未加工データとして使ってみたところ、二〇日移動平均線の上方で推移しているときに高く引けた日の翌日の価格変動の平均はマイナス〇・〇四％になること、また二〇日移動平均線の下方で推移しているときに高く引けた日の翌日の価格変動率の平均はマイナス〇・一八％になることが分かった。これは仰天するような結果ではないが、示唆に富んだ発見の好例である。はっきりとした下降トレンドのときに売りのエッジがあるようなトレードの仮説を立てる前に、相場が下落しているときに高く引けた日の翌日はどうなるかなど、ほかの研究もしてみたくなる。

多くの場合、並べ替えたデータには差異があるが、それは今後さらに研究する十分な理由にはなるが、トレード上の仮説そのものを正当化できるほどの理由にはならない。

このコード付けと並べ替えを組み合わせることで、相場をさまざまな文脈に当てはめて調べられるようになる。例えば、「=if(E21=max(E2:E21),1,0)」と入力すると、当日が過去二〇日間高値で引けている場合を検討し、それがリターンにどう影響しているのかを調べることができる。五二週高値を更新している銘柄数、五二週安値を更新している銘柄数など、二つ目の独立変数を追加すれば、新高値が新安値を上回っているときと新安値が新高値を上回っているときに相場がどのような動きをするのかを調べることもできる。例えば、新高値をF列に、新安値をG列にした場合には、H列に「=if(F21>G21,1,0)」というコードを付け、I列に従属変数（おそらく翌日の価格変動になる）を入れ、新高値・新安値のコードを基に並べ替えをすることができる。

前述のとおり、あまり多くの文脈を基にした条件はつけないほうがよい。結局は自分の基準に合ったイベントのサンプル数が少なくなり、一般論を導くのが難しくなるからだ。自分の基準に合ったサンプルが二〇未満しか得られなければ、その基準を緩和する、あるいはごく少ないサンプルを使う必要が出てくる場合がある。

自分のトレードのセルフコーチとして、皆さんはこれらのコンテクストクエリーを使って、さまざまな条件下で相場がどのように動くのか、またセクターや関連する資産クラスの動き――最近の相場の動きに影響を及ぼす可能性のあるもの――を調べることができる。こうしたパターンを研究していれば、これらのパターンをリアルタイムで敏感に感じることができ、トレードの選択や実行に役立てることもできるようになる。

コーチングのヒント

もし長期のトレードか投資に関心があるなら、週次データか月次データでスプレッドシートを作成し、翌月のリターン対月間リターン、翌月のボラティリティ対VIX指数（ボラティリティ指数）のレベル、翌月のリターン対市場センチメントのデータ、翌月のリターン対石油相場の変動といった独立変数を調べることができる。また、年間のうち数カ月のデータ（月初めと月末）にコードを付けると、カレンダー効果がリターンにどのような影響を及ぼしているのかを調べることもできる。

●レッスン99　データの検索条件を絞り込む

まずはS&P五〇〇株価指数先物の日中の情報を分析してみよう。今度のスプレッドシートは、リアルタイムでチャートが作成できるアプリケーションからデータをダウンロードする場合とは違ってくる。一列目を日付にし、二列目を日中の時間帯に、その隣の列を始値、高値、安値、終値にする。そしてその隣の列をその時間帯の出来高（一分間、五分間、一時間などのデータ）にする。

仮にS&P五〇〇株価指数が一定の時間帯にどのような動きをするのかを調べたいとしよう。そこで何をすればよいかというと、ダウンロードした大量のデータからその時間帯だけを抽出して、そのサブセットだけを調べればよい。ここでは、これまでの研究の中心だったデータの並べ替えはせず、エクセルのフィルタ機能を使用する。

この使い方を簡単に説明するため、まずはシンプルな疑問から入ろう。過去二〇日間の取引時間開始後最初の三〇分間の出来高と比べて当日の同じ時間帯の出来高がどの程度なのかを知りたいと仮定してみよう。これで相場の動きの大まかな感覚をつかむことができる。相場の動きは価格変動と正の相関がある。出来高を見ると、大口の機関投資家が参加しているかどうかの相対的な感覚をつかむことができる。つまり、もし取引時間開始後最初の三〇分間にレンジ抜けがあれば、こうした相場を動かす大口のトレーダーが注文を出しているかどうかが分かるというわけだ。

出来高分析は、だれがマーケットに参加しているのかを突き止めるのに役に立つ。

このリサーチでは、EミニS&P五〇〇株価指数先物の三〇分間のデータを調べてみよう。わたしは先の例のプラットフォームから日中のデータを取得している――ここではeSignalを使用する。そのためには、まずES先物の三〇分間のチャートを作る。チャートをクリックしたら右にスクロールし、時間をさかのぼってチャートを移動させる。例えば、過去二〇日間を対象にしている場合には、メニューバーから「ツール」を選択して「データのエクスポート」をクリックする。次に不要なデータのボックスのチェックを外す。この場合、必要なデータは、日付、時間、そして出来高である。チェックを外したら、「クリップボードにコピー」ボタンをクリックし、新しいエクセルのシートを開く。新しいシートを開いたら、メニューバーから「編集」を選択して「貼り付け」をクリックし、カーソルをセルA2に移動させる。こうしてシートに日中のデータを集めるわけだ。それから一行目の各列にタイトルを入力する――日付、時間、出来高（eSignalからデータをダウンロードしている場合には、これらのタイトルはデータと一体になっているため、カーソルをセルA1に置いてデータをダウンロードする）。
次は対象にしたいデータセット全体を強調表示させる。エクセルのメニューバーから「データ」を選択したら「フィルタ」をクリックし、続いて「オートフィルタ」を選択する。列のタイトルの脇に一連の小さな矢印が表示されたら、時間の隣の矢印をクリックし、プルダウンメニューから取引開始を表す時間を選択する。わたしの場合には、中部標準時のシカゴに住んでいるため、午前八時三〇分にする。すると、午前八時三〇分から九時までの三〇分間の出来高の値をすべて見ることができる。「編集」を選択して「コピー」をクリックしたら、空白のシートを開き、「編集」を選択して「貼り付け」をクリックする。これで午前八時三〇分のデータを別のシートに移動することができる。もし二〇の値（過去二〇日間）があるなら、「=average(c2:c21)」という数式を入力すれば、取引時間開始後最初の三〇分間の出来高の平均を見ることができる。もちろん、日中の任意の時間帯を抽出して、同じようにその三〇分間の出来高の平均を見ることもできる。

特定の時間帯の出来高の平均が分かれば、機関投資家の買いや売り――とくに相場の方向性との関係で見た場合の出来高の増減――をリアルタイムで特定することができる。

データを選択して抽出したいときには、フィルタ機能が役に立つ。例えば、月曜日を「1」、火曜日を「2」……のように、コードを付けた列があるとしよう。ヒストリカルデータセットから「1」だけを抽出すれば、とくに月曜日に相場がどのような動きをしているのかを調べることができる。同様に、月初めか月末の日にコードを付ければ、そのデータを抽出して、関連するリターンを観察することができる。

一般に、特定の条件で日中の特定の時間帯に相場がどのような動きをするのかを見たい場合には、フィルタ機能が最も役に立つだろう。**ただ、正直なところ、わたしはここで最大のエッジが見つかると思っているわけではないし、初心者にヒストリカルデータの研究から始めることを推奨しているわけでもない。**もしこのような日中のパターンを真剣に調べたいなら、ティック・データ（http://www.tickdata.com/）などのベンダーからクリーンデータベースを取得することを強くお勧めする。ティック・データのデータ管理ソフトウエアを使えば、好きな周期でデータポイントを作成し、それを簡単にエクセルにダウンロードすることができる。日中のヒストリカルデータを本格的に、長期にわたって研究するには、エクセルよりもはるかに強力なツールが必要になる。エクセルのスプレッドシートのサイズや操作性には限界があるため、長期にわたる高頻度のデータを研究するのは不可能だからである。

さらに、短期間――つまり大幅な寄り付きギャップ後の最初の一時間――の相場の動きを知りたいときには、日中のデータを使った研究とフィルタ機能による抽出が極めて有益だ。順行や反転といった興味深いパターンが見つかるので、デイトレードのアイデアを固めたり、長期の時間枠でトレードするのに役立てたりすることができる。

コーチングのヒント

フィルタ機能による抽出は、日中の時間帯との関係でリターンのパターンを調べるのに役に立つ。例えば、二時間にわたって軟調な相場が続いているとする。その二時間が一日の最初の二時間だった場合と最後の二時間だった場合、リターンをどのように比較すればよいだろう。その前日の相場が軟調だった場合には、その二時間のあとの数時間のリターンにどう影響するだろう。デイトレーダーにはこのような分析がとても役に立つ。価格変動の独立変数とNYSE（ニューヨーク証券取引所）のTICK指標のような日中の指標とを組み合わせている場合にはとくに有益だ。

レッスン100　自分の研究成果を活用する

本章では、シンプルなスプレッドシートと数式を使って発生し得るパターンをヒストリカルデータのなかから見つける方法をサンプルとしてご紹介したにすぎない。ちょっと思い出してほしい。これらはデータの定性的な研究方法である――仮説を生み出すためのものであり、それを立証するものではない。データを操作し、さまざまな角度からそのデータを見るのは、トレードを実行に移すのと同じような技能である。練習を重ね、経験を積んでいくにつれ、取引時間開始前か終了後の一～二時間で、いくつものパターンを研究できるようなレベルに到達することができる。

重要なのは、現在の相場を独自のもの、際立ったものにしているのは何なのかを見極めることである。移動平均線のはるか上方で推移しているのか、それとも下方で推移しているのか。新安値を付けた銘柄が新高値を付けた銘柄よりも多いのか、それともその逆か。あるセクターが異常なほど堅調か、または軟調か。前日は堅調に推移したか、それとも軟調に推移したか。考えられる最大のエッジ（優位性）が見つかるのは極値――指標かパターンが最も異常な値を示しているとき――の場合が多いか……。ただ、こうした特異な要素を見つけるのが難しい場合もある。大商いや薄商いの場合、プット・コール・レシオが上昇している場合や下落している場合、大幅な寄り付きギャップなど、すべてが素晴らしい研究対象である。

最大の方向性エッジが見つかるのは、マーケットに極端な出来事が発生したあとである。

一度際立ったパターンを特定しておけば、それが仮説になり、その日、その週のトレードを始めることができる。もし相場が極めて軟調で、プット・コール・レシオが高い最新の五〇例のうち四〇例が二〇日後に値を上げていれば、近日中に底入れプロセスを模索する。もしそうした分析を行ったあとに、相場は安値まで下落しているのに、弱気相場に関与している銘柄やセクターが少なくなっていれば、自分の仮説に重要な評価基準が加わる。最終的には、もし過去のパターンが発生すれば、底値で仕掛けたのだから、リスク・リワード・レシオを好ましいレベルにしてポジションを保有しようと思えるようになるはずだ。

しかし、同じように重要なのは、二〇日間で反転する確率が高く、近日中に底入れプロセスを探すようなシナリオについても検討してみることである。ただ、わたしの新しいデータは相場がまだ軟調であることを示唆しており、少なくとも多くの銘柄やセクターが安値を付けている。**過去のパターンは、それ自体で展開するために発生するのではない。**これも極めて有益なデータである。相場が過去の傾向に抵抗しているときには、何か特別なものが作用している場合がある。優れたトレードのなかにも、相場は正常な動きをしていないという認識から進んでいくものもある。

これがパターンを仮説として検討し、裏づけがあるかどうかに関係なく、その仮説に心をオープンにしている意義である。過去の相場のパターンとは、相場がそれに沿って進行しなければならない一種の脚本なのだ。つまり、皆さんの仕事は、相場がその脚本どおりに進行しているかどうかを判断することなのである。

われわれの分析からは過去の傾向しか分からない。もし相場が過去と一致した動きをしていなければ、それは別の特有の状況の力が働いているということだ。

これらはすべて、ヒストリカルデータの研究が有益な論理的裏づけ法になることを示しているが、わたしの体験は、その研究の最大の意義は心理的なものかもしれないということだ。毎日、毎週、そして毎年、パターンを研究し、結果をエクセルで実行することで、パターンに対して独自の感覚をつかむことができたし、パターンが変化しているとき、つまり過去の例がもはや機能しなくなっている場合も敏感に感じられるようになった。

とても役に立ったあるルーティンは、考えられるパターンの最近の事例を五つ取り出しておくことである。**最近のいくつかの事例で相場が過去の動きとまったく異なる動きをしている場合、わたしは相場のパターンに変化が起きている可能性があると考える。**もし過去のいくつかの事例がさまざまな変数や時間枠で異常な動きをしているのが分かれば、こうしたアノマリーは相場が変化していることに対する自分の感覚をさらに養うことになるわけだ。

長年にわたって結果がどう表れているかが分かれば、単純なトレンドフォローのトレーダーにはならずに済む。わたしは、上昇相場は引き続き上昇する、または下落相場は引き続き下落すると単純に仮定するようなことはしないが、トレンド相場がいつ勢いを増すか、いつ勢いを失うかを判断するツールを開発している――こうしたツールは相場の反転を予想するときにも役に立つ。こうした指標が長期にわたってさまざまな条件下でどう動くかを知ることで、また実際にその追跡記録を定量化することで、データに精通していないと浮かんでこないようなアイデアに対する信頼の尺度が得られるのである。

トレードでのエッジのほとんどは、相場を独自のやり方で考え、動きが確認される前か確認されたばかりのころにその動きをとらえることから生まれるものである。ごく一部のマーケットやパターンを見ていれば、簡単に視野は狭くなり、見方が凝り固まってしまう。自分のトレードコーチとして、皆さんは心をオープンに、フレッシュな状態にしておく必要がある。経験豊かなトレーダーの著作を読んだり、そういうトレーダーと話をしたり、幅広いマーケットをじっと追跡し、パターンを過去にさかのぼって試し、マーケット全体で何が起きているのかを知ることである――凡庸なトレーダーのレーダーではけっして感知できない物事が見えてくる。最も創造力が養われるのは、最も広いビジョンを持てたときである。

コーチングのヒント

過去のパターンを調べるときには、データを検討すること。とくにそのパターンに当てはまらなかった事例のリターンを調べてみることだ。これによって、「もし」そのパターンを機械的にトレードしたら一種のドローダウン（資金の減少）が予想される、という考えも浮かんでくる。多くの場合、パターンの例外は最後には大きな値動きで終わる。例えば、多くはトレンドのないレンジ相場の傾向を示しており、極めて大きなトレンドの動きは比較的少ない。このことを知っていれば、そうした例外の可能性を期待し、その例外について研究し、おそらくそうした例外を特定し、そこから利益を得ることもできるようになる。

参考

本書の主な補足資料がブログ「ビカム・ユア・オウン・トレーディング・コーチ（Become Your Own Trading Coach）」である。ブログのホームページには、第10章のテーマであるコーチングのプロセスに関するリンクや追加記事を掲載している（http://becomeyourowntradingcoach.blogspot.com/2008/08/daily-trading-coach-chapter-ten-links.html）。

わたしが過去のパターンに関心を抱くようになったのは、ビクター・ニーダーホッファー氏の研究のおかげである。相場の動きに関する検証可能な数々のアイデアは、同氏のホームページ「デイリー・スペキュレーションズ（Daily Speculations）」（http://www.dailyspeculations.com/）から生まれたものである。

ヘンリー・カーステンズ氏のオンラインリソース「アン・イントロダクション・トゥ・テスティング・トレーディング・アイデアズ（An Introduction to Testing Trading Ideas）」（http://www.verticalsolutions.com/books.html）もためになる人気のリソースだ。

マイク・ブライアント氏のトレードシステムに関する研究も極めて優れている。同氏のホームページ（http://www.breakoutfutures.com/PreDownload.htm）からは一連の資料が無料でダウンロードできる。

ボブ・ハンナ氏のブログ（http://www.quantifiableedges.blogspot.com/）でも過去のトレードのパターンを何度も検証しており、皆さん自身がリサーチする際にも大きな刺激になる。

トレードアイデアを試すという優れた仕事をしているニューズレターが二つある。ジェイソン・ゲプファート氏の「センチメントトレーダー（SentimenTrader）」（http://www.sentimentrader.com/）とレニー・ヤング氏の「マーケット・テルズ（Market Tells）」（http://www.markettells.com/）である。

カーステンズ氏、ハンナ氏、ケプファート氏、ヤング氏は本書の第9章にも協力してくださり、セルフコーチングのためにアイデアを試すことの妥当性に関する識見を示してくださった。

最後に

> 科学は事実の一貫性を達成しようと奮闘するが、芸術は感情の一貫性を達成しようと奮闘する。
> ——スティーブン・ペッパー

とうとう最後のレッスンだ。事実の一貫性と同じように感情の一貫性を少しでも達成できるかどうかを見てみよう。

レッスン101 自分の道を見つける

二〇〇八年にわが母コンスタンス・スティーンバーガーが他界した。母は画家で、美術の教師でもあった。ただ、母の最大の芸術作品は家族である。子供たちに、そして夫に、掛け替えのない心理的な力を与えてくれた——知識と、その知識は特別なものなのだという感覚である。

自分が非凡だと分かれば何でもできるというのは驚きだ。そういう認識を持つと、自分の仕事、自分の人間関係、あるいは自分の投資リターンが人並みのものでは我慢できないだろう。自分の家族で芸術作品を創作するとすれば、人に力を与えてその人の人生という芸術作品を創作させようとするはずだ。そんな作品ができたら、どれほど大きな達成感が得られることだろう。もし自分が心理学の専門家として、また父親として、母が自分の家族を使って成し遂げたことの一部でもいいから成し遂げられるなら、わたしは自分の名に恥じないように優れたトレードをするだろう。

それにしても、自分のトレードのセルフコーチになるということは、いったいどのような意味を持つのだろう。それがトレードのコーチだろうと、営業、育児、あるいはスポーツのコーチだろうと関係ない。**目標は、自分がなれる最高の自分になることで自分の人生という芸術作品を創作することである。**

多くの人々を苦しめる病は、自分のことを偉大だと考えられないことである。自分を偉大だと考えるのは、ナルシシズム――自己の欠如を反映しており、本物の偉大さではない――ではなく、ニューエージの自尊心だと弁解することでもない。そうではなく、違いを生み出すような人生の進路を描くことである。それは目標志向の人生を生きることであり、その日暮らしをすることではない。人生に価値や意味を持たせるための価値観や目的にもそれは当てはまる。だれかが、どこかで自分への献辞で著作を締めくくりたいと思わせるようなインパクトを生み出すことなのである。

自分の人生は未完の芸術作品である。

昔から言われていることだが、われわれは自分の両親に似ている相手と結婚する傾向がある。幼いころにそのような話を聞いたらゾッとしていただろう。だが、母親が家族に及ぼした影響や妻のマージーが家族に及ぼした影響を振り返ってみると、わたしには確かにその法則が当てはまっているのが分かる。マージーの一番の才能は、自分は特別なのだと、他人にも感じてもらっているという確信を抱いているところだろう。わが子が結婚生活で困難にぶつかっても、わたしはまったく心配したことがない。彼女ならきっと乗り越えて幸せになってくれると思っている。なぜなら、彼女ならではの特別なものを、母親を通して体験していたからだ。**もし自分は非凡であるという深い確信を抱いていれば、最終的には自分が持っている最大の能力を引き出せるはずだ。**

もしセルフコーチとしての成功を目指しているなら、わたしの母や妻のようになる必要があるだろう。つまり、たとえ圧倒されるような切迫した障害にぶつかろうとも、自分自身との関係、常に特別である自分自身との関係を維持する必要があるということだ。少なくとも自分の失敗と同じぐらい自分の成功にもできるだけ焦点を合わせる必要があるだろう。特定の目標を立て、その目標を達成できるような具体的な活動を組み立てていく必要があるだろう。そうすれば、毎日が意欲や能力のアファメーション（訳注　「アファメーション」とは、肯定的な言葉を繰り返し自分自身の潜在意識に語り掛けることで、否定的な考えや固定観念に支配されている自分の気持ちを否定的なものから肯定的なものに変えていく心理学的手法）になる。セルフコーチングとは、日誌をつけたり自分の損益を追跡したりすることではない。家族に力を与える母親のような自分自身との関係を構築することなのだ。

これを読んだら、トレードは自分の人生の進路ではないと考えるようになるかもしれない。そうしたら、その考えを受け入れ、本来の自分が魅力を感じ、自分が一番うまくできる仕事を見つける勇気を持つことだ。わたしはトレード――知的な挑戦、進歩するための無数の機会、そして即時のフィードバック――が大好きだ。いつ順調なのかも分かるし、いつ不調なのかも分かる。トレードで利益を出していても、実はトレードが自分の一番得意な仕事とは言えない。かつて専業のトレーダーになろうとしたことがあったが、すぐに心理学――他人と一緒に仕事をすること――から離れた生活にぽっかりと大きな穴が開いているのを感じた。だから、今ではトレードを副業にし、プロのトレーダーのコーチとして仕事をしているわけだ。そして自分の最大の関心事や才能を最もやりがいのある状況に当てはめ、皆さんが自分に内在する特別なものを見つけるお手伝いができるように、本を執筆しているのである。

自分の強みが人生の進路を決めてくれる。

自分の一番得意なことは何かを知ることだ。自分の強みを強化しよう。自分への働き掛けを絶対にやめないこと。向上心を失わないこと。ときには計画をひっくり返し、まったく新しい課題に取り組んでみよう。偉大さの敵は悪ではなく、平凡である。平凡に甘んじてはならない。画家や美術の教師になって、自分の人生から芸術作品を創作する必要はないが、もしトレードが自分の進む道なら、先人たちが残してくれたものから学ぶことである。皆さんへの最後の課題は、本書の各章でご紹介したリソースを理解し、吸収し、自分のものにしたら、セルフコーチングの一番の支えになりそうなものを選ぶことである。きっと皆さんの人生の作品を描く絵の具と筆になってくれるだろう。

セルフコーチングに関する詳細情報

第9章は各トレーダーのセルフコーチングに関する見解をまとめたものだが、すべてブログ「ビカム・ユア・オウン・トレーディング・コーチ（Become Your Own Trading Coach）」（http://becomeyourowntradingcoach.blogspot.com/2008/08/contributors-to-daily-trading-coach）とリンクしている。

ブログ（http://becomeyourowntradingcoach.blogspot.com/2008/09/introduction-to-trading.html）でも紹介しているが、わたしの最新のプロジェクトは、「イントロダクション・トゥ・トレーディング（Introduction to Trading）」と題したトレードの理論と手法に関する無償の電子ブックである。

ブログ「トレーダーフィード（TraderFeed）」（http://www.traderfeed.blogspot.com/）では、トレーダーの心理や相場の心理など、さまざまなトピックを取り上げている。

今後もコーチングに関するリソースを「ビカム・ユア・オウン・トレーディング・コーチ」に追加していく予定である。もし質問や特定の関心事があれば、遠慮なく質問やコメントをブログ（http://becomeyourowntradingcoach.blogspot.com/）に寄せてほしい。また、本書専用のメールアドレス（coachingself@aol.com）にも遠慮なくメールで問い合わせてほしい。

トレード心理やトレーダーの成績に関するわたしの著作、また関連する資料については、アマゾンなどのホームページで確認してほしい。

訳者あとがき

成功している著名なトレーダーが自らの体験を踏まえて相場の心理やトレーダーとしての心構えについて著した本は見かけるが、本書の大きな特徴は、医科大学で教鞭を執り、実際にトレーダーのメンタル面の指導に当たる臨床心理学の専門家が自らのトレード体験も踏まえて執筆しているという点だろう。要するに、本書はトレーダーが自分の心と対話をしながら心をコントロールし、自己改革を進めてトレードで成功するための――最終的には人生で成功するための――心理学のマニュアルである。けっしてトレード指南書ではない。

本書で紹介されているセルフコーチングの手法はトレーダー以外の人にも十分に役に立つ。心理カウンセラーでもないのにこれらをすべて実践するのはなかなか難しいのではないかとも思えるが、ルールを決めてそれに従う、記録をつける、自分や他人のミスから学ぶ、心を落ち着かせる、運動をする、仕事と私生活のバランスを取る、シミュレーションの大切さなど、どれも自己改革を進めるうえでは基本的なことばかりである。にもかかわらず、自己改革が成功しないのは、著者も述べているとおり、どれも長続きしないからである。まずは焦らずに自分でできることから始めてみるとよいのだろう。とにかく長続きさせることである。

しかし、コーチングのスキルを身につけて長続きさせればトレードで大成功するかというと、そうとも限らない。大きな損失やミスは、心の問題というよりも、知識や経験の不足、単なる準備不足、資金不足などが原因の場合もある。また、成功している人は間違いなく向上心があり、勉強熱心であるということも忘れてはならない。

本書では、自己改革の進め方を芝居の例えを多用して説明している。つまり、自分が理想とする人物やトレーダーをロールモデルにしてその役を演じること、その人のまねをしたり演じたりする練習を繰り返すことで最終的にその役に「なり切る」のである。最初はうまくできなくても心配ない。リハーサルを繰り返せばいいのである。心のなかで演技をしている自分をつぶさにイメージし、シミュレーションをするわけだ。そのときに重要なのは、過去の思い出したくない出来事や記憶にもしっかりと向き合い、けっして逃げてはならないことだろう。

著者は「まえがき」で、どのレッスンから読んでも構わないと述べているが、それにはやや異論を唱えたい。心理療法の技法や用語の説明などは、やはり順を追って説明されているので、せめて「章」ごとに読んだほうが分かりやすいだろう。

なお、本書に出てくる心理療法の技法や用語、表現については、友人でもあり、東京国際大学・言語コミュニケーション学部で非常勤講師を務める森朋子氏にいろいろとご教示いただいた。この場をお借りして心から感謝したい。主な用語はカギカッコでくってあるので、興味のある方はさらに調べてみるとよい。『臨床心理学キーワード』(有斐閣双書)なども参考になるだろう。また、長期にわたる本書の訳出作業に当たっては、パンローリングの皆様をはじめ、

ＦＧＩの阿部達郎氏に大変お世話になった。深くお礼を申し上げたいと思う。

二〇一〇年六月

塩野　未佳

■著者紹介

ブレット・N・スティーンバーガー（Brett N. Steenbarger）

ニューヨーク州シラキュースにあるSUNYアップステート医科大学で精神医学と行動科学を教える准教授。自らもアグレッシブなトレーダーであり、「トレーダーフィード（TraderFeed)」という人気ブログを執筆している。ヘッジファンド、プロップファーム（自己売買取引の専門業者)、投資銀行のトレーダーの指導も行っている。また、『トレーダーの精神分析――自分を理解し、自分だけのエッジを見つけた者だけが成功できる』（パンローリング)、『精神科医が見た投資心理学』（晃洋書房）の著者でもある。デューク大学で理学士号を、カンザス大学で臨床心理学の博士号を修得。トレーダーやマーケットの心理に関するブログ（http://www.traderfeed.blogspot.com/）も執筆している。

■訳者紹介

塩野未佳（しおの・みか）

成城大学文芸学部ヨーロッパ文化学科卒業（フランス史専攻)。編集プロダクション、大手翻訳会社勤務の後、クレジットカード会社、証券会社等での社内翻訳業務を経て、現在はフリーランスで英語・フランス語の翻訳業に従事。経済、ビジネスを中心に幅広い分野を手掛けている。訳書に『狂気とバブル』『新賢明なる投資家　上下』『株式インサイダー投資法――流動性理論をマスターして市場に勝つ』『アラビアのバフェット』『大逆張り時代の到来』『黒の株券』（パンローリング）など。

2010年８月２日　初版第１刷発行
2011年２月１日　　　第２刷発行
2012年１月１日　　　第３刷発行
2013年４月１日　　　第４刷発行
2016年２月１日　　　第５刷発行

ウィザードブックシリーズ ⑯⑧

悩めるトレーダーのためのメンタルコーチ術
――自分で不安や迷いを解決するための101のレッスン

著　者　　ブレット・N・スティーンバーガー
訳　者　　塩野未佳
発行者　　後藤康徳
発行所　　パンローリング株式会社
〒160-0023　東京都新宿区西新宿7-9-18-6F
TEL 03-5386-7391　FAX 03-5386-7393
http://www.panrolling.com/
E-mail　info@panrolling.com
編　集　　エフ・ジー・アイ（Factory of Gnomic Three Monkeys Investment）合資会社
装　丁　　パンローリング装丁室
組　版　　パンローリング制作室
印刷·製本　株式会社シナノ

ISBN978-4-7759-7135-2

ウィザードブックシリーズ 13

新マーケットの魔術師
米トップトレーダーたちが語る成功の秘密

オーディオブックあり

定価 本体2,800円+税　ISBN:9784939103346

知られざる"ソロス級トレーダー"たちが、率直に公開する成功へのノウハウとその秘訣

高実績を残した者だけが持つ圧倒的な説得力と初級者から上級者までが必要とするヒントの宝庫。

ウィザードブックシリーズ 14

マーケットの魔術師 株式編 増補版

定価 本体2,800円+税　ISBN:9784775970232

今でも本当のウィザードはだれだったのか?

だれもが知りたかった「その後のウィザードたちのホントはどうなの?」に、すべて答えた『マーケットの魔術師【株式編】』増補版!
過去にインタビューした各トレーダーが長引く弱気相場に一体どう対処しているのかについて、詳細なフォローアップインタビューを試みた。この増補版ではそれらすべてを網羅している。

ウィザードブックシリーズ 201

続マーケットの魔術師
トップヘッジファンドマネジャーが明かす成功の極意

定価 本体2,800円+税　ISBN:9784775971680

『マーケットの魔術師』シリーズ10年ぶりの第4弾!

先端トレーディング技術と箴言が満載。「驚異の一貫性を誇る」これから伝説になる人、伝説になっている人のインタビュー集。マーケットの先達から学ぶべき重要な教訓を40にまとめ上げた。

ウィザードブックシリーズ 120

投資苑3
16人のトレーダーが明かす 仕掛けと手仕舞いのすべて

定価 本体7,800円+税　ISBN:9784775970867

彼らはなぜそこで仕掛け、なぜそこで手仕舞いをしたのか

トレーダーたちが行った実際のトレードを再現して、その成否をエルダーが詳細に解説！登場するトレーダーはどこにでもいる「まったく普通の人」。彼らがトレードで生活の糧を得るまでになった秘訣とは？

併せてお読みください

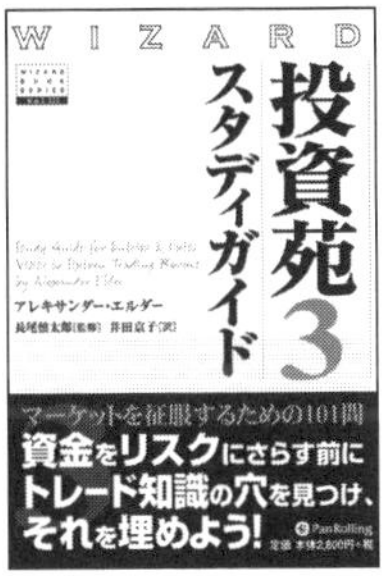

ウィザードブックシリーズ 121

投資苑3 スタディガイド

定価 本体2,800円+税　ISBN:9784775970874

『投資苑3』の理解を深め、マーケットを征服するための101問

本書に掲載した問題やケーススタディの多くは『投資苑3』に登場したトレーダーが提供してくれているため、『投資苑3』のインタビューと本書を突き合わせることで、効果的なトレーディングスキルが身につき、実際のトレードでの強力な武器となるだろう。

ウィザードブックシリーズ 194

利食いと損切りのテクニック
トレード心理学とリスク管理を融合した実践的手法

定価 本体3,800円+税　ISBN:9784775971628

自分の「売り時」を知る、それが本当のプロだ！

「売り」を熟知することがトレード上達の秘訣。

出口戦術と空売りを極めよう！

『投資苑』シリーズでも紹介されている要素をピンポイントに解説。多くの事例が掲載されており、視点を変え、あまり一般的に語られることのないテーマに焦点を当てている。

バン・K・タープ博士

コンサルタントやトレーディングコーチとして国際的に知られ、バン・タープ・インスティチュートの創始者兼社長でもある。これまでトレーディングや投資関連の数々のベストセラーを世に送り出してきた。講演者としても引っ張りだこで、トレーディング会社や個人を対象にしたワークショップを世界中で開催している。またフォーブス、バロンズ、マーケットウイーク、インベスターズ・ビジネス・デイリーなどに多くの記事を寄稿している。

ウィザードブックシリーズ134

新版 魔術師たちの心理学
トレードで生計を立てる秘訣と心構え

定価 本体2,800円+税　ISBN:9784775971000

秘密を公開しすぎた

ロングセラーの大幅改訂版が（全面新訳!!）新登場。

儲かる手法（聖杯）はあなたの中にあった!!あなただけの戦術・戦略の編み出し方がわかるプロの教科書!「勝つための考え方」「期待値でトレードする方法」「ポジションサイジング」の奥義が明らかになる!本物のプロを目指す人への必読書!

ウィザードブックシリーズ160

タープ博士のトレード学校
ポジションサイジング入門

定価 本体2,800円+税　ISBN:9784775971277

普通のトレーダーがスーパートレーダーになるための自己改造計画

『新版 魔術師たちの心理学』入門編。

「自己分析」→「自分だけの戦略」→「最適サイズでトレード」

タープが投げかけるさまざまな質問に答えることで、トレーダーになることについて、トレーダーであることについて、トレーダーとして成功することについて、あなたには真剣に考える機会が与えられるだろう。